大学生心理健康

DAXUESHENG XINLI JIANKANG

主　编　李　霞　余　恺

副主编　谢利红　刘　丽

编　者　（按姓氏笔画排序）

刘　丽　武汉传媒学院
刘　念　武汉传媒学院
刘　轶　武汉华夏理工学院
刘晓萱　武汉传媒学院
李　兰　武汉传媒学院
李　霞　武汉传媒学院
肖　帅　武汉传媒学院
余　恺　武汉传媒学院
秦晶晶　武汉传媒学院
席语婷　武汉传媒学院
梁　爽　武汉传媒学院
蒋璐璐　武汉传媒学院
谢利红　武汉传媒学院

華中科技大学出版社
http://www.hustp.com
中国·武汉

内 容 简 介

本书分为十二章，将积极心理学的理念贯穿各个章节，分别探讨健康心理、心理咨询、原生家庭、自我意识、人格发展、情绪管理、人际交往、亲密关系、学习心理、压力管理、生涯规划、生命教育与幸福人生的关系。

本书可供在校大学生、从事心理健康教育工作的人员等学习使用。

图书在版编目(CIP)数据

大学生心理健康/李霞，余恺主编. —武汉：华中科技大学出版社，2022.9（2025.1 重印）
ISBN 978-7-5680-8577-9

Ⅰ. ①大… Ⅱ. ①李… ②余… Ⅲ. ①大学生-心理健康-健康教育 Ⅳ. ①G444

中国版本图书馆 CIP 数据核字(2022)第 167188 号

大学生心理健康　　　　李　霞　余　恺　主编

Daxuesheng Xinli Jiankang

策划编辑：余　雯
责任编辑：张　琴　方寒玉
封面设计：原色设计
责任校对：李　弋
责任监印：周治超
出版发行：华中科技大学出版社（中国·武汉）　电话：(027)81321913
武汉市东湖新技术开发区华工科技园　邮编：430223
录　排：华中科技大学惠友文印中心
印　刷：武汉市洪林印务有限公司
开　本：787mm×1092mm　1/16
印　张：18
字　数：459 千字
版　次：2025 年 1 月第 1 版第 5 次印刷
定　价：59.80 元

华中出版

前言

党的十八大以来，以习近平同志为核心的党中央高度重视学生心理健康工作，习近平总书记对学生的心理健康教育作出了系列重要指示，为做好新时代高校学生心理健康教育工作提供了根本遵循，说明了党和国家对高校学生心理健康工作的重视。

大学生心理健康问题日益突出，成为一个亟待解决的十分复杂和重要的现实问题。尤其是近3年来，由于新型冠状病毒肺炎的影响，学生社交活动减少，对现实生活的掌控感变弱，更多地沉迷于网络，多元化的网络文化冲击着大学生的价值观。面对多种价值选择，他们不同程度地出现了迷茫、困惑、失衡等心理表现。在高校里，大学生心理健康成为了一门必修课，因此，急需一本适合当下大学生使用的教材。

编者长期从事大学生心理咨询和心理健康教育工作，发现很多同学对心理咨询和心理健康教育存在一定的误解和偏见，很多同学认为自己没有心理问题，所以不需要上心理健康课。因此，编者试图编写一本能够让更多的学生感受到心理健康教育所带来的积极能量的教材，使心理健康教育不仅是对大学生消极心理进行干预、疏导和治疗，即不仅仅对存在心理健康问题的学生个体予以关注，还提倡“积极心理学”的应用，更注重对大学生个人潜在能力的激发、积极心态的培养和引导，培养大学生积极的心理品质(包含积极的思想、情感、品性等)。通过积极心理学的渗透，引导学生在处理实际困难过程中以更加积极的心态去面对，运用积极的方式去解决，从而使学生提升幸福感，促进其实现自身价值，并具有积极的心理品质，能够进行自我心理调整，提高心理承受能力。

本书将积极心理学的理念贯穿各个章节，从心理学与幸福人生的关系入手，探讨与幸福有关的心理因素，目的在于增强大学生心理健康意识，提高大学生心理健康水平，促进大学生内在和谐统一。本书主要介绍了和大学生心理健康相关的主题，涵盖健康心理、心理咨询、原生家庭、自我意识、人格发展、情绪管理、人际交往、亲密关系、学习心理、压力管理、生涯规划、生命教育，适合非心理学专业的大学生阅读。本书运用心理学的理论，从积极心理学的视角，让大学生了解心理健康知识，掌握获得幸福感的方法，提高解决问题的能力，从而提高大学生找到幸福的能力。不是用“亡羊补牢”的方式去解决单个学生的心理问题，而是以“未雨绸缪”“防患于未然”的方式去建立广大学生积极向上的心理基础。

本书由李霞、余恺担任主编，负责全书的提纲制定与统稿校对工作，谢利红、刘丽任副主编，负责与其他编者沟通协调和校对工作。具体编写分工如下:第一章由李霞和谢利红编写(字数约3.0万字)，第二章由李霞和刘晓萱编写(字数约4.3万字)，第三章由李霞和刘轶编写(字数约3.3万字)，第四章由李霞和李兰编写(字数约3.8万字)，第五章由李霞和刘念编写(字数约4.6万字)，第六章由李霞和蒋璐璐编写(字数约3.9万字)，第七章由李霞和秦晶晶编写(字数约3.9万字)，第八章由李霞编写(字数约4.6万字)，第九章由李霞和肖帅编写(字数约4.4万字)，第十章由李霞和席语婷编写(字数约3.3万字)，第十一章由余恺和梁爽编写(字数约3.4万字)，第十二章由李霞和刘丽编写(字数约3.1万字)。

大学生心理健康是一个不断发展与深入的课题，本书在编写过程中参考了大量的相关资料，在此一并表示感谢。因水平有限，难免有不足和疏漏，敬请各位读者批评指正。让我们一起为大学生心理健康教育事业添砖加瓦！

编　者

目录

Contents

第一章　健康心理与幸福人生

【幸福导读】

随着社会的快速发展，激烈的社会竞争给人们带来了前所未有的生存压力和心理挑战。在此过程中，健康的内涵也在朝着多元化的方向发展，涵盖了生理健康、心理健康等多层次的内容。心理健康是大学生成才成长的重要基础，有助于促进大学生人格的成熟与独立。为了更好地把握大学生的心理健康问题，帮助大学生健康成长，我们首先要了解心理健康与心理异常的区分标准，掌握大学生心理健康的内涵及其影响因素。

第一节　心理健康与心理异常

1989 年，世界卫生组织（World Health Organization，WHO）将 21 世纪人类的健康定义为：不仅仅是没有疾病，而是包含躯体健康、心理健康、社会适应良好和道德健康。一个人同时在这四个方面健全才算得上真正的健康。刚入校的大学生往往会在环境适应、人际交往、学业发展、自我意识、情感与恋爱等方面遇到一些心理困惑或心理问题。因此，大学生有必要学习心理健康知识，学会识别心理健康问题，并掌握保持健康心理状态的方法，以便更好地适应大学生活，并在将来更好地适应社会。

【热身活动】

寻人行动

活动目的：通过游戏，促进老师和同学的互动，增进同学之间的了解。

活动流程：

1. 教师随机说出某特征，如“穿白色运动鞋”“佩戴手表”“喜欢摄影”等，具有该特征的人简单介绍自己。

2. 被选中的同学说出另外的特征，具有该特征的同学介绍自己，以此类推。

【大学心事】

小明性格内向，上大学以来不爱和同学说话，无论什么事情总爱憋在心里。他在日记中写了这样两段话：“读高中的时候，我没有什么忧愁，可进入大学以来，无论何时何地我都会感到一阵阵烦躁。烦躁的原因有来自生活中的，也有来自学习中的。在学习中,我一直都是中上水平,可后来不知怎么搞的,大概是连续几次考试失利的缘故吧,我感到学习特没劲,成绩也落后了。辅导员找我谈了几次,我也没什么动力去改变现状,因为我对什么都觉得无所谓了。想来想去,觉得生活没有意思!同学们都在认真学习,可学习成绩好又有什么用呢,究竟为了什么呢?一个人成绩再好也免不了生老病死。"

"学校社团里有一些活动,但活动内容毫无新意,我真的觉得无聊。在家里,爸爸每天出入花鸟市场,打麻将,炒股,对我的生活和学习一点都不关心;妈妈除了做家务,就只会每天唠唠叨叨说个不停,我都替她累。有时候,夜深了,我独坐桌前,望着一大堆功课,会想很多:活着真没劲,就这样一天天混下去也不知道有什么结果,真想结束这灰暗的人生,有一个新的开始。"

小明之所以觉得自己的人生灰暗、无趣,其原因主要有两个方面:一方面,家人不关心他的生活和学习;另一方面,由于学习上接连受挫,他的心理处于不健康状态,没有积极向上的生活态度和对美好生活的追求。

一、心理健康的含义与标准

(一)心理健康的含义

目前,学界对于心理健康或精神卫生并没有一个公认的定义。大体来说,我们可以从两个角度来看待心理健康。首先,心理健康是指良好的心理状态。比如 1946 年第三届国际心理卫生大会将心理健康定义为在身体、智能以及情感上,在与他人的心理健康不相矛盾的范围内,将个人心境发展成最佳状态。

我们可以看出,心理健康是一种由内而外、协调统一的良好状态。其中,良好的内部状态包括认知正常,能客观认识自己、他人、世界及这三者之间的相互关系;情绪稳定,情感协调,有着积极的内心体验;意志健全,具有生命的活力;个性完整,内心世界平衡协调。良好的外部状态则是内部状态的积极表现,包括对日常生活、学习、工作、人际和社会环境的良好适应,能处理与解决自己遇到的问题,以及不安于现状、在自身及环境条件许可的范围内积极投身更高水平的发展,直到充分发挥自身的最大潜能。概言之,心理健康是一种良好的适应与发展状态。

其次,心理健康也是指人的心理机能正常发挥。在心理学里,人的心理包括认知、情绪、行为三大机能。其中,认知机能正常是指个体能够有效地进行知觉、想象和思考等活动,从而保证自己能够正确、如实地认识客观现实(包括自己、他人、世界及其相互关系);情绪机能正常是指个体具有正常的情绪体验能力,该高兴时高兴,该悲伤时悲伤,并能有效调节自身情绪;行为机能正常是指个体能够做出恰当的行为,从而有效地适应环境,发展自身。

也许你已经看出来,状态良好与机能正常发挥这两个角度是互为表里的。前者侧重从结果和表现的角度看心理健康,后者侧重从活动过程的角度看心理健康,只不过是观察角度不同而已。

【幸福专栏】

找到“星星”

塞尔玛跟随丈夫驻扎在一个沙漠的陆军基地里，大部分时间都是她一个人留在基地的小铁皮房子里。每一天她都过得很煎熬，当地人说的话她听不懂，她非常难过，于是写信给父母说要丢下一切回家去。她父亲的回信只有两行字，却完全改变了她的生活，这两行字是：“两个人从牢中的铁窗望出去，一个看到了泥土，另一个却看到了星星。”父亲的回信让塞尔玛觉得非常惭愧，她决定要在沙漠中找到“星星”。塞尔玛开始和当地人交朋友，当地人看她对他们的纺织品、陶器感兴趣，就把他们最喜欢但舍不得卖给观光客人的纺织品和陶器送给了她。塞尔玛研究那些引人入迷的沙漠植物，观看沙漠里的日落，还寻找几万年前留下的海螺壳……原来难以忍受的环境变成了令塞尔玛兴奋、流连忘返的奇景。她为发现新世界而兴奋不已，并为此写了一本名为《快乐的城堡》的书。塞尔玛从自己造的“牢房”里望出去，终于看到了“星星”。用积极乐观的心态支配自己的人生，就会获得快乐。

（二）心理健康的标准

如何判断一个人是否心理健康？关于心理健康及其标准可谓众说纷纭，在此不一一赘述。为了让本书读者对心理健康及其标准有一个比较“接地气”的了解，我们对心理健康的人的特点做出以下描述。

1. 爱自己

心理健康的人具有现实准确的自我认识，并积极悦纳自我。也就是说，他们能够有意识地关注自己、认识自己，对自己的认识是全面而丰富的，有长有短、有好有坏；不歪曲自己的特性，不夸大或缩小自己的长处或短处；总体上能够接纳与喜欢自己，高兴做这个独特的“我”，而不是苛求自己十全十美。并且，心理健康的人更多依赖于自己内在的支持，而不是外在的支持，其自我价值感并不完全由某些外在标准所左右，既不会盲目地采用他人的标准衡量自己，也不会一味地迎合他人的需求；遇事能够信任自己，而不是完全仰仗他人。

2. 爱他人

心理健康的人看周围的大多数人都是善良的、可以交往的好人，因此他自己是开放、友善、容易信任他人的人。在与人交往时，心理健康的人能够准确地体察别人的思想、愿望和感受，了解别人的看法和态度；关注他人，有同情心，能恰当地表达自己、展现能力，具有良好的人际交往技能，能够建立适宜的人际关系。并且，心理健康的人能够建立并享受亲密关系。

3. 爱生活、爱学习、爱工作

心理健康的人具有生命的活力，热爱生活，积极投身于学习、工作、事业和家庭，生活充实，富有创造性；他们具有与自己年龄相适应的生活能力，能够处理和解决自己在学习、工作、生活以及人际交往中遇到的问题，能够有效适应环境。

4. 乐于改变自己

心理健康的人具有较强烈的个人成长与发展的愿望，而不是仅仅满足于现状。他们积极投身更高水平的发展，不会止步不前，敢于挑战甚至冒险，更乐于改变自己、不断成长，致力于自我完善，追求自我实现，提升生命质量。

5. 身心和谐统一

心理健康的人具有较为完整、协调的价值观和世界观，其内心世界与外在行为和谐统一。他们内在的各种心理能量有着适宜的动态平衡，并具有较好的自我调控能力，能够合理调节个人的需要、价值、欲望、动机、情绪反应、行为习惯等。

【课堂体验】

自我训练：我的心理健康状况

对照心理健康的标准，以自己为对象，尝试回答以下问题。

(1)我在哪些方面符合心理健康标准？有哪些具体表现？

(2)我在哪些方面还没有达到心理健康标准？有哪些不足？

(3)我准备通过哪些努力使自己的心理更健康？

(三)心理健康标准的动态性

值得注意的是，心理健康标准是一种相对理想化的描述，它为人们提供了衡量心理健康的标尺和努力的方向，但同时我们也要注意到，心理健康的标准是动态变化的，它具有相对性、连续性、可逆性的特点。

1. 心理健康标准的相对性

心理健康是一个相对的、发展的、文化的概念。随着国别、地域、民族、文化、发展阶段等的不同，对心理健康的行为要求和标准也会有社会文化背景和时代的差异。特定的社会文化对心理健康的要求，取决于这种社会文化对相应的心理健康特征和价值观，同时它也会因个体的年龄、性别、种族差异等而有不同的社会期待和要求。例如，我们对男童和女童在淘气、文静、冒险性等方面的一般看法和期待会存在差异。因此，心理健康标准往往只有在与同一时代、同一社会文化背景、同一种族、同一年龄等具有相同群体特征的人做发展水平的比较，才具有现实意义。

2. 心理健康标准的连续性

在心理健康的不同特征上，并非只有截然相反的好和坏两种状态，或者非黑即白。从心理健康到心理不健康乃至心理异常是一个从量变到质变的渐进过程。在不健康的黑色和健康的白色之间，存在一条长长的颜色渐变、由白到黑、由浅入深的灰色带。完全健康的“纯白者”和有严重精神疾病的“纯黑者”极少，大多数人是处在中间地带。相应的状态可分为心理健康、心理亚健康、心理问题、精神障碍等不同层级。尤其值得注意的是，近些年的调研结果表明，由于社会变革、工作与生活压力等多方面因素，越来越多的人处于心理亚健康状态，焦虑、抑郁、疲倦、无助、无力等消极思维或消极情绪多发，并伴随生理亚健康状况。心理健康不仅是指没有心理疾病，还包括尽可能消除心理亚健康，保持良好的、积极的心理状态。

3. 心理健康标准的可逆性

每个人都会面临心理健康状态和心理亚健康或心理不健康状态的转换变动。例如，我们本来心情很好，但由于遭遇了一些不好的事或重大负性生活事件（如考试失利、失恋），导致心情变得非常糟糕，甚至出现抑郁，不能安心学习、工作；但又过了段时间，或由于自己的努力，慢慢摆脱了这种状态，心情慢慢地转好了。这就是心理健康状态的可逆性。因此，判断一个人的心理是否健康，不能仅凭一时一事进行判断和下结论。一个人偶尔有一些不健康的心理和行为，并不意味着心理一定不健康，要具体情况具体分析。

【幸福专栏】

对心理健康的误解及辨析

心理健康是一种良好的适应与发展状态，也是指人的认知、情绪和行为机能正常。虽然你对心理健康及其标准有了一定了解，但可能仍然会对心理健康的含义有所误解。下面列出的一些对心理健康的误解及辨析，能更好地帮助你理解心理健康的含义。

误解1：心理健康是一种很难达到的高水平状态，一旦达到，就可一劳永逸。

辨析：心理健康并不是常人难以企及的一种玄妙状态。从心理机能的角度来看，现实生活中大多数人是心理健康的。换句话说，心理健康在人群中是一种常态，心理不健康者只是少数，极端心理健康者亦是少数。当然，对个体而言，有心理健康水平高的，也有心理健康水平低的。并且，心理健康状态并不是静态的，它始终处于动态变化之中，受到许多因素的影响。一个心理健康的人可能因为躯体疾病、生活变故等变得心理异常，一个心理异常的人也会因为专业或非专业的帮助而恢复心理健康。

误解2：心理健康的人完全没有不健康的心理与行为表现，比如悲观想法、消极情绪或异常行为。

辨析：心理健康的人，其整体心理机能是正常的，但并不一定始终处于一种积极正面的心理状态。事实上，如果要求一个人在现实生活中完全没有悲观想法、消极情绪或异常行为是不可能的。心理健康的人，在面对消极事件或身处不利情境时有相应的心理与行为表现，比如学业或事业受挫后消极郁闷，蒙受不白之冤后愤怒失望，痛失至亲后悲伤恍惚，这些都是正常的负性情绪，恰恰表明这个人心理正常、健康。当然，心理健康更重要的是一个人在遭遇挫折、丧失亲人之后能够自觉地做出认知、情绪与行为上的调节，使自己尽早从挫折和丧失中恢复过来。

误解3：生活条件富足的人一定心理健康，受教育程度高的人一定心理健康。

辨析：生活环境与受教育程度会影响人的心理发展，也在一定程度上影响人的心理健康水平，但其影响并不体现为直接的“量”的影响。心理健康水平与人的生物基础、心理特质、人际关系、文化因素等有着复杂的相互作用。因此，物质条件的优劣、受教育程度的高低，都不能单方面决定一个人是否心理健康。现实生活中，生活条件富足但心理不健康者大有人在，受教育程度高但心理异常者也不在少数。

误解4：道德高尚的人一定心理健康，才能超群的人一定心理健康，成就巨大的人一定心理健康。

辨析：个人价值（如道德、才能、成就等）与心理健康属于人的不同方面，不能混为一谈；二者的内容在一定程度上有所交叉，但并不能简单地相互涵盖。心理健康涉及一部分个人价值，但其要义并不是对人做价值判断；反之亦然。因此，虽然我们可以说道德高尚、才能超群的人或者成就巨大的人较可能心理健康，但不能说这些人一定心理健康；而众多心理健康的人也并不都是道德高尚、才能超群或成就巨大的。

二、心理异常的区分标准

心理异常是相对于心理正常来说的。心理正常是指具备正常功能的心理活动，或者不包含有精神病症状的心理活动；而心理异常是指有典型精神障碍症状的心理活动。心理的正常和异常之间并没有明确的和绝对的界限。一般认为，人的心理及行为是一个由正常逐渐向异常，由量变到质变，并且相互依存和转化的连续谱。

（一）常识性的区分

常识性的判断，即依据日常生活经验来判断。

1. 离奇怪异的言谈、思想和行为

高兴的事，表现为愁眉不展；不高兴的事，反而表现得很开心。有人到处讲："我是国际巡回大使，主管世界所有国家的军政大事。昨天我从纽约回来，明天飞往莫斯科，找俄罗斯总统普京，让他陪我检阅波罗的海舰队。"又如，看到一个人披头散发，满脸泥垢，满街乱跑……这些反常、奇怪的言行往往很容易被认为不正常。

2. 过度的情绪体验和表现

过度的情绪体验和表现是指一个人的行为超出了大多数人所能承受的范围。如遇到挫折，正常人难过、消沉一段时间后就恢复了正常的举止。但有的人终日低头少语，行动缓慢，与人交谈十分吃力，甚至想不出词汇，不开口说话，只流泪，对生活悲观失望，看到落叶、流水就哭个不停，对什么都不感兴趣，觉得世界罩在灰蒙蒙的雾中。又如，有的人彻夜不眠，时而唱歌，时而跳舞，语言兴奋，一会儿说东一会儿说西，说个不停。这种过度的言行表现就会被人认为不正常。

3. 自身社会功能不完整

人具有社会性，社会功能指人适应社会的能力，它往往体现在适应社会交往、工作等方面。一个人害怕和别人目光对上，因而不敢出家门，不敢见人。又如，某个人由于自己耳朵长得比别人大一些，就不允许别人摸耳朵，看到别人摸耳朵时就认为别人在讽刺他，为此常和别人发生争吵或与别人打架。还有人出门不敢乘坐电梯、生病不敢做核磁共振，这些都属于社会功能的缺失。

4. 影响他人的正常生活

一般人际交往中，都会有相应的交往距离和自己的界限，违反了交往距离或界限不清时，常常就会被人认为"有病"。如一对夫妻接到一个人打来的骚扰电话，打电话者捏着嗓子说夫妻双方中一方有外遇，被骚扰夫妻开始没在意，后来被骚扰得受不了，通过报警、安装来电显示、买追踪器，最后抓到了这个打骚扰电话的人，是这对夫妻原来的邻居，因嫉恨这家女主人而打骚扰电话来挑拨两人关系，导致被骚扰夫妻互相猜疑、不断争吵，他们的女儿也深受其害，学习成绩直线下降，开始厌学、仇恨他人。骚扰者就是偏执型人格障碍者。严重的，如躁狂者、精神病患者可能会攻击、伤害他人。

（二）心理学的区分

1. 主观世界与客观世界的统一原则

主观世界就是我们的所思所想，我们的心理活动。客观世界就是现实。两者一致我们称为统一性或同一性。任何正常的心理活动，从形式与内容上都应与客观环境保持一致性。不论是什么国家、文化背景或什么时间、地点，如果一个人说他看到了或听到了什么，但客观世界中并不存在引起他这种知觉的刺激物，即产生了幻觉，那么我们就可以判定这个人精神活动不正常。如果一个人思维脱离现实，或思维逻辑背离客观事物的一般规律，那么我们就可以判定这个人产生了妄想。人的精神或行为与外界环境失去同一性，就是异常。

2. 心理活动的内在协调性原则

人的心理活动包括认知、情感、意志行为等部分，但自身是一个完整的整体，各种心理过程之间具有协调一致的关系。如一个人遇到令人愉快的事，会产生愉快的情绪，手舞足蹈，欢快地向别人述说自己内心的体验，这是正常的。如果这个人用低沉的语调向别人述说令人愉快的事或对痛苦的事做出快乐的反应，那他的心理过程就失去了协调性，称为异常状态。典型的强迫症患者也可以表现出认知与意志行为的不协调性，他不想也不情愿反复洗手，但自己控制不住。

3. 人格的相对稳定性原则

每个人在长期生活中，会形成自己独特的人格心理特征，一旦形成就具有相对稳定性，在没有重大外界变故的情况下，一般不易改变。有重大外界变革的情况下，人的精神活动或心理活动可能会发生改变，这是正常的。但在没有明显外部原因的情况下，一个人的个性发生明显改变，就是问题了。如一个待人热情的人突然变得很冷淡，一个惜时如金的人突然懒散得让人受不了，在他的生活环境中找不到足以促使他发生改变的原因，那可以说，他的精神活动已经偏离了正常轨道。

【案例分析】

某人一向节俭，能省则省，但他突然决定开车去旅游。开车自驾游比乘坐火车、客车贵很多。他为什么从节俭到浪费了呢？重大的刺激是一个患癌症的朋友对他说："我跟团去桂林、海南旅游，因为身体虚弱，跟不上旅游团的旅游速度，人家看景去了，我自己躺在宾馆里想，有钱有什么用啊！"这个人立刻就想：我倒没多少钱，趁着现在身体还行，能走现在就走。等退休有时间了，但老眼昏花、腿脚不灵活，看啥看不清，想上哪走不动，那该多遗憾呀！坐火车太慢，开车可以节省出一半的时间，上哪还方便。这就属于有明显重大外界变革的情况。

第二节　大学生常见心理健康问题

大学生常见的心理健康问题可以分为两类。

一、适应与发展困扰

(一)生活困扰

从中学到大学，学习生活环境、人际关系等都发生了一系列变化。面对课程多、难度大、竞争强的全新环境，很多同学产生了适应不良的心理反应，特别是一些性格内向的同学，遇到难题长期不能解决，心情压抑，对一切丧失信心，积郁久了易产生焦虑、抑郁情绪，出现心理疾病。有的大学生不会处理自己的事务，甚至连简单的劳动也不愿做，衣服、床上用品请人洗，请"钟点工"打扫房间。面对日益激烈的人才市场，有的大学生还存在着等待家里帮助就业的依赖思想。

【案例分析】

一名女大学生入校后父亲病故，母亲病重，精神受到很大打击，又因肩负家乡父老的重托，所以把学习看得比什么都重，对自己要求苛刻，期望自己出类拔萃。但因学习基础不牢固等原因，并没有达到自己的期望值，希望落空，她认为一切都完了，为此而失落、忧郁和焦虑，学习难以坚持，形成恶性循环，再加上家庭变故对她的打击，感到难以面对，于是要求休学，以逃避困难。

(二)学习困扰

因为学习而产生的困扰主要表现在：第一，感觉学习动力不足，学习目的不明确。很多大学生上大学后没有了升学压力，马上放松了下来，第一学期结束后的成绩不及格率是最高的。许多大学生很迷茫，不知道如何学、为什么而学。有部分大学生声称自己是为了拿毕业证而不得不参加考试，为各科拿到 60 分而不得不上课，甚至有些大学生不在乎是否能取得毕业证；很多大学生学习和生活得过且过，当一天和尚敲一天钟。在这种思想影响下，考试作弊者大有人在。面对人才市场的巨大压力，很多大学生内心也有危机感，但对未来就业的选择却表现出空前的功利意识。当一些大学生了解到市场对各种证书的青睐时，就放弃专业课的学习，去追逐各种有用的证书。第二，感觉学习压力大。据调查，有 69.6％的大学新生和 54％的其他年级的大学生感到“学习难度加大，非常困难”；特别是一年级学生，有 70.4％的人认为“学习负担重，难以应付”。第三，感觉学习成绩不理想，学习困难。这样的大学生虽然在大学生群体中占的比例不大，但他们产生的畏难情绪，对他们今后的成长非常不利，有的大学生上课注意力无法集中，有的大学生感到自己无法适应大学生活。

（三）情绪困扰

“郁闷”已经成为大学生的流行病。大学生的社会情感丰富而强烈，具有一定的不稳定性与内隐性，表现为情绪波动大，高低不定，喜怒无常，会因一点小小的胜利而沾沾自喜，也很容易为一次考试失败、情感受挫而一蹶不振，甚至无法控制自己的情绪。有资料显示，排在大学生第一位的心理不适是抑郁，经济状况差、考试失败、失去亲人、失恋以及同学感情失和等都是抑郁的直接诱因。

【案例分析】

小雨是一名在校大学生，在她小时候父亲自杀去世，在小雨的记忆中她和母亲常常抱在一起痛哭。小雨曾暗下决心要做个不受欺负的人，考上大学，让母亲骄傲了一番。可是近来小雨的脑子像灌了铅一样，心情一直是灰暗的，睡觉也睡不好，整日以泪洗面，对什么事情都心灰意冷。小雨经常冒出自杀的可怕想法，可是她又怕母亲无法承受失去女儿的打击。

（四）交际困扰

当前大学生的人际交往问题突出。大学生由于社交经验少，独立意识逐渐加强，在学校的集体生活中不少同学感到很难与人沟通，得不到理解，有的甚至受歧视、被欺负，从而造成精神压力和心情苦恼。由于性格和习惯迥异，独立意识和自我意识都很强的大学生容易与他人产生矛盾，伴随交往频率的增加，矛盾日益激化。有的学生从未离开过家庭，一直在父母的呵护下长大，对于如何关心他人及得到朋友的关心想得较少；同时，却又希望得到他人的认可。“心里话儿对谁说?”成为大学生普遍的困惑。在“目前，你感到最苦恼的事是什么?”的调查中，有 80％的学生认为人际交往不顺是自己最苦恼的事。

【案例分析】

有位体弱的女同学，与同宿舍的一位女生本来关系不错，后来由于一些误解互不理睬。那位女同学脾气暴躁，在她看书时故意敲桌子、放录音机，而这位女生性格内向，“说不过她”，只能忍让回避，但又觉得很窝囊。时间久了，便产生了恐惧心理，害怕见到那位脾气暴躁的女同学。

(五)恋爱困扰

爱情虽然在大学并非一门必修课,但学生仍然从各个角度开始自己的情感之旅,如何正确处理爱情与学业的关系已经成为大学生必须尽快学习的一门必修课。有人发出了“围墙”已变成“爱情走廊”“专业恋爱、业余学习”“每周一哥”“普遍撒网,重点培养,择优而谈”的感叹。因此,失恋造成的情感危机,已经成为大学生突出的心理问题。有的人因恋爱而轻生跳楼;有的人对对方产生攻击性举动,做出同归于尽、杀人、毁容等触犯法律的行为;有的人甚至将攻击对象转移到财物上。深受母亲过分关心、过分控制的孩子,很难承受生活中的“丧失”,尤其是情感丧失。大学生常常把与自己产生情感的对方看作自己的一部分,当成自己的私有财产,一旦对方提出分手,就感觉自己不完整了,随之可能出现过激的行为。

【案例分析】

小A家庭优越,父母非常宠爱她,她却感觉十分压抑,原因是父母管教太严格。刚上大学,她偷偷谈了个男朋友。时间不长就分手了,可她无法摆脱失恋的痛苦,于是产生了自杀的念头,尽管她也认为那个男生并不优秀。这种情感危机的发生,归根结底是由不良心态和其此前的情绪行为反应模式所引起。

(六)性的困扰

性生理成熟带来性心理的变化,大学生渴望获得异性的好感与认同。许多大学生曾经产生性幻想、性冲动等,有的大学生用自慰的方法解决自身的生理冲动,这本是正常的心理反应,但由于性教育缺失,一些大学生不能正确认识性反应,产生堕落感、耻辱感与性罪过感。一位大学生因做性梦、产生性幻想不能自拔以至于萌发轻生念头;有的大学生因对自身性生理欲望的放纵,频繁与异性发生性行为。有的大学生认为,“爱,不能没有性”,“禁欲是对美好爱情的打击”。性生理的成熟与性心理的不成熟之间的矛盾,使更多的人面临下列情形:最初的恋人可能不是最终的伴侣,性关系无论从道德上还是从心理上都使对方多了一份沉甸甸的责任。有的大学生提出这样的问题:“面对伴侣的性要求,如何处理才既不伤害双方感情,又保持自身的尊严?”“既不破坏社会公德,又不影响他人,健康的性行为为什么不可以呢?”性好奇、性无知的淡化,甚至性与爱的困惑,性与爱的分离以及由于性行为引起的不良后果所带来的心理压力,都需要心理教育工作者正面做出解答,并给予积极正确的引导和帮助。

二、心理/精神疾病

心理/精神疾病即是不同程度的各类心理障碍。大学生罹患的心理精神疾病主要包括以下五类。

(一)心境障碍

心境障碍也称情感性精神障碍,是指由各种原因引起的、以显著而持久的情感或心境改变为主要特征的一组疾病。在大学生中,主要表现如下。

(1)抑郁症：又称重度抑郁障碍，是以显著而持久的心境低落为主要临床特征的一类心境障碍。

(2)双相障碍：又称双相情感障碍，指既有躁狂发作又有抑郁发作的一类心境障碍。

【幸福解码】

抑郁自评量表(SDS)

本量表可以评定抑郁症状的轻重程度，主要用于疗效评估，不能用于诊断。需要强调的是，测评结果仅作为参考而非绝对标准。如果个体在多个维度上自觉这些症状较为严重，应加强心理健康的自省和觉察，并到权威的心理咨询或治疗机构进行咨询、检查和诊断。

本量表包含20个项目，分为四级评分，为保障调查结果的准确性，请您仔细阅读以下内容，根据最近一周的情况如实回答，每题限选一个答案。

1. 我觉得闷闷不乐，情绪低沉。

A. 没有或很少时间　　B. 小部分时间

C. 相当多时间　　D. 绝大部分或全部时间

*2. 我觉得一天之中早晨最好。

A. 没有或很少时间　　B. 小部分时间

C. 相当多时间　　D. 绝大部分或全部时间

3. 我一阵阵哭出来或想哭。

A. 没有或很少时间　　B. 小部分时间

C. 相当多时间　　D. 绝大部分或全部时间

4. 我晚上睡眠不好。

A. 没有或很少时间　　B. 小部分时间

C. 相当多时间　　D. 绝大部分或全部时间

*5. 我吃的跟平常一样多。

A. 没有或很少时间　　B. 小部分时间

C. 相当多时间　　D. 绝大部分或全部时间

*6. 我与异性密切接触时和以往一样感到愉快。

A. 没有或很少时间　　B. 小部分时间

C. 相当多时间　　D. 绝大部分或全部时间

7. 我发觉我的体重在下降。

A. 没有或很少时间　　B. 小部分时间

C. 相当多时间　　D. 绝大部分或全部时间

8. 我有便秘的苦恼。

A. 没有或很少时间　　B. 小部分时间

C. 相当多时间　　D. 绝大部分或全部时间

9. 我心跳比平时快。

A. 没有或很少时间　　B. 小部分时间
C. 相当多时间　　D. 绝大部分或全部时间

10. 我无缘无故地感到疲乏。
A. 没有或很少时间　　B. 小部分时间
C. 相当多时间　　D. 绝大部分或全部时间

*11. 我的头脑跟平常一样清楚。
A. 没有或很少时间　　B. 小部分时间
C. 相当多时间　　D. 绝大部分或全部时间

*12. 我觉得经常做的事情并没困难。
A. 没有或很少时间　　B. 小部分时间
C. 相当多时间　　D. 绝大部分或全部时间

13. 我觉得不安而平静不下来。
A. 没有或很少时间　　B. 小部分时间
C. 相当多时间　　D. 绝大部分或全部时间

*14. 我对将来抱有希望。
A. 没有或很少时间　　B. 小部分时间
C. 相当多时间　　D. 绝大部分或全部时间

15. 我比平时容易生气激动。
A. 没有或很少时间　　B. 小部分时间
C. 相当多时间　　D. 绝大部分或全部时间

*16. 我觉得做出决定是很容易的。
A. 没有或很少时间　　B. 小部分时间
C. 相当多时间　　D. 绝大部分或全部时间

*17. 我觉得自己是个有用的人，有人需要我。
A. 没有或很少时间　　B. 小部分时间
C. 相当多时间　　D. 绝大部分或全部时间

*18. 我的生活过得很有意思。
A. 没有或很少时间　　B. 小部分时间
C. 相当多时间　　D. 绝大部分或全部时间

19. 我认为如果我死了别人会生活得更好些。
A. 没有或很少时间　　B. 小部分时间
C. 相当多时间　　D. 绝大部分或全部时间

*20. 平常感兴趣的事我仍然感兴趣。
A. 没有或很少时间　　B. 小部分时间
C. 相当多时间　　D. 绝大部分或全部时间

评分标准：正向计分题的选项 A、B、C、D 按 1、2、3、4 分计，反向计分题（标注*的题目，题号为 2、5、6、11、12、14、16、17、18、20）按 4、3、2、1 分计。总分乘以

1.25取整数，即得标准分。低于50分者为正常，50～60分者为轻度抑郁，61～70分者为中度抑郁，70分以上者为重度抑郁。

（二）焦虑性障碍

焦虑性障碍又称焦虑性神经症或焦虑症，是以焦虑情绪体验为主要特征的一组疾病，主要表现为无明确客观对象的紧张担心、坐立不安，并伴有自主神经功能失调症状（如心悸、手抖、出汗、尿频等）以及运动性不安。在大学生中，主要表现：①广泛性焦虑，即慢性焦虑；②惊恐发作，即急性焦虑发作。

【幸福解码】

焦虑自评量表(SAS)

本量表可以评定焦虑症状的轻重程度，主要用于疗效评估，不能用于诊断。需要强调的是，测评结果仅作为参考而非绝对标准。如果个体在多个维度上自觉这些症状较为严重，应加强心理健康的自省和觉察，并到权威的心理咨询或治疗机构进行咨询、检查和诊断。

本量表包含20个项目，分为四级评分，请您仔细阅读以下内容，根据最近一周的情况如实回答，每题限选一个答案。

1.我觉得比平时容易紧张或着急。

A.没有或很少时间　　B.小部分时间

C.相当多时间　　D.绝大部分或全部时间

2.我无缘无故地感到害怕。

A.没有或很少时间　　B.小部分时间

C.相当多时间　　D.绝大部分或全部时间

3.我容易心里烦乱或感到惊恐。

A.没有或很少时间　　B.小部分时间

C.相当多时间　　D.绝大部分或全部时间

4.我觉得我可能将要发疯。

A.没有或很少时间　　B.小部分时间

C.相当多时间　　D.绝大部分或全部时间

*5.我觉得一切都很好，也不会发生什么不幸。

A.没有或很少时间　　B.小部分时间

C.相当多时间　　D.绝大部分或全部时间

6.我手脚发抖打战。

A.没有或很少时间　　B.小部分时间

C.相当多时间　　D.绝大部分或全部时间

7.我因为头痛、颈痛和背痛而苦恼。

A. 没有或很少时间　B. 小部分时间
C. 相当多时间　D. 绝大部分或全部时间
8. 我感到容易衰弱和疲乏。
A. 没有或很少时间　B. 小部分时间
C. 相当多时间　D. 绝大部分或全部时间
*9. 我觉得心平气和,并且容易安静坐着。
A. 没有或很少时间　B. 小部分时间
C. 相当多时间　D. 绝大部分或全部时间
10. 我觉得心跳得很快。
A. 没有或很少时间　B. 小部分时间
C. 相当多时间　D. 绝大部分或全部时间
11. 我因为一阵阵头晕而苦恼。
A. 没有或很少时间　B. 小部分时间
C. 相当多时间　D. 绝大部分或全部时间
12. 我有晕倒发作,或觉得要晕倒似的。
A. 没有或很少时间　B. 小部分时间
C. 相当多时间　D. 绝大部分或全部时间
*13. 我吸气、呼气都感觉很容易。
A. 没有或很少时间　B. 小部分时间
C. 相当多时间　D. 绝大部分或全部时间
14. 我的手脚麻木和刺痛。
A. 没有或很少时间　B. 小部分时间
C. 相当多时间　D. 绝大部分或全部时间
15. 我因为胃痛和消化不良而苦恼。
A. 没有或很少时间　B. 小部分时间
C. 相当多时间　D. 绝大部分或全部时间
16. 我常常要小便。
A. 没有或很少时间　B. 小部分时间
C. 相当多时间　D. 绝大部分或全部时间
*17. 我的手脚常常是干燥温暖的。
A. 没有或很少时间　B. 小部分时间
C. 相当多时间　D. 绝大部分或全部时间
18. 我脸红发热。
A. 没有或很少时间　B. 小部分时间
C. 相当多时间　D. 绝大部分或全部时间
*19. 我容易入睡,并且一夜睡得很好。
A. 没有或很少时间　B. 小部分时间

C. 相当多时间　　　　D. 绝大部分或全部时间

20. 我做噩梦。

A. 没有或很少时间　　　　B. 小部分时间

C. 相当多时间　　　　D. 绝大部分或全部时间

评分标准：正向计分题的选项 A、B、C、D 按 1、2、3、4 分计，反向计分题（标注 * 的题目，题号为 5、9、13、17、19）按 4、3、2、1 分计。总分乘以 1.25 取整数，即得标准分。低于 50 分者为正常，50～60 分者为轻度焦虑，61～70 分者为中度焦虑，70 分以上者为重度焦虑。

（三）强迫障碍

强迫障碍也称强迫症，是以强迫思维和强迫行为为主要特征的一组疾病。主要表现为有意识地强迫和反强迫并存，一些毫无意义，甚至违背自己意愿的想法（如怕脏、怕危险等）或冲动（如检查、洗手等）反反复复侵入患者的日常生活。患者虽然能意识到这些想法或冲动来源于自身并极力抵抗，但始终无法控制，二者强烈的冲突常使患者感到巨大的焦虑和痛苦。

（四）精神分裂症

精神分裂症是以基本个性改变，思维、情感、行为的分裂，精神活动与环境的不协调为主要特征的一组最常见的重性精神疾病。不同类型的精神分裂症患者的临床表现差异较大，有的表现为幻觉、离奇的妄想、怪异行为等，有的则表现为情感淡漠、意志减退甚至缺乏。

（五）人格障碍

人格障碍即是人格的异常，是指明显偏离了个体文化背景预期的内心体验和行为的持久模式，并且是泛化的和缺乏弹性的。人格的异常妨碍了患者正常的情感和意志活动，破坏了其行为的目的性和统一性，给人以与众不同的特异感觉，尤其表现在待人接物方面。人格障碍患者不仅其自身遭受痛苦，也可能使他人遭受痛苦，或是给个人或社会带来不良影响。

第三节　大学生心理健康的主要影响因素

人的心理是一个极为复杂的动态过程，心理问题的产生往往是多方面原因所共同导致的，既包括个体自身主观因素，也有外界环境因素的影响。根据“生物—心理—社会”医学模式，从生物、心理、社会三个方面分析影响大学生心理健康的因素。

一、生物因素

（一）生理疾病或缺陷

遗传、创伤、感染等导致的生理疾病或缺陷，如肝炎、视觉异常、白癜风、生理残疾等，是一类强有力的生理性应激源，对大学生的自我认识与悦纳、性格、人际交往、恋爱或亲密关系、就业等影响巨大，有的甚至造成长期的负面影响。

（二）体貌特征与运动

身高、体重、容貌、身材、皮肤、发质、牙齿等体貌特征，以及运动对身体的影响（比如身体素质、肥胖、疾病等），影响着大学生的学习与生活，尤其体现在自我认识与人际交往方面，可能造成适应与发展困扰（比如人际回避、过度减肥、反复整容等），严重的甚至会引起心理精神疾病（比如神经性厌食症等）。

（三）物质摄入

酒精、尼古丁、咖啡因以及其他精神活性物质的摄入或过度摄入，不仅影响大学生的身体健康，而且可能损害正常的心理机能（比如注意力问题、情绪失调、行为偏差等），严重的甚至会引起物质成瘾或物质依赖。

二、心理因素

（一）个人观念

世界观、价值观和人生观决定着大学生怎样面对和投入大学阶段的学习与生活。一些不良的思想观念（比如读书无用论、拜金主义、享乐主义等）容易造成大学生的适应与发展困扰，往往令有些大学生在学习、人际交往、恋爱或亲密关系、休闲娱乐、饮食、睡眠、就业或创业等方面陷入困境或冲突。

（二）个人能力与兴趣

大学生的生活自理能力、自主学习能力、时间管理能力、自我控制能力、学习与生活兴趣等影响着大学生学习与生活的各个方面，个人能力不足、兴趣缺乏等往往容易造成大学生适应与发展困扰。

（三）个性特征

一些消极或负面的个性特征（比如神经质、内向性、完美主义、自我中心等）不仅容易在学习与生活中造成大学生适应与发展困扰，严重的甚至会引发心理精神疾病（比如抑郁症、强迫症、社交焦虑障碍等）。

（四）性

大学生的性冲动及其满足、性取向及其适应、性观念及其选择等对大学生的日常生活有着重要影响，可能在人际交往、恋爱或亲密关系等方面造成大学生适应与发展困扰，还可能引起心理精神疾病（比如抑郁症、焦虑障碍）。校园里的性少数群体常常面临更多的困难与风险。

三、社会因素

（一）家庭及早年经历

家庭所在地（城市与农村）、家庭社会经济地位、父母受教育程度、父母个性特征、家庭成员关系（尤其是原生家庭）、早年经历（比如学业成败、留守经历、创伤经历、重大事故等）影响着个体的人格、能力以及个人观念的形成，对大学生学习和生活的影响深远，可能是造成各类心理健康问题的深层次原因；而近期的家庭变故（比如父母离婚、亲人去世、亲人急重病、破产等）通常是一种强有力的应激源，可能对大学生的心理健康造成暂时性或长期性的影响。

（二）学习与生活

就读学校性质、所学专业、就读年级、学业难度及任务量、住宿条件等客观方面的因素可能给一些大学生造成适应与发展困扰；宿舍关系、师生关系、同学关系、恋爱或亲密关系等既能反映大学生的心理健康，也能反过来影响心理健康，可能造成各类心理健康问题；手机与网络使用、社团及课余活动等影响着学习时间的分配与学习投入，可能给一些大学生造成适应与发展困扰；而考试失利、无法顺利毕业、失恋、意外怀孕等学习与生活中的重大事件，常常是影响大学生心理健康的重要应激源，严重的可能引发心理精神疾病甚至自杀。

（三）社会文化及环境

社会文化及环境对大学生心理健康的影响较为间接，往往作为背景性的影响因素，或是潜移默化地产生影响。比如，传统文化、亚文化、社会观念改变（如金钱观、消费观、健康观）、社会治安状况、经济环境、就业环境、环境污染等。

【幸福结语】

心理健康是一种良好的适应与发展状态。心理健康指人的认知、情绪和行为机能正常。心理健康的标准包括：①爱自己；②爱他人；③爱生活，爱学习，爱工作；④乐于改变自己；⑤身心和谐统一。

大学生心理健康问题分为两类：①适应与发展困扰；②心理/精神疾病。其中，适应与发展困扰是最主要的大学生心理健康问题。

影响大学生心理健康的生理因素主要有：①生理疾病或缺陷；②体貌特征与运动；③物质摄入。影响大学生心理健康的心理因素主要有：①个人观念；②个人能力与兴趣；③个性特征；④性。影响大学生心理健康的社会因素主要有：①家庭及早年经历；②学习与生活；③社会文化及环境。

【幸福锦囊】

世界上没有绝望的处境，只有对处境绝望的人。

——费洛姆

只有把抱怨环境的心情化为上进的力量，才是成功的保证。

——罗曼·罗兰

世界如一面镜子：皱眉视之，它也皱眉看你；笑着对它，它也笑着看你。

——塞缪尔

只要朝着阳光，便不会看见阴影。

——海伦·凯勒

世界上最广阔的是海洋，比海洋更广阔的是天空，比天空更广阔的是人的心灵。

——雨果

【幸福行动】

(1)结合自身生活经历，描述生命中对你来说曾经比较重大的一次生活事件、心理事件甚至心理危机事件，以及它们对你造成的影响。当时你是如何处理的？它给你带来的人生启示是什么？

(2)当你发现自己的同学存在心理健康问题时，你会怎样做？

第二章　心理咨询与幸福人生

【幸福导读】

本章主要探讨大学生常见的心理困惑，学习自我调整与心理咨询等方式，帮助大学生构建正确的、健康的心理咨询观念及提升自助求助意识。通过本章的学习，学生能更深入了解心理咨询的本质，在遇见问题时更加愿意去相信和选择心理咨询。

第一节　大学生的心理困惑与异常心理

大学生的心理问题大都可以理解为心理困扰或困惑。大学阶段的心理问题往往是发展性问题，因为该阶段处在刚进入成人期的承上启下过渡阶段。一方面，大学生需要有意识地储备进入社会所需的专业知识和综合素质，潜在的要求比以往任何阶段都高；另一方面，大学生既要对过去的行为习惯和经历的进一步审视，也要为未来建立一个真正的成熟心理模式做准备。

一、大学生常见的心理困惑

1. 环境适应问题

大学生由于学习、生活环境的改变，往往容易出现矛盾、困惑心理。在中学时，学生对大学充满了憧憬，也将考大学作为唯一的和最终的目标来激励自己。当跨入大学校园后，突然发现事实并非原来所想象的那样，进而怀念起过去的中学生活。且一部分学生发觉自己在高手如云的新集体里时，会感觉到不适应。进入大学后，由原来依赖父母到相对独立地生活，心理上会产生一种孤独感。

2. 恋爱与性心理问题

大学生性生理已经发育成熟，爱的问题是不可避免的。由于许多大学生在青春期接受的性教育不够，且缺乏正确的引导，很多学生根本不懂什么是真正的爱情。有些学生不能正确地处理好与异性之间的交往和双方的情感问题，出现因爱生惑、因性生惑，少数学生还出现异常行为，有的学生因内心的恋爱观与现实情况发生了矛盾和冲突，便陷入痛苦、迷茫、消沉之中，为情所困而不能自拔。

3. 人际交往问题

受应试教育的影响，多数学生在中学阶段只注重学习，而人际交往能力普遍较弱。进入大学后，如何与周围的同学相处，建立和谐的人际关系，成为大学生面临的一个重要课题。每个人为人处世的方式以及个性特征不同，再加上青春期心理固有的闭锁、羞怯、敏感和冲动，使大学生在人际交往过程中不可避免地遇到各种困难，从而产生困惑、焦虑等心理问题，主要表现为人际关系冲突、交往恐惧、沟通不良。

4. 学习问题

大学生的主要任务是学习，学习上遇到的困难与挫折对大学生的影响最为显著。由于大学学习模式与中学存在很大的不同，课业专业化、难度大、要求高，学习的压力和竞争也相应增大，引起很多大学生的紧张焦虑。

5. 求职择业问题

高校扩招圆了很多青年学子的大学梦，然而随之而来的是就业困难。就业的压力使很多大学生看不到现实的出路，找不到理想的方向，对前途深感迷茫。如今社会竞争激烈，用人单位的要求也越来越高，加之很多大学生在校时只专心读书，与社会接触少，对社会缺乏真正的了解，这些情况导致大学生择业时出现一些心理障碍，主要表现为自卑、恐惧、自傲、怀疑等。

6. 经济问题

对于一些从偏远地区考入大学的学生们来说，经济上的负担远比其他负担更为沉重。一些大学生在校期间为了缓解生活压力，找家教、打短工、做生意以维持学业。沉重的经济负担使很多学生心理压力变大，产生自卑心理、焦虑心理、狭隘心理、虚荣心理等。

7. 情绪问题

大学生成长发育极为迅速，生理上已基本趋于成熟。但由于阅历较浅，社会经验不足，对人生和社会问题的看法往往飘忽不定，心理上容易出现各式各样的心理矛盾，很容易受外界各种因素的干扰和影响。自我控制和调试能力较低，并由此导致心理和行为偏差。不过大多数学生能够通过各种方式化解自己的低落情绪，迅速呈现出积极的精神面貌，但是一部大学生却“在泥潭里越陷越深”，甚至走向极端。

8. 网络成瘾

大学生中因网络成瘾而引发的心理障碍或社会适应障碍的情况，正随着信息时代的发展而逐渐增多。网络成瘾往往会导致学生学习成绩下降、行为异常、心理错位。在极端情况下，有些网络成瘾者分不清虚拟世界和现实世界的区别，使他们的人际关系和日常生活受到严重影响，阻碍学习、生活的正常进行。

9. 家长意志引发的心理问题

上中学时，有的家长望子成龙、望女成凤心切，想方设法阻止学生的一切业余爱好。上大学后，大学生活丰富多彩，有才艺的同学在活动中脱颖而出，而受家长意志压制的学生，往往因没有一技之长而感觉到自卑。有的家长强迫孩子念自己不喜欢的学校或专业，以至于上学后，这些学生对大学没有感情，对学习没兴趣，甚至有的想退学。

【案例分析】

小林同学是某专业二年级学生，人小体弱，情绪消沉，说话低声细语，羞怯而不自然。她自称经常无法入睡，睡眠质量很差，无法坚持学习，心情很糟糕。经仔细询问才知道她与同学关系不好，致使自己孤独苦闷。

小林同学来自一个偏僻乡村，家庭比较贫困，母亲患有多种慢性病，父亲供养小林和小林的弟弟读书。小林从小很节俭,从不与同学攀比,学习刻苦,成绩优异。考上大学之后,她发现以前的生活方式完全不适合大学生活。她想融入班集体中,却不知道如何与人交往,怎样处理宿舍同学之间、班级同学之间的人际关系,这使她伤透了脑筋。一年多来,她和班上同学相处很不融洽,跟同宿舍人曾经发生过几次不小的冲突,关系相当紧张。她性格内向,不善言语,与同学的感情淡漠。她觉得自己没有一个能相互了解、谈得来的知心朋友,常常感到特别的孤独和自卑,长期的苦恼和焦虑使她患上了神经衰弱症。经常的失眠和头痛使她精神疲惫,体质下降。她本想通过埋头学习的方法来减轻痛苦,然而事与愿违,由于她学习精力很难集中,学习效果很差,成绩急剧下降,后来竟出现考试不及格的现象。她感到恐慌,失去了坚持学习的信心。这种心理使她逐渐对大学生活失去了兴趣,迷失在自己编织的网中,一度出现自暴自弃的现象。

分析:从以上情况来看,小林同学出现了人际交往的问题,同时也比较自卑。首先是自我认知偏差。在人的心理过程中,认知是基础。该学生在人际关系问题上的认知和对自我的认知存在着一定的偏差,对人际关系的意义和重要性缺乏明确的认识,缺乏认真思考和积极面对的态度。其次是性格缺陷。性格是一个人稳定的态度体系和习惯了的行为方式,是个性结构的重要组成部分。该学生的性格内向、孤僻,不善于表达自己,还有些自我封闭,对人际关系有着消极作用。她既不会、也不愿主动与同学接触,导致同学之间缺乏相应的了解和理解,造成感情冷漠,关系很不融洽。与同学发生矛盾时,又不能正确处理,这样与同学之间的交流必然不顺心如意。最后是人际交往能力缺陷。人与人的沟通、交往是需要一定能力的,该同学因为本人性格和家庭原因,不善于与人交流,缺乏人际交往的能力。平时她不爱说话,经常独来独往,不善于为人处世,缺乏这方面的锻炼,造成了与宿舍同学和班级同学不融洽的局面。当与同学发生矛盾或冲突后,她束手无策,不会化解矛盾,改善关系。

总之,该学生这三方面存在的问题形成了她人际关系的心理障碍,使她陷入了人际交往的困境中。她不仅没有处理好人际关系,而且因此也损害了自己的身体,造成对生活的恐慌,失去了坚持学习的信心。

二、大学生常见的异常心理

1. 多思多疑

大学生尚处在敏感阶段,遇事易过分思虑、过分怀疑,经常怀有一种不安的心理,往往把简单的事情复杂化,以至于难以自拔、陷入困惑;大学生易多愁善感,对事物易作悲观看法。疑心太重,常常为没有根据的事而产生的情绪所纠缠和烦扰,不信任自己,也怀疑别人,久而久之,就容易对什么都产生怀疑。

2. 抑郁不乐

经常处于抑郁状态的大学生,大多都是因为受到挫折,而又不能从挫折的困境中摆脱出来而导致的。情绪系统濒临危机，如遇到挫折、家中变故等时，就会过度悲伤、沮丧，且长期不能恢复。对人对事缺乏兴趣，既不愿意主动接近他人，也不愿意接受他人的帮助。抑郁不乐的大学生常表现为情感抑制、少言寡语、思维和动作少，还面临失眠多梦，严重时会有轻生的念头。

3. 过度焦虑

焦虑是个体预感到即将出现的不良后果或挫折时出现的一种十分复杂的情绪反应，大学生在学习、生活、恋爱、就业、交往中的挫折或困惑，常常是焦虑的主要原因。新生入校，在生活、学习、情感、环境、人际等方面的不适应，都会造成焦虑。过度焦虑的大学生，常因细小事情而无端焦虑、烦躁不安、担心害怕，导致其有一种“无能为力感”和“忧虑无望感”。

4. 情绪不稳

人们都有喜怒哀乐，心理健康的人，既有适度的情绪表现，又能保持平静的心境，积极的情绪总是居于优势地位。而心理异常的大学生，情绪起伏波动大，情感过程反常，时而开朗热情、时而郁郁寡欢，而且情绪的反应与引起反应和刺激的事情的性质、强度不相称。个别严重者，还会出现病理性激情。

5. 无端恐惧

无端恐惧的大学生，一般生性懦弱胆怯，敏感羞涩，对任何事情都表现惴惴不安。学习中怕落后、生活中怕孤独，遇到专业考核，心中忐忑不安，表现出明显的“怯场”心理。如果无端恐惧长期不能被排解，任其发展，还会出现幻觉。

6. 嫉能妒贤

这种情感的内化就是嫉妒心。嫉妒心的共同特征：过度自私，心胸狭窄，有强烈的虚荣心，有着严重的名利思想。大学生的嫉妒心理常表现为嫉妒别人学习上的冒尖、能力上的超群、社交上的活跃、外貌仪表出众，嫉妒别人当上学生干部、择业机会多等等，这类心理的大学生往往无能、无才、无为，也不愿别人有能、有才、有为。

7. 偏执好胜

偏执好胜的大学生，往往看问题比较主观片面，在学习和工作中常常言过其实，对自己的能力有着过高的预估心理，有极强的自尊心，好胜心强，容易嫉妒，从而产生偏执心理。面对批评较为敏感，失败时常常归咎于他人却原谅自己，生活中经常宽以律己、严以待人。

8. 强迫行为

大学生的强迫行为主要表现为“认真过头”，主要特点：其一，刻板固执，不会随机应变，做事犹豫不决、墨守成规，对自己要求过高但又缺乏自信；其二，有强迫性想法、强迫性行为。比如，强迫自己反复写字、画画、洗手、走路；离开教室时怀疑灯未关、门未锁而多次往返检查，这种强迫行为往往和焦虑忧郁相联系。

9. 冷漠麻木

大学生冷漠和麻木的异常心理，是面对挫折或失败时而产生的自我保护或消极防御的心理反应。当个体对战胜挫折自感无力而失去信心时、当看到社会上的丑恶现象而又无力抨击时，就会对原有生活目标失去兴趣，缺乏积极的认知，活动意向减退，思维凝滞，情绪低落，因而表现出漠不关心、毫不在乎的冷漠麻木状态。

三、心理困惑及异常心理的成因分析

1. 社会因素

随着社会经济的不断发展，人们生活节奏正在日益加快，竞争的加剧，使人产生了对时间的紧迫感与压力感，人际关系日益复杂，不断趋于利益化与现实化。随着大学生毕业人数逐年增加，人才市场竞争日益激烈，很多大学生面临着毕业即失业的危机。科学技术飞速发展，人们也在不断地进行技术知识的更新，工业化、都市化以及人口的高度集中，造成了居住与交通更加拥挤，资源更加有限。这些因素给人们带来了巨大的心理压力，而大学生作为受高等教育的群体，会更容易感受到这种来自社会的压力，导致大学生在大学生活中始终似乎都能感觉得到压力常伴身旁，进而更加敏感以及随时处于应激状态，这些是心理疾病产生的外界因素。

2. 学校因素

学校是给学生进行教育的重要场所，因此学校给学生带来的影响是不容忽视的。首先，环境、角色、生活以及学习上的变化会引起大学生心理上的不适应，这主要是因为进入大学后，亲情、友情和故乡自然之爱的缺失，导致遇到困难时唤起了他们的思乡情绪。其次是教育过程的影响。有的学校强调知识教育、专业教育，不重视学生的全面素质的培养，突出智育成分，忽视思想道德教育及社会实践；专业设计不合理，缺少应有的师资与教学设备。许多大学生“两耳不闻窗外事”，缺乏参与各种有益活动的意识。极少数教师教书育人思想淡薄，因“厌教”而发牢骚，迎合学生的不良情绪，对学生产生了负面消极的影响，使学生对学习更加不适应。再次是人际关系氛围的影响。好的人际关系可使人们的心情舒畅，生活愉快，从而促进大学生个体社会化过程，身心健康发展及事业的成功；但若处在一种紧张的人际关系中，人们的心情就会不愉快或感到烦恼，甚至产生敌对、憎恶的态度。还有不健康的校园文化的影响，如追星、赶时髦、赌博、酗酒等。最后是高校心理咨询工作的欠缺。学校教育在一个人的人格形成过程中起着举足轻重的作用。但部分地区高校不够重视，许多学校至今还未设立心理咨询机构；培训体系不健全，从事心理咨询工作的人员缺乏相应的专业技能，心理健康教育不够规范，没有形成统一的体系，没有建立正规的大学生心理档案；只重视大学生心理健康教育的治疗功能，忽视大学生心理健康教育的预防功能，依赖于心理理论，方法的实践性不强。

3. 家庭因素

家庭是学生自幼生活的环境，家庭环境或早期经历无疑深刻影响着大学生的人格。主要表现在父母对子女的态度与教养方式。具体表现如下：①父母对子女管教严格，强迫命令、批评指责多，子女在性格上虽然表现出诚实、礼貌、细心、负责，但往往缺乏适应社会的能力，人际交往方面表现出羞怯、自卑、敏感、唯唯诺诺；②父母过分满足，过分保护，唯恐孩子受挫，这类学生依赖性强，遇事退缩，自制能力和自信心差；③父母对其放任自流，很少约束，这种大学生很可能以自我为中心，不懂得尊重他人，很难适应集体生活。长期以来，家长在教育学生的过程中往往采用应试教育的方法，重视智力教育，忽视学生心理素质与健康人格的培养。在子女考入大学后，父母将更多的精力转移到经济支持上来，而对子女的心理成长关注不够。因此，家长的教育理念应随着社会的发展有所更新，重视对子女的心理成长问题。

4. 个人因素

从发展心理学的角度看，大学生的心理发展还不成熟，他们的思维情感处于变化发展动荡的时期，存在着各种各样的矛盾冲突，如理想与现实的冲突、独立与依赖的冲突、自尊与自卑的冲突、竞争与求稳的冲突等；不能正确地评价自己与他人，不能正确地自我选择与发展，并影响与他人的交往。

第二节　大学生常见的心理疾病及其应对

如今在大学校园里，休学、退学、抑郁、自残、自杀等现象屡见不鲜，心理疾病已经十分普遍，只是轻重程度不同而已。轻者会表现为焦虑、自闭、压抑、多疑；重者表现为精神障碍，甚至危害生命健康。相关研究调查结果表明，大学生的心理疾病发生率呈不断上升趋势。本节我们就来谈一谈大学生常见的心理疾病相关问题。

【案例分析】

张同学以优异的成绩考入某高校。她主动关心班集体，积极参加各种活动，学习认真刻苦，期望能在班干部竞选中当选班长并获得奖学金。可事实让她很失望，班干部竞选没成功，学习成绩也很一般，未能取得奖学金。她的情绪从此一落千丈，变得郁郁寡欢，无心学习，也无法处理好与同学之间的关系，还整夜失眠。后来她不得不去医院精神科检查，结果诊断为抑郁症。

分析：大学生中抑郁现象比较多见，究其主要原因，是自我价值没有得到很好的体现，从而对自己进行否定。一般这样的学生情绪比较低落、不稳定，不爱搭理人，做事情没有兴趣，时间长了，容易造成负面情绪集聚，对学习、生活造成影响，严重的则会患上抑郁症，需要通过正确的渠道动态评估，科学预防。

一、什么是心理疾病

心理疾病是由内、外致病因素作用于人体而造成脑功能障碍，人脑功能的完整性、个体与外部环境的统一性遭到破坏所致。

心理疾病是很普遍的，只不过存在着程度区别。随着现代文明的发展，环境污染、快节奏的生活、空前巨大的信息量、复杂的社会关系、作息方式变化、消费取向差异等，都使心理疾病逐渐增多并恶化。

心理疾病种类很多，表现各异，而且有可能出现以前没有注意到，或“已经合理化”（不认为是心理疾病）的心理疾病。心理疾病可分为感觉障碍、知觉障碍、注意障碍、记忆障碍、思维障碍、情感障碍、意志障碍、行为障碍、意识障碍、智力障碍、人格障碍等。

二、常见的心理疾病及其解决办法

心理疾病的类型很多，当代大学生中常见的心理疾病有两种。

（一）神经症

神经症又称神经官能症，是一组大脑功能失调疾病的总称，也是近年来临床上常见的诊断之一。这种以情绪异常为主要特点的心理疾病，在大学生中发病率仅次于神经衰弱。

神经症具有以下共同特征。

第一，心理冲突。神经症患者意识到自己处于一种无力自拔的自相矛盾的心理状态，通俗地讲就是自己总是跟自己过不去、自己折磨自己，患者知道这种心理是不正常的或是病态的，但是不能解脱。

第二，精神痛苦。神经症是一种痛苦的精神障碍，喜欢诉苦是神经症患者普遍而突出的表现之一，患者一般自知力完整，有求助意愿。

第三，比较持久。神经症是一种持久性的精神障碍，不同于各种短暂的精神障碍。

第四，社会心理功能受损。神经症性心理冲突中的两个对立面互相强化，形成恶性循环，严重地妨碍着患者的心理功能或社会功能。

第五，心因性。神经症是一组心因性障碍，人格因素、心理社会因素是主要致病因素，患者虽然体诉繁多，却没有相应的躯体疾病。

神经症常与心理因素有关，一般没有可以证实的器质性病变。主要表现为恐怖症、焦虑症、强迫症、癔症、疑病症等，起病缓慢，一般预后较好。现展开进行介绍。

1. 恐怖症

恐怖症是对某种特定的事物或情境强烈的、持续的和不合理的恐惧，且常伴有回避行为，患者自身也知道这种反应不合理，但是不能自控，该病发病率约占总人口的26%，女性患者居多。

（1）症状表现：广场恐怖症、社交恐惧症、特殊恐怖症。患者对广场等人多拥挤的场所感到恐惧，害怕离家或独自一人在家；害怕被人审视，回避社交，害怕当众说话或与异性交谈，见人脸红，有自卑感和害怕别人评论自己；或者对特殊物体或情境产生不合理焦虑，不敢接触尖锐物品、不敢登高、不敢过桥；害怕雷雨、黑暗；害怕各种小动物等。

（2）主要病因：

①生理原因：美国著名精神病学教授戴维西汉先生指出，社交恐惧症的发病是由人体内一种叫作“5-羟色胺”的化学物质失调所致。这种物质负责向大脑神经细胞传递信息，这种物质过多或过少都会引起人们的恐惧情绪。

②心理原因：社交恐惧症患者一般自尊心较强，害怕被拒绝；或者对自己的外貌没有信心，有完美主义倾向，过分害怕事情的负面结果。

③家庭和社会原因：家庭搬迁或转学过于频繁、从小受家长约束而很少与人交往或本身所处的社会环境较为恶劣等都容易导致社交恐惧。

（3）应对措施：

①正确解读社交恐惧，审视现实。先弄明白在感到焦虑和胆怯时，大脑里正在进行怎样的化学反应。患者并非不正常，只是大脑对新的刺激反应失常，使处理事情时格外小心。了解这点，将帮助患者理解到底发生了什么，并且使患者在未来遇事更放松。

②直面恐惧冲击，不施加压力。别为了变得有趣、幽默或者善谈而感到有压力，做最正常、自然的自己。正是成为某种人的压力加剧了社交焦虑和胆怯。每个人的一生会搞定无数谈

话，下一个也不过是小小的考验而已。无须成为整个聚会的焦点。必须发表意见时，做最好的自己，说出自己的想法。如果无须说话，也别感到压力，冷静下来，开心就好。

2. 焦虑症

焦虑症是以焦虑为主的神经症，主要表现为与处境不相称的、没有明确对象和具体内容的紧张不安和恐惧惊慌，并伴有明显的自主神经症状、肌肉紧张和运动不安，以及濒死感、窒息感或失控感。患者对未来可能发生的、客观上并不存在的某种威胁、危险或不幸事件而担心害怕，其焦虑和烦恼的程度与现实并不相称，终日心烦意乱，坐卧不宁，忧心忡忡，好像不幸即将来临。

（1）症状表现：

①病理性焦虑反应：持续性或发作性地出现莫名的恐惧、害怕、紧张不安；有一种期待性的危险感甚至濒死感；患者担心自己会失去控制，可能突然昏倒或“发疯”。急性焦虑症可使患者数分钟内不能动弹，惊恐情绪可持续较长时间，反复发作，使患者惶恐不安，心有余悸；持续性焦虑状态则表现为终日忧心忡忡，坐卧不安，对外界事物敏感，常常草木皆兵，提心吊胆。70%的患者同时伴有抑郁症状，对前途失去信心和期望，情绪易波动、易怒。另外，还可能会有认知方面的障碍，对周围环境不能清晰地认识和感知，思维变得简单模糊；过分关注自身的健康状态，担心疾病再次发作。

②躯体症状：心慌、胸闷、胸痛、气短、心跳和呼吸频率加快；失眠、梦魇、疲乏、工作学习效率低；肌肉紧张、颤抖、手指麻木；尿频、头晕目眩、月经失调、停经；心神不宁、坐立不安、搓手顿足、来回踱步、注意力无法集中等。

（2）主要病因：

①生理因素：焦虑症患者往往会有5-羟色胺、去甲肾上腺素等多种神经递质的失衡，因此也具有一定的遗传性。

②精神压力因素：长期面临威胁，处于不利环境之中或遭遇重大的生活事件时，易感人群容易发生焦虑症。

（3）应对措施：心理治疗。患者应进行放松训练，可以借助放松训练的音乐指导语在躺卧、坐立、行走等各种情境中练习肌肉放松，重复训练以达到运用自如的程度。

3. 强迫症

强迫症以反复出现强迫思维和强迫动作为基本特征，主要表现为强迫怀疑、强迫性穷思竭虑、强迫回忆、强迫意向及对立观念等。对自己言行的正确性反复产生怀疑，例如外出时怀疑门窗是否关好，反复多次检查仍不放心。反复思考一些无意义的问题，如“我是谁？我从哪里来，我要到哪里去？”等。患者反复体验到想要做某种违反自己意愿的动作和行为的强有力的内在驱使，如担心自己会拿刀伤害自己或伤害别人，担心自己会将孩子从窗口扔出去，或强迫洗涤、强迫检查、强迫计数、强迫性迟缓等。这些反复出现的刻板动作和行为，是患者屈从于强迫观念，力求减轻内心焦虑的结果，因而强迫动作被强化，形成强迫性仪式动作。

（1）主要病因：

①性格原因：强迫症患者的性格一般拘谨、忧虑、认真仔细、力求准确、缺乏灵活性、追求完美、爱钻牛角尖、过于严格要求自己、喜爱整齐和有秩序等，家庭教育过程中极端强调认真仔细的生活习惯容易培养这种性格特征。

②心理社会原因：强烈或持久的精神因素的作用及激烈的情绪体验的影响往往是强迫症发病的直接原因，比如由于工作、生活环境的变迁，责任加重，处境困难，担心意外，家庭不和，亲人亡故或突然受到惊吓等。

（2）应对措施：阻断法。当不自觉出现强迫思维或强迫行为时，通过大声喊“停”，默念“毫无必要”或者用橡皮筋弹手腕等方式来强行中止，同时给自己安排其他活动，实现注意力的转移。连续的训练有助于形成新的条件反射，达到消除强迫思维和行为的目的。

4. 抑郁症

抑郁症是指由各种原因引起，以显著而持久的心境低落为主要临床特征的心境障碍。临床可见心境低落与其处境不相称，情绪的消沉可以从闷闷不乐到悲痛欲绝，自卑抑郁，甚至悲观厌世，可有自杀企图或行为，甚至发生木僵。部分病例有明显的焦虑和运动性激越，严重者可出现幻觉、妄想等精神病性症状。每次发作持续至少 2 周以上，长者甚或数年，多数病例有反复发作的倾向，每次发作大多数可以缓解，部分可有残留症状或转为慢性。

（1）症状表现：抑郁症可以表现为单次或反复多次的抑郁发作，以下是抑郁发作的主要表现。

①心境低落。

主要表现为显著而持久的情感低落，抑郁悲观。轻者闷闷不乐、无愉快感、兴趣减退，重者痛不欲生、悲观绝望、度日如年、生不如死。典型患者的抑郁心境有晨重夜轻的节律变化。在心境低落的基础上，患者会出现自我评价降低，产生无用感、无望感、无助感和无价值感，常伴有自责自罪，严重者出现罪恶妄想和疑病妄想，部分患者可出现幻觉。

②思维迟缓。

患者思维联想速度缓慢，反应迟钝，思路闭塞，自觉“脑子好像是生了锈的机器”，“脑子像涂了一层糨糊一样”。临床上可见主动言语减少，语速明显减慢，声音低沉，对答困难，严重者交流无法顺利进行。

③意志活动减退。

患者意志活动呈显著持久的抑制。临床表现行为缓慢，生活被动、疏懒，不想做事，不愿和周围人接触交往，常独坐一旁，或整日卧床，闭门独居，疏远亲友，回避社交。严重时连吃、喝等生理需要和个人卫生都不顾，蓬头垢面，不修边幅，甚至发展为不语、不动、不食，称为“抑郁性木僵”，但仔细进行精神检查时，患者流露痛苦抑郁情绪。伴有焦虑的患者，可有坐立不安、手指抓握、搓手顿足或踱来踱去等症状。严重的患者常伴有消极自杀的观念或行为。消极悲观的思想及自责自罪、缺乏自信心可使患者萌发绝望的念头，认为结束自己的生命是一种解脱，自己活在世上是多余的人，并会使自杀企图发展成自杀行为。这是抑郁症最危险的症状，应对此提高警惕。

④认知功能损害。

研究认为抑郁症患者存在认知功能损害。主要表现为近事记忆力下降、注意力障碍、反应时间延长、警觉性增高、抽象思维能力差、学习困难、语言流畅性差及空间知觉、眼手协调及思维灵活性等能力减退。认知功能损害导致患者社会功能障碍，而且影响患者远期预后。

⑤躯体症状。

主要有睡眠障碍、乏力、食欲减退、体重下降、便秘、身体某一部位的疼痛、性欲减退、阳痿、闭经等。躯体不适的体诉可涉及各脏器，如恶心、呕吐、心慌、胸闷、出汗等。自主神经功能失调的症状也较常见。病前躯体疾病的主诉通常加重。睡眠障碍主要表现为早醒，一般比平时早醒2～3 h，醒后不能再入睡，这对抑郁发作具有特征性意义。有的表现为入睡困难，睡眠不深。少数患者表现为睡眠过多。体重减轻与食欲减退不一定成比例，少数患者可出现食欲增强、体重增加。

(2)主要病因：抑郁症的发生与遗传、社会、心理、环境和生物化学等多种因素有关，是一种临床综合征，其病因和发病机制尚不明确，但可以肯定的是，生物、心理与社会环境诸多方面因素参与了抑郁症的发病过程。生物学因素主要涉及遗传、神经生化、神经内分泌、神经再生等方面；与抑郁症关系密切的心理学易患素质是病前性格特征，如抑郁气质。成年期遭遇应激性的生活事件，是导致出现具有临床意义的抑郁发作的重要触发条件。然而，以上这些因素并不是单独起作用的，遗传与环境或应激因素之间的交互作用以及这种交互作用的出现时点在抑郁症发生过程中具有重要的影响。

(3)应对措施：

①科学诊断，接受心理治疗：当出现抑郁症可疑症状时，应及时到专业的心理咨询中心或医院精神卫生门诊寻求科学诊断，切忌根据个人的主观经验或心理测试结果随意给自己或他人贴上"抑郁症"的标签，以免凭空制造心理压力。经专业诊断确患有抑郁症的个体，应接受心理治疗，比如认知矫正、行为训练、生物反馈治疗等。

②坚持自我调整：心理治疗和药物治疗的疗效巩固需要患者本身做一些努力和尝试。日本心理学家森田正马创立的"森田疗法"对抑郁症患者的自我调整和生活应对有很好的启发，按照森田疗法中"顺其自然，为所当为"的核心生活理念，抑郁症患者在日常生活中应该在省思的同时坚持完成基本学习和工作安排，保证正常的生物节律和生活节奏。因为心理的困扰随时随地存在于我们每个人身上，那么我们就应该"带着症状去生活"，这样不仅可以避免生活失败带来的交互影响，还可能在顺利完成某些任务时获得正向的强化和对症状的领悟。

5. 疑病症

疑病症以担心或相信有一种或多种严重躯体疾病存在的持久的先占观念为主要临床表现。患者对健康过度忧虑，常夸大或曲解躯体的正常感觉，并错误地归因于严重的躯体疾病；即使有临床检查的阴性结果及医生耐心的解释和保证，都不能动摇患者的疑病观念。

(1)症状表现：

①疑病症的心理障碍：患者坚信自己患有严重疾病，为此到处求治，找过许多医生，但反复检查均无阳性特征，或有小毛病但与本人感觉不对称。出现疑病性烦恼、不适感、感觉过敏，对自身健康过分关注。

②疼痛：约有2/3的患者有疼痛症状，常见部位为头部、下腰部或右腋窝。这种疼痛被患者描述得很清楚，患者有时甚至主诉全身痛，但查无实据。

(2)主要病因：

①性格原因：患者大多性格敏感多疑、主观固执、以自我为中心、自怜和孤独。男性多具有强迫性人格，女性则多与表演型人格有关。

②心理社会原因：婚姻破裂、子女离别、人际交往减少、孤独、不稳定等均可成为疑病症的诱因。当然，有的患者之前得过重大的躯体疾病，并由此促发了强烈的自我暗示和条件联想。

(3)应对措施：

①慎重诊断：必须经过严格细致的体检和实验室检查，切实排除器质性疾病的可能才能下

结论，否则可能延误病情，危害身体健康。

②心理治疗：经过反复检查无器质性病变后应适时地求助于心理治疗，了解心理社会因素致病的可能，配合心理医生发掘和分析症状背后潜在的心理冲突，从而缓解症状。

③专业治疗：心理医生可以借助患者高度的受暗示性，为其开一些“具有明显调理功效”的药物（通常是维生素片），并通过重复暗示促进患者疑病症状的缓解和消失。

6. 神经衰弱

神经衰弱患者精神易兴奋和易疲劳，主要表现为心情紧张、烦恼、易激惹和睡眠障碍。常伴有头昏、心悸、气急、胸闷、腹胀、腹泻或便秘、尿频、月经不调、遗精、阳痿、早泄等。

（1）主要病因：

①性格原因：调查发现，性格胆怯、自卑抑郁、依赖性强、敏感多疑、主观任性、急躁好强、自制力差的人更容易罹患神经衰弱。

②心理社会原因：学习负担过重、家庭期望过高、父母不和、人际关系紧张、亲人亡故、感情破裂、升学就业困扰、性心理困扰等是诱发青少年学生神经衰弱的主要心理社会因素，其中部分因素使得大脑神经活动长期持续性过度紧张，导致大脑兴奋和抑制功能失调而产生神经衰弱。

③生理原因：体质不佳、近期躯体疾病有时也会诱发神经衰弱。感染、中毒、营养不良、内分泌失调等也会对神经系统产生不良的影响。

（2）应对措施：

①心理治疗：可以寻求专业的心理治疗，充分倾诉内心痛苦、焦虑的感受，分析起病的原因，同时可以通过放松训练、音乐治疗、生物反馈治疗等解除精神压力和紧张情绪，并增加自己的心理自由度（比如：允许自己有优缺点，不怕使别人失望）。

②日常调整：保证规律的作息，每天坚持适量户外运动、练习静坐、温水淋浴等，有助于缓解神经衰弱的症状。

7. 适应障碍

适应障碍是由应激性生活事件或生活环境变化引起的不能适应症状。主要表现为情绪障碍，如烦恼、焦虑不安、抑郁沮丧、品行障碍（如逃学、破坏公物、打架、不履行法律责任等）。患者感到对目前处境不能应付，无从计划，难以继续。同时可出现影响日常生活的适应不良的行为。应对措施如下。

（1）迅速消除或避开刺激情境：患者的症状表现常反映患者的内心矛盾和精神创伤的内容，消除刺激原因，及时治疗能较快康复，且很少留后遗症，若无重大精神创伤，则无复发之忧。

（2）心理疏导：引导患者宣泄情绪，仪式性地完成未遂心愿（比如亲人去世时没有送终引起的内疚、自责和悲痛，需要补充完成祭奠仪式来表达哀伤），做好日常生活安排等，有助于患者尽快调整情绪和精神状态。

8. 考试综合征

考试前夕或临场考试时出现心慌意乱，烦躁不安，思维不能集中，回忆不起学过的知识；或是头晕目眩，手指震颤，无法工整地书写；或是气短、尿频、腹泻，不能自主。严重的可发生呼吸急促，大汗淋漓，血压下降而晕厥。应对措施如下。

（1）改变对考试的认识。考试是检查自己平时学习情况的手段，目的是查漏补缺，完善今后学习。

(2)对自己的期望要合理适当,根据自己的能力和水平定目标,以便逐步提高。

(3)要重视考前复习,做到心中有数。

9. 网络综合征

患者因为缺乏社会沟通和人际交流,把网络世界当作现实生活,脱离实际,与他人没有共同语言,从而出现孤独不安、情绪低落、思维迟钝、自我评价降低等症状,严重的甚至有自杀意念和行为,即“互联网成瘾综合征”,简称 IAD。

10. 恋爱挫折综合征

患者情绪低落,经常哭泣,头脑混乱,失眠,烦躁,注意力不集中,日夜思念恋爱对象,并且对学习没兴趣,对前途失去信心,他人劝说也不能缓解。对于未来的爱情没有信心,内心产生了极大的挫折感且不能控制自己的行为,如反复去找恋人谈心,反复思考与恋人之间的矛盾等,对患者的生活和学习造成极大的破坏。

(二)人格障碍

人格障碍是指明显偏离正常且根深蒂固的行为方式,具有适应不良的性质,其人格在内容上、质上或整个人格方面异常,由于这个原因,患者遭受痛苦和(或)使他人遭受痛苦,给个人或社会带来不良影响。患有人格障碍的人有着长期存在的稳定的思维和行为模式,这些模式不同于社会认为的通常或正常。有人格障碍的人性格僵化,应对能力较差,难以建立健康的人际关系,工作和社交功能受损,会经历很多生活困难和痛苦。

人格障碍没有明确的起病时间,不具备疾病发生发展的一般过程。通常开始于童年期或青少年期,并长期持续发展至成年甚至终生,因为其适应不良的行为模式难以矫正,仅有少数患者在一定程度上有所改善。

1. 人格障碍的特征

(1)一般从青春期开始,男性可更早些。

(2)人格严重偏离正常,与他人格格不入的,尤其在人际交往方面显得非常的孤僻。

(3)严重的情感障碍,情绪不稳定,大起大落,很容易被激惹,对人情感肤浅甚至冷酷无情。

(4)行为的目的和动机不明确,行为大多受情感冲动、偶然的动机或本能的愿望所支配,故行为多缺乏目的性、计划性和完整性,自制力较差,容易发生冲动和不正常的意向活动。

(5)缺乏自知,不能吸取教训。

(6)病态人格一旦形成,不易改变。

(7)矫正困难,预后较差。

2. 人格障碍的类型

(1)偏执型人格障碍。

偏执型人格障碍表现为在生活中各个方面对其他人的不信任。潜在的迹象包括不理性的怀疑、认为一个人正在被他人操纵、他人不值得被信任或言语中暗藏威胁和侮辱。通俗来说,这类障碍者可能会认为自己的亲人被外星人控制。

(2)分裂样人格障碍。

分裂样人格障碍是一种脱离社交关系的人格模式,它的主要特征是“脱离正常的社会人际交往，情感表达范围受限”。这类障碍者既不喜欢与他人产生连结，也不在意他人对自己的看法或评价。

(3)分裂型人格障碍。

分裂型人格障碍包括对亲密关系的不适感，对建立亲密关系有困难，以及认知或感知异常。他们在与人们建立关系时会感到非常不安。如果必须与他人互动，他们会感觉自己和其他人不同，没有归属感。

分裂型人格障碍者与分裂样人格障碍者不同的是，前者内心渴望建立亲密关系，并为之焦虑；而后者则对与人交往完全没有兴趣。

(4)反社会型人格障碍。

反社会型人格障碍的特点是追求自己想要的，不考虑后果，并且不会感到任何悔恨或内疚。具体可能表现为反复的犯罪活动、打架或撒谎、冲动性行为倾向、不负责任、缺乏计划等。

大多数反社会型人格障碍者存在药物滥用。滥用药物的人中，约有50%具有反社会型人格障碍。

(5)边缘型人格障碍。

边缘型人格障碍的特征是关系、情绪和行为不稳定，并且边缘型人格障碍者对他人可能的拒绝和遗弃会表现出过分敏感。

患有这种疾病的人可能曾经有过一段负面关系，会非常在意他人的想法，在其他人对自己的极端正面和负面观点之间摇摆不定。

(6)表演型人格障碍。

表演型人格障碍的特征是过度寻求夸张的情感表达。表演型人格障碍者需要持续成为关注的中心，他们会使用不恰当的诱惑或挑衅方式，非常戏剧性地表现自己。

(7)自恋型人格障碍。

自恋型人格障碍的特点是感觉优越(自大)、需要赞美、缺乏同理心。自恋型人格障碍者经常高估自己的能力，夸大自己的成就，并倾向于低估他人。这是因为这类障碍者通常有自尊方面的问题，他们的异常行为也是为了增强自身的优越感和自尊。

自恋型人格障碍者渴望新奇，容易感到厌倦。因此，他们可能会频繁地换工作和朋友。他们很容易因为不得不等待奖励而感到沮丧，所以他们行为的动机往往是立即获得满足感。

(8)回避型人格障碍。

回避型人格障碍的特征在于避免涉及存在拒绝、批评或屈辱风险的社交场合或互动。患有回避型人格障碍的人倾向于躲避与他人(可能包括伴侣)的亲近，并过度担心他人的负面评价。由于低自尊、担心他人等因素，回避型人格障碍者常常会有人际关系方面的问题。

(9)依赖型人格障碍。

依赖型人格障碍的特点是普遍的，过度的需要被照顾，导致屈从和依附行为。患有依赖型人格障碍的人认为他们不能照顾自己，并且以屈服试图令其他人照顾自己，这也导致了他们对分离的恐惧。患有这种疾病的人可能会努力以顺从的方式行事，以免损害恋爱关系。

(10)强迫型人格障碍。

强迫型人格障碍的普遍特点是被有序、完美主义和控制所占据，并会因此无法正常生活和工作。为了维持掌控感，患者专注于规则、细枝末节、程序、时间安排和列表。这种执着影响了他们的灵活性、有效性和对不同思维开放性的能力。他们僵化而固执地执行活动，坚持以特定的方式完成每一件事。

3. 主要病因

人格障碍的病因及发病机制迄今仍未完全阐明。生物-社会-心理学模型提出人格障碍是遗传和环境影响相互作用的结果。

(1)遗传因素。

遗传因素在人格障碍发病中有重要作用。边缘型人格障碍的遗传度约为0.7。有学者对1000名边缘型人格障碍患者进行全基因组关联研究，结果表明边缘型人格障碍与双相情感障碍、精神分裂症和抑郁障碍存在遗传重叠。

家族谱系研究发现，人格障碍遗传的发生率与血缘关系的远近成正比，人格障碍患者的家属中，血缘关系越近，人格障碍的发生率越高。同卵双生子比异卵双生子发生人格障碍的一致率更高，人格障碍患者的子女被寄养后人格障碍的发生率仍较高。

(2)脑神经发育因素。

人格障碍可能存在脑功能损害，但一般没有明显的神经系统形态学病理变化。神经影像学研究显示，反社会型人格障碍患者的前额叶灰质减少、杏仁核体积减小，边缘型人格障碍患者的海马体和杏仁核体积减小。

人格障碍患者还存在神经递质的代谢异常，如分裂型人格障碍患者的多巴胺功能与阳性症状呈正相关。边缘型人格障碍患者存在5-羟色胺和多巴胺功能异常。

(3)心理社会因素。

人格障碍与文化适应不良有关。例如，儿童期从农村搬到大城市的个体，可能会出现单独活动以及社交沟通上的缺陷，可能会发展成分裂型人格障碍等。对金钱、地位、成就的过分追求也可能是诱发自恋型人格障碍的社会因素。

家庭环境对人格发育至关重要。儿童时期不合理的教养方式(如早年分离、虐待、粗暴、溺爱或苛求等)和早期教育的质量除了影响大脑结构和功能外，可能还会影响基因表达，从而导致终生稳定的行为特征。

分裂型人格障碍患者常常存在一系列早期创伤，如父母的拒绝和威胁，导致患者认为表达情感是没有意义的，其他人是无情的。分离焦虑障碍被认为是依赖型人格障碍的危险因素。一些“强迫性父母”用僵硬的、控制的教养方式，限制孩子的自主性，从而使孩子形成矛盾、固执、刻板等强迫性格特点。双亲的边缘型人格特质对子女出现边缘型人格障碍有一定的影响。

4. 应对措施

人格障碍患者多缺乏自知力和自我完善能力，故一般不会主动就医，往往在环境或社会适应中遇到困难，出现情绪、睡眠等方面的症状时才会寻求治疗或被他人要求治疗。

人格障碍的治疗是一项长期而艰巨的工作，其主要治疗方法是心理治疗结合药物治疗，促进人格重建，使其逐渐适应社会。不同类型的人格障碍需要不同治疗方法的结合，要在全面了解病情、成长经历、家庭环境、教养方式、社会和心理环境的基础上，制订个体化的治疗策略。药物治疗、心理治疗及合理的教育和训练是人格障碍治疗的三种主要模式。一般认为，上述三种治疗模式的结合可能更有利于人格障碍患者的康复。

主要治疗原则包括：①尽早确诊，及时进行系统且长期的治疗；②以理治疗为主，药物治疗为辅；③对近亲属的健康宣教、心理支持、家庭治疗等。

(三)精神分裂症

精神分裂症是青年人好发的一种严重的心理疾病。患者具有特征性的思维、知觉、情感和行为等多方面的障碍。患者的行为与现实相分离,思维过程与情感相分离,行为、情感、思维具有非现实性,难以理解,很不协调。精神分裂症初期常常表现出神经衰弱的一些症状,随着病情的发展出现联想障碍,即联想过程缺乏连贯性和逻辑性,是本病的特征。患者在意识清楚的情况下,言谈不切题,严重时语言支离破碎,呈现出思维松弛或破裂性思维。另外,情感淡漠,情感不协调,情感反应与思维内容以及周围环境不协调,也是该病的特征。随着病情的加重,患者意志活动减退,行为孤僻、退缩,不与他人来往,不讲卫生,生活懒散,终日呆坐或卧床。有的患者甚至伤害自己,意向倒错,出现幻觉,或受离奇思想的支配。

此类患者没有自知力,不愿意接受治疗,起病可急可缓,一般以慢性起病居多。预后与其类型和治疗及时与否有直接关系。如及早发现并治疗,多数可以得到控制。若延误治疗,发展成慢性就会使患者丧失学习、工作和社会活动能力。此外,家庭照顾、社会心理因素对患者的预后也有较大影响。一般,家庭照顾得好,社会支持系统好,对患者预后有很大帮助。

(1)症状表现:

①感知障碍:患者常出现错觉和幻觉,比如感觉有人在屋顶上说话,出去看,未看见人,遂以为瓦片下有录音机。

②思维障碍:包括思维贫乏、思维破裂、思维中断、思维逻辑倒错、语词新作、矛盾观念性思维、象征性思维、刻板或重复语言、妄想(比如钟情妄想、关系妄想、被害妄想、嫉妒妄想、夸大妄想、知罪妄想)等。

③情绪障碍:患者常出现情感淡漠,对外界刺激缺乏相应的情感反应,表情呆板,和周围环境失去联系。也有的患者出现情感倒错,认识的内容与情感之间无一致的关系,比如亲人意外死亡却哈哈大笑,言谈举止正常却痛哭流涕。

④意志行为障碍:常见的有意志增强、意识丧失、木僵状态、违拗、被动性服从、刻板模仿等。

⑤自知力障碍:患者对自己的主观状态和精神病状态没有正确的认识,不认为自己有病,不能意识到自己和过去不同。

⑥内向性:患者陷入严重的离群索居、与世隔绝的状态,整天做白日梦,生活在幻想世界。有的表现出双重人格或人格障碍。

(2)主要病因:精神分裂症的确切病因尚不清楚,根据案例统计经验,可能与以下几个方面的原因有关。

①遗传因素:调查表明,精神分裂症患者家庭成员患病率比一般人患病率高出62倍。

②个性因素:患者病前大多具有胆小、话少、敏感、孤僻、消极、冷漠、好幻想等性格特征。

③环境因素:大部分患者的发病与精神刺激有关,病前常有恋爱、家庭、生活、工作、学习、经济、人际关系等问题引起的心理矛盾和冲突。

④大脑损伤:脑外伤、脑瘤、铅中毒等也可能导致精神分裂症状。

(3)应对措施。

①及早识别:精神分裂症患者早期就会出现一些荒谬行为,但自己无自知力,周围人应该及早识别其与抑郁症、强迫症、人格障碍之间的不同,推荐其到专业的精神治疗机构进行诊断,

以便能够得到及时的治疗，控制病情的迁延。

②心理辅导：在病情缓解后，可以通过心理辅导帮助患者调整情绪状态，逐渐适应社会生活。

解压小技巧

第三节　大学生心理咨询的内容与类型

随着工作和生活节奏的加快，人们所面临的压力和困境越来越多，心理咨询可以帮助人们解决心理疑惑，提升自我认识，走出心理阴霾。比如情绪情感问题；儿童发展中的心理问题；青春期身心发展的不平衡问题；社会适应问题；青年独立性和依赖性的矛盾；友谊与恋爱问题；成就动机与自我实现性问题；择业、失业与再就业问题；中年及更年期人际冲突、情绪失调问题、工作及家庭负荷的适应问题；家庭关系及家庭结构调整问题；更年期综合征；老年期社会角色再适应问题；心理衰老等都可以通过心理咨询得到帮助或解决。高等学校承担着为社会培养身心健康、全面发展的专业人才的任务，应采取积极措施，创造良好条件，对大学生进行心理健康方面的指导与帮助，是提高大学生心理素质、增进大学生心理健康的有效途径。

一、心理咨询的概念

关于心理咨询，不同的学者有不同的定义。

人本主义学派代表人物罗杰斯将心理咨询解释为：通过与个体持续的、直接的接触，向其提供心理帮助及力图促使其行为、态度发生变化的过程。

社会心理学家威廉森等将心理咨询解释为：咨询师与来访者在面对面的情况下，受过心理咨询专门训练的咨询师，向在心理适应方面出现问题并祈求解决问题的来访者提供援助的过程。

我国心理学家陈仲庚认为，心理咨询就是帮人们去探索和探究问题，使他们能决定自己应该做些什么。强调心理咨询要明确三个问题：①待解决问题的性质；②咨询师的技术；③所要达到的目标。

《心理学大词典》将心理咨询定义为：对心理失常的人进行心理商谈，使其对自己与环境有一个正确的认识，以改变其态度与行为，并对社会生活有良好适应性。

吸纳不同学者见解的合理内核，用一句话概括，即心理咨询是运用心理学的方法，对心理适应方面出现问题并企求解决问题的求询者提供心理援助的过程。需要解决问题并前来寻求帮助者称为来访者或者咨客，提供帮助的咨询专家称为咨询者。来访者就自身存在的心理不适或心理障碍，通过语言或文字等交流媒介，向咨询者进行述说、询问，在咨询者的支持和帮助下，双方共同讨论并找出引起心理问题的原因，分析问题的症结，进而寻求摆脱困境、解决问题的条件和对策，以便恢复来访者的心理平衡，提高来访者对环境的适应能力，增进其身心健康。

对心理咨询的解释可以分为广义和狭义。广义的心理咨询包括心理咨询和心理治疗，有时心理检查、心理测验也被列入心理咨询的范围。狭义的心理咨询不包括心理治疗和心理检查、心理测验，只局限于咨询者通过咨访双方面谈、书信、网络和电话等手段向来访者提供咨询帮助的过程。

二、心理咨询的分类

（一）按性质分类

1. 发展心理咨询

每个人在成长的各个阶段，都可能产生困惑和障碍，如为适应新的环境、选择合适的职业、为个人事业的成功突破等，需要使自己本身达到最佳的状态，了解并开发潜能，这时要做的就是发展心理咨询。

2. 健康心理咨询

一个精神正常的人，因受各类刺激而出现焦虑、紧张、恐惧、抑郁等情绪问题，或者因各种挫折而出现行为问题，并且影响其社会功能的正常发挥，这时要进行的就是健康心理咨询。

（二）按规模分类

1. 个体心理咨询

个体心理咨询即咨询师与来访者建立一对一的咨询关系。咨询活动与来访者所处的社会、集体以及家庭无直接关系。在内容上，着重帮来访者解决个人的心理问题，倾听来访者的内心。

2. 团体心理咨询

团队心理咨询就是在团体情境中向来访者提供心理帮助和指导。通过团体内人际交互作用，促使个人在交往中观察、学习，认识自我、探讨自我、接纳自我，调整和改善与他人的交往，学习新的态度与行为模式，以促进个人发展。

（三）按时程分类

1. 短程心理咨询

在短时间（1～3 周）内完成心理咨询，资料的收集和分析集中在心理问题的关键点上，就事论事地解决来访者的一般心理问题。

2. 中程心理咨询

在 1～3 个月完成心理咨询，可涉及较严重的心理问题，要求有完整的咨询计划、咨询预后，追求中期以上疗效。

3. 长期心理咨询

在遇到严重心理问题时，可采用长期心理咨询，一般在 3 个月以上，要求制订详细的咨询计划并要求实施巩固疗效的措施。

（四）按形式分类

1. 门诊心理咨询

门诊心理咨询是面对面的咨询，它能及时对来访者进行各类检查、诊断，及时发现问题，给予妥善的处理（如转诊、会诊等）。因此，门诊心理咨询是心理咨询中最主要也是最有效的方法。

2. 电话心理咨询

电话心理咨询是利用电话给来访者进行的支持性咨询。早期多用于危机干预，阻止心理危机所导致的恶性事件，如自杀、暴力行为等。

3. 互联网心理咨询

互联网心理咨询是心理咨询师通过互联网来帮助来访者的咨询。它突破了地域上的限制。通过互联网进行心理咨询，可以利用相关软件程序，对心理问题进行评估和测量；可以将咨询过程全程记录，便于深入分析来访者的问题及进行案例讨论。在一个付费咨询体系中，咨询协议的具体化和程序化将使得人们更容易接受。

三、心理咨询的主要流派

1. 来访者中心心理咨询

这是由罗杰斯所倡导的一个学派。其基本的观点是来访者具有了解自己问题的能力，也有解决问题的资源。因此，作为咨询师必须注重来访者自身的建设性以及健康的一面。把来访者所直接面临的现实场面作为咨询的重点，重视来访者对自身的感觉。咨询的目标是使来访者通过观察自身来获得成长和完善，不需要咨询者过多的干预和指导就可以产生变化，咨询者需要给出的是理解、真诚、支持、接受、关心和积极的评价。

2. 行为主义的心理咨询

行为主义的心理咨询是以学习理论和行为疗法理论为依据的心理咨询，认为人的行为问题、症状是由错误的认知与学习所导致的，主张把心理咨询的重点放在来访者当前的行为问题上，注重当前某一特殊行为问题的解决，以促进问题行为的改变、消失或新的行为的获得。行为主义的创始人是华生，但对心理咨询产生较大影响的却是巴甫洛夫的经典条件反射、斯金纳的操作性条件反射和班杜拉的社会学习理论。

巴甫洛夫用狗做实验，狗吃食物会引起唾液分泌，这是无条件反射。如果给狗以铃声，不会引起唾液分泌，如果给狗以铃声时即喂食，这样结合多次后，单独听到铃声，狗也会分泌唾液。原来与唾液分泌无关的刺激物——铃声，变成了引起唾液分泌这种无条件反射的无条件刺激物——食物信号，转化为信号刺激物，引起唾液分泌。如果形成的条件反射不予以强化和保持，就会产生条件反射的消退。对于在无意识的条件反射中所形成的不良习惯、心理问题、心身障碍等，在咨询时可以使用反条件刺激予以清除和击退。

斯金纳的操作性条件反射是指强化动物的自发活动而形成的条件反射。斯金纳在实验箱中放一只饥饿的老鼠，老鼠在箱中乱窜时，偶尔按压了一下能掀动食物的横杆而获得了食物，强化几次后，条件反射就迅速形成了。在咨询中，只要咨询者对期望的来访者的某种行为予以奖励，这种行为就会强化，反之就会消退，若予以惩罚，会加快消退的速度。

班杜拉的社会学习理论强调榜样的示范作用，认为人的大量行为是通过对榜样的学习而获得的。和建立条件反射一样，榜样学习也是人类社会学习的一种基本方法。

在行为疗法中，还有另外一些常用的方法，如系统脱敏法、想象厌恶法、强化法、思考停止法等。

3. 认知行为的心理咨询

认知行为的心理咨询又称认知行为疗法，是一组通过改变思维或信念和行为来改变不良认知，达到消除不良情绪和行为的短程心理治疗方法。具有代表性的有艾利斯的合理情绪行为疗法(REBT)、贝克和雷米的认知行为疗法和梅肯鲍姆的认知行为疗法等。

认知行为疗法对道德颓废、堕落，罪恶感和害羞症状较有效。对于创伤后应激障碍与情感性或焦虑性或人格疾病（反社会性、边缘性、自恋性人格疾病）并存的当事人，较常使用认知行为疗法治疗。

【案例分析】

最近一段时间，王同学回到家感觉压力很大。王同学父亲因为工作原因，压力比较大，常常和王同学因一些小事情争辩，甚至大声地责骂王同学，王同学觉得父亲不爱自己，无理取闹。王同学的母亲因为前段时间生了二孩，花了很多的时间照顾二孩，常常会忽略家里一些事情。有一次，王同学提醒母亲做错了一件事情，母亲并没有接受，反而说王同学学习注意力不集中，一心都在琐事上。王同学觉得母亲现在变了，脾气暴躁，不能理解自己，对自己关注也少了。在学校里，王同学正常学习，一般不会主动招惹别人，但王同学认为周围有几个同学总是打扰自己，王同学说了一下她们，但问题没有得到解决，每次出现争执的时候，王同学都选择忍耐，所以最近内心失落，情绪不佳，往往无缘无故哭泣。

根据王同学的临床资料，综合其相关因素，分析如下：其家庭中无精神病史，其本人无重大疾病史。王同学本人对症状自知，有求医行为，没有出现幻觉、妄想等精神病症，根据精神活动正常与异常的三原则判断，可排除王同学有重性精神病。可以采用认知行为疗法帮助王同学认识情绪低落产生和发展的原因，使王同学识别自己的错误认知和观念。以争吵事件为线索去探寻王同学的负性自动思维，通过回忆、想象的方式引导王同学去探寻为什么会变成这样。王同学目前的心理与行为问题由其沟通出现问题引起，为近期发生，其反应强度是可以理解的，不良情绪持续一周左右，社会功能轻微受损，不愿意与同学交流，学习积极性降低，反应内容未泛化，有很好的自知力，符合一般心理问题的诊断。

4. 精神分析的心理咨询

精神分析法又称为心理分析法，一般以1895年弗洛伊德与布洛伊尔出版的《关于歇斯底里的研究》作为精神分析正式创立的标志。精神分析法是通过自由联想、移情、对梦和失误的解释等来克服婴儿期的动机冲突带来的影响并给予治疗的一种方法。

精神分析在咨询过程中的应用如下。

(1)自由联想：经典的自由联想是不管咨客有什么想法，都说出来。不管这些内容多么荒唐，自己感觉多么微不足道，也不管现有道德规范多么不容许，也包括对医生的看法。即不要有任何顾虑和约束地说出浮现在脑子里的所有内容。

(2)阻抗：咨客表现出联想不够自如，常说话中断，吞吞吐吐或没有什么话可说；或故意避开一些问题，或与咨询师辩论。阻抗是指咨客不愿把潜意识里的内容表现出来，因为他们很怕触动自己的“伤疤”。这是一个无意识过程，所以咨客是不知道的。破除阻抗并不容易，这是分析治疗中的最艰难过程，也是最费时间的原因。面对阻抗，咨询师要有足够的耐心。阻抗的出现是发现咨客精神防御机制的重要线索。

(3)移情：在会谈中咨客把咨询师当作发泄的对象，这就叫移情。弗洛伊德认为移情是咨客早年与父母关系的再现，并不是对咨询师的真正态度。移情也分正性移情和负性移情。在移情中咨客往往把咨询师当作特殊的人物，这时候咨客可能对咨询师依赖增强，要求甚多，或在治疗师面前像个小孩或对治疗师产生爱恋。移情的出现对咨询师而言是很大挑战，对移情的处理和解释也是咨询师的重要治疗技术。要让咨客知道他的这些表现是未成熟心理的再现。移情对治疗是至关重要的，也是在分析学里最难掌握的技术。

(4)对梦的解析：参考弗洛伊德的《梦的解析》。

(5)解释，修道，领悟：在治疗的过程中咨询师对咨客的一些情况给予解释，但这种解释应在良好的治疗关系下进行。对于一些问题仅提醒一次一般是不够的，咨客的很多问题会在生活里显示出来，所以咨询师可以根据咨客生活上的变化，在恰当的时候给予提醒。持续帮助咨客解决冲突称为通道。在这种长期的治疗中咨询师的提醒和帮助使咨客逐渐领悟到自己问题所在。

【案例分析】

鲁同学，大三学生，性格内向，是一个毕业班留级下来的男生。平时沉默寡言，不愿意跟别人打交道。上课也是闭口不言，即使偶尔被老师提问，声音也小得几乎听不到，而且回答很怪异。下课后经常静静地坐在自己的座位上戴着大耳机发呆，同学试着和他交流，有时他只是冲着同学看一眼，之后仍坐着不动。他自述：我现在有一个目标，就是把自己的漫画画好；我和所有学子一样，都奋勇拼搏，为着自己的目标，坚持不懈。他愿意和辅导员说几句话，但是不会与同学说哪怕是一句话。与其母亲交谈后得知：鲁同学性格内向，不太愿意向别人吐露心声，所以和别的同学也很少交流，至今一个朋友也没有。但其实他的心里有很多苦恼，因为平凡而普通，他经常感到十分自卑。

分析：在本案例中，鲁同学的想法和行为就是典型的孤僻自卑情绪状态。他认为自己在给那些学习好的同学陪读，这个观点让人不敢苟同。我们每个人都有受教育的权利，我们受教育是为了获得知识，提高个人道德修养和素质。不论将来从事什么行业，都不能没有知识。所以我们今天在学校里学习是在为自己积累一笔无形的财富，这与其他人没有关系。

鲁同学现在处于一种自卑的心理状态。自卑的实质并不是客观上的差距，而是自我评价过低。根据艾利斯的ABC理论，包括自卑在内的负性情绪体验主要是个体对事物的某些不合理观念造成的，因为成绩不好、外貌不如别人，就认为别人一定看不起自己，就认为自己一无是处，这是一种错误的评价。鲁同学虽然采取避免与他人交往的方式来掩饰自身的不足，缓解自己的心理压力，但会产生孤独的体验，形成闭锁性的性格，导致更糟的情况。在了解了前面一些道理之后，应采取有效的措施从低落的情绪中早日解脱出来。

四、心理咨询基本常识

1. 来访者本人要有心理咨询的愿望

心理咨询以语言沟通为基础，这种沟通建立在来访者自愿和对咨询师的信任基础上。若来访者没有沟通的愿望或是被亲朋好友带领至此，则不会情愿谈及真实的自我，咨询效果会受到影响。

2. 来访者不必担心谈话的内容外泄

心理咨询师的工作原则之一是为来访者保密，有些来访者因有这种担心，咨询时往往隐去某些问题，不利于咨询师做出评估和提供帮助。

3. 来访者最好有自助意识

心理咨询除需要心理咨询师的启发、引导和帮助外，还需要来访者积极主动配合。有的来访者没有这种意识，在咨询后对咨询师布置的作业不实施。如对恐怖症来访者的治疗是先进行放松练习，再进行系统脱敏治疗，这是一个连贯程序，有的来访者回家不练习，总想在咨询师那里获得一种简单的治疗方法或药物，导致咨询半途而废。

4. 来访者勿急于追求效果，欲速则不达

心理问题、心理疾病不是一天两天形成的，而可能是多种原因造成的。比如人际交往障碍，有的来访者出现障碍的原因是性格偏内向、口吃、怕别人讥笑、拒绝与人交往，咨询时首先要打破这一循环，使来访者改变自身对口吃的认识，消除紧张焦虑情绪，学习与人交往的方法技巧。这是一个积累的过程，并不是短期就能达到的。还有些心理问题或疾病需要有关人员同步参与咨询，如孩子的问题需父母参与，婚姻问题需夫妻双方参与。

五、心理咨询的过程

1. 进入与定向阶段

(1)建立辅导关系。

(2)搜集相关资料，以利初步界定问题，明确辅导需要。

(3)初步了解当事人的个人、环境资源；做出接案决定；做出辅导安排。

2. 问题——个人探索阶段

(1)建立良好的关系。

(2)搜集有关资料，进一步界定和理解问题。

(3)协助当事人进行自我探索，达到对当事人的深入了解。

3. 目标与方案探讨阶段

(1)激发当事人改变的动机。

(2)处理好当事人的期望与目标的关系。

(3)咨询师要明了现有的干预手段和自己能力的局限。

(4)咨询目标的确定要以当事人为主,咨询师起辅助作用。

4. 行动/转变阶段

(1)避免让当事人处于一种被动、接受、依赖的角色。

(2)保持灵活性。

(3)要注意收获在实际生活中的迁移应用情况。

(4)行动/转变阶段要经常进行评估,即根据已确定的目标,看咨询和实际分别取得了多大进展。

5. 评估/结束阶段

(1)评估目标收获。

(2)处理关系结束的问题:分离焦虑。

(3)为学习的迁移和自我依赖做准备。

(4)准备下一次会谈。

六、心理咨询的方法

1. 催眠疗法

催眠疗法是指用催眠的方法使来访者的意识范围变得极度狭窄,借助暗示性语言,直接与来访者的潜意识沟通,找到问题根源即病理心理和躯体障碍的一种心理疗法。通过催眠疗法,来访者被诱导进入一种特殊的意识状态,医生的语言或动作会整合入来访者的思维和情感,从而产生效果。催眠可以很好地推动人潜在的能力,可用于治疗一些心理疾病,如强迫症、焦虑症、抑郁症,还可用于戒除网瘾、毒瘾,解决情绪问题、困扰等。

2. 心理动力学方法

心理动力学方法包括:①自由联想;②梦的分析;③移情与反移情;④解释。

3. 家庭疗法

家庭疗法是以家庭为对象施行的心理方法。协调家庭各成员间的人际关系,通过交流、扮演角色、建立联盟、达到认同等方式,运用家庭各成员之间的个性、行为模式相互影响、互为连锁的效应,促进家庭成员的心理健康。

4. 沙箱疗法

沙箱疗法呈现为一种心理的创造和象征形式,在所营造的“自由和保护的空间”氛围中,把沙子、水和沙具运用在富有创意的意象中。一个系列的各种沙盘意象,反映了来访者内心深处意识和无意识之间的沟通与对话,以及由此而激发的治愈过程、身心健康发展以及人格的发展与完善。沙箱疗法是分析心理学理论同游戏以及其他心理咨询理论结合起来的一种心理临床疗法,通过创造的意象和场景来表达自己,直观显示内心,从而绕开咨询中的阻抗。基本上各种心理问题与心理障碍均是此方法的应用范畴。作为一种成熟的心理技术,沙箱疗法现已得到广泛应用，尤其是在中小学生心理健康教育领域。

5. 绘画疗法

绘画疗法是心理艺术的方法之一，是让绘画者通过绘画的创作过程，利用非语言工具，将潜意识里压抑的感情与冲突呈现出来，并且在绘画的过程中获得纾解与满足，从而明确诊断与获得良好的治疗效果。无论是成年人还是儿童，都可在方寸之间呈现完整的表现，又可以在"欣赏自己"的过程中满足心理需求。作为一种"玄妙"的语言，咨询师可以通过绘画解读其心灵密码，透彻分析深度困扰人们的"症结"。作为心理诊疗的一个有效工具，绘画疗法的效果可谓"此时无声胜有声""述说不清能看清"。用绘画的方法进行诊断和治疗，其功效是巨大、独特的。

6. 音乐疗法

音乐疗法是通过生理和心理两个方面的途径来治疗疾病的一种方法。因为音乐有着一定的节奏，其所产生的有规律的声波振动是一种物理能量，而适度的物理能量会使人体组织细胞发生和谐共振现象，能使颅腔、胸腔或某个组织产生共振，这种声波引起的共振现象，会直接影响人的脑电波、心率、呼吸节奏等。

第四节　大学生心理咨询的功用与特点

心理咨询在生活中有着极其重要的功能。心理咨询能够为人们提供全新的人生体验。

对于那些心理适应范围正常的人来说，心理咨询所提供的全新环境可以帮助他们认识自己与社会，处理各种关系，以便更好地发挥人的内在潜力，实现自我价值。

那些遇到心理问题的人，可以在心理咨询的帮助下，逐渐改变与外界格格不入的思维、情感和反应方式，并学会与外界相适应的方法，提高工作效率，改善生活品质。

在认知行为的咨询中，咨询的意义在于"找到一种能够适应当下生活状态的信念"。

一、心理咨询的功用

1. 建立新的人际关系

一名富有成效的心理咨询师应具有健康的心理状态，能够以来访者为中心，并且掌握丰富的人类行为知识和熟练的帮助来访者的技巧。这为心理咨询师与来访者之间建立一种不同以往的新型人际关系创造了条件。在与心理咨询师的交流中，来访者可以直截了当而不必顾虑破坏性的后果，他们的冒险或失败都不必付出任何代价。在心理咨询中，他们可以做出过激的或冷淡的情绪反应，而心理咨询师常常用积极的态度去回应，促进来访者做出新的建设性的积极反应，并成功地运用于其他人际交往中。

2. 认识内部冲突

心理咨询可以帮助来访者认识到大部分心理困扰源于来访者尚未解决的内部冲突，而不是源于外界，外部环境不过是一个舞台，内心冲突只是在这个舞台上面展开。

3. 纠正错误观念

来访者通常认为他们十分清楚自己需要什么和在干什么，而实际上并非如此，他们常以种种非理性观念自我欺骗，心理咨询促使他们对自己的错误观念进行认真思考，代之以更准确的理性观念。

4. 深化来访者的自我认识

心理咨询师引导来访者进行自我探索。当人们真正认识自己时，也就了解了自己的需要、价值观、态度、动机、长处和短处，就可以随时根据自己的情况规划自己的人生。

5. 学会面对现实

前来咨询的人一般善于逃避现实，往往会花很多时间来回味过去、计划未来，话题总离不开昨天和明天，回避现在。来访者不仅通过躲避现实以减少自己的焦虑，总想按照自己的愿望摆布现实，还经常想方设法求得周围人的支持以利于他们逃避现实。咨询师促使其认识到这一点，引导其面对现实。

6. 增加心理自由度

大多数前来寻求心理咨询的人至少在一个相当重要的方面缺乏心理自由度，心理咨询师协助来访者给其心理以更大自由的机会，接受矛盾和不完美。

7. 帮助来访者做出新的有效行动

心理咨询可帮助来访者采取导致欲望的合理而有效的行动，减少其内心烦恼。心理问题的要害，不在于来访者控制不住自己的思想和欲望，而在于来访者不通过有效行动去改变或满足自己的欲望。

【课堂体验】

小亮是个初入职场的小青年，个性非常腼腆，也不知道该如何与领导和同事相处，每天都提心吊胆，生怕自己做错了什么事情惹得大家不高兴。

虽然他工作非常认真，但总是避免不了出一些小差错，这让他的直属领导非常头疼，多次警告小亮工作要用心，并且还让一位老员工在工作中多帮一帮小亮。但这位老员工并不以为然，每天也不来找小亮，还时不时给领导打小亮的小报告，这让小亮非常气愤，觉得老员工阳奉阴违，同时也认为就是因为自己不会巴结人，导致别人总是针对自己。

小亮也看了很多人际交往方面的书，工作上也足够用心，甚至还试着给领导送过礼，但问题并没有得到根本性的解决。每次看到办公室其他同事都其乐融融地谈天说地，而自己却根本插不上话，小亮都觉得非常难过。他恨自己为什么这么沉默、不善言辞，也恨这个社会为何总是偏爱那些油嘴滑舌之人。明明自己这么努力，没有人帮自己也就算了，竟然还被大家看不起。很多次小亮都想一走了之，但这份工作薪水还不错，辞职没法跟家里交代，而且自己这个样子出去又能干什么呢？小亮回到家跟父母诉苦，父母也只是安慰他，让他别任性，多跟人亲近亲近，习惯了就好了。

别无选择的小亮只能每天硬着头皮来到公司，更加小心翼翼地工作，但时不时还是会被领导骂一顿。日复一日，情况并没有得到好转，同事们莫名其妙地都开始冷落小亮，这让小亮非常难过，觉得自己太没有用才导致大家看不起自己。为了避免和同事们相处得尴尬，他甚至连午饭也不和同事们一起吃了。

在发生了一次重大失误以后，他又被领导狠狠骂了一顿，他的心理防线彻底崩溃，回家后大哭一场，再也不想去上班了。

要求：扮演故事中的小亮，近距离感知小亮的心理反应结构（以小亮的视角呈现）。

情境：在办公室走廊遇到了和我一个办公室，但不是太熟的同事，对方的眼角余光看到了我。

想法：我不知道该怎么跟对方打招呼。

情绪：紧张。

行为：装作看手机，赶快低头路过同事身边。

扮演完毕后，在组内进行交流，每个人说明自己的想法，并感知每个人的想法，统计大体的倾向性。每个小组派出代表交流，在共同讨论中感知他人情绪，提升共情能力，并更好地感知情绪变化，更换视角看待事物。

二、心理咨询的特点

（1）帮助性：心理咨询的双方，即来访者和咨询者（心理医生）的咨询动机是不一样的。来访者的动机是求助，咨询者（心理医生）的动机是帮助。心理咨询不是简单的商讨，而是咨询者通过商讨等手段帮助来访者解决心理发展或适应方面的问题。帮助的含义是缓解来访者的心理压力，改变来访者错误的认知观念，指导来访者掌握自我调控方法，协助来访者重新建立社会适应性行为，促进来访者更好地认识自我，鼓励来访者挖掘和利用潜在的积极因素。

（2）互动性：心理咨询中的来访者和咨询者（心理医生）是一种双向交流、彼此影响的互动关系，也就是来访者发出信息“刺激”，咨询者做出语言和行为“反应”，同时又将这种反应作为反馈信息“刺激”作用于来访者以使其做出进一步发出信息刺激“反应”的心理活动过程。这就需要双方建立自然、和谐、信任等良性的互动关系，使来访者坦陈心迹、和盘托出求助的问题。如果访咨双方互存疑虑和戒心，则势必难以达到心理咨询的目标。

（3）心理性：心理咨询仅局限于心理问题。求助和帮助的范围是发展或适应方面的问题或困难，解决心理问题的手段是运用专业的心理学方法。心理问题虽然大多由生活事件直接引起，但如果求助和帮助的重点集中在如何解决具体的生活事件上，则背离了心理咨询的初衷。

（4）渐进性：无论是发展问题还是适应困难，试图通过一次心理咨询就彻底解决是不现实的。这不仅因为这些发展问题或适应困难是长期心理社会因素影响的结果，而且心理社会因素本身极为复杂。虽然来访者求助的心情非常迫切，希望一下子就能解决问题，但咨询者（心理医生）不能寄希望于一劳永逸，而应该一步一步地启发，循序渐进地对来访者提出要求，以使其在较低层次成功的基础上逐渐获取更大的成功，从而最终解决所期望解决的问题或困难。

【幸福结语】

随着经济的不断发展，生活压力日渐增大，心理健康话题也越来越受到各大高校的重视，学校心理中心的建设正在不断完善。因此，关注大学生心理健康，培养大学生正确的心理咨询观，解开心理咨询的神秘面纱，也成了大学生心理健康教育工作的一项重要内容。

优良的心理素质在学生全面素质的提高中起着举足轻重的作用，它必将对新世纪人才的质量产生积极而又深远的影响。健康的心理是一个人全面发展必需具备的条件和基础。加强对大学生心理素质的教育与培养，全面提高跨世纪人才质量已成为高等学校所面临的迫切任务。如今，我们处在一个思想文化激荡、价值观念多元、新闻舆论冲击、社会瞬息万变的时代，面对如此纷繁复杂的世界，每个人都可能在某一时刻出现心理危机。新世纪人才的心理承受能力将经受更为严峻的考验。因此，要不断加强对青年大学生的适应性、承受力、调控力、意志力、思维力、创造力以及自信心等心理素质的教育与培养，使他们真正懂得：要想在未来站稳脚跟，不仅要做思想品德、智能、体魄的储备，更要做战胜各种困难的心理准备。从而引导他们科学地走出自我认识的误区，更新观念，突破时空，超越自我，唯有如此，方能在搏击中翱翔自如，向成熟进发，迎接属于自己的幸福人生。

【幸福锦囊】

(1)青春无悔，一路向前，敞开胸怀，拥抱快乐人生。

(2)良好的心理素质使人们舒适地工作，是成功事业的强大后盾。

(3)走得慢的人，只要他不丧失理想，就比漫无目的混日子的人走得更快。

(4)好的心理是一剂良药，能催人奋进，反之，它就是枷锁，使人灭亡。

(5)暂时地停下，为了更好地前行。

(6)失去了昨日的繁星并不可怕，可怕的是你又错过了今天的朝阳。

(7)知足常乐，自我修行，青春向上，欣欣向荣。

(8)你看树上的叶子，它们每一片，都不一样。

【幸福行动】

(1)给予——为他人做点事。

(2)建立关系——与他人保持联络。

(3)运动——照顾好你的身体。

(4)保持觉知——带着正念去生活。

(5)大胆尝试——持续学习新东西。

(6)方向明确——设定想要达到的目标。

(7)复原力——找到恢复的方法。

(8)情绪情感——总是看到好的一面。

(8)接纳——无论“我是谁”，我都为此感到自在。

(10)意义感——意识到自己是自然的一部分。

第三章　原生家庭与幸福人生

【幸福导读】

通过本章的学习，学生了解自己的原生家庭，树立正确的家庭观念，觉察自己与父母的关系，发现家庭中的资源，正确看待原生家庭对自己的影响，完成自我分化，走向更加独立幸福的人生。

第一节　我的原生家庭

大学生在学校所呈现的心理问题，多源于其早期成长过程。了解和接纳自己的原生家庭是大学生自我成长的重要一课，可以帮助大学生正确看待与原生家庭的关系，完成自我分化，走向更加独立幸福的人生。

【热身活动】

成长三部曲

(1)游戏过程：

①游戏开始，全部的人都蹲下当“鸡蛋”，“鸡蛋”和“鸡蛋”猜拳（剪刀、石头、布），获胜者进化为“小鸡”，变成半蹲状（手放背后做扑腾的动作），失败者仍然是“鸡蛋”，继续找“鸡蛋”猜拳。

②“小鸡”和“小鸡”猜拳，获胜者变成“凤凰”（做出展翅飞翔的动作），失败者退回“鸡蛋”（蹲下），继续找“鸡蛋”猜拳。

③“凤凰”和“凤凰”猜拳，获胜者蜕变成“人”（站立），失败者变成“小鸡”（扑腾着），再去找“小鸡”猜拳。

(2)游戏规则：“鸡蛋”找“鸡蛋”，“小鸡”找“小鸡”，“凤凰”找“凤凰”，赢了就升级，输了则变回下一个级别，各自的形态一定要保持好，好让同伴找到。

(3)状态归位：“人”——站着；“凤凰”——飞着；“小鸡”——扑腾着；“鸡蛋”——蹲着。

(4)清点结果：最后来见证几枚最艰难的鸡蛋。

(5)采访成员：每一位参与者都走过了自己的成长历程，接下来我们一起来听听他们的心声。哪些同学是最先变成“人”的？有什么感受呢？有没有同学是不断地变回“鸡蛋”的？这些“进化”之路特别“坎坷”的同学有什么感受呢？

(6)教师小结：我们每个人的成长都是不容易的，现在请大家给自己一点掌声！在成长过程中，有压力，也有动力，无论经历了什么，都是一笔财富；生命与生命之间可能相互阻碍，也可能彼此成全；家庭中的每个成员都是越挫越勇、积极面对、一路成长的。从小游戏中可以体验大智慧，我们在游戏中能够体验不同的变化，不管是变成“人”，还是成为“鸡蛋”，这都是人生必修的课程，让我们一起珍惜成长中的每一步吧！

【大学心事】

一封家书

一向严肃的老向：

其实在我的记忆里，属于你的那一部分并不是很多，我从小就在妈妈身边，而你只是一年回来一次的那个熟悉而又陌生的爸爸，真的，直到现在，我都不喜欢叫你爸爸，还是私底下叫你老向。哈哈，当面叫那是不可能的了。我记得以前在电视上看到别人与他爸爸称兄道弟时，真的很羡慕，可当我也那样叫你时，你回复我的却是斥责，所以在我心中，你留给我的印象就是很凶、很严肃、不苟言笑。我很少见你笑，也很少见你从容地陪伴我，我能理解。其实我也知道你很想与我交心，与我多说说话。可是每次见面都是那几句叮嘱与问候。妈妈也常常让我和你多聊聊。我之前并不理解，现在上了大学才体会到生活中没有亲人陪伴的孤独。我这才短短 20 天，而你却整整在外 20 年。我也理解了你那年在工厂里连续加班了很多天，还在火车站等了一晚上才买到票，只是为了早点回家。只记得你从外地带回家的零食和各种没有见过的玩具，而你，只是在旁边享受着我满足的表情。

老向，如今我上了大学。记得你暑假跟我聊天说到大学时，也是十分憧憬，就好像上大学的是你一样。你说了你在外这么多年的一些经历和感受，告诉了我上大学的重要意义。我知道你并没有那么多的东西要跟我说，你只是觉得作为爸爸应该给我一些人生的指导，哈哈，我听着你把几句话翻来覆去地说，好笑又好气，你从来都是那样严肃，可那天晚上，你却很随意地把手搭在我的肩膀上，陪我走了一段长长的夜路。儿子的肩宽了，你已不能再像以前那样轻易地就能搂住，再也不能像儿时那样背着我满屋跑，再也不能让我站在你肩上帮你踩背了，儿子也是 20 岁的成年人了，哈哈，老向，我想我已经能够以一个男子汉的身份与你沟通。大学，4 年，不会太长，也不算很短，足够让我独当一面，也足够让你苍老几分，我不知道再写些什么了，哈哈，就这样吧，再聊！

小向

一、原生家庭的概念

人的一生有两个家，一个是我们从小长大的家，有爸爸、妈妈(和兄弟姐妹)，另一个是我们长大以后要结婚成家的那个家，是我们的核心家庭。第一个家叫作原生家庭，那是我们生命的摇篮，无论是知识的学习、态度的养成，还是行为的塑造，几乎都是在原生家庭启蒙、奠基的。家庭心理治疗的先驱萨提亚认为，一个人和他的原生家庭有着千丝万缕的联系，而这种联系有可能会影响他的一生。要了解个体的发展，就要先探讨个体在其原生家庭中的角色和地位。

1. 在父母的镜映里找到自我价值感

刚出生的婴儿和母亲处在共生状态，没有独立意识。在人类大脑镜像神经元的作用下，婴儿会从母亲的反应中“看见”自己。镜像神经元就像人类大脑中的一面镜子，当个体的五官感受到外界的变化时，比如婴儿看见母亲微笑时，其镜像神经元会自动驱使他模仿母亲笑，同时婴儿会产生愉快的感觉，并发现自己的愉悦感。

亲子关系模式的代际传递仿佛有种神奇的魔力，就像歌里唱的那样，“长大后，我就成了你”。在自体心理学里，镜映是每个人在婴儿时期发展的一种需要，一种渴望被看到、被注意、被欣赏的需要。比如，在父母与子女之间，孩子心理体验到的所有东西，妈妈给予反应、确认和印证。在家庭中，其实每个人都期望自己的主观经验在另一个人那里引起相应的身心反应，也就是每个人都渴望被理解，而作为子女，渴望父母理解自己。

当我们在一次次的镜映中被父母看到、理解并给予我们期待的回应时，我们就在父母的反馈中看到了自己的需要并得到满足，就像照镜子一样看到了自己的价值感；如果在父母的回应中自己没有被看到，我们可能就会卡在这个需要里，不停地希望被看到，成年以后也会有很强烈的被看到的需要，我们会花很多精力做很多事情给别人看，甚至处于一种讨好别人的状态里。

举一个镜映的例子，我们小时候在学校取得很好的考试成绩，特别想一下子飞回家与父母分享，在告诉父母之后，他们会有不同的反应。有的父母会说：“这次考得不错，但是不要骄傲，要再接再厉哦!”而有的父母会说：“看到你这么开心，我都替你感到高兴，说说你是怎么做到的呢?”你希望得到怎样的镜映反应呢？不同的镜映会给予我们不同的体验。

2. 亲子互动里的人际关系模式

子女与父母的关系——亲子关系是我们每个人来到世界的第一个社会关系，它对于我们今后能否与他人发展健康的关系有着决定性的影响。人在婴儿期就形成了一套人际交往的“工作模式”，如果孩子在早期的关系中体验到爱与信任，他就会觉得自己是可爱的、值得信赖的。如果孩子的依恋需要没有得到满足，他就会对自己形成一个不好的印象。一个不受欢迎的孩子不仅会觉得自己不受父母的欢迎，而且坚信自己基本上不受任何人的欢迎。相反，一个得到爱的孩子长大后不仅相信父母爱他，而且相信别人觉得他可爱。苏联教育家苏霍姆林斯基说：父母之爱不应建立在抽象的理性之上，应建立在情感基础之上。人类学家甚至认为，一切人际关系无不打上亲子关系的烙印。亲子关系有三种依恋类型。

(1)安全型。这类儿童跟母亲在一起时，能在陌生的环境中进行积极的探索和玩耍，对陌生人的反应也比较积极；当母亲离开时，表现出明显的苦恼和不安；当母亲回来时，立即寻求与母亲的亲密接触，继而能平静地离开，只要母亲在视野内，就能安心地游戏。

（2）焦虑-矛盾型。这类儿童当母亲要离开时表现出惊恐不安，大哭大叫；一见到母亲回来就寻求与母亲的接触，但当母亲去迎接他（她），拥抱他（她）时，却又挣扎反抗着要离开，还有点发怒的样子，孩子对母亲的态度是矛盾的。他们即使在母亲身旁，也不感到安全，不能放心大胆地去玩耍。

（3）回避型。母亲在场或不在场对这类儿童影响不大，母亲离开时，儿童并无忧虑表现；母亲回来了，儿童往往不予理睬，虽然有时也会欢迎，但是短暂。这种儿童实际上并未形成对母亲的依恋。

儿童在长大后形成的四种依恋类型，是根据情感融合与自我分化程度划分的，它会影响成人的人际关系。

（1）安全型：一种低焦虑、低回避的类型，表现为情绪稳定，安全感足，人格独立，能独处，又能主动接触别人，感受到亲密关系。

（2）疏离型：一种低焦虑、高回避的类型，表现为追求独立，难以信任和依赖他人，对亲密关系感到不适或不喜欢亲近他人。

（3）恐惧型：一种高焦虑、高回避的类型，表现为既想依赖他人又想独立的矛盾，想依赖又担心被抛弃，想亲近又对亲密关系感到不适。

（4）痴迷型：一种高焦虑、低回避的类型，表现为渴望亲密关系，十分依赖伴侣，总是担心被抛弃。

父母的教养方式评价量表

3. 父母的教养方式

鲍尔特温认为，由于家长的人格特点不同，家长在帮助子女实现社会化过程中所采取的教养方式也有重大区别。他将家长对子女的教养方式概括为 4 类：专制型、溺爱型、放任型、民主型。

（1）专制型：家长的道德责任感十分强烈，大有“恨铁不成钢”之心，但家长却不理睬子女的需要，常用命令和责难来强迫子女顺从自己的意志。

（2）溺爱型：溺爱型是“情感型”人格家长的必然方式。父母不是从社会关系角度来履行自己的教育职责，而是把子女视为纯粹私人的财产，把子女教育视为个人的私事，用过分的生物本能的感情去满足子女的要求，对子女百依百顺。

（3）放任型：放任型即家长在对子女采用专制式的教育方法不奏效后，产生了“朽木不可雕”之类的失望情绪，常常缺乏耐心，讨厌子女，撒手不管。

（4）民主型：父母能够充分理解子女的兴趣和要求，经常向子女提出自己的建议却不强迫子女按自己的意志行动，尊重子女的自主决定权，用积极的关注和爱让子女学会独立。

二、你的家庭故事

家是我们内心最初启程的地方。血缘羁绊，情感牵连，我们为家而奋斗，我们也因家而停留。这难以割舍的亲情，是积年累月的情感。你了解你的家庭吗？

【课堂体验 3-1】

活动名称：我的家庭树

1. 活动目的

(1)引导组员思考自我和家庭成员的关系。反思家庭 3 代人各自的生活环境、文化背景、性格特征、交往模式及相互之间的影响。

(2)引导组员梳理家庭各个成员(包括横向和代际成员)之间的关系。家庭内的各个成员彼此的互动模式和交往关系受到许多不同因素的影响，包括文化、性格、角色等，彼此之间的关系会有许多不同特点。这些不同的交往关系和互动模式会对自我的成长和发展及对家庭的情感联结带来很大影响。

(3)培养组员和家庭建立亲密的联结和归属感。家庭永远是一个人最重要的心灵归属，与家庭建立亲密的联结可以让一个人获得更大的精神力量和生命动力。

2. 人员与场地

以小组完成时每小组 8 人左右，大组人数不限；场地为室内。

3. 活动道具

活动道具为《我的家庭树》习作纸每人一张、笔、电影片段、多媒体设备。

4. 活动规则与程序

老师给每位组员发一张《我的家庭树》习作纸和一支笔，在 20 分钟内，组员完成分发的习作。

习作一共分为 3 个部分：第一部分是完成一幅《我的家庭树》图，将自己的家庭成员及其构成以树图的形式描画出来；第二部分是完成“我眼中的 3 代人”部分，分别用 3 个中心词概括出家庭成员所处的历史时期、性格特征及其交往模式；第三部分是完成“家庭内对我有重要影响的家庭成员”部分，包括列举出对自己有重要影响的家庭成员 2 ～ 3 人，同时描述其对自己的重要影响。

每个组员都独立完成自己的习作，不要与他人商量和讨论。

小组成员完成后，在小组内进行充分的分享和反馈，每位组员都可以和大家分享家庭重要成员对自我成长和发展的重大影响及家庭成员间的关系等。

【课堂体验 3-2】

活动名称：家庭大事记

1. 活动目的

(1)请回忆和梳理自己的家庭在过去的一年里所发生的一些亲情故事，真切地感受亲情就在自己的身边。

(2)请反思在这些事件中自己和家庭成员间的关系、亲情所在，并强化彼此间的联结。

2. 人员与场地

参与者共 30～50 人，活动分小组进行，每组 10 人左右；场地为室内。

3. 活动道具

活动道具为 A4 纸、签字笔。

4. 活动规则与程序

(1)老师发给每位组员一张 A4 纸和一支签字笔。

(2)要求组员在 A4 纸上设计一份类似月历的东西，并明显标记出一年的 12 个月。

(3)让组员在与每个月份对应的位置上写下在这个月里发生的有关家庭的亲情事件。

(4)邀请组员与大家分享自己的家庭亲情故事，启发组员反思自己与家庭成员间的关系。

(5)老师做最后的总结，指明活动的目的和意义，同时回应组员们的发言。

第二节 原生家庭对我的影响

美国著名家庭治疗大师萨提亚认为，一个人和他的原生家庭有着千丝万缕的联系，而这种联系有可能会影响他的一生。许多心理学研究表明：早期生活经历，特别是原生家庭对个人性格起着至关重要的作用，对个人的生活会产生长期、深远的影响。人在未成年时，没有独立生活的能力，认知发展也不完善，必须依赖别人，出于生存的本能，会主动适应周围的环境，熟悉和模仿父母的生活和认知模式，久而久之就把父母的生活模式无意识地带到了自己成年后的生活中。

一、原生家庭的影响因素

1. 性别

一个人的性别通常有生理性别、心理性别和社会性别三种。生理性别是由生物学特征（生物学基因），如生殖器、第二性征和外貌所决定的；而心理性别是由自己对自己的生理性别的认同度所决定的；而社会性别是由他人对一个人的生理性别认同度所决定的。父母对孩子的性别期待既包括生理性别的期待，也包括社会性别的期待。

当一个人感知到自己的性别并不是父母所期待的性别时，他可能会努力改变自己以满足父母对自己的性别需求。比如，父母的性别期待是男孩，结果生的是女孩，那么这个女孩可能会努力改变自己可以改变的社会性别部分，如她会让自己的衣着和发型像个男孩或者使自己的性格像男孩。另外，父母对孩子性别的拒绝可能会导致孩子对自己的性别甚至对整个人的拒绝或不接纳，包括不接纳自己的外貌、身高、体重、性格、智商、能力等。若一个人不接纳自己，就有可能会虐待自己或伤害自己。所以，原生家庭中，父母对孩子的性别期待不仅会影响孩子的性别发展，还会影响孩子的性格特征和对自我的评价。

2. 排行

排行是指多子女家庭中由于孩子的年龄和性别不同所产生的一种排列顺序。独生子女是排行中的一个特例，他是家里唯一的孩子，既是老大，又是老幺。对出生顺序研究比较早的是个体心理学创始人阿尔弗雷德·阿德勒，他曾根据出生顺序提出了排行老大、排行居中、排行老幺和独生子女这四种心理位置，并总结出了每种心理位置相应的心理特点。后来沃尔特·托曼也对此进行了比较系统和专业的研究。

(1)排行老大：老大是父母的第一个孩子，是父母愿望、期待和梦想的第一个承载者。所以，老大会感受到父母对自己的期待，为了完成父母所赋予的这些使命，老大不得不让自己变得优秀。老大的表现通常也是认真、负责、踏实的，他们通常不爱想入非非，喜欢脚踏实地，追求效率，有时间紧迫感和使命感。老大是弟弟妹妹的带领者，是父母的"代理人"。在这个位置上，他需要具备优秀的领导才能、组织才能，还要具备坚忍不拔、认真负责、脚踏实地、诚实忠诚等品质。

老大的特质也取决于父母的特质，当父母对老大比较严厉或苛刻，而老大又接受父母的这种严厉或苛刻且变得逆来顺受时，老大就有可能变得唯命是从、忠诚老实；他们会经常做一些讨父母欢心的事情或避开父母的惩罚，他们通常比较值得信赖，做事尽心尽力、循规蹈矩、保守、听话。如果老大对父母的严厉或苛刻不是逆来顺受，而是积极沟通，那么老大就会变成意志力坚强、敢作敢当的人。

老大通常会被父母塑造成弟弟妹妹的榜样，所以，父母通常对老大的要求格外严格，他们被要求遵守纪律、懂得谦让、积极进取、尊老爱幼、吃苦耐劳、敢挑重担。老大通常受到的惩罚也比较多，被要求承担很多的责任，不仅要为弟弟妹妹做好榜样，还要照顾好弟弟妹妹。所以，老大会表现出更多的责任感和使命感，成为家庭中克己尽责的孩子。

(2)排行居中：居中者是指排行介于老大与老幺之间的孩子。他们因出生晚于老大而无法享受老大所享有的宠爱，又因出生早于老幺而享受不到老幺所拥有的特殊照顾与自由。他们的出生次序直接地影响到他们的性格特点。居中者常常是一个折中主义者和调和主义者。他们有强烈的独立意识，善于和老大与老幺结交，通常在老大与老幺之间起到一个桥梁和平衡的作用。这个位置使他能够理解他人、观察他人，他可能成为一名社交高手，对他人的需要较为敏感。

居中者的性格可能与老大和老幺都不同。他既不需要像老大那样承担过多的责任，也不习惯像老幺那样逍遥自由。他不太容易像老大和老幺那样能够找到自己的存在感。他可能会更加注重对关系的经营，在关系中、在社交中、在与他人的联结中去寻找自己的存在感。他们对社会有强烈的兴趣，可能会热衷于参加各种社团组织或加入自己感兴趣的俱乐部，在这些团体里去接触一些与自己有共同兴趣爱好和追求的成员，在关系中寻求自己的存在感、意义感和价值感。居中者多为交际和沟通高手，精神独立，忠诚可靠，有广泛的兴趣爱好，喜欢交友，乐于参加各种社团，善于调解纠纷，做事较理性和稳健。

由于处在中间的位置，通常不会受到父母过多的关注，他们通常不会背负父母过多的期待，他们在心灵上是自由的，他们更有机会去追求自己的理想，有更多的机会去实现自我。所以，居中者往往精神独立，内心坚强，他们不太容易向他人求助，遇到问题尽量自己解决和克服。

(3)排行老幺:老幺是父母最后一个孩子,他们对孩子的成长已经不再那么焦虑和担心,反而有了足够的耐心。他们会让孩子在自然的状态下成长,较少干预,所以,老幺在原生家庭的这种气氛下成长,相对轻松和自由。在父母心中,老幺永远是最弱、最需要保护的孩子。所以,老幺往往得到的爱最多。由于父母对老幺一般没有承担家庭重任的期待,老幺的生活压力小,比较宽松因而通常比较灵活、快乐。

(4)独生子女:独生子女既像老大也像老幺。他们可能会有老大的严肃、认真和责任感,也会和老幺一样笃信自己十分特殊并且有特殊的权利,而表现出任性、撒娇和富有创造性。父母因为没有其他孩子,所以通常会把注意力和关爱都集中在独生子女身上,会以孩子为中心,从而导致孩子以自我为中心。

独生子女有时会陷入两个极端,这取决于他们的父母对待他们的方式。如果父母对独生子女没有过高的期待,并且宠爱娇惯,那么独生子女就会以自我为中心,唯我独尊,脆弱,责任心不强。而如果独生子女的父母对其有高期望,那么这类独生子女通常就有完美主义倾向、高责任心、高进取心、高成就。

3. 沟通模式

当我们呱呱落地时,便和父母形成了一个最基本、最初的三角关系:父亲、母亲、孩子。在接触人际往来的最初岁月里,我们通过和父母之间的互动,分别学习和父亲、母亲建立关系:有亲密、有疏离,有接受、有拒绝,有愉悦、有沮丧……我们也开始学习面对不开心的方式。这就是萨提亚提出的著名的"应对姿态"或"沟通姿态",即讨好、指责、超理智、打岔。这些方式并没有所谓的好坏之分,都是我们在最初的家庭关系中,为了求生存和保护自己而习得的。

比如,一个小孩子发现讨好父母、顺从大人可以得到赞赏,可以赢得别人的喜爱,于是这种讨好方式就会深深地印在他的意识里,一直到成人,在他自己建立的家庭里,在他的工作中,他都会采用讨好的方式。在他的信念中,他认为:"别人的需要是最重要的,我有没有需要不重要。"永远将对方放在第一位的态度会让他失去自我。当讨好不成时,他就会压抑自己的愤怒,而长期讨好,会导致消化系统也出现问题,如溃疡、腹泻、便秘和呕吐。

我们的沟通模式一旦在幼年时期的家庭生活中被培养起来,就会在不同的情境下不断重复。因为人们在熟悉一种处理压力的方式后,就会反复使用,所以不管是小时候还是工作以后,我们内心自然的反应模式就体现在生活的各个方面。如果一个家庭中父亲指责,母亲讨好,儿童就会自行调整自己的沟通形态,或是指责(父亲),或是讨好(母亲),或超理智(讲道理),或是打岔(逃避)等,这种不自觉的调整就是日后沟通形态的发展雏形。如果没有深入地发掘,大多数人尚不能意识原生家庭对自己产生哪些好的影响和不良影响。

在萨提亚模式中,亲子之间的沟通模式可分为五种。

(1)讨好型:讨好型的人忽略自己,内在价值感比较低。言语中经常流露出"这都是我的错""我想要让你高兴"之类的话。行为上则过度和善,习惯于道歉和乞怜。比如"我不知道你不喜欢这双鞋,你想要什么样的?我明天就带你去买。""怎么,我给你买的这本书不喜欢?我太没用了,明天我去重买。"讨好型沟通的家庭,表面一团和气,但缺乏一种家庭成员之间真挚的爱,而且会养成一个人依赖而又固执、软弱而又任性等不良人格特点。孩子在这种讨好型沟通模式中,更容易形成的是任性的性格。孩子自己很少迁就父母,久而久之,对家庭成员缺少包容力。

(2)指责型:指责型的人则常常忽略他人,习惯于攻击和批判,将责任推给别人。"都是你的错”“你到底怎么搞的”是他们的口头语。究其内在经历，指责型的人通常孤单失败，但他们宁愿与别人隔绝，保持权威。

比如：“啊呀！你看你又把衣服弄脏了！成天跟在你后面洗衣服，我是你的用人啦！”“你看你又不好好吃饭，什么时候能让我省省心啊！”这些语句体现出一个共同特征——指责和埋怨。这种沟通往往使家庭中形成“相互指责”的状态，每个人都有可能有一个较为固定的指责对象，家庭问题往往在相互指责和埋怨中不了了之、不欢而散，而问题最终并未被真正解决，成为一个未了结事件遗留下来。这是一种很具破坏功能的家庭沟通模式，被指责者或逆来顺受，或一味逆反、攻击性强，对孩子人格的成长不利。

(3)超理智型：超理智型的人极端客观，只关心事情合不合规定，是否正确，总是逃避与个人或情绪相关的话题。他们告诫自己：“人一定要有理智。”“不论代价，一定保持冷静、沉着，决不慌乱。”这类人表面上很优越，举动合理化。而实际上，他们内心很敏感，有一种空虚和疏离感。比如：

“妈妈，我要买球鞋。”

“为什么要买？”

“原来那双坏了。”

“刚刚买的怎么就坏了？你怎么这么不爱惜东西？”

……

“好了，下次可不准再搞坏了，要知道爱惜物品。”

这是一种严重缺少关注孩子感情的沟通，特别容易导致亲子感情障碍。父母“教育”意识、“规范”意识过强，戴着滤镜看孩子，孩子的一切成就、优点都被过滤掉，剩下的只有缺点，父母在任何时候都不忘敲打、警示、规范孩子。家长有时会看到不少眼前的“良好”效果，但从长远来说，对孩子人格的成长是非常不利的，亲子矛盾往往在孩子进入青春期后爆发出来。一些孩子在学校期间可能是十分规矩的“好学生”，但在进入社会的关口或以后，可能出现种种适应障碍。刻板、缺少热情、固执、偏执、社交不良等往往会成为在超理智型家庭沟通下长大的孩子的人格特点。

(4)打岔型：打岔型的人永远抓不着重点，习惯于插嘴和干扰，不直接回答问题或根本文不对题。他们内心焦虑、哀伤，精神状态混乱，没有归属感，不被人关照，还常被人误解。

孩子说：“妈妈，今天比赛跑步，我得了第一名，真开心！”妈妈说：“哎哟，你看你这身汗，脸上脏的，快去洗洗，穿上衣服，别着凉！”虽然有问有答，但各说各的，没有互动。

孩子说：“妈妈，小区门口新开了一家书店，咱们去看看吧。”妈妈说：“怎么总花钱啊，自从有了你，在你身上花了多少钱了？你看看现在，一个月生活费几百，你今天买这，明天买那，以后花钱的地方多着呢，省着点吧！”孩子一句话，引出妈妈那么多的话。打岔型人最大的特点是，听到别人的一句话，立即进入自己的个人世界，看似在处理别人的事，实际上是在处理自己纷乱的情绪。

打岔型沟通主要表现在母亲和一些过于啰嗦的父亲身上，一般情况下，这样的父母不太关心别人真正的情感，自己被许多意义不大的琐事缠绕，给孩子最大的感觉是唠叨、烦人。表面上，双方都在说话，而且可能持续较长时间，但信息根本没有交流；另一种情况是，家长在喋喋不休，孩子则陷入烦躁、焦虑，盼望着这种唠叨早点结束，家长说了什么根本没有听进去。这种毫无效果的沟通，不但解决不了实际问题，还会使孩子很早就出现对亲子关系的逆反和抵触，容易在成人后出现自信心不足、安全感缺失等问题，以及对应的一些行为问题。

(5)一致型：这种模式建立在高自我价值的基础之上，达到自我、他人和情境三者的和谐互动。这种模式的人言语表现出一种内在的觉察，表情流露和言语一致，内心和谐平衡，自我价值感比较高。

比如：刚刚考完的孩子一脸不开心的样子，父母这时对他说："我们看到你一脸的不开心，我们很担心你。我们知道你平时学习很努力，希望可以取得好成绩，我们都希望付出努力可以换来收获。你和我们分享一下你的心情，我们可以一起分析一下，看看问题出在哪里。"在一致型沟通的状态下，一致型沟通者尊重自己、他人与情境。使用这种沟通模式的人，会正视问题和压力，自我价值感高，言行表现得一致，不仅考虑自己，而且关心他人，同时也充分考虑到当前的环境，对问题做出反应，让人感觉真实、温暖与被鼓励，沟通畅达。

4. 重要他人和重要事件

"重要他人"是一个心理学名词，意思是在一个人的心理和人格形成过程中，起到过重大影响甚至是决定性作用的人物。重要他人可能是我们的父母长辈，或者是兄弟姐妹，也可能是我们的老师，还可能是萍水相逢的路人。

在社会学习理论中，班杜拉指出个体的社会行为是通过观察、模仿现实生活中重要人物的行为来完成的。在生活中，重要他人给我们提供了一个榜样，我们通过直接和间接学习获得行为。直接学习是个体通过模仿榜样直接做出行为，间接学习是通过观察其他人实施这种行为后所得到的结果来决定自己的行为。不管是哪种学习，我们都会受到身边重要他人的影响。

"重要事件"是指生活中经常发生的对自己有意义的事件，这些事件给我们留下难以磨灭的印记，对我们的成长有重大的影响，以至于我们的观点、行为甚至人生轨迹都会因此改变。这样的事件不一定是惊天动地的，可能平淡无奇，但它确实对我们产生了影响，甚至改变了我们的人生轨迹，影响可能是积极的或者是消极的。比如，父母为你庆祝生日，老师几句鼓励的话语，读过的一本好书，朋友送你的临别赠言，一次比赛获奖的体验或者失败的经历。此外，还有可能是生理的问题，如重大疾病、生理残疾等。

【课堂体验】

活动名称：我的生命线

生命线就是每个人的生命路线，是每个人在生命的每一个年龄阶段发生的各种事情的呈现和组合。每个人都来自一个家庭，都有自己的生命周期：出生、婴幼儿期、儿童期、青少年期、青年期、成年期（恋爱、结婚、生儿育女）、老年期（子女离开家）、人生暮年。请你按照你预计的生命长度，在这条生命线中找到你现在的年龄点，并标记出来，写下现在的年龄。

回顾你过往生命历程中有重大影响的事件或人，在直线上方写出2～3个对你有积极影响的事件或人，并在直线相应位置上标明年龄；在直线下方写出2～3个对你有消极影响的事件或人，并在直线相应位置上标明年龄。

思考一下这些事件对你的影响，即它们如何使你成为今天的你。你可以提前准备一些可以用来标识重要事件或人的小物品，如一张便笺纸，然后放一首自己喜欢的舒缓的曲子，慢慢地找到自己呼吸的节奏。之后，闭上眼睛想象在一个空间中找到一个起点，这是你所能回忆起的生命的起点，然后随着自己的节奏慢慢地“走过”自己从出生到此刻的这段时间。这可以是一条直线，也可以是一条“随着你的心的曲线”。在每“走”过一个对自己的发展很重要的事件时停留一下，找一件能标识它的小物品，最终“走”到你现在的年龄点。站在这里，回望过去，看看那些标识物，思考在过往的人生中，你是如何走过那些艰难时刻的，若将你走过的人生视为一本小说，你会给它起个什么名字？你希望如何完成这本小说？

之后，请在你目前年龄标记的左边，即代表着过去岁月的那部分，把对你影响重大的事件用数字(如①②)标出来。在你目前年龄标记的右方，把你将来可能会发生的重大事件也用笔标出来，比如这一生想干的事、职业生涯中可能成功的经历及挫折和困难等。如果有可能，尽量把时间注明，将它们带给你的快乐或悲伤的程度标在线的上下方，全部标出后将各标记连线，最后将这些事件用一句话概括，写在“事件描述”中。

例如，小刘的生命线。

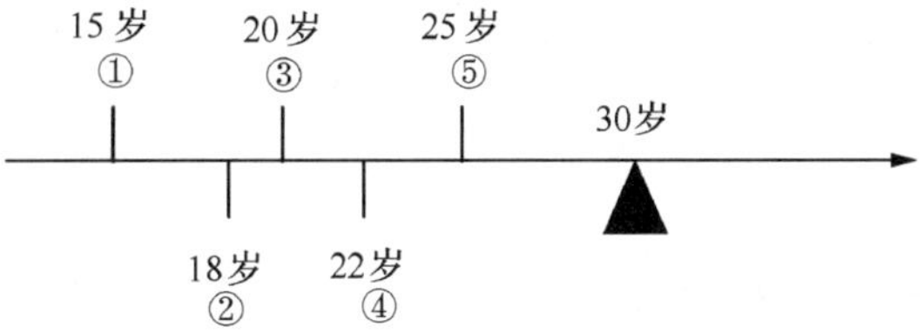

积极事件：

①15岁时我担任班长，第一次组织的班级活动是在学校附近的福利院做志愿者。这次活动组织得很成功，它让我对自己的组织能力有了更多的信心，所以到现在我都乐于组织一些活动。

③在我18岁生日这一天，我光荣地成了一名中国共产党员。这既是组织对我的肯定，也是对我的一种鞭策。我一定不忘初心，努力前行，向前辈们学习，为中华民族的腾飞贡献自己的力量。

⑤我工作上得到了晋升，同时还考取了在职研究生。算是事业学业双丰收吧。我会继续努力，取得更好的成绩。

消极事件：

②高中成绩还算不错的我，高考的时候却没有发挥好，与理想的大学失之交臂。其实考试的时候我并不觉得太紧张，也有可能是高考的题目不对自己的路子吧。总的来说，还是自己学习中有短板。希望在大学里能够更努力一点。

④高考没考好的我在研究生考试中再次受到打击。我努力了整整一年，最后距离分数线差3分。其他同学早早地就去准备工作了，现在很多好的工作机会已经定了人选，剩余的我都不太满意，这让我很迷茫。还好我的辅导员和大学同学给了我很多支持，辅导员给了我很多就业信息。最后我成为一名老师，也算

是圆了我一个梦想。我一定会更努力，提升自我，达到自己的目标。

看完小刘的生命线及事件描述，下面请你参照着画出自己的生命线，并对你人生中的重大事件进行概括性描述。

生命线

0 ——————————————→

事件描述

(1)______________________________。

(2)______________________________。

(3)______________________________。

(4)______________________________。

(5)______________________________。

(6)______________________________。

(7)______________________________。

(8)______________________________。

(9)______________________________。

(10)______________________________。

二、原生家庭对人的影响

原生家庭是一个人最开始接触的人际环境，对一个人的人格发展有着至关重要的影响。我们一出生，就受到原生家庭成员的影响，特别是父母的思想观念、性格特点、行为方式、夫妻关系、教养方式等更是潜移默化地影响着我们，再加上中国传统家庭观念和文化的影响，人们从物质到心理上都非常依恋原生家庭，比如“四世同堂”“长幼有序”，都是中国人崇尚的家庭观念。原生家庭的氛围、亲子关系、家人互动、相处模式等都会影响个体的成长和发展，尤其是在个性形成、心理行为、婚姻观念等多个方面影响颇深。

1. 原生家庭影响个体性格

原生家庭对于个体性格的影响可谓是具有塑造性，甚至可以说什么样的原生家庭就会培养出什么样性格的人。这种塑造作用，主要通过以下三个方面来发挥作用。

(1)家庭氛围：家庭氛围对孩子性格的影响至关重要，处在父母恩爱、和谐的家庭氛围中的孩子一般更自信、勇敢，更有勇气和动力去迎接未来生活的挑战；而在父母天天争吵不休的家庭，孩子容易变得自卑、内敛，从而阻碍孩子性格的正常发展。

(2)教养方式：父母的教养方式，会对孩子的性格产生巨大影响。美国学者斯特拉·切斯等人通过对135人从婴儿时期直到成年进行追踪研究，发现有两种力量在塑造孩子的个性：一是孩子的气质，二是父母对孩子做出的反应(即教养态度)。所以孩子能成为什么样的人，很大程度上和父母的教养方式离不开。不良的教养方式主要有三种，分别是专制型、溺爱型和放任型。专制型的教养方式就是对孩子实行高压政策，严格限制孩子的一举一动，孩子稍有不妥，就会被打骂。在这种模式下长大的孩子，要么性格懦弱，自卑，缺乏想象力和创造力，要么叛逆，有暴力倾向，甚至偏激，导致虐待或自虐行为。溺爱型则是处处包办，尽可能满足孩子一切要求，不管是否无理，抑制了孩子独立性和责任感的养成，也阻碍了智力水平的发展，这样长大的孩子难以面对困难和挫折。最后一种是放任型，对孩子放任不管，即使孩子遇到困难也不帮忙，在这种教养方式下成长的孩子往往会自由散漫，缺乏原则性，不被他人喜爱。这三种教养方式都各有其不当的地方，会导致子女在行为习惯、个性养成方面出现偏差。

(3)父母的榜样效应：在原生家庭中，孩子接触最多的就是父母，父母的一言一行都可能被孩子模仿。孩子的模仿能力是很强的，这种模仿甚至都不需要孩子主动去做，他们会自发地去模仿父母的行为、思想。如果父母的性格开朗乐观，那么孩子的性格也会变得开朗乐观；如果父母的性格退缩、畏惧，那么孩子很有可能也是如此。

2. 原生家庭影响个体行为

一个人的行为模式，很大程度上受到他的原生家庭的影响。许多问题儿童、叛逆青年甚至是罪犯，他们之所以表现出如此反叛、极端的行为，深层原因都可以追溯到他的原生家庭中去。

阿德勒在《儿童教育心理学》中说：一个人的问题行为，如叛逆行为、暴力行为等，我们在进行研究时，不要将目光锁定在问题行为本身，而应该在他的过去生活中找出引发这些问题行为的真正原因。只有找到这些深层次的、本质的原因，问题行为才有被彻底解决的可能。

3. 原生家庭影响个体思想

一个人的思想、思维模式等，受其原生家庭的影响颇多。个体心理学认为，一个人的生活风格和其早期的生活经历有关，而原生家庭就占据了一个人早期经历的绝大部分，所以原生家庭十分重要，需要我们投入更多的关注，研究怎样的原生家庭有助于个体的成长。

4. 原生家庭影响亲密关系

父母是我们人生旅程的第一任老师，原生家庭不仅影响我们的个性、心理、意志、行为，也影响我们同他人建立关系，特别是亲密关系。原生家庭是个人获得情感经验与学习两性相处方式的最初场所。当我们长大成人，与没有血缘关系的人建立亲密关系，或者组建自己的新家庭时，原生家庭的影响就在不知不觉中渗透到我们在感情中的相处方式。

原生家庭对婚姻关系的影响如下。

(1)人在家庭的经历中，有未了的情感需要，例如：来自没有安全感家庭的人，想在配偶身上找到安全感。

(2)我们在择偶时希望在情感上得到我们在原生家庭中未得到的需要，例如：父母的肯定，需要感到自己的独特等。

(3)我们都带着这些未了的情感包袱，希望在新的家庭中得到解决。

(4)我们在原生家庭得不到满足，就会只顾索取，而没有能力为配偶付出。

(5)关系上的问题大多源于原生家庭未解的心结，且多是因为缺乏关心和爱。

从这五项里，我们可以得知一个重点——“情感”满足。在原生家庭的成长过程中，我们需要很多不同的情感养成一个正常稳定的人格，细腻的母爱让我们感受被关爱，父爱如山，让我们拥有安全感，两者缺一不可。我们从家庭中获得的情感体验很大程度上影响着我们未来的婚姻状况。

当我们感觉被某类人吸引时不妨觉察一下，他们身上的哪些特征吸引了自己，这些特征与自己的父母及其他家人有怎样的相似点或互补性。而有时候，我们越是不喜欢具有某些特征的人，却越容易被那些人吸引，这是一种强迫性的重复。例如，有的人受不了父母什么事都要控制，但长大后他找了个很爱“管束”自己的另一半，然后开始第二回合的心理战争，希望从另一半身上重新寻得自己追求了一辈子的尊重、心理空间与独立自主的权利。有的人在几段婚姻中，毫无例外地都遇到“家暴男”，因为家暴是她所熟悉的，她目睹父亲经常打骂母亲，虽然熟悉的是不好的，是有伤害的，但是她的潜意识往往还是会选择熟悉的，因为熟悉代表着可以预料，而不熟悉则代表着未知，未知会让她感觉恐慌。

第三节　正确看待原生家庭对我们的影响

著名心理学家阿德勒说过：幸运的人一生都被童年治愈，不幸的人一生都在治愈童年。一个人的成长过程中原生家庭的影响固然重要，但最终成为什么样的人，关键还是在自身。同样环境中长大的两个人，性格、观念也许完全不同，这是因为，除了原生家庭外，小到一本书、一部电影、一句话，大到地域风俗、社会环境等因素，也会对一个人的成长产生影响。而每个人对这些因素的不同态度和反应，渐渐造就了一个人独有的性格、三观、思维逻辑、处事方式。

一、了解原生家庭，是为了了解自己

心理学家马勒有一个很著名的理论，叫作“分离个体化”。简单来说，就是在和原生家庭的关系中，实现分离和个体化，是我们真正成人的标志。我们可以清晰地把自己当作一个独立的人，去审查内心不断内化的父母的形象，重建一个独立的自我，而且在家庭之外建立新的社会关系。

了解原生家庭，是为了了解自己。我们探讨原生家庭，不是为了把自己的情绪都丢给它，让它去负责，而是为了成为更好的自己。

二、正确看待原生家庭对个人的影响

1. 面对原生家庭的几种态度

(1)难以化解心里对父母隐隐的怨恨，时常感到受伤、愤怒，又无力改变。一直活在过去，尽管自己也不想，但就是没办法让自己走出来。在这样的状态里，不但很难快乐起来，而且很难摆脱那些自己不想要的模式，变成自己想要的样子。

(2)发现原生家庭带来的不好的影响，有针对性地去解决。比如，童年经历导致自己不够自信，那就去修炼自信心；小时候父母太过严厉，导致你苛责自己，追求完美，那就对自己多一些接纳和包容。

(3)积极进行自我探索，主动去了解原生家庭的影响，然后去修正。这是一种最理想的状态，是直面过去，接纳过去，朝向未来的生活态度。

2. 摆脱原生家庭的负面影响

原生家庭是我们觉察自己的工具，而不是自我逃避的借口。原生家庭只是我们的一个成长环境，我们如何对待原生家庭，是由我们自己的意识主导的。当你把它当成觉知的切入口时，那它对你的自我成长是非常有益的；如果你把它当成是逃避自己的借口，那它会一直使你处在痛苦中。原生家庭的影响不是决定性的，只是我们解构自我、整合自我的切入点。我们无法选择出生，无法选择父母，但我们可以去理解与体谅父母。我们应该感恩父母给予了我们生命的起点，养育我们长大，而生命的长度与厚度应该由我们自己去创造。

【课堂体验】

活动名称：原生家庭的影响

(1)了解原生家庭。

请写出 3 点你欣赏原生家庭成员的地方和 3 点你不欣赏原生家庭成员的地方。这些人物必须是与你同住或至少是多年来照顾你的。你对他们的印象是你在 18 岁以前的。样式示例如下。

	欣赏的	不欣赏的
爷爷	______	______
奶奶	______	______
外公	______	______
外婆	______	______
爸爸	______	______
妈妈	______	______

(2)你的发现：

____

____

(3)小组交流分享。

(4)你的再发现：

____

3. 成就幸福人生

美国社会心理学家费斯汀格有一个著名理论，叫“费斯汀格法则”：生活中的 10%是由发生在你身上的事情组成，而另外的 90%则是由你对所发生的事情的反应所决定的。也就是说，有些要发生的事情我们无法拒绝，而生活的 90%却是由我们自己掌控的。我们无法选择原生家庭，但人生的主动权掌握在我们自己手中，不论父母如何、童年如何，选择怎样对待才是最重要的。

三、从了解走向和解

1. 了解父母的生命轨迹

如果我们能多陪父母聊聊天，就会发现他们的人生经历中也许有不少可供我们借鉴的生命经验；父母也有自己的原生家庭，我们能看到他们的父母和兄弟姐妹对他们的影响，从而理解他们为什么会成为今天的样子。

家庭是每个孩子成长的第一课堂，父母是孩子学习的第一任老师。每对父母都是在第一次中尝试着做好父母，不知哪些是合适的和不合适的，只好在养育孩子的过程中慢慢尝试，认真对待取舍。这在很大程度上仅仅依靠感觉和间接经验。所以，父母做得即使不及格，也可以被理解，因为他们的知识和经验大多来自自己的父母。我们所有人都会受到强大的代际传递影响，在养育下一代时，我们多多少少带着父母的影子，又或是家里长辈的影子，有些影子是积极正面的，比如坚强勇敢，有些是消极负面的，比如暴躁的脾气。

【课堂体验】

活动名称：父(母)亲的剪影

1. 活动目的

(1)通过画心目中父亲或母亲的剪影形象，使组员加强对自己父母的了解和认识。

(2)培养组员对父母的观察能力。通过画父母亲的剪影，使组员学会留心观察自己的父母，包括父母的言行以及出现的细微变化等，帮助组员通过对父母的观察，理解父母的良苦用心，了解父母的拳拳爱心，体悟父母的真情与期盼。

(3)激发组员对父母的感激之情。

2. 人员与场地

以小组完成，每组 8 人左右，大组人数不限；选择在室内进行。

3. 活动道具

活动道具为彩笔、A4 纸。

4. 活动规则与程序

(1)老师给每位组员发一张 A4 纸，一盒彩笔置于场地中央，组员可根据需要自取。

(2)在 15 分钟内，组员在 A4 纸上完成一幅父(母)亲的剪影，可以画父亲或者母亲，也可以二者都画。

(3)小组成员想怎样画就怎样画，不拘泥于形式和要求，只要能表达自己心目中的父母亲形象即可。

(4)每位组员独立完成，不要与人商量、模仿他人，也不要指导他人或被他人指导。

(5)小组成员完成后，在小组内互相交流和分享各自父母亲的剪影，并进行解释和说明，同时组员可以提问和质疑等，但要防止批判性和攻击性的语言。

(6)老师发现小组中的典型案例，以大组的形式分享。

2. 接纳父母是走向成熟与独立的必经之路

父母与孩子的相遇本是一种缘分，我们无力人为改变，那就接受他们，面对他们。要相信每一对父母，他们在看到孩子出生的那一刻，都想尽最大努力把孩子照顾好，让他(她)健康成长、平安快乐。我们也相信他们知道每一个孩子都是独一无二的，只是在养育的过程中，有时会急于求成，拔苗助长，无意中伤害了我们。在纷繁复杂的社会中，他们会过度担心我们因没有过硬的技能而生活穷困、受苦，为了避免糟糕的结果，他们会想出各种办法帮助我们成长，而忽略了我们自身的成长动力。所以，他们不是不爱，而是太爱我们才过于慌张，请谅解父母，接受这种爱的缘分。

世界上从来就没有“完美”的父母，几乎每个人都能列出一张曾经被父母伤害过的清单。比如偏向、忽视、过度的责备、不切实际的期许等。我们可以抱怨父母的事情实在是说也说不完。如今生活中遇到的很多问题，也很可能就是由于父母不够科学的教养方式造成的，但是，为什么我们可以轻易原谅其他伤害过我们的同学、朋友甚至陌生人，却唯独不肯原谅父母呢？这也许只是因为我们还没有摆脱掉“父母就应该无微不至地爱护我们”的想法。

父母也只是普普通通的人，身上具有各种各样的缺陷与不足。他们在当子女的时候也体验过痛苦和埋怨，在为人父母之后也已经尽其所能。实际上，他们做到了能够做到的最好。为人父母，不可避免地会在孩子面前犯错误，甚至是非常严重的错误。理解父母、接纳父母是理解自己和接纳自己的前提，理解自己、接纳自己又是改变自己的开始。放弃执念，接纳事实，接纳父母与我们所想的不同。

【课堂体验】

活动名称：我所知道的父母

活动目的：使学生了解自己对父母的认识程度，引导学生和父母之间进行进一步的沟通、交流和互动，让彼此之间的关系变得更融洽。

活动程序：

(1)老师给每位成员派发一张《我所知道的父母》习作纸和一支笔，在 15 分钟内组员完成分发的习作。

习作问题举例如下：

①我知道他们的生日、身高、体重、鞋子尺码吗？

②父母最喜欢和最不喜欢的食物是什么？

③他们最喜欢的娱乐方式是什么？

④父母最关心我什么？

⑤父母最不放心我什么？

⑥回家和离家时，我主动和他们打招呼吗？

⑦我还记得他们最后一次生病的情形吗？

(2)每个组员都独立完成自己的习作,不要与人商量和讨论。

遇到不知道答案的问题,可以先行空着,等活动结束后再与自己的父母沟通,填补上空白之处。

小组完成后,在小组内进行充分的分享和反馈,每个人都可以和大家分享自己对父母的了解以及活动中的自我感受等。

3. 与父母和解

有的同学和父母关系和谐亲密无间,有的同学和父母冲突频频,争吵不断,无论是喜欢还是讨厌,是高兴还是伤感,是愤怒还是内疚,是期待还是回避,这都是在内心深处渴望被爱的表达。人人都期待被爱,能否付出爱是一种能力,能否接受爱也是一种能力。我们需要不断地反观自己和父母的生命历程,尝试和父母沟通,消除误解,让自己和父母之间的关系更加和谐,最终达成与父母的和解。那么,如何与父母达成和解呢?

(1)看到自己身上与父母相似的缺点。每个人都在代际传递中受到影响,或积极或消极,如果"继承"了父母的缺点,不要自责,也不要责怪父母,因为我们都是代际遗传的被影响者。当我们有勇气去面对自己的缺点时,就已经踏出改变的第一步了。

(2)我们无力改变过去,但我们可拼尽全力去改变现在,减少代际遗传对我们人生的影响。这个过程是漫长而艰辛的,但幸福和快乐也会随之而来。具体可以从以下三个方面开展。

第一,了解父母对自己的影响。比如列出与父母相似的优点与缺点,再去观察上一辈的人是否同样具有,再来保留优点,改掉缺点。

第二,促膝长谈,让父母了解他们的期待对孩子的影响。所有父母都有"望子成龙,望女成凤"的心愿,但未必所有的孩子都能达到这样的高度,所以可以跟父母一起设定合理期待,这样既能满足父母的期望,又符合自己的需要和渴望。

第三,与爱同行,让自己变得更好。爱是一种能力,是可以通过学习获得的。每个人都有爱自己的愿望,学会好好爱自己是让自己变得更好的基础。为人子女,我们要懂得珍惜身边的人,因爱不再怨恨父母,不再责怪自己,不再背着厚重的包袱寸步难行,就足够了。

【课堂体验】

活动名称:再选你的父母

活动目的:使学生了解自己对父母的认识程度,引导学生和父母之间进行进一步的沟通、交流和互动,让彼此之间的关系变得更融洽。

1. 活动目的

(1)引导组员表达出不欣赏父母的地方,将这种情绪尽量完全释放出来,同时思考导致这种情绪产生的原因所在。

(2)带领组员一同讨论如何看待自己和父母间的这种关系,探讨这种关系会给自身及整个家庭带来什么样的影响,做怎样的处理是比较适宜的。

(3)推动组员完成由对父母的不满、指责等延伸到对自我进行探索和反思。

(4)鼓励组员找到符合自己与父母特点的互动模式,多和他们进行交流和沟通，加强彼此间的联结，珍视亲情的存在。

2. 人员与场地

参与者共30～50人，活动分小组进行，每组6～8人；在室内进行。

3. 活动道具

活动道具为A4纸、签字笔。

4. 活动规则与程序

(1)老师向每位组员分发一张A4纸和一支签字笔。每位组员在白纸的上方写下"再选 ××× 的父母"几个字，××× 就是你自己。"再选 ××× 的父母"，你看着它一定不舒服，这是正常的。因为此刻之前，你从来没有想过可以把自己的父母"炒鱿鱼"，让他们"下岗"，自行"招聘"一对父母。

(2)上一环节写好以后，请组员郑重地写下自己再选的父母的名字。

母亲：____

父亲：____

请你把头脑中涌起的第一个人名写下来。他们可以是你认识的任何一个人，也可以是传说中的人物；可以是历史名人，也可以是普通百姓；可以是动植物，也可以是山川湖泊；可以是日月星辰，也可以是布帛菽粟；可以是仰慕的师长，也可以是同窗好友。总之，跟随自己的第一感觉就好。

(3)顺利完成上述关键步骤后，组员可以在老师的引领下进行思考和分享。

4. 与自己和解

每个人，或多或少都曾被父母伤害过，有的人在破碎的家庭中，变得敏感而不自信；有的人在父母严声厉语中，被中伤、被侮辱，觉得自己是个不被爱的孩子。苏珊·福沃德曾说：过去的我们无能为力，现在和未来的我们，可以拼尽全力去改变。时光无法倒带，岁月无法逆转，过去的事情我们无力改变，但我们可以选择试着原谅和理解。和父母和解其实也是在跟自己和解，无论曾经经历过什么，与伤害和痛苦握手言和，跳出原来的桎梏，是一个自我救赎的过程。只有与自己和解，走出曾经的伤害，才能获得真正的自由，才能快乐起来。

【幸福结语】

原生家庭是个体初次进行情感体验和表达的场所，个体在原生家庭中逐渐形成其独特的性格和三观。对大学生来说，家庭所在地，父母的社会经济地位、受教育状况、婚姻状况，父母的人格特质、对子女的关爱与教养方式，以及家庭氛围等，都可能对大学生的心理健康产生影响。但是，我们的人生不应该被原生家庭所禁锢。原生家庭对一个人确实有影响，但不能把它归结为人生失败的所有原因。如何走出原生家庭，做最好的自己，才是每个成熟的大学生应该思考的。著名人本主义心理学家罗杰斯曾说：好的人生是一个过程，而不是一个状态；是一个方向，而不是终点。这个世界上并没有完美的父母，也没有完美的原生家庭，我们自己才是自己一生命运的创造者。

【幸福锦囊】

(1)家庭问题本身不是问题,如何应对家庭问题才是问题。

(2)过去发生的事情虽然无法改变,但可以改变事件的冲击和影响。

(3)我们不能改变过去的事件,但能改变应对方式。

(4)所有的行为都有其目的,将人与行为分开,将行为与意图分开。

(5)人类的历程具有普遍性,我们都有感受,我们出生时都很渺小、无助、依赖,父母也是由小孩长大的,应允许父母犯错。

(6)父母在其原生家庭中学习,并重复成长过程中的熟悉的模式,即使那些模式是功能不良的。

(7)迈向自我统整的途径是接受父母也是人,并在生命的层次而非人生的层次与他们联结。

【幸福行动】

列出你愿意为父母做的10件事,并一一去实现它。

第四章　自我意识与幸福人生

【幸福导读】

通过本章的学习，使学生认识自我发展的重要性，了解并掌握自我意识发展的特点，能够识别在自我意识发展过程中出现的偏差及原因，并能够对其进行调适，建立自尊、自信的自我意识。

第一节　自我意识概述

“认识你自己！”——这句刻在阿波罗神庙上的箴言，经常被哲学家们引用来规劝世人，指导世人认识自己真正的价值。我国古人也说：“知人者智，自知者明。”看来，认识自己并不是一件容易的事情，“我是谁？”是一道难解的人生课题，人的一生都在持续实践自我、探索自我和超越自我，对于这一课题，你是否有属于自己的答案呢？

【热身体验】

斯芬克斯之谜

什么东西早晨用四条腿走路，中午用两条腿走路，晚上用三条腿走路？请写出你的答案。

斯芬克斯之谜出自《俄狄浦斯王》寓言，斯芬克斯是希腊神话中一个长着狮子躯干、女人头面的有翼怪兽。她坐在忒拜城附近的悬崖上，向过路人出一个谜语：“什么东西早晨用四条腿走路，中午用两条腿走路，晚上用三条腿走路？”如果路人猜错，就会被害死。然而，俄狄浦斯猜中了谜底——人，斯芬克斯羞惭地跳崖而死。

从某种意义上讲，一个人内心认为自己是一个什么样的人，比他真正是一个什么样的人更重要。一个人只有对自己的各方面都有比较清晰的了解，才能在环境的适应、个体的发展上获得比较满意的结果。而认识自我就是一个人自我意识非常重要的内涵。

那么，到底什么是自我意识？自我意识是与生俱来的吗？影响一个人自我意识形成的因素有哪些？自我意识的发展有哪些阶段？对我们的人生有怎样的影响呢？随着心理学家的不断探究，我们对人类自我意识的发展和成熟有了更多的认知。

一、什么是自我意识

(一)自我意识的概念

自我意识是意识的核心部分,是一个人对自己身心活动的觉察,即自己对自己的认识。自我意识是个体对自己及对自己与周围环境关系的认识,包括对自己存在的认识,以及对个体生理状况(如身高、体重、体态等)、心理特征(如思维、能力、情感、兴趣、气质、性格、意志等)以及社会特征(如自己如何与家人、老师、同学、朋友等周围的人相处,自己在集体中的位置和作用等)的认识。

自我意识是人类特有的意识,是个性的一部分,是衡量个性成熟水平的标志,也是个体成长和发展的核心和基础。主要包括自我观察、自我监督、自我体验、自我评价、自我教育、自我控制和自我调节等。正确认识自己,是大学生个体发展最重要的前提。

【课堂体验】

20个“我是谁?”

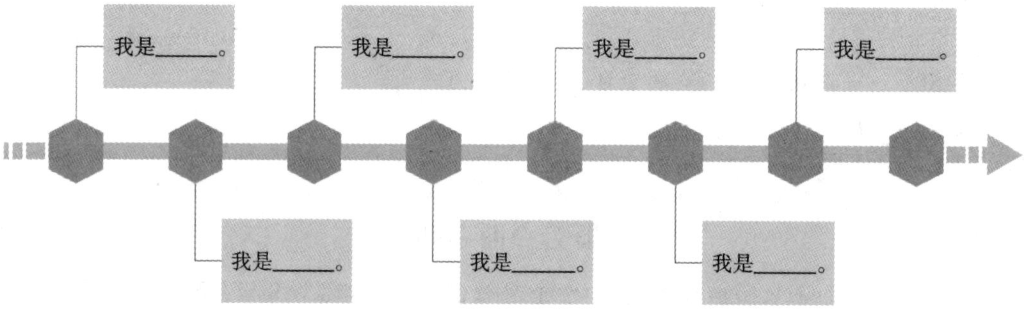

(1)准备:一张纸,一支笔。

(2)操作:写出20个“我是……”。

注意:尽量选择一些能反映个人风格的语句。

评估每一项是积极的(+)还是消极的(-)。

(二)自我意识的特性

个体的自我是一个由多种结构形成的动力系统,它有两个基本特征,一是区别于他人的“分离感”,即意识到自己作为一个独立的个体,在身体、情感和认知方面都具有自身的独特性。二是跨时间、跨空间稳定的“同一感”,即一个人知道自己是长期的持续存在的,不随环境及自身的变化而否定自己是同一个人。

自我意识不仅是人脑对个体自身的意识与反映,也反映人与客观现实之间的关系,人的发展离不开周围的环境，但人的发展及人与人之间的关系受自我意识特征的制约和影响。自我意识具有意识性、社会性、同一性和能动性等特点。

(1)意识性：个体对自己及自己与周围世界的关系有着清晰的理解和自觉的态度。从马克思主义哲学的角度来看，这种自我意识是主体我对客体我的一切主观能动的反映。

(2)社会性：自我意识是个体长期社会化实践的产物，它的主要内容是个体社会属性的反映。对自我本质的意识，不仅是意识到个体的生理特性，更是意识到个体的社会特性，意识到个体的社会角色，意识到个体在一定的社会关系和人际关系中的地位和作用，这是自我意识发展到成熟的重要标志。

(3)同一性：心理学研究表明，自我意识一般需要经过20多年的发展，直到青年中后期才能趋于稳定和成熟。虽然这种自我意识有可能因为个体实践的成败和他人评价的改变而发生变化，但到青年后期，个体会对自己的基本认识和态度保持同一性。正是因为自我意识的同一性，才会使个体表现出前后一致的稳定心理面貌，使得自己和他人的个性有所区分。

(4)能动性：个体能够根据社会或他人的评价、态度和自己实践所反馈的信息来形成自我意识，还能根据自我意识来调控自己的心理和行为。

二、自我意识的结构

自我意识是一个多维度、多层次的复杂心理系统，从不同的角度来看，自我意识具有不同的结构。

【幸福专栏】

弗洛伊德的人格结构理论

弗洛伊德将人格视为一个动力系统，由本我、自我和超我三个心理结构组成。

本我是由先天的生物本能和欲望组成。以追求非理性的、冲动性的和无意识的自我满足为目标进行活动。本我遵循的是快乐原则，即要求自由表达，寻求快乐。本我为人的整个精神和人格的活动提供能量，这种能量叫作力比多，来源于人的生存本能。根据弗洛伊德的理论，力比多决定了人的生存愿望，即一种潜在的满足性欲的愿望，人追求快乐的一切形式都是这种愿望的表达方式。与生存本能同时存在的，还有破坏性本能，这种本能表现为对他人的攻击行为和破坏的欲望。弗洛伊德列举了人类漫长历史中的种种暴力和战争，作为这种本能存在的佐证。在大多数情况下，个体会通过非破坏性的形式释放本我的能量，缓解由于性冲动或攻击冲动造成的内部压力。

自我是思考、计划、解决问题和进行决策的系统，是在人格的意识部分控制之下发生作用的。本我按照快乐原则行事，而自我则按照现实原则行事。在本我的要求不符合实际或不合时宜的情况下，自我会对这种冲动进行控制，将行动拖延，直到认为它适宜时再行动。本我产生能量，但如何使用能量则由自我控制。因此，有人把自我比喻成为一个“执行官”。打个比方，本我就像一个双目失明的国王，虽然他拥有可怕的力量，但是其命令的实施必须依赖“执行官”。本我只能够决定一个期望行为的意象，而真正有权将本我的愿望落实为外部行为的系统是自我。

超我对自我的思想和行动起着判断和监察的作用。超我的一部分称为良心，反映着一个人的道德标准。当你的行为有违这种标准的时候，你就会感到内疚。超我的另一部分称为理想自我，反映着一个人在年幼时受到父母赞扬或奖赏的那些行为。理想自我是一个人的目标和抱负的源泉，当你达到这种标准时，你会为自己感到自豪。通过以上过程，超我以一种“内化的道德标准”的形式控制着人的行为。根据弗洛伊德的理论，一个缺乏控制力的超我可能使一个人成为不良少年、罪犯，或形成反社会人格，而一个过度严格的超我则可能使人产生压抑感或难以承受的内疚感。

（一）从自我意识的具体表现形式看

从自我意识的具体表现形式看，即从知、情、意三方面分析，自我意识的结构包括自我认识、自我体验和自我调控三个层次。

（1）自我认识是自我意识的认知成分。它是自我意识的首要成分，也是自我调节控制的心理基础，它又包括自我感觉、自我概念、自我观察、自我分析和自我评价等不同的层次。其中，自我分析是在自我观察的基础上对自身状况的反思。自我评价是对自己能力、品德、行为等方面进行社会价值的评估，是自我认识中最主要的方面，它最能代表大学生自我意识发展水平，也是自我体验和自我调控的前提条件。

（2）自我体验是自我意识在情感方面的表现，是在自我认识的基础上产生的，反映出个体对自己所持的态度。自尊心、自信心是自我体验的具体内容。自尊心是指个体在社会比较过程中所获得的有关自我价值的积极的评价与体验。自信心是对自己的能力是否适合所承担的任务而产生的自我体验。自信心与自尊心都是和自我评价紧密联系在一起的。

（3）自我调控是自我意识的意志成分，是指个体对自我行为与心理活动的自我作用过程。自我调控主要表现为个人对自己的行为、活动和态度的调控。它包括自我检查、自我监督、自我控制等。自我检查是主体在头脑中将自己的活动结果与活动目的加以比较、对照的过程。自我监督是一个人以其良心或内在的行为准则对自己的言行实行监督的过程。自我控制是主体对自身心理与行为的主动的掌握。自我调控是自我意识中直接作用于个体行为的环节，它是一个人自我教育、自我发展的重要机制，自我调控的实现是自我意识的能动性质的表现。自我意识的调节作用表现为：启动或制止行为；心理活动的转移；心理过程的加速或减速；积极性的加强或减弱；动机的协调；根据所拟订的计划监督检查行动；动作的协调一致等。

（二）从自我意识的内容角度看

从内容角度看，自我意识可以分为生理自我、心理自我和社会自我三个层面。其中，生理自我是指个人对自己的生理属性的意识，包括个体对自己的身体、外貌、体能等方面的意识；心理自我是个人对自己心理属性的意识，是个人对自己的人格特征、心理状态、心理过程及其行为表现等方面的意识；社会自我是个人对自己社会属性的认识，主要是指个体对自己在各种社会关系中的角色、地位、权力、人际距离等方面的认识。

（三）从自我意识存在方式的角度看

从自我观念的角度来看，自我意识分为现实自我、投射自我（镜中自我）和理想自我三个维度。现实自我是个体从自己的立场出发对现实中个体的基本现状的总体看法，也就是个体对现实中的自己的认识。投射自我是个体想象自己在他人心目中的形象或他人对自己的基本看法，也叫镜中自我，是自己对他人眼中的我的想象。比如，大学生非常注重别人的眼光，无论自己做什么，都会想象自己在他人心目中的形象，想象他人对自己的评价，由此而产生自我感。但投射的自我和现实的自我之间常常是有距离的，一旦这种距离较大，个体就会产生没有人能懂自己的感觉。理想自我则是个体心中期待的完美的自我形象，是个体想要达到的比较完美的形象。

一般来说，大学生怎么看待自己，往往比他实际上是怎样的对个体的影响更大。自我意识在个体发展中有十分重要的作用。

首先，自我意识是认识外界客观事物的条件。一个人如果不认识自己，就无法把自己与周围相区别，他就不可能认识外界客观事物。

其次，自我意识是人的自觉性、自控力的前提，对自我教育有推动作用。人只有意识到自己是谁，自己应该做什么的时候，才会自觉自律地去行动。一个人意识到自己的长处和不足，有助于发扬优点，克服缺点，取得自我教育的积极效果。

再次，自我意识是改造自身主观因素的途径，它使人能不断地自我监督、自我完善。可见，自我意识影响着人的道德判断和个性的形成，尤其对个性倾向性的形成尤为重要。

可以说，人生的一切问题都是由人的自我意识引起的，认识自我是我们每个人都需要面对的课题，只有对自我有一个清醒的认识，我们才能在现实中找准自己的位置和方向，才能不断完善自我，超越自我。

三、自我意识的产生和发展

（一）自我意识的产生

自我意识是与生俱来的吗？实际上，个体在早期是不具备自我意识的，也就是说，个体在早期无法区别自己与外界的事物。儿童的自我意识随着年龄的增长而不断发展，儿童也因家庭环境和教育的不同而具有不同的自我意识，或积极良好的，或不良消极的。心理学家阿姆斯特丹的点红实验证明，24 个月的幼儿已经具有了自我意识，因而在幼儿时期，家长就要注重引导，培养他们良好的自我意识，以形成健康的个性和优良的品质。

【幸福专栏】

自我意识的诞生——阿姆斯特丹等的点红实验

一、实验目的

研究婴幼儿的自我意识水平。

二、实验过程

阿姆斯特丹借用动物学家盖勒帕在黑猩猩研究中使用的点红测验(以测定黑猩猩是否知觉“自我”这个客体),使有关婴幼儿自我觉知的研究取得了突破性进展。实验的被试是 88 名 3—24 个月大小的婴幼儿。实验开始,在婴幼儿毫无察觉的情况下,主试在其鼻子上涂一个无刺激红点,然后观察婴幼儿照镜子时的反应。研究者假设,如果婴幼儿在镜子里能立即发现自己鼻子上的红点,并用手去摸它或试图抹掉,表明婴幼儿已能区分自己的形象和加在自己形象上的东西,这种行为可作为自我认识出现的标志。

三、实验结论

阿姆斯特丹对研究结果进行总结后得出,婴幼儿对自我形象的认识要经历三个发展阶段。

第一个是游戏伙伴阶段:6—10 个月。此阶段婴幼儿对镜中自我的映像很感兴趣,但认不出他自己。

第二个是退缩阶段:10—20 个月。此时婴幼儿特别注意镜子里的映像与镜子外的东西的对应关系,对伴随自己的动作而出现的镜中映像动作更是显得好奇,但似乎不愿与“他”交往。

第三个是自我意识出现阶段:20—24 个月。这是婴幼儿在有无自我意识问题上的质的飞跃阶段,这时婴幼儿能明确意识到自己鼻子上有红点并立刻用手去摸。

一般来说,个体自我意识从 1 岁半到 2 岁开始萌芽,经过幼儿期和童年期的发展和探索,青春期将出现自我意识发展质的飞跃。

(二)自我意识的发展

埃里克森是美国著名的精神病医师,新精神分析派的代表人物。他提出了著名的人格发展八阶段理论。埃里克森认为,人的自我意识的发展要持续一生。他把自我意识的形成和发展过程划分为八个阶段。这八个阶段的顺序是由遗传决定的,因而是不可改变的。危机是划分每个阶段的特征。危机的解决有助于自我的加强,而危机的消极解决则会削弱了自我。埃里克森的理论认为,青少年面临的障碍是获得自我同一性。他用同一性危机来描述青少年在思考“现在的自己是谁、我能做什么样的我”时所体验到的混乱甚至焦虑的感受。

自我同一性包含对自我的确认和对与有关自我发展有关的一些重大问题(如理想、职业、价值观、人生观等)的思考和选择,并为其提供意义和方向。自我同一性的建立,意味着自己对自己有充分的了解，有能力把自己的过去、现在和将来组合成一个有机的整体来思考，确立自己的理想和价值观念，并对未来发展做出思考和规划。

实际上，个体在幼儿时期就已经形成了自我感知，他们知道自己跟别人是不一样的。但是，进入青春期(12—18 岁)之后，个体才第一次有意识、深层次地思考“我是谁”的答案。建立自我同一性是个体在青春期最重要的发展任务，这一任务常常延续到大学阶段。同时，同一性发展存在较大的个体差异，不同的个体可能处于不同的同一性发展状态中。

心理学家玛西亚根据同一性形成过程中个体对自我的探索和探索结果，将同一性分成四种状态：同一性弥散、同一性早闭、同一性延缓和同一性达成。

【幸福专栏】

自我探索

自我探索是指个体为达成同一性，寻找适合自己的目标、价值观和理想而做出时间、精力等方面的投入。个体在这个过程中需要从多种选择中做出抉择，以便做出有意义的投入。

自我探索的结果称为承诺，是指个体对自我做出了相应的选择并确定下来，如确定自己的职业选择、确定自己的价值观判断。

同一性四种状态的划分

主　　题	同一性弥散	同一性早闭	同一性延缓	同一性达成
个体是否积极寻找、探索同一性？	否	否	是	是
个体已经确定自己的选择了吗？	否	是	否	是

1. 同一性弥散

同一性弥散是同一性发展的最初状态。处于这个阶段的个体，没有为探索自我去努力，也没有成功地做出选择，他们不知道自己是谁，不知道自己想做什么，也没有明确的发展方向。同一性弥散是青春期早期的正常特征，但经过一段时间后，来自父母和同伴等的压力越来越大，中学阶段的个体开始面临同一性危机。如果中学阶段的个体仍然没有投入对“自己是谁，以后要做什么”的探索，这一课题就会延续到大学阶段，就可能产生内心的不安全感，导致个体对自我的评价较低，喜欢逃避问题，无法承担责任，对未来缺乏兴趣或不抱希望，有的个体会表现为叛逆、自私和享乐主义，严重影响大学阶段的发展。

2. 同一性早闭

同一性早闭是指个体在青少年时期没有对自我进行探索，过早地将自我意象固定化，没有考虑各种选择的可能，就停止了同一性的探索。这样的个体缺乏对自我的探索，往往遵循父母或他人的安排，变成他人期望的样子，没有真正属于自己的决定。他们常常是父母、老师眼中的“乖孩子”，做大人希望他们做的事情，不做大人不喜欢的事情。实际上，这些“乖孩子”的价值观往往只是照搬了大人的模式，没有自己的看法和选择，是同一性早闭的表现。同一性早闭的大学生往往缺乏主见，容易盲从，不喜欢改变，难以应对挑战。他们通过回避变化和压力来获取安全感，当遇到挫折时，容易丧失目标和信心。

3. 同一性延缓

同一性延缓是指个体产生“我是谁？我将成为一个怎样的人？”的疑问，开始对自我的探索。同一性延缓是建立自我同一性必然要经历的过程。同一性延缓的个体正在经历挑战和危机，开始探索有关今后人生各方面不同的选项，尝试各种可能性，他们在做出决定和履行义务之前，希望能通过丰富的经历，确立属于自己的价值判断。

同一性延缓的个体往往面对危机和探索时会变得困惑，表现得不稳定，容易产生不满。他们也常常表现得叛逆，容易焦虑。他们可能身着奇装异服，做平常不会做的事情，交不同类型的朋友，但是这种尝试和改变不是什么坏事，大多数个体会在同一性探索之后变得合乎常规。

4. 同一性达成

同一性达成的个体经过了对自我的探索阶段，通过探索、评价和选择，有了自己的结论和决定，解决了同一性危机，形成了稳定的自我认同标准，进入同一性达成的阶段。

同一性达成的个体对自己有清晰的认识，能够坦然接受自己的不足和缺点，实现了自我悦纳，对自己的学习、工作和生活充满热情。他们对生活中的各种事情也形成了自己稳定、客观的看法。同一性达成的个体安全感较高，社会适应能力良好。

埃里克森认为，同一性危机在青春期出现，在15—18岁得到解决，但梅尔曼对12—24岁男性自我认同感水平进行了测量，结果发现，12—18岁之间很多个体属于同一性混乱和同一性早闭的状态，到21岁以后，大部分个体才达到同一性延缓并获得稳定的同一性。个体同一性发展存在较大的差异，很多人在中学阶段处于同一性延缓的状态，极少个体能在中学阶段达成自我同一性。通常，同一性达成的任务要延续到大学阶段。

大部分大学生会持续进行自我探索，但也有一部分大学生一直没有探索自我或者过早停止了这种探索行为。如何判断自己处于何种同一性状态，了解自己的同一性发展状况呢？根据四种同一性状态的表现，我们可以尝试回答以下问题，判断自己处于哪种同一性状态。

【幸福解码】

测一测：四种同一性的表现

同一性状态	表　　现
同一性弥散	我不关心自己要选择什么生活方式，觉得任何生活方式都没有意思
	我不知道自己适合什么工作，没做太多考虑
	我没有形成特定的人生观，我只想过得快乐些
	我没有真正的朋友，但我觉得无所谓
同一性早闭	我原本对未来有很多畅想，但我选择按照父母希望的方式去生活
	我只跟父母喜欢的同学做朋友
	我一般只做父母赞同的事情，父母反对的，我不会去尝试

续表

同一性状态	表　现
同一性延缓	我在努力尝试，确定我有什么样的能力，明确我将来适合什么工作
	我正在寻求适合自己的生活方式，但还没找到
	我尝试跟不同类型的同学交往，我会思考什么样的朋友更适合我，思考友谊对我的意义
	我正在进行各种尝试，希望找到自己真正喜欢的活动
同一性达成	经过一段时间的探索和选择，现在我知道自己将来的职业发展方向
	我已经找到真正适合自己的生活方式
	选择朋友的标准有很多，我认为应该选择价值观相同的人作为自己的朋友
	经过不断尝试，我找到了一些我真正喜欢自己从事或朋友一起完成的活动

（三）成年初显期的自我意识发展

18—25 岁这个年龄段是生命历程中很独特的一个阶段，被称为成年初显期，即正在形成的成年期。此时，你已经不再是青少年，但是你又没有完全成年。对大部分人来说，这个阶段正是很多重要的改变发生的时期。处于这个年龄阶段的人，面临着许多独特的处境和挑战。

1. 成年初显期：充满不确定的必经之路

大学阶段，个体独立生活，同时继续依赖父母，处于一种半自治状态。一直到大学毕业，甚至到 30 岁，这样的状态才会得到缓解。而与此同时，个体也会做出一些会持续影响自己一生的决定，比如明确自己的事业道路，选择伴侣等。

这一阶段最显著的特征是，开始了对人生各种可能性的探索和实践，面临着人生频繁的变化。在这个阶段，个体的生活状态、角色身份是不稳定的、混乱的，而这种不稳定的状态也影响着内在的状态。

2. 成年初显期的自我探索

这一阶段的主要目标是完成对事业、爱情和价值观的探索。成年初显期的自我探索，并不总是愉快的。对爱情的探索，可能会以失望、理想的破灭、被拒绝为结局；对事业的探索，可能以无法找到理想的工作为结局；对世界观和价值观的探索，可能会带来儿时观念的颠覆，有时候自己信仰的一切都被摧毁了，而新的信念和价值观却还没有建立起来。因此，这种内在世界天翻地覆的感觉有可能使此期成为一生中感到最为孤独的时期。在这个阶段，年轻人对自己身份的探索往往是自己独自展开的，他们已经不再有原生家庭的陪伴，但是还没有组建新的家庭。他们相比青少年，受到父母更少的监管，同时没有被成人新的角色约束。所以，这个时期是各种高危行为高发的阶段。

【大学心事】

进入大三下半学期，曹鑫总有一股莫名的焦虑感，尤其是最近一段时间，和女朋友因为未来的规划产生了分歧，经常吵架；因为恋爱开销增加，每次跟父母拿生活费时，总是感到有一股隐隐的内疚感，父母也多次提醒自己，再过一年大学毕业了，就要开始自食其力了。周围的同学们大都开始为找工作做准备，也有部分同学准备考研继续深造，而对于自己毕业之后该如何选择，曹鑫一直感觉挺迷茫。

为了应付朋友们和父母的询问，曹鑫也买了资料，开始准备考研了。但是，他心里清楚地知道，自己并没有继续研究学问的兴趣，考研只是缓解就业压力的方式。在他的内心，对马上进入社会去工作是感到恐惧的，十几年的学生生涯，除了读书，他不知道自己还能够做什么，不知道自己有没有独立闯荡社会、养活自己的能力。每次想到这些，曹鑫内心就感觉到很迷茫、恐慌和不知所措，自己好像陷入了一片泥沼，不知道出路在哪里。

最近，考研政策发生了一系列的变化，就业和考研形势都更加严峻了，对于自己能否考上研究生，曹鑫越来越没有信心了，在自习室常常如坐针毡，根本无法静下心来，照这样下去，考研不可能有好的结果；找工作也根本没有任何头绪和动力，曹鑫感到苦恼极了，最近一周常常因为思考这些问题而焦虑得睡不着觉。

曹鑫来到学校心理咨询室倾诉，他说，感觉自己现在就站在悬崖上，马上就要踏空了，真不知道自己到底该怎么办。

经过一段时间与咨询老师的探索，曹鑫慢慢找到了自信，成功进入一家公司实习，并且因为表现踏实，顺利转正。谈起自己的这段经历，曹鑫写下来这样一段话：曾经也恐慌过，觉得自己可能无法只依靠自己的双脚站立在大地上。但逐渐我发现，我是可以的，我会找到自己的道路，而这个过程中最重要的一步就是怀着满心的恐惧开始尝试。

3. 成年的必要因素

一个人什么时候就算是成年人呢？在当代社会有很多的衡量标志。除了法律对于成年的界定外，从社会心理的角度来看，这与一个人自我意识的成熟度密切相关。当个体能够自立或者有一份工作，已婚或者建立了有意义的亲密关系而建立家庭后，人们往往就会认为这个人成年了。而心理上的成熟取决于某些内在任务的完成，比如获得同一性、从父母的家中独立出来、形成自己的价值观等。

有心理学家建议，对于成年的开始应该用一些内在的指标来标记，比如自主感、自控能力和自我负责的能力等，而不是用外在标准来衡量，成年更多的是一种心理状态。当一个人能够接受自己对自己该负起的责任、能够独立地为自己做出决定，并且实现经济独立，才算具备了成年的必备要素。以此而论，不论生理年龄多大，一些人终生都没有成年。

在成年初显期，一个人发展的重点是成为一个自给自足的人，只有在这一点实现以后，我们才会发生主观感受上的改变，才能真正获得自主性。

那么，什么是自主呢？自主是一种存在与行动都独立于他人的状态，独立不仅仅是“行动上脱离父母的限制”，而且在认知、态度和行为上都实现自主。通常一个人要到20岁之后，才能真正实现独立，有的人甚至要到30岁。

从青春晚期到成年早期，我们在获得自主的过程中，需要完成以下三个变化。

第一，完成与原生家庭心理上的分离，与父母建立起清晰的心理边界，并发展出新的属于几个成年人之间的关系，对他们投入新的感情。

第二，掌握自主的能力。获得自主的能力，指的是能够很好地处理与外界环境的关系，拥有在外界环境中独立适应和生存的能力。它的评判标准包括两个部分。一是自立的水平，衡量自立的水平，包括是否拥有很强的自信，以及在没有他人帮助的情况下，能不能处理挑战和困难。二是决策的水平，即在面对重大选择（关系到人生走向）的时候，你能够在多大程度上根据自己的价值观和喜好，独立地做出决定。

第三，掌控自己的情绪。“情绪的自主性”是指自己的情绪能否由自己主导；能否掌控自己内心的冲突，即能否在建立自我意识和自我认同的同时，处理在这个过程中产生的负面情绪，比如愤怒、羞愧、内疚、依赖等。它的评判标准也包括两个方面的内容。一个是自我控制的水平。也就是能够自主地控制自己的情绪和行为，而不是受他人，特别是父母的影响和控制。二是自我坚定的水平。也就是能不能建立起自我价值的评估标准，并且敢于冒着遭到反对的危险，表达那些和他人，特别是和父母不一样的、有冲突的价值观和需要。

自主能够提高自尊水平和增强幸福感，也能够激发成就表现。2011年，马来西亚学者针对425名大学生进行了研究，发现通过学生的自主性能够预测其总的平均绩点，自主性较高的学生，平均绩点较高，且英语和数学两个单科的成绩都更好，尤其是英语成绩。而且，通过教育和训练来提高学生的自主性后，可以使学生获得更高的学习成绩。

在走向自主的过程中，我们需要意识到，自主是有限度的。2011年的一项研究发现，自主也存在一个“最佳水平”。比这个值更高或更低的自主水平都未必是好的。同时，个体独立的过程与和父母良好的关系并不矛盾。独立的过程并不一定是与父母分离，这个过程很多时候是在父母的陪伴和帮助下完成的。自主不是彻底的自由，它意味着责任。要想达到自主，不可缺少的是一个对父母去理想化的过程，即从童年时期对父母全知全能的幻想中脱离出来，认识到父母并非无所不知、无所不能，而是同时具有优点和缺点的普通人，不再无选择性地接受父母的价值观和标准。不再因为没有满足父母的情绪和要求而感觉到内疚、羞耻，而是评判和建立自己的价值观和标准。能够达到自主的人，最终会承认并骄傲于父母的长处，但是也能够认识到父母的短处，认识到他们作为人的复杂之处，最终成为自我价值的评定者。

如何独立自主是我们一生都要面对的课题。成年后，我们可能也要建立自己的家庭，要处理在新的家庭中的独立与依恋。当我们年老或者经历丧失的时候，也会再次面临独立的挑战。脱离原生家庭，开始自己的人生，只是我们在这个课题上的第一步。每个人在走向成年的路上，都会经历一段成长的苦痛历程。只有亲身经历每一段成长的过程，才会有深刻的体会，真正走向内在的成熟。

【幸福专栏】

帝王娥的故事

在蛾子的王国里，有一种蛾子由于长得硕大和美丽，人们把它叫作“帝王蛾”。

帝王蛾的幼虫是在一个洞口极其狭小的茧中度过的，当它的生命要发生质变时，这狭小的通道对它来讲无疑成了“鬼门关”。它那娇嫩的身躯必须拼尽全力才能破茧而出，太多太多的幼虫在过“鬼门关”时力竭身亡，不幸成了“飞翔”的悲壮祭品。

有人怀了恻隐之心，企图将那幼虫的生命通道弄得宽阔一些，便拿来剪刀，把茧的洞口剪大。于是，茧中的幼虫不用费多大的力气，轻易就从那个牢笼里钻了出来。但是，更为不幸的是，所有得了救助而见到天日的蛾子，都成为“好心人”的牺牲品，它们无论如何也飞不起来，只能拖着丧失了飞翔功能的双翅在地上笨拙地爬行。

原来，那“鬼门关”般的狭小茧洞恰是帮助帝王蛾成就双翼的关键所在。幼虫在穿越茧洞时，通过用力挤压，血液才能送达蛾翼的组织中去，使其两翼充血，帝王蛾的翅膀才能发育成熟。人为地将茧洞剪大，蛾子的翼翅就失去了充血的机会，这样出来的帝王蛾，便永远与飞翔绝缘。没有谁能施舍给帝王蛾一双振臂奋飞的翅膀。

第二节　大学生自我意识发展的特点

大学生正处于自我意识发展的关键时期，其自我意识的发展出现了许多新的特点。下面我们将从自我认识、自我体验和自我调节三个方面来看大学生自我意识发展的特点。

一、大学生自我认识的特点

大学生在自我认识方面的广度和深度进一步增加，自觉性和主动性提高，自我评价更加全面。

（一）大学生更加注重对自己内在素质的认识

有调查显示，在中学尤其是高年级，学生认识自我时比较看重一些外在的东西，如身体、容貌、仪表等。到了大学阶段，学生对自己的认识发生了很大的变化，这种变化不是说学生不看重外在的东西了，而是与外在的东西相比，他们更加注重内在的素质。在一所大学的问卷调查中，在回答“你认为你是一个什么样的人”时，多数学生回答的是自己的一些心理品质，如善良、热情、诚实、乐观、自信、自尊等。

（二）大学生更加注重自己在社会中的地位和作用

随着年级的升高，大学生对自我的社会属性（社会地位、社会角色、社会责任、社会义务等）越来越关注。经常在校园里听到大学生们说：“宇宙是无限的，个人的一生只是昙花一现，但也要在这一瞬间把斑斓的色彩留给人类。”“社会的进步不是靠哪个救世主，而是靠社会成员的努力，靠我们自己掌握自己的命运”。也经常有许多高年级的学生以未报答父母的辛苦劳动而感到内疚。

（三）大学生的自我认识以肯定性评价为主

总体来看，现代的大学生看到的更多的是自己的优势、优点。从一定意义上说，这一状况显示了当代大学生的自信，积极向上的心理姿态。但同时，过分看重自己的优势，而看不到自己的缺陷，也可能导致其走向另一个极端，即盲目自大、目中无人的心理状态，这对学生的发展是极为不利的。

（四）大学生的自我评价从高估走向平衡

以往西方心理学家研究认为，青年学生对自己有过高评估的倾向。从我国大学生的实际来看，低年级学生自我评价高的倾向比较明显，他们自认为是“天之骄子”，但是，经过四年的大学学习、观察和体验，自我的评价趋于平衡，对自己的评价更为客观、现实。

二、大学生自我体验的特点

随着自身的成长和发展，大学生的自我体验发展水平渐趋稳定，但仍然具有很强的敏感性，大学生对于自身体验的丰富性也有了更加自觉的认知。总体而言，大学生自我体验的基本格调是积极、乐观、健康向上的。

（一）大学生自我体验的发展水平渐趋稳定

调查显示，大学生各年级学生由于自我认识与评价能力的提高，自我体验仍在发展变化，但大学二年级和三年级学生自我体验的测验得分相比大学一年级有所下降。情感体验受到社会需要和主体意识与客体的相互关系的影响，尤其是在大学期间，学生的理想和现实往往发生矛盾冲突，这种矛盾一直持续到大学四年级才得到解决，因而自我体验经过大学三年级这个转折点，到大学四年级又回升到较高水平。

（二）大学生的自我体验较为强烈

大学生自我评价能力提高的基础上，认识到自我的价值、地位和作用，责任和义务感增强，自尊心有突出的表现，在学习和各项活动中争强、好胜，一旦受挫和失败就会产生内疚和压抑的情绪。成功与失败都会引起大学生强烈的情绪反应。

（三）大学生的自我体验敏感性大

青年期的学生对涉及自我的一切事物都非常敏感，特别是与异性的接触更常常引起情绪的波动。他们通过想象抒发自己的灵感和生活的体验，因而在思维中经常流露出一些感触和遐想等。从性别差异来看，在自我体验强度方面，男生大于女生；在体验的持续性上，女生比男生持久。

三、大学生自我调节的特点

在自我认识、自我体验和自我调控三者相互影响、相互作用下，随着对“理想自我”与“现实自我”的觉察和分化，大学生自我意识开始走向成熟。大学生常常能够更加积极主动、持续地通过现实的努力去减少理想自我与现实自我的差距，努力改善现实自我，使之逐渐接近理想自我；或者修正理想自我中某些不切实际的过高标准，并改善现实自我，使两者互相趋近。从而逐步建立自我同一性，实现“理想自我”与“现实自我”的整合统一。在这个过程中，大学生也更加倾向于以社会规范、社会期望和内心信念去要求自己，自我控制的意识较青春期明显增强。

总体而言，大学生处于自我意识的迅速发展时期，在自我意识由“矛盾—统一—新矛盾—新统一”转化发展过程中，大学生自我意识不断发生重大变化，由刚进校的“依赖性”和“盲目性”，渐渐转变为“想入非非”，到毕业前就显得沉稳多了。正是由于这种矛盾转化，使得大学生自我意识发生了明显的飞跃，个体之间出现了不同的差异，自我意识也逐渐趋向成熟。

第三节　大学生自我意识偏差及其调适

在所有缺点中，最无可救药的是轻视我们自己。

——蒙田

总体看来，大学生自我意识的发展水平比较高，但还没有完全成熟，因而容易出现各种偏差。确定大学生自我意识发展的水平，应以其自我意识结构之间是否协调发展为重要指标。如果协调发展一致，自我意识的发展水平就高；反之，如果要素协调发展不一致、不统一，自我意识的发展水平就低，就会出现障碍。大学生自我意识发展的偏差主要体现在发展的矛盾性和四种典型的发展误区。

一、大学生自我意识的发展存在矛盾性

在大学生自我意识的发展过程中，以往笼统的和完整的“我”被打破，出现了主观自我与客观自我、理想自我与现实自我等概念上的多层分化，这些不同层次的分化会给个体带来不安与疑惑，从而引起个体的心理矛盾与冲突。因此，大学阶段，大学生自我意识的矛盾性是一个显著的特征。

具体来说，大学生自我意识的发展中常见的矛盾主要包括以下几种。

1.理想自我与现实自我的矛盾

进入大学以后，随着学习、生活方式的改变和心理意识的发展，大学生的自我意识有了明显的变化，出现了理想自我和现实自我的分化，并且迅速发展，导致矛盾冲突日益明显。理想自我与现实自我的矛盾是大学生自我意识矛盾性最突出、最集中的体现。“理想自我”是在自己头脑中塑造的、自己所期望的自我形象。“现实自我”是通过个人实践而形成的真实的自我形象。这一矛盾主要源于理想与现实之间的差距。

大学生富于理想、抱负，成就动机强，对未来充满了信心，通常在脑海中构想了一个“理想

自我”，并将这个“理想自我”和“现实自我”进行比较，而现实往往不是他们所想象的，一旦他们发现两个形象不一致时，便产生很大的苦恼，于是就出现了理想自我和现实自我的矛盾。这种矛盾分化，使得大学生发生自我意识的改变，经过自我体验和自我调控，而表现出各种激动、焦虑、喜悦与不安情绪。当理想自我占优势时，往往会使现实自我“萎缩”到实际能力以下，总认为自己事事不如人，从而产生较强的自卑感，甚至放弃努力，形成自我怜悯或伤感的心理状态。相反，当现实自我占优势时，往往表现出较强的虚荣心和自我陶醉，特别在乎别人对自己的评价，担心暴露自己的缺点。

对于这种矛盾，大学生通常会采用两种不同的解决方式。一种是当理想自我占优势时，寻求积极的统一，通过矛盾斗争将现实自我转化为理想自我。另一种是当现实自我和理想自我差距太大时，经过努力现实自我仍无法接近理想自我；或距离虽不大，但主观上缺乏自我调控的能力，心理上消极懈怠，企图通过简单的努力去解决，但仍无法实现理想自我，使得现实自我更加痛苦。

进入大学教育阶段后，大学生经常会遇到这样的情况，以致在现实自我和理想自我之间迷失了方向。其实，我们应该首先明确一个观念：能够进入大学校园，证明我们本身是优秀的。在这种信念的鼓舞下，大学生应该积极参与新的学习和成长。

【课堂体验】

理想中的我

请认真思考下面的问题，完成后与同桌进行分享。

注意：分享时不要批评或指责别人，只作耐心的听众。当然，若没有听懂或有疑问之处，可以提问。完成练习后，请思考：有没有与自己完全相同的人？从中你对自己和他人有了怎样的认识和了解？

(1)假如我是一朵花，我希望是________________，因为________________。

(2)假如我是一种动物，我希望是________________，因为________________。

(3)假如我是一种乐器，我希望是________________，因为________________。

2. 主观自我与客观自我的矛盾

主观自我是指处于观察地位的我（如我希望成为一个怎样的人），客观自我是指处于被观察地位的我（如我是一个怎样的人）。大学生富有理想，自我期望值也较高，他们在进行自我观察、自我分析、自我评价时会发现“理想自我”和“现实自我”之间存在着较大的差距，而这种差距又不是一时半会儿能消除的，因而产生了苦恼、焦虑、失望或无能为力感。

例如，某大学生做了一件自认为是好事的事，但是周围的同学却指责他动机不纯，别有用心。在这种情况下，他有可能维持原来的自我评价，也有可能按照别人的要求改变自己的观点，按他人所接受和赞许的方式发展。另外，有些学生因有知识但能力不足，不懂与人沟通合作，社会适应能力差，使得社会对他们的评价也有所下降。这些情况也致使大学生的主观自我与客观自我产生矛盾。

由于自我意识的分化，主观自我和客观自我，理想自我和现实自我之间开始出现矛盾，随着自我意识的进一步发展，这种矛盾也越来越突出。在这种矛盾心理的作用下，他们对自己的评价也常常是矛盾的，对自己的态度也是波动的，对自己的调控常常是不自觉、不果断的。他们忽而看到自己的这一面，忽而又看到自己的另一面，时而能客观地评价自己，时而又高估或低估自己，时而感到自己很成熟，时而感到自己很幼稚，时而对自己充满信心，时而又对自己不满。面对自我意识中的种种矛盾，大学生开始通过各种活动来重新认识自己，自觉或不自觉地在调节矛盾中认识自己，完善自我。他们常常会问自己，“我聪明吗？”“我的性格如何？”“我有什么能力和特长？”“我应该怎样度过自己的一生？”。经过一段时间的矛盾冲突和自我探究后，大学生的自我意识就会在新的水平和方向上趋于一致，达到暂时的自我统一。然而新的自我意识矛盾又会产生，需要不断地自我调控和自我探究。但大学生的这种自我调控能力相对较弱，他们过多关注自己，过于看重自己，而对他人、集体、社会考虑较少。

3. 独立意向和依附心理的冲突

进入大学教育阶段后，大学生独立意识迅速发展，他们渴望在经济、生活、学习和思想上独立，竭力想摆脱父母和他人的控制，自主安排自己的生活。因此，他们对居高临下、不尊重其独立性的家长和老师会产生极度的反感。同时，他们在面对复杂的社会生活、解决棘手的实际问题时常会感到力不从心，无法独立地解决困难，因而又无法摆脱对家长和老师的依赖，在实际生活中无法做到真正的独立。这时，大学生便产生了主观上要求独立而客观上无法摆脱依赖的矛盾心理。

4. 交往需求和自我闭锁的冲突

当离开了原来熟悉的环境，来到崭新的环境生活和学习时，有些大学生内心的孤独感、失落感便油然而生，他们内心非常渴望通过结交新的朋友、建立新的友谊来弥补这种情感的缺失。然而，在完全陌生的环境中，他们在面对不习惯的集体生活、更复杂的人际关系、更自主的学习方式时会感到无所适从，内心会产生各种矛盾和压力，因此更希望得到他人的关爱，建立内心的归属感，从而摆脱孤独感。但由于对陌生的环境感到恐惧、担心遭到他人的拒绝，许多大学生在人际交往中自我封闭，戒备心重，难以建立起积极的人际关系，无法摆脱内心强烈的孤独感。

自我意识的矛盾使得大学生在心理和行为上出现某些不适，有时会使他们感到苦恼焦虑、痛苦不安，有时甚至影响到他们的心理发展或心理健康，但这却是迈向成熟和个体逐步获得自我内在力量的必经之路。

二、大学生自我意识发展中存在的误区

大学生自我意识的分化常常导致自我意识的混乱，有人将大学生中自我意识发展的误区概括为：扭曲的自尊——虚荣；消极的自觉——自卑；退缩的自主——从众；变态的自立——逆反；极端的自信——自负；放纵的自我——任性。虽然这样说有以偏概全之嫌，但也不是个别现象，这无疑会影响大学生的健康成长，因此，探讨自我意识发展的误区，有助于预防问题的

发生。

(一)过分追求完美

追求完美是人类发展最重要的动力之一,对自我完善的追求极大地推动了个人和社会的进步。但是过犹不及,过分追求完美是大学生自我意识发展中的常见问题之一。

过分追求完美的大学生常常不顾自己的实际状况,期望自己完美无缺,他们不能容忍自己的不完美,总是对自己不满意,不肯接纳平凡的或有缺点的自己,其结果是对自己的认识和适应更加困难。他们为自己或他人设置超越现实的高标准,无法接受诸如个人外表的缺陷和学习或工作中出现的失误,并对完整、纯洁、善良等过于偏执。他们无法容忍自己"不完美"的表现,甚至把人人都会遇到的问题看成是自己"不完美"的表现,总对自己不满意,从而严重影响了自身的情绪和自信心。对于友谊和爱情,他们也总有一个理想的标准,当发现现实并不完美时,就自我苛责或苛责他人,因此陷入沮丧和消极的状态。

过分追求完美的大学生在很多事情上不给自己和他人留余地,因而给自己带来极大的精神压力,破坏了正常的人际关系,影响了学习和工作的效率。产生这种误区的原因常常是个体并不能真正了解自己,过分受到他人期望的影响。

如何改善这种发展的误区呢?

首先,大学生要树立正确观念——人人都有优缺点。人既不会事事行,也不会事事不行,行与不行不能凭一件事判断,优点和缺点不会随意增加或丢掉,成功、失败也不能完全由自己决定。

其次,确立合理的参照系和立足点。参照弱者会自大,参照强者会自卑,应该选择合适的标准,如自己的过去,成功时多反省自己的不足,失败时多看自己的优点和成绩。目标符合自己的能力,不苛求自己,不被他人的要求或期望所束缚。接纳自己的不完美。欣赏自己的独特之处。

(二)过度自卑

自卑是因怀疑自我价值、低估自己的能力而产生的消极心理。大学校园人才济济,人与人之间的比赛、竞争中定胜负、争荣誉的情况无法避免。没有常胜将军,每个人都会有失败的经验,但如果斤斤计较自己的缺点和失误,逢有挑战性的场合就逃避、退缩,则表明极强的自尊心下面掩盖的往往是极度的自卑。

同时,有些大学生在把理想自我与现实自我进行比较时,对理想自我期望较高,又无法达到,对现实自我不满意,又无法改进。他们在心理上的一个特征就是自我排斥。由于在成长过程中,理想自我与现实自我的距离过大而导致自我矛盾冲突,他们往往会产生否定自己、拒绝接纳自我的心理倾向。这类大学生的社会需求水平往往较低,对自我过分怀疑,压抑自我的积极性,这可能引发严重的情感损伤和内心冲突。他们的心理体验常伴随较多的自卑感、盲目性、自信心丧失和情绪消沉、意志薄弱、孤僻、抑郁等现象,尤其是面对新的环境、挫折和重大生活事件时,常常会产生过激行为,酿成悲剧。

心理学家阿德勒认为自卑并不是什么坏的情感,而是每个人在追求更加优越的地位和更美好的人生的过程中必然会出现的心理反应。但是,过度自卑会造成对自己强烈的不满甚至否定,导致自尊心严重受挫。过度自卑的人自我认识不客观,往往只看到自身的缺点而忽略了优点，不喜欢自己，不能容忍自己的缺点和弱点，否定、抱怨、指责自己，看不到自己的价值，或者夸大自身的不足，感到自己什么都不如他人，处处低人一等，丧失信心，严重的还可能发展为自我厌恶、自我攻击甚至走向自我毁灭。近几年来发生的大学生自杀事件中相当一部分就是由此心理问题所导致。

大学生对于过度自卑的危害应该有清醒的认识，树立改变自己的勇气；接受自己，正确对待得失，鼓起勇气表现自己，对自己的进步及时自我表扬。

【幸福专栏】

自我的价值

班级里组织了一次讨论会，在会上，班主任李老师手里高举着一张100元的人民币，面对全班的同学，他问："谁想要这100元？"同学们纷纷举起手。

李老师继续说："我打算把这100元送给你们中的一位，但在这之前请允许我做一件事。"

他说着将钞票揉成一团，然后问："谁还想要？"仍有人举起手来。

他又说："那么，假如我这样做又会怎样呢？"他把钞票扔到地上，又踏上一脚，并且用脚碾它。之后他拾起钞票，钞票已变得又脏又皱。李老师又问："现在还有谁想要？"还是有人举起手来。

"同学们，你们已经上了一堂很有意义的课。无论我如何对待那张钞票，你们还是想要它，是因为它并没有因为我怎么对待它而贬值，它依旧价值100元。"

李老师停了几秒，接着说道："人生路上，我们会无数次被自我的决定或遇到的逆境击倒、欺凌甚至碾得落魄不堪，有时候我们甚至会觉得自己似乎一文不值。但无论发生什么，或将要发生什么，你们永远不会丧失自己的价值。不管你是成功、失败、落魄或者受人敬仰的，只要我们坚信自己的价值，我们都会是自己人生中的无价之宝。"

经过这次讨论会后，班上的很多同学都更加明白了自我的独特与价值。

你的价值是什么？你会如何挖掘自己让自己释放更多的潜力呢？

（三）夸大的自我

这是一种与过低的自我评价相对立的自我意识状态。自我接受是自己认可自己、肯定自身的价值，对自己的才能和局限、长处和短处都能客观评价，坦然接受，不会过多地抱怨和谴责自己。对自我的接受是心理健康的表现。而过度自我接受就会变成自我夸大，高估自我，对自己的肯定评价往往有过之而无不及。总是拿放大镜看自己的长处，甚至把自己的缺点也当作长处，拿显微镜看他人的短处，与人交往的模式是"我好，你不好""我行，你不行"，自以为是，盲目乐观，不容易处理好人际关系，还因为自视甚高，容易对自己提出过高的要求，使自己承担无法完成的任务继而遭受失败的挫折。

大学生有强烈的自尊心，好强，好胜，不甘落后，这不是自大，是维护自己的荣誉、地位的正当的表现。但过强的自尊心却与骄傲、自大联系在一起，他们缺乏自我批评，也经不起他人的批评，拒绝他人的帮助，就会在自我意识的发展上走弯路，跌跟头，受伤害。

面对夸大的自我，要承认自己也需要不断完善，学会欣赏别人的独特性，多与人交往，开放自己的心胸，尊重来自他人的反馈意见。

（四）自我中心

自我中心就是从自我的角度、标准去认识、评价和行动。大学阶段是自我意识发展最强烈的阶段。大学生强烈关注自我，容易出现自我中心倾向。当自我中心倾向与个人主义、自私自利的不良思想意识或过度自我接受的心理特征相结合时，就会表现出过分的、扭曲的自我中心。自我中心的人凡事从自我出发，不能设身处地地进行客观思考。只关心自己，首先考虑的是个人的利益，不顾及他人的需要和感受。有的甚至表现出盛气凌人、颐指气使的姿态，总认为自己对、别人错，并且把自己的意志强加于人。自我中心的人难以赢得他人的信任和好感，人际关系不和谐，为人处世容易遭受挫折。

想要调适自我中心的状态，必须先摆正自己的位置，实事求是地评价自己；重视自己更应该尊重别人；同时，走出自己的小天地，学会换位思考，设身处地从别人的角度考虑问题。

以上种种偏差，究其原因，都可归结为大学生自我意识发展中出现的失误，或者说是心理还不成熟的表现，并不能看成是某个人固有的缺点。个人只有认识到自己发展的误区，才有可能去面对它，正视它，解决它，从而达到自我真正的统一、健康和强大。

第四节　大学生完善自我的途径和方法

大学生良好的自我意识的评价标准通常可以参照以下几个方面的标准：能够自我肯定、自我整合；自我认识、自我体验、自我控制协调一致；独立，同时又与外界保持协调；主动发展自我，且自我具有灵活性；不仅自己能健康发展，而且能促进社会文明和进步。大学生完善自我意识可以从以下几个方面进行努力。

一、正确认识自我

（一）乔韩窗口理论

现代科学技术迅猛发展，人们几乎无所不知，但最缺少的是自知。美国心理学家约翰(Jone)和哈里(Hary)提出了关于人自我认识的窗口理论，被称为乔韩窗口理论。

他们认为，人对自己的认识是一个不断探索的过程。每个人的自我都有四部分：①公开的我；②盲目的我；③秘密的我；④未知的我。与他人分享秘密的我，通过他人的反馈减少盲目的我，人对自己的了解就会更多、更客观。

(二)认识自我的三种渠道

1. 比较法——从我与他人的关系认识自我

人际关系包括家庭的感情关系、外界的友谊关系、社会中的利害关系。他人是反映自我的镜子。所以确立合理的参照系尤为重要。那么比较时应注意参照什么？有没有意义？如：①比较的是条件(家境)还是行为(成绩)；②是相对的、可变的标准，还是绝对的、不可变的标准(身材、出身)；③比较的对象是什么人？(与自己类似的、偶像、极不如自己的)。

2. 经验法——从我与事的关系认识自我

不经一事，不长一智，成败得失，其经验价值因人而异。①对善用智慧的人，成败都可以促进发展。②对脆弱的人，失败的经验更使其失败，因为挫败后形成的怕败心理，会使他更加束缚手脚，以致错失良机。③对狂妄的人，成功反倒可能成为失败之源，他们或者有幸成功，然后便骄傲自大，以后做事便自不量力；或者成功是由于家世、关系，一旦失去“保护源”，便不能撑起独立的自我。因此，从成败经验中获得的自我意识也要细加甄别。

3. 反省法——从我与己的关系认识自我

看似容易实则困难。“吾日三省吾身”：①能观察到的我：容貌、性别、年龄、职业、性格、气质、能力等。②自己心中的我：对自己的期许。③别人眼中折射出的我：可以从态度、情感、亲密程度、人缘等方面反映。

二、积极悦纳自我

有些人喜欢朋友、喜欢知识、喜欢自然，却不愿意喜欢自己，导致他们不快乐。实际上，悦纳自我是发展健全自我的核心和关键。悦纳自我就是要：①无条件地接受自己的一切，好的、坏的，成功的、失败的，接受自己的缺点和限制(接纳自己的不完善既是自信的表现，也是完善自我的起点)，欣赏自己的优点和优势。②要喜欢自己，肯定自己的价值，对自己有价值感、自豪感、满足感。③珍惜自己的独特性，冲击实际的目标，扩大社交圈子，不为讨好他人去做事，多对自己的成就做出鼓励和奖赏。

【幸福专栏】

国际足坛巨星罗纳尔多与他的龅牙的故事

“世界足球先生”罗纳尔多大概是世界上最让后卫头疼的前锋了，几乎每一位对手都会被他精准的射门、惊人的球速和无时不在的霸气所震慑。被称为“外星人”的他，让每一个对手感到恐惧。然而，很少有人知道，这个在绿茵场上纵情驰骋的人，尽管拥有非凡的足球天赋，但并不是从一开始就表现非常出色。

原来，罗纳尔多长了口龅牙，刚刚走上绿茵场上的他，认为自己的龅牙很不好看，他很害怕别人看见他的龅牙而嘲笑他，所以一到球场上，他就紧闭着嘴唇，即使上场比赛的时候也不肯稍有松懈。尽管这样让他呼吸不是很顺畅，但他还是宁愿放慢自己的奔跑速度，也不愿张开嘴自由呼吸。通过几天的观察，细心的教练发现罗纳尔多不是跑不快，而是为了掩盖自己的缺陷而放慢了奔跑的速度。

有一天，教练趁空闲的时候找到罗纳尔多，拍拍他的肩膀对他说："罗纳尔多，你在球场上应该忘掉你的龅牙，勇往直前地奔跑。要知道，你的龅牙并不是你的错。如果你不张开嘴，你就无法自由地呼吸。并且，要想让人们忘记你的龅牙，最好的方法不是闭上嘴巴，而是发挥你精湛的球技！当你胜利时，人们会因为看到你的胜利而忽视你的缺陷。"

从那以后，罗纳尔多在赛场不再刻意掩盖自己的龅牙，他终于敢张开嘴巴自由地呼吸了。他开始全速地奔跑，他的天赋与自身努力的完美结合使得他的球技有了突飞猛进的发展，在17岁的时候，他就进入了巴西国家队，并且同队员们一起赢得了世界杯。他成了世界球王级的人物，不到20岁就获得了世界足球先生的称号。随着他夺得一个又一个冠军，再也没有人嘲笑他的缺陷，而他的龅牙，反而成了这位球星家喻户晓的独特标识。

很多时候，一些羞于示人的缺点成为我们成功路上最大的瓶颈。其实，所谓的缺点，都只在我们自己的心里。如果我们自己认为那是不可逾越的，那它将真的成为我们成长路上难以跨越的鸿沟。如果我们愿意放下心灵的包袱，那些缺点不但不会成为我们前进路上的障碍，反而有可能成就我们来实现真正的成长。

国际足坛巨星罗纳尔多与他的龅牙的故事，让我们明白了一个道理：无论遭遇什么事情，无论身处何处，你只要记住"我是独一无二的"，如此一来，你就不会在乎别人是怎么看你的，那颗敏感的心也能不受侵袭，坚强地守住自我，守住天生的本性。因此，你要告诉自己敏感的神经：我要活在我自己的世界里，而不是活在别人的眼睛和嘴里。永远不要拿别人的看法来惩罚自己，这样做的最终结果只会迷失自我。

正如那句名言说的：走自己的路，让别人说去吧。

三、有效调控自我

有的大学生对自我抱有很高的期望，但没有足够的自制能力，无法实现理想。那些自暴自弃、自卑的同学更会因为不能控制自己的不良情绪而苦恼不堪。人本主义心理学家马斯洛在研究人的自我实现时，有针对性地提出了调控自我的七点建议，同学们不妨试一试。

(1)把自己的感情出口放宽，莫使心胸像个瓶颈。

(2)在任何情境中，都尝试从积极乐观的角度看问题，从长远的利害做决定。

(3)对生活环境中的一切多欣赏，少抱怨；有不如意之处设法改善；坐而空谈不如起而实行。

(4)设定积极而有可行性的生活目标，然后全力以赴求其实现；但不能期望一定不失败。

(5)对是非之争辩，只要自己认清真理正义之所在，纵使违反众议，也应挺身而出，站在正义一边，坚持到底。

(6)莫使自己的生活僵化，为自己在思想与行为上留一点弹性空间；偶尔放松一下身心，将有助于自己潜力的发挥。

(7)与人坦率相处,让别人看见你的长处和缺点,也让别人分享你的快乐和痛苦。

四、不断超越自我

加强自我修养,进行自我塑造,达到完善自我、超越自我的境界是健全自我意识的终极目标。做人一生唯求成为自己,对大学生而言,实现自我更是终生努力的目标。古人说,要“齐家、治国、平天下”须从“修身、养性”开始,从点滴小事开始,从积极行动开始,行知并重,全力以赴,最大限度地发挥自己。行动之后再反省得失原因,吸取教训作为经验,再度投入行动,一旦有所成果,便再反省总结,如此往复进行,自我就会自然而然得到开拓、提升与超越。行动→反省→再行动→再反省→……→提升这个过程可以用“四A”描述。

(1)Acceptance:接纳。接纳自我与自我所在的现实环境。

(2)Action:行动。对自己决定的事,付诸行动,并全力以赴。

(3)Affection:情感。工作学习的时候投入情感,获得乐趣,乐在其中。

(4)Achievement:成就。成就是以上三者完成后的自然结果,是努力奋斗的代价。

如果一个大学生经历了“四A”,可以说是走出了自我迷茫的困境,领到了一张自我意识健全证。完善自我,超越自我,并不会一帆风顺,会碰到意想不到的困境、各种各样的拦路虎。它需要付出艰辛的努力和沉重的代价,但它促成了一个“新我”的形成,使“小我”走向“大我”,使“昨天之我”向“今日之我”“明日之我”迈进。我们要珍惜已有的自我,追求更好、更高的自我,做一个自如的、独特的、最理想的我!

【幸福结语】

认识自己是一生的主题,作为当代大学生,我们可以从老师、同学、朋友等渠道充分了解自我,在各种实践活动中充分展现自我,主动探索自我,全面评价自我,既接纳自己的优点、长处,也正视自己的缺点、不足和局限,学会欣赏自我,努力完善自我。

【幸福锦囊】

(1)每个人都要用一辈子的时间去认识和了解自己。

(2)认识和了解自己越多,走的弯路就会越少,不管是工作、生活还是爱情。

(3)每一个成功的人,都是自我了解程度比较高的人,只有认识和了解自己,才知道什么样的事情适合自己,才知道遇到事情要用什么方式去面对。

(4)懂得自我审视、自我认知的人,也就形成了独特的自我,只有在不断反思中去完善自我,才是最成熟的人。

(5)当我们能够看到自己的不足,也就更能理解别人的想法和做法。

(6)金无足赤,人无完人。只有认清自己的长处和短处,才能扬长避短,真正实现自我价值。

(7)接受自己的全部,不要对自己太苛刻,接受自己的不完美,相信自己是最好的。

(8)人生的意义就在于人的自我完善。

【幸福行动】

(1)请思考如何利用身边的资源帮助自己更好地了解自我和探索未知的自我。

(2)用 20 个形容词描述你自己,可以从自己的长相、家庭出身、身体状况、性格特点、兴趣爱好、人际关系、能力等方面看看哪些是可以改变的,哪些是不可以改变的。可以改变的,你将如何改变?不可改变的,你能否坦然接纳?

第五章 人格发展与幸福人生

【幸福导读】

通过本章的学习，使学生了解人格的基本知识，探讨当代大学生的人格特征和自我人格发展状况，掌握大学生常见人格缺陷的表现、形成原因，学习调试方法，助力大学生提升人格魅力、塑造健全人格。

第一节 人格概述

世界上每一个人都是独一无二的，无论是气质、精力、体力、长相，还是言谈举止、为人处世、社会地位等都千差万别，这也就注定了我们每一个人各不相同的人生道路。而每个人的人生之路的设计师不是老天爷，而是每个人的人格。俗话说："人心不同，各如其面。"每个人都有自己的人格，人格对每个人的发展和成就都有影响和制约作用。

【热身活动】

影子人格测试，看看你藏起来的另一面

每个人除了在众人面前表现出的"显性人格"之外，还有一个更贴近内心的"影子人格"。你知道自己隐藏起来的一面吗？

1.你喜欢紫色的还是青色的葡萄？（若选紫色，请跳至第3题作答；若选青色，请跳至第2题作答。按此规则，直到确定A或B或C或D。）

紫色——3　　青色——2

2.你觉得红苹果比青苹果更好吗？

是的——5　　不是——4

3.你对水果的喜好是根据它的颜色而定的吗？

是的——4　　不是——6

4.你相信世上有红色的香蕉吗？

是的——5　　没有——6

5.如果苹果是黑的，葡萄是蓝的，那么你觉得橘子是什么颜色的？

绿色——8　　紫色——7　　其他——6

6.你觉得绿香蕉比黄香蕉更好吃吗？

是的——8　　不是——9

7. 如果西瓜不是绿色的，你希望是什么颜色的？

红色——12　　褐色——9　　蓝色——11

8. 苹果红和草莓红，你喜欢哪种？

苹果红——10　　草莓红——9　　感觉没区别——12

9. 你喜欢哪种水果？

草莓——10　　榴莲——14　　石榴——11

10. 你喜欢橘黄色的还是黄色的梨？

橘黄色——11　　黄色——12

11. 你喜欢吃榴莲吗？

喜欢——14　　不喜欢——13

12. 你觉得吃深色水果比浅色水果更健康吗？

是的——14　　不是——16

13. 如果你可以改变水果的颜色，你希望芒果是无色透明的吗？

是的——15　　不是——14

14. 你喜欢吃樱桃吗？

喜欢——15　　不喜欢——16

15. 你相信世界上有黑色的苹果吗？

相信——17　　不信——16

16. 你感觉最常见的水果颜色是什么？

红色——19　　绿色——17　　黄色——18

17. 你喜欢葡萄还是葡萄干？

葡萄——20　　葡萄干——22

18. 你讨厌暗颜色水果吗？

是的——21　　不是——19

19. 你觉得深红的樱桃比浅红色的好吃吗？

是的——D　　不是——21

20. 你认为绿色的水果就是不成熟的吗？

是的——A　　不是——C

21. 你认为水果有长相的区别吗？

有的——C　　没有——22

22. 如果你是水果，你觉得你会是水果之王吗？

会——A　　不会——B

A 高傲：表面上的你温柔和蔼，但内心不允许自己向任何人低头，你总是拼尽全力去和对手一比高下，即使平时不会表现出来，但是你成功时的那一瞥笑，就出卖了你内心所有的潜在欲望。我觉得，你还是克制一下自己对成功的渴望吧！

B 自卑：你经常不相信自己的魅力，也不相信自己的思考模式，总是怕犯错误，怕被人嘲笑，也怕不好意思，这样的思想让你矛盾。你也不知道该如何去面对前面的困难，表面上坚强的你，其实真的觉得自己活得很累。建议多放松放松，给自己点空间好好想想！

C 自恋：你喜欢把自己的魅力展现出来，可是在大众面前却又表现出一副不在乎的样子。你渴望自己受到关注，同时你也相信自己有这种魅力。无论是外表上还是能力上，你总是觉得自己是最好的。需要注意的是，不要表现得太过高调，不然容易引起别人反感！

D 疯狂：外表上温和的你真的文静吗？如果回答是，那么你就大错特错了。其实你的内心渴望疯狂，你经常远远注视那些疯狂的人类，却不肯靠近，但你内心始终有冲动。你耐不住平静的生活，渴望翻天覆地的变化，不甘心一生平凡。疯狂就是你一直拥有的潜在人格！

【大学心事】

鑫鑫，大三男生，来自普通家庭。大一时，他与同寝室室友关系紧张，经常闹矛盾，经过多次调解，仍无法与室友缓和关系，之后其父亲为其办理来校陪读手续。

大二第二学期时，鑫鑫与一名女生确立了男女朋友关系，为同学院同专业同系学妹，二人相处时间不长，女方以鑫鑫多疑、过于敏感、过于黏人为由提出了分手，于是他不依不饶，多次纠缠女方及其室友，甚至威胁女方及其家长。

大三第一学期时，鑫鑫又谈了女朋友，但是他依然我行我素，一个月后，女方提出分手，他依然是不依不饶，通过人身威胁、扬言分手就自杀等方式逼迫对方复合。

鑫鑫性格中存在偏执性，他对于自己的心理状况认识不清，对自己的偏执行为持否认态度，在别人的指导也很难维持太久，继而非常容易陷入从前的状态，即使自己认识到问题，也很难让自己走出困境。

一、什么是人格

(一)人格的概念

人格(personality)来源于古希腊的“persona”，意指古希腊舞台戏剧中演员所戴的面具，它代表演员在戏里所扮演的角色和身份，随着角色的变化，面具也会不同，观众通过观察演员所戴面具，常常就能判断出这个角色的忠奸善恶。类似于我国京剧表演中应剧情需要所画的脸谱，比如我们通常认为黑色脸谱代表正直无私、刚正不阿以及性格直爽、刚毅而勇猛的人物。

心理学沿用面具的含义，即人格，借用这一词汇表现人的心理特征，它包括两个方面的内容：一是指一个人在人生舞台上所表现出来的种种言行，即遵循社会文化习俗的要求而做出的反应，表现出一个人的外在的人格品质，即公开的自我；二是指一个人由于某种原因不愿展现的人格成分，即面具后的真实自我，这是人格的内在特征。

“人格”和“人”一样，很难下定义，因此迄今为止，没有一个学者们公认的人格定义，不同学者对人格有不同的定义。人格心理学家奥尔波特曾考察过五十个人格定义，其名著《人格：心理学的解释》标志着人格心理学的诞生，奥尔波特经过修改将人格定义为：人格是个体内部决定其决定行为和思想的特性的那些心理生理系统中的动力组织。心理学家黄希庭认为，人格是个体在行为上的内部倾向，它表现为个体适应环境时的能力、情绪、需要、动机、兴趣、态度、价值观、气质、性格和体质等方面的整合，是具有动力一致性和连续性的自我，是个体在社会化过程中形成的给人以特色的心身组织。艾森克将人格定义为个人的性格、气质、智力和体格的相对稳定而持久的组成，它决定着个人适应环境的独特性。

（二）人格的结构

人格的内涵丰富，结构十分复杂，从不同角度有不同的看法。探讨人格的构成对于人格评价和人格优化有着重要的意义。经过长达几十年的研究，国际心理学领域越来越认同五因素人格结构，这是人格研究最新的结论。20 世纪 90 年代五因素人格结构被广泛应用，五因素人格结构也被称为“五大人格”，包括神经质、外向性、开放性、随和性和谨慎性，具有普遍性和广泛应用价值。西方人格结构五因素中神经质的两极表现为平静——烦恼、坚韧——脆弱、安全——危险；外向性的两极表现为孤独——交际、寡言——多语、克制——冲动；开放性的两极表现为守旧——创新、胆怯——勇敢、保守——开明；随和性的两极表现为暴躁——温和、粗鲁——文静、自私——无私；谨慎性的两极表现为粗心——细心、独立——依赖、冷漠——热忱。

根据我国的国情以及时代发展特征，结合新时代对大学生人格发展的要求，可以将“五因素人格结构”的核心内涵加以把握，为大学生人格发展提供参照。比如外向性人格者具有社会适应能力的意向和性格表现；开放性人格者不断获得新知以及探索未知，创造性地面对社会；随和性人格者有同情心和爱心，尊重他人，不以自我为中心；谨慎性人格者社会责任心强，自律、守则等。

二、人格的特征

（一）整体性

每个人的人格世界都如同宇宙世界一样，是一个排列有序的系统结构，都不是由各种特征简单地堆积和组合起来的。人格是统一的整体系统，具有内在的一致性，受自我意识的调控，人格的每个组成部分都是相互作用、相互联系、相互依存、相互制约的。

（二）稳定性

俗话说：“江山易改，本性难移。”这便是在讲人格的稳定性特征。每个人的人格特质具有跨时间和空间的一致性，即那些经常表现出来的特点。而人在行为中的偶然表现不能称为这个人的人格特征。也就是说一个人的某种人格特点一旦形成后,就会相对稳定下来,要想改变就比较困难。

每个学生都具有一些独特的、经常表现的心理特征,比如有的学生踏实,埋头苦干;有的学生以自我为中心。在教育中通过了解每个学生的个性特点,就有可能预测该学生在一定情境下会有什么样的行为举止。

(三)独特性

俗话说:“人心不同,各如其面。”这便是在讲人格的独特性特征。人与人之间的心理和行为是各不相同的。有的人知觉事物比较全面、细致,擅长分析,而有的人知觉事物比较粗略,擅长概括。个体人格是先天遗传、后天环境、教育等多方面因素交互作用的结果。世界上很难找到两片完全一致的叶子,也很难找到两个性格完全相同的人。

(四)功能性

人格是个体生活喜怒哀乐和事业成功与否的根源。因为人格决定一个人的生活方式,甚至有时会决定一个人的命运,所以人们也经常会使用人格特征去解释或者理解某人的言行。当面对挫折和失败时,坚强的人发奋拼搏,懦弱的人一蹶不振,这便是人格功能的表现。

根据人格的特征,我们可以将人格定义为:人格是个体在适应环境的过程中所表现出来的系统的独特的反应方式,它由个人在其先天遗传、后天环境、教育等因素交互作用下形成,并具有很大的稳定性。

三、人格的类型

气质与性格的特点构成了人们各不相同的个性心理特征。

(一)气质

气质相当于我们日常生活中所说的脾气、性情,是不以人的活动目的和内容为转移的心理活动的典型的、稳定的动力特征。个体的气质类型和气质特征是相对稳定的,但是气质又不是永恒不变的,气质受后天环境和教育经历的影响而发生着缓慢的变化,以符合社会实践的要求。

气质是一个人出生后最早表现出来的一种较为明显而稳定的个人特征,人的气质差异是先天存在的,受生理所制约。比如婴儿刚出生时,有的平静安稳,有的爱哭好动。气质是人的天性,没有好坏之分,不直接具有社会道德评价含义。任何一种气质类型的人既可以成为品德高尚的人,也可以成为道德败坏的人;气质不能决定一个人的成就,任何气质类型的人都能够经过自己的奋斗拼搏在不同实践领域中取得成就。

目前心理学家们对气质的定义、内容等问题都有自己的看法,关于气质类型的划分也形成了较多流派,现在较为流行的是传统的四重类型说,这一理论是气质类型中较为流行的分类,将个体的气质分为胆汁质、多血质、黏液质、抑郁质这四种基本的类型。

1)胆汁质

胆汁质人群的特点是情感发生迅速、强烈、持久,动作的发生也迅速、强烈、有力。属于这一类型的人都热情,直爽,精力旺盛,脾气急躁,心境变化剧烈,易动感情,具有外倾性。反应迅速,情绪有时激烈、冲动,很外向。

比如《西游记》中孙悟空是胆汁质,有胆有谋,容易兴奋,能一棒子把妖怪打成肉饼,疾恶如仇,易发怒;《三国演义》中的张飞、《水浒传》中的鲁智深等都属于这种气质类型的典型代表人物。

这类气质类型具备顽强拼搏的精神和坚强果敢的特点,但缺乏自制力和耐心,容易急躁、激动。因此要注意在沉着冷静、耐心和自制力等方面加强心理修养。通常,胆汁质类型的人适合冒险家、图案设计师、新闻记者、演员、军人、实业家、律师等外向型的职业。

【课堂体验】

精力旺盛、勇敢果断、热情直率,但容易感情用事,鲁莽,《水浒传》中的李逵是这种气质类型的典型代表。这个气质类型是(　　)。

A. 多血质　　B. 胆汁质　　C. 黏液质　　D. 抑郁质

【解析】胆汁质的特点是反应迅速,情绪有时激烈、冲动,很外向。代表人物:《水浒传》中的李逵、《三国演义》中的张飞。参考答案:B。

2)多血质

多血质的人表现出这样的特点:容易形成有朝气、热情、活泼、爱交际、有同情心品质;也容易表现出变化无常、粗枝大叶、浮躁、缺乏一贯性等特点。这种人活泼、好动、敏感、反应迅速、喜欢与人交往、注意力容易转移、兴趣和情感易变换等。

比如《西游记》中的猪八戒,比较活泼,话多,小心思多;《红楼梦》中的王熙凤也属于这种气质类型的典型代表人物。

这种气质类型的人通常朝气蓬勃,对工作有热情,有较强的活动能力,能迅速地把握新事物,但其注意力容易转移,热情容易消失,故要注意在刻苦钻研、有始有终、严于律己等方面加强心理修养。通常,这种人适宜于做要求反应迅速而灵活的工作,如演讲者、导游、外交家、监督员等。

3)黏液质

黏液质的人的表现特点:黏液质相当于神经活动强而均衡的安静型。这种气质的人平静,善于克制忍让,生活有规律,不为无关事情分心,埋头苦干,有耐久力,态度稳重,不卑不亢,不爱空谈,严肃认真;但不够灵活,注意力不易转移,因循守旧,对事业缺乏热情。

比如《西游记》中的沙和尚是黏液质,是安静型,他不容易生气,总是乐呵呵的,但是不够灵活;《水浒传》中的林冲等都属于这种气质类型的典型代表人物。

这种气质类型的人注意力稳定,不容易被转移,在生活中是一个坚持而稳健的辛勤工作者,但思维灵活性不足,比较刻板,反应缓慢,善于忍耐,具有内倾性。通常,这种人适合播音员、调解员、会计、人事主管等职业。

4)抑郁质

抑郁质人群的特点:抑郁质的人神经类型属于弱型,他们体验情绪的方式较少,稳定的情感产生也很慢，但对情感的体验深刻、有力、持久，而且具有高度的情绪易感性。抑郁质的人为人小心谨慎，思考透彻，在困难面前容易优柔寡断。

比如《西游记》中的唐僧是出家人，是抑郁质类型，优柔寡断。看女妖精漂亮就觉得是人，不相信孙悟空；《红楼梦》中的林黛玉也属于这种气质类型的典型代表人物。

这种气质类型的人在团队中做事积极认真，富有协调精神，但行为迟缓，优柔寡断。故在决策上要注意果断，尽量克服犹豫不决、反复考虑的习惯。通常，抑郁质的人适合校对、艺术工作者、哲学家、检察员等职业。

由于气质具有可塑造性，故大学生可以通过自我修养去改善气质，扬长避短，更好地促进心理的健康和发展。比如胆汁质类型的大学生适合多进行自我鼓励，充分发掘自己气质中积极的一面，不轻易发怒，注意培养和磨炼自己的自制力，约束自己的冲动行为，沉着冷静地对待事物；多血质类型的大学生要适当给予自己更多的活动机会和任务，养成踏实、专一、坚持不懈的作风；黏液质类型的大学生要多尊重自己的想法，做事前充分考虑，言必行，行必果，注意果断和灵活；抑郁质类型的大学生要多参加集体活动，积极主动与人交往，提高社交能力。

大学生应当有意识地完善自己的气质，加强意志的培养，以顽强的意志驾驭自己的气质，在悦纳自己的基础上，做气质的主人，不做气质的奴隶。

【课堂体验】

下列关于气质的说话，正确的有（　　）。

A. 气质没有好坏之分　　B. 气质由血型决定

C. 气质影响个体的职业选择

【解析】气质受神经活动类型影响，受先天因素影响较大，没有好坏之分，能够影响一个人的职业选择。参考答案：AC。

（二）性格

性格是一个人对待现实比较稳定的态度和习惯了的行为方式中所表现出来的人格特征。它表现一个人的品德，受人的价值观、人生观、世界观的影响。这些具有道德评价含义的人格差异，我们称之为性格差异。性格是人们后天在社会环境中逐渐形成的，是人的核心的人格差异。性格有好坏之分，能够最直接地反映出一个人的道德风貌。不良的性格可以通过一些途径进行矫正。

性格也有不同的类型，表现为一类人身上共同具有的性格特征的独特结合。目前，对于性格的分类主要有以下几种观点。

（1）培因的功能优势学说：理智—意志—情绪型。

理智型性格的人理智特征特别鲜明，善于用理智控制自己的情绪，能够用理智衡量一切从而支配或者调节自己的言行；意志型性格的人行动目标明确，行为具有主观能动性，自制力强，坚定而持久；情绪型性格的人情绪体验深刻，言行举行比较容易受到情绪的影响，情绪反应敏感强烈，遇事不够冷静，甚至过于冲动。

（2）荣格的内外倾向学说：内向—外向型。

内向型性格的人心理活动倾向于内部，内心情感体验深刻，善于沉思，富于想象，情感含蓄，不善交际，应变能力弱，处事谨慎，显得有些沉郁、拘谨、闷闷不乐；外向型性格的人心理活动倾向于外部，性情活泼开朗，善于交际，情感外露，独立性强，容易适应外界环境，较为灵活，但较容易做出轻率举动，自制力和坚持性不足，偶尔粗心、不谨慎。

（3）威特金的独立顺从学说：独立—顺从型。

独立型性格的人意志较强，善于独立发现问题，解决问题，不容易受到次要因素的干扰，勇于坚持自己的意见，但有时喜欢把自己的思想和意见强加于别人，固执己见；顺从型性格的人服从性较好，容易接受暗示，在紧急情形下容易惊慌失措。

一般来说，在现实中典型性格类型的人并不是特别多，大多数介于两者之间，属于混合型，但会以某一种类型特点为主。

性格决定着一个人的活动方向，是一个人有别于他人的最主要特征，比如对待生活的态度是积极还是消极，对待别人是骄傲还是谦虚，对待朋友是关心还是冷漠，这些都是对现实的态度。在不同态度的驱使下，我们会形成一种习惯化的稳定行为模式，比如每位同学对学习都持有不同的态度。有的人认为，目前学习的课程有的没有意义，因此上课时心不在焉，得过且过，考试前临时抱佛脚；有的人认为这些课程现在看似用处不大，但通过学习能够开阔视野，提升自己对问题的综合分析能力，并能为今后某些课程的学习打下坚实基础，因此他们会认真学习每门课程，刻苦钻研。有些性格特征，促进人的心理发展和身心健康，有的则无好处甚至有害。我们大学生应正确分析，改善并优化自己的性格。

【幸福专栏】

气质与性格的关系

在日常生活中，人们通常会认为气质与性格是同一个含义。它们虽然都是人的个性心理特征，但二者之间既有区别又有联系。

1.性格与气质的区别

气质受生理影响大，性格受社会影响大；气质的稳定性强，性格的可塑性强；气质特征表现较早，性格特征表现较晚；气质无所谓好坏，性格有优劣之分。

比如：勤奋属于性格还是气质？你可以这么想，一出生我们是看不出来这个孩子勤奋与否的，随着他（她）慢慢长大，通过看他（她）学习、做事才能看出他（她）勤奋与否，所以和社会有关，因此是属于性格。与此相应的还有“懒惰”“鲁莽”等带有性格色彩的词。

2.性格与气质的联系

（1）气质对性格的影响：气质影响到一个人对事物的态度和行为方式，使性格带上某种气质的色彩和具有某种特殊的形式；气质影响性格的形成和发展，以及形成的速度。

（2）性格对气质的影响：性格也可以掩蔽和改造气质，指导气质的发展，使它服从于生活实践的要求。

第二节　大学生人格现状

大学阶段正处于人格形成和确定的关键时期，对于大学生来说，这一时期印刻着他们逐渐步入社会的特定轨迹，此后人格发展的许多问题取决于这一时期的发展状况。有研究表明，大学期间形成的人格特点，在其后的人生阶段有相当的稳定性。大学阶段是青少年成长以来，接受外界信息量最大、内容最广泛的时期，此时，家庭、学校、朋辈群体、社会、传媒等对他们人格的形成都起着举足轻重的作用。

【热身活动】

我的西红柿

活动流程：同学分成小组，每个小组 6～8 人，成员按小组坐好，每人发一个小西红柿，让成员花 3 分钟认真观察自己的西红柿，尽量调动一切感觉通道，如视觉、听觉、嗅觉、触觉等，先用眼睛观察，然后闭上眼睛，感觉西红柿的触觉特征。3 分钟后，小组成员将西红柿混在一起，看看每个人能否找到自己的西红柿。然后成员在小组内分享：自己的西红柿有哪些特点？自己是怎样找到的？找到后的感觉如何？找西红柿给自己哪些启发？每个小组推选一名同学在班级中分享自己小组的交流和自己的收获。

一、大学生的人格特征

随着时代的发展，大学生有了更大的灵活性，有着更大的发展空间，人格塑造方面也随之有了一方广阔天地。研究表明，进入 21 世纪的大学生的人格特征是，关心国家和社会进步，具有较强的参与意识和竞争意识，渴望自立自强，具有自我完善的自觉性，有努力取得成功的坚韧性等。

许燕对当代大学生核心人格结构进行了研究，通过对大学生群体人格特征的分析得出了构成大学生核心人格结构的七个因素：思想行为层面的敢为性、人际交往层面的宜人性、自我完善品质的道德感、开放性、责任感、社会适应的务实性、心理健康的情绪性。这七个因素在大学生不同的生活领域发挥着各自的作用。

面对一个压力日益增大的社会，大学生的生存与发展都受到前所未有的挑战。大学生的人格发展出现了更多的迷茫和冲突，大学生的人格特征是时代精神与自身特点相融合的综合反映。根据我国当今社会发展的现状和大学生的实际情况，当代大学生的人格发展呈现出以下特征。

1. 自我意识趋向成熟，能正确认识自我

大学生的自我形象日趋完整，自我控制水平提高，自我设计、自我实现的愿望强烈，自我评价更加主动、更符合实际，能够看到现实自我与理想自我之间的差距，大多数大学生有明确的奋斗目标，对未来有规划且充满信心，并为之奋斗拼搏。

2. 富有事业心，具有务实性

在竞争激烈的社会，大学生认识到只有不断地完善自己才能实现自我价值。随着现代社会对大学生需求的增加，大学生积极接纳自我，他们实现自我价值的愿望越来越强烈，自我期望值也越来越高，他们强调为社会进步贡献自己智慧的同时，更加注重个人目标的实现。当代大学生人格中的实用性倾向需要积极的引导，有助于其踏实学习，踏实工作，追求学业，追求事业，必须防止其由务实转向唯实、唯自我利益的误区。

3. 智能结构健全而合理，情感饱满适度，且具有强烈的道德责任感

大学生具有良好的理解力、思维力、观察力、记忆力等，没有认知障碍，情绪的稳定性与波动性、内隐性与外显性并存，情感丰富，积极的情感体验在生活中占主导，表现出诚实正直、热忱勇敢等高尚品格。

【幸福专栏】

《做最好的自己》

道格拉斯·马洛奇

如果你不能成为山顶的一棵松
就作一丛小树生长在山谷中
但须是溪边最好的一小丛
如果你不能成为一棵大树，就做灌木一丛
如果你不能成为一丛灌木，就做一片绿草
让公路也有几分欢娱
如果你不能成为一只麝香鹿，就做一条鲈鱼
但须做湖里最好的那一条
我们不能都做船长，我们得做海员
世上的事情，多得做不完
工作有做大事的，也有做小事的
我们该做的工作，就在你的手边
如果你不能做一条公路，就做一条小径
如果你不能做太阳，就做一颗星星
不能凭大小来断定你的输赢
不论你做什么都要做最好的一名

二、大学生中常见的人格发展缺陷及调适

人格发展缺陷是介于健康人格与病态人格（即人格障碍）之间的一种人格状态，表现为人

格发展的不良倾向。大学生中有相当一部分人存在着不同程度上的人格发展缺陷,常见的主要有自卑、懒惰、拖拉、粗心、鲁莽、急躁、悲观、孤僻、多疑、抑郁、狭隘、冷漠、被动、骄傲、虚荣、焦虑、自我中心、敌对、冲动、脆弱等。

1. 自卑

由于学习环境、生活环境的变化,部分大学生由高中时期的“佼佼者”变成大学校园中“普通”的一员,发现“山外有山”,这种心理上的落差是造成部分大学生自卑的重要原因。调查显示,有自卑感的学生易出现行为畏缩、多愁善感,严重影响各方面的正常发展。有自卑心理困扰的大学生往往过分地自责和进行过多的否定性的自我评价,以至于表现出自尊的降低甚至自卑。他们常常担心别人看不起自己,同学间不经意的一句玩笑或行为都会深深地刺伤他们的心灵,强烈的自尊渴望与脆弱的情绪情感相交织,会无形中加深这些同学的自卑。

自卑往往是自尊心受挫的结果,没有自尊心就不会有自卑感,而过强的自卑感往往又以过强的自尊心表现出来。有些大学生非常敏感脆弱,经不起任何批评,原因就在于此。一个人如果做了自卑的俘虏,不仅会影响身心健康,觉得生活没有意义,还会使得聪明才智和创造能力得不到发挥,难有作为。

怎样才能走出自卑的阴影?对大学生来说,首先要正确认识自己,悦纳自己,人有所长也有所短,不要为自己的所短而自卑。其次,要进行自信心磨炼,将目标定得小些,切合实际些,多积累成功的愉悦体验。再次,要确立合理的评价参照系和立足点,若以强者为标准则可能自卑,因而寻找适合自己的评价标准就显得很重要。俗话说:“人比人,气死人”,理性的比较方式是多与自己做纵向比较而不是一味地与他人做横向比较。有了足够的自信心,自卑感就会悄然而退。

2. 抑郁

抑郁是大学生最为常见的情绪困扰,是一种感到无力应对外界压力而产生的消极情绪体验。抑郁是个体在忧伤、苦恼或气馁时所表现出的悲伤、消沉等不良情绪,如果这种不良情绪只是暂时的,不必惊慌,这是人类正常的情绪反应。如果是显著而持久的情绪低落,就容易导致抑郁症,这是一种严重的心理疾病。

大学生抑郁心理困扰的主要表现如下。

(1)情绪低落,遇事缺乏信心,体验不到大学生活和学习的乐趣。许多大学生因为长期情绪低落,不论对学习还是对生活都兴趣索然,不愿与人交流,他们谈及前途时目光暗淡,对今后的工作、生活没有信心,甚至公开流泪。

(2)思维抑制,反应迟缓。由于情绪低落和心情抑郁,有的大学生产生了抑制现象,反应迟钝,他们上课时注意力不集中,常常双眼盯着黑板或老师,心里却在想其他事情。

(3)行为被动,自我封闭。由于整个精神活动出现普遍、明显抑制,反应迟钝,持有这种情绪的学生往往生活被动,凡事缺乏主动性,对于集体活动能不参加就不参加,必须参加时也有沉默和独处的倾向,不合群。

(4)突发冲动,行为极端。大学生如果出现长时间的失望、焦虑,很可能会突然产生怪异想法或反社会行为,心理学上将此总结为严重的个性压抑会带来巨大的个性膨胀,受到压抑的个性最终会为自己的发展找个缺口,这时“蔫人长出了豹子胆”,往往会发生悲剧。

要避免抑郁或从抑郁中解脱出来,就需要正确地评价自己,看清自己的长处,建立自尊,增强自信；调整认知方式，建立理性认知，不把事物看成非黑即白；扩大人际交往，多与人沟通，多交朋友。如果抑郁情绪较严重，应寻求帮助。

3. 害羞

害羞是大学生常见的心理现象，但过分害羞则会阻碍大学生正常的人际交往。心理学家津巴多说：过分害羞的人会因为很平常的原因而感到焦虑，表现为缺乏足够的社会适应力。克服害羞，就是克服自我设置的牢笼。主要表现为对自己的一言一行非常重视，唯恐出错。这种害羞心理状态导致他们在与他人交流的过程中不敢直视别人的眼睛，常常面红耳赤，肢体紧张，手心冒汗，心跳加速，特别是在陌生的场合，他们生怕出错而被人耻笑，只想逃避或尽快结束交谈。

害羞是一种正常的心理现象，但过分害羞，不该害羞时害羞，尤其当害羞成了一种习惯时，则是有害的，它会导致压抑、孤独、焦虑等不良心理状态，还会阻碍人际交往，影响一个人才能的正常发挥。可通过有意识地调节来改变。

(1)要增强自信心。许多过分害羞者在知识才能和仪表方面并不比别人差。心理学家可奇和利布曼的一项研究表明，过分害羞的女大学生自以为长得不美，但不相识的男生凭照片就认为她们与那些社交活跃的女生一样动人。因此要正确评价自己，多看到自己的长处。

(2)放下思想包袱，不要过于计较别人的议论。每个人都会说错话、做错事，这并没什么大不了的。没有完美的人和事。即使有人议论也是正常的，俗话说"哪个人后无人说"，没必要太看重。"走自己的路，让别人去说吧！"这会使自己变得更洒脱。

(3)要有意识地锻炼自己。胆量和能力都是锻炼的结果，要敢于说第一句话，敢于迈第一步。上课、开会时尽管坐到前排去；走路时抬头挺胸，把速度提高四分之一；主动大胆地和别人尤其是陌生人讲话；与人说话时，正视对方的眼睛；在高兴时，开怀大笑等。

4. 焦虑

焦虑是个体主观上预料将会有某种不良后果产生或模糊的威胁出现时的一种不安感，并伴有忧虑、烦恼、害怕、紧张等情绪体验。在这个紧张刺激不断增多、竞争不断增强的社会中，每个人都可能处于一定的焦虑状态。适度的焦虑对于保持生命活力是必要的，这里所说的焦虑主要是指不适当的高度焦虑。

被焦虑困扰的大学生常表现出烦躁不安、思维受阻、行动不灵活、身体不舒服等症状。大学生焦虑主要集中在考试和人际关系两个方面。我国大学生的考试焦虑是由紧张感、自信心缺乏、对考试结果过于担忧、认知障碍等因素造成的，而且女生比男生更易焦虑。一般认为，大学生对人际关系的焦虑与缺乏自信、交往技能差(或自认为差)、自尊心过强等密切相关。

不适当的高度焦虑对身心健康是不利的。为此，应增强自信，相信车到山前必有路，总会有办法的；应不怕困难、磨炼意志；无所谓的担忧正是焦虑之本质，应当机立断，积极行动。总之，凡事尽最大的努力，把注意力从担心失败转移到积极行动、争取成功上来。

5. 懒惰

青年大学生本应是充满朝气和活力、开拓进取的群体，但事实并不总是如此。如今总能从大学生嘴中听到"摆烂""躺平"等话语，从侧面反映了他们拖拖拉拉、得过且过、做一天和尚撞一天钟、缺乏进取精神的懒惰心理。

懒惰是不少大学生为之感到苦恼又难以克服的一种人格发展缺陷，是意志活动无力的表现。懒惰是影响大学生积极进取、张扬青春活力的天敌，尤其是在日新月异的今天。它与时代是那么格格不入，必须予以改变，否则会有被时代淘汰的危险。

处于懒惰状态的大学生也常因此感到内疚、自责、后悔，但又觉得无力自拔，心有余而力不足，这主要是因为他们往往想得多而做得少，缺乏毅力。要克服懒惰，应充分认识到其危害性，自己对自己负责，振作精神，“起而行之”，从日常小事做起，并努力做到不给自己找借口，不原谅自己的偷懒，力争今日的事今日完成，多与人交往，多关心外部世界，多参加有益身心的社会活动，而做到这一切，有一个坚定而有价值的理想是非常重要的。

6. 怯懦

怯懦主要表现为缺乏勇气和信心，害怕可能面临的困难和挫折，在挫折、困难面前常常知难而退，甚至不战而败。有些大学生过去经历一帆风顺，因而特别害怕失败。“只能成功，不能失败”的非理性信念是造成一些大学生怯懦的认知因素。

有些大学生由于胆怯，不敢与人讲话，不敢出头露面，也不敢表明自己的态度，甚至不敢向老师提问题。有些大学生由于软弱不敢冒风险，不敢担当重任，不敢与坏人坏事作斗争，不敢坚持自己正确的观点。但越是这样回避矛盾、躲避失败，越是容易体验到强烈的挫折感。

在挑战与机遇并存的现代社会，怯懦者会失去很多成功的机会，并可能成为落伍者。积极迎接挑战，争做生活的强者才是明智的选择。改变怯懦的最好办法是要敢于抓住机遇，积极锻炼，不怕失败，不怕丢面子，不怕担子重，多给自己鼓励和加压，在生活的词典中去掉“不敢”二字。

7. 狭隘

受功利主义影响，大学生中的“狭隘”现象有增无减。凡事斤斤计较、耿耿于怀、好嫉妒、好挑剔、容不得人等，都是心胸狭隘的表现，即我们平常说的“气量小”。心胸狭隘往往会影响人际关系，易伤害他人，也常给自己带来烦闷、苦恼，影响自己的情绪和在他人心目中的形象，因此，狭隘心理于人于己百害而无一利。狭隘人格多见于内向者，尤其是女性。

克服狭隘，一要胸怀宽广坦荡，一切向前看，正如歌德所言，比海洋更广阔的是天空，比天空更广阔的是心灵。二要丰富自己，一个人的视野越开阔，就越不会陷入狭隘之中，这就是所谓的“站得高，看得远”。三要学会宽容，宽以待人。

8. 拖拉

拖拉是不少大学生的通病。拖拉是指可以完成的事而不及时完成，今天推明天，明天推后天，正是：“春天不是读书天，夏日炎炎正好眠，秋多蚊虫冬又冷，一心收拾待明年。”导致拖拉的原因，一是试图逃避困难的事，二是目标不明确，三是惰性作用。拖拉一方面耽误学习、工作，另一方面并没有使人因此而轻松些，相反往往会导致心理压力，引起焦虑，总觉得有事情没完成，干别的事也难以安心，还会贻误时机。

改变拖拉，首先，要充分认识其危害性，找到自己拖拉的原因，下决心改变。其次，要科学地安排时间，凡事有轻重缓急，要一件一件地完成，还要讲究科学的学习和工作方法。最后，要敢于做不合心意或者需要花大力气的工作，必须完成的事，与其拖着、欠着，还不如及早动手干，完成后会有一种如释重负的感觉，会有一种欣喜感、满足感、成就感，而拖拖拉拉只会带来疲沓、松垮及焦虑。

9. 虚荣

可以说，虚荣心普遍存在于每一位大学生身上，尤其是女生身上，这是正常的，但一旦过分，则会有害无益。

虚荣心往往与自尊心、自卑感联系在一起，没有自尊心，就没有虚荣心，而没有自卑感，也就不必用虚荣心来表现自尊心，虚荣心是自尊心和自卑感的混合物。虚荣心强的大学生一般性格内向、情感脆弱、多愁善感，虽然自惭形秽，却又害怕别人伤害自己的尊严，过分介意别人的评论，与人交往时总有一种防御心理，不允许有稍微侵犯，且常会千方百计地抬高自己的形象，他们捍卫的往往是虚假的、脆弱的、不健康的自我，以致无暇来丰富、壮大真实的自我。

防止或改变过强的虚荣心。第一，要对其危害性有清醒的认识，有勇气有决心改变自己。第二，应当努力认识自己，了解自己的长处与短处，扬长避短。第三，要树立自信和健康的荣誉心，正确表现自己，不卑不亢。第四，不为外界的议论所左右，正确对待个人得失。

10. 自我中心

随着自我意识的发展，大学生越来越感到自己内心世界的千变万化、独一无二，他们越来越多地把关注的重心投向自我，那些有较强自信心、自尊心、优越感、独立感的学生更容易出现自我中心倾向。当这种倾向与一些不健康的思想意识（如个人主义、自私自利思想）和心理特征（如过强的自尊心、唯我独尊等）结合时，就会表现出过分的、扭曲的自我中心。过多自我中心的人往往以自我为核心，想问题、做事情时，从“我”出发，不能设身处地进行客观思考，颐指气使，盛气凌人，不允许别人批评，“老虎屁股摸不得”。这种人往往见好就上，见困难就让，有错误就推，总认为对的是自己、错的是别人，因而他们常不能赢得他人的好感和信任，人际关系多不和谐。

克服过分自我中心的途径包括：第一，树立健康的人生观，自觉地将自己和他人、集体结合起来，走出自己的小天地；第二，恰当地评价自己，既不低估也不高估，既不妄自菲薄，也不自高自大；第三，尊重他人，只有尊重和信任他人才能获得友谊；第四，设身处地地从他人的角度思考问题，将心比心，真诚地关爱他人，从而做到“我爱人人，人人爱我”。

11. 在新环境中适应能力不强

曾有学者在一所工科大学以卡氏 16 种人格因素量表为测试工具，对毕业生做人格状况抽样测试。在 16 种人格因素测验应用的计算中，有一项“在新的环境中有成长能力的人格因素”，其计算公式如下：

聪慧性＋有恒性＋自律性＋（11－兴奋性）＝在新环境中有成长能力的人格因素

总分在 4～40 分之间，平均分为 22 分，27 分以上者有成功的希望。此次测试结果为：超过 27 分者仅占被试者的 9.1%，平均分仅为 20.18 分。这表明我国一些大学生在新的环境中有成长能力的人格因素还相对缺乏。要改变这种情况，加强意志磨炼、积极参与社会实践是关键。

【课堂体验】

尝试简单放松训练——呼吸调节法

受到心理困扰影响时，可调整自己的呼吸节奏，进行缓慢的深呼吸，使心理放松。

具体做法：采用鼻子呼吸，腹部吸气。双肩自然下垂，慢慢闭上双眼，然后慢慢地、深深地吸气，吸到足够多时，憋气2秒钟，再把吸进去的气缓缓地呼出。自己要配合呼吸的节奏给予一些暗示和指导语："吸……呼……吸……呼……"，呼气的时候尽量告诉自己我现在很放松很舒服，注意感觉自己的呼气、吸气，体会"深深地吸进来，慢慢地呼出去"的感觉。

三、大学生常见的人格障碍

人格障碍是长期固定的适应不良的行为模式，这种行为模式由一些不成熟的不适当的压力应对或问题解决方式所构成。人格障碍一词多用于成人，对于未成年人的类似行为表现通常称为人格缺陷、品行障碍或社会偏差。

一般说来，所谓人格障碍，是指人格系统发展的不协调，主要表现为情感和意志行为方面的障碍。有人格障碍的大学生一般能处理自己的日常生活和学习，智能是正常的，意识是清醒的，但由于缺乏对自身人格的自知，常与周围人发生冲突，但很难从错误中吸取应有的教训加以纠正。

人格障碍的种类是非常多的，它们都会影响日常生活。下面，我们整理了大学生常见的人格障碍特点，来帮助大家了解人格障碍。注意：请勿轻易代入某种人格障碍，如果需要获得专业的诊断结果，请前往正规专业的医疗机构获得诊断。

1. 反社会型人格障碍

反社会型人格障碍或称悖德型人格障碍，行为与整个社会规范相背离而令人注目。这种人对他人的感受漠不关心，缺乏同情心。忽视社会道德规范、行为准则和义务，长期地对自身行为不负责任。他们的认识完好，但做事前未经深思熟虑，不考虑后果，常因微小刺激便出现攻击、冲动和暴行。他们从无内疚感，不能从经验中吸取教训，一犯再犯而不知悔改。不能与他人维持长久的关系，容易责怪他人，或为自己的粗暴行为进行辩解。

这一型人格障碍被称为"病态人格"。因其常违背伦理道德和社会常理，对人冷酷无情，缺乏责任心，极端自私，自尊心强，无羞耻感，所以最易实施违法犯罪行为，常表现为危害国家安全罪、经济犯罪、暴力犯罪和性犯罪等，甚至转换为犯罪人格，是危险性较大的人格之一。

【案例分析】

反社会型人格障碍——白银市连环杀人案

从1988年到2002年，14年间，高承勇在甘肃省白银市和内蒙古包头市入室杀害、性侵了11名女性，最小的被害人年仅8岁。2016年8月26日，隐秘于世间的连环杀手，52岁的高承勇，在白银市工业学校内的小卖部被捕。曾造成巨大社会恐慌的"白银市连环杀人案"，跨越28年，最终尘埃落定。

2018年3月30日10时，甘肃省白银市中级人民法院对被告人一案进行一审公开宣判。被告人高承勇犯抢劫罪、故意杀人罪、强奸罪、侮辱尸体罪，被判处死刑，剥夺政治权利终身。高承勇当庭表示服判，不提起上诉。

网上一采访中写道，审问高承勇的警察说：我们见的人多了，你想象不到他那种冷静，人过分冷静，其实已经属于一种机械性麻木，纯粹属于杀人取乐。杀人取乐，这个词语太让人恐惧，却真真切切存在于我们的生活中。许多连环杀人案件中，有的杀手只对女性下手，手段残忍，极其变态。他们普遍被心理专家认定有反社会型人格障碍、社会性病态，把别人的痛苦当作自己快乐的源泉。

很多时候我们会发现自己的容忍度变得越来越低，脾气往往不受控制，尤其是自己的利益被损害或遭遇背叛时，我们首先想到的是对方漠视了自己的存在，于是想到的是如何报复惩罚对方，甚至将错误归因于他人。长此以往，难免心理扭曲变态。

漠视是摧残心灵的最大利器。它会让人们失去理智，变得疯狂。所以我们在生活中应该学会倾听和尊重，这是解决问题的首要方法，在繁忙的生活中暂时停下手中的活来倾听别人，给身边的孩子朋友及时的关注和微笑，不仅会化解仇恨，更重要的是营造和谐共处的氛围，给自己的生活带来爱的气息。

希望大家都能争取做一个能够给予他人温暖的太阳，学会给予，不过分索取，善于听取别人的意见，不钻牛角尖，温暖如春。这样，你的人生便如太阳般温暖灿烂，不会因为别人的点点漠视便被摧毁。

2. 偏执型人格障碍

特点为对自己的能力估计过高，惯于把失败归咎于别人。对批评或挫折过分敏感，对侮辱和伤害不能宽容。长期耿耿于怀、多疑，易将别人无意的或友好的行为误解为敌意或轻蔑而产生歪曲体验。好胜心强，有强烈的自尊心，看问题主观片面，工作和学习上往往言过其实，嫉妒心强。在失败的时候，时常迁怒于人而原谅自己，往往认为自己成了别人阴谋的牺牲品。因此，这种人容易产生偏执观念，一旦心态失控，往往容易引发暴力行为或犯罪，是具有潜在危险的人格之一。

【案例分析】

偏执型人格障碍

患者为某院校大一新生，因为入学成绩优异，老师指定她暂任班长，后因其与同学关系不和，被撤职。于是她怀疑某同学在老师面前说她坏话，嫉妒她，对新班长也怀有敌意，认为别人明明不如自己还能当班长，一定是私下做了手脚。她认为寝室聚餐、班级活动都是“无效社交”，同学也不想她参加，她认为自己受到了排挤和孤立，为此经常和同学甚至是老师发生矛盾冲突。

患者要求住读变成走读，但和家人相处的过程也越来越不愉快，她要求父母把家里大大小小的事情告诉她，征求她的意见，如果父母忘记了，就觉得家人不重视自己，父母一旦不认可她（通常都是生活中的小事情），她就会认为父母不理解她，不尊重她，甚至父母出门散步忘记告诉她，她都觉得是在孤立她。

患者认为自己没有病，只是周围的人对她有恶意，故一直不愿意进行治疗，但家人越来越感觉到身心疲惫，觉得孩子一定是有心理方面的问题，将其带来医院就诊。到医院后，主治医生为其做了脑电图检测+心理CT云测评，发现患者脑内兴奋抑制功能紊乱，结合测评报告进行问诊，发现患者敏感多疑，爱嫉妒，自我为中心，确诊为偏执型人格障碍。主治医生根据她的情况，制订了以心理治疗为主，中西药为辅的治疗方案。中药汤剂主要是辅助作用，控制焦虑和冲动，同时配合心理治疗，比如认知治疗、沙盘游戏治疗以及行为治疗等，待与患者建立良好的关系后，使其对自己有比较客观和正确的认识，让患者产生自觉改变人格缺陷的愿望。

3. 表演型人格障碍(歇斯底里人格)

表演型人格障碍的本质特征是自我戏剧化——过分夸张地自我表演，暗示性增高，行为易受他人影响。情感表浅，容易变化。以自我为中心，自我放纵，不为他人着想。好炫耀自己，感情易受伤害。追求刺激，富于幻想，常常操纵他人为自己的需要服务，也就是常说的“戏精”。

4. 回避型人格障碍(焦虑型人格)

回避型人格障碍，是以全面的社交抑制、能力不足感、对负面评价极其敏感为特征的一类人格障碍。这种人在幼年或童年时期就开始表现出害羞、孤独、害怕见陌生人、害怕陌生环境等。成年以后这些问题对患者的社交和职业功能产生不利影响。这类人总觉得自己缺乏社交能力，缺乏吸引力，在各方面都处于劣势，因而显得过分敏感和自卑。自尊心过低加上过分敏感，担心自己会被别人拒绝，使得患者很难与他人建立亲密关系。

他们极想得到爱，想被他人接受，但他们预期得不到，因此他们会回避这些关系，除非他们确信别人不会对他们产生批评。他们个人交往能力十分有限，社会交际困难，一般是由社交恐惧症演变而来。

5. 强迫型人格障碍

说起这类人格障碍，大家一定第一时间想到强迫症。这里需要强调的是强迫症也有程度深浅之分，一般人的强迫症是自身可以控制的，属于很轻的级别。但是强迫型人格障碍不同，强迫型人格障碍的人刻板固执，做事循规蹈矩、墨守成规，或优柔寡断，不会随机应变。内心深处往往有强烈的不安全感，怀疑一切，对每件事要求十全十美，但又缺乏自信，导致过度地反复核对，过分注意细节，以致忽视全局。由于过分谨慎多虑、过分专注于工作成效而常不顾忌人际关系，这种人易产生强迫症状和焦虑忧郁反应。

【案例分析】

强迫型人格障碍

丁某，女，25岁。丁某从小细腻敏感，无论是对房间的整洁度还是对自己的谈吐举止，要求都很严格。但是做事情一直很拖沓，每次都要到最后关头才动手。并且，她总觉得别人做事她不放心，凡事都要亲力亲为，往往忙得不可开交却效果不佳。尤其是她不容许自己有一点差错，否则便焦躁不安、悲观消极，甚至失眠。

在案例中，丁某表现出墨守成规，不容许变更生活习惯和规律（无论是对房间的整洁度还是对自己的谈吐举止，要求都很严格），过分疑虑（她总觉得别人做事她不放心，凡事都要亲力亲为），常有不安全感，苛求完美（她不容许自己有一点差错，否则便焦躁不安、悲观消极，甚至失眠）。

因此，丁某的问题是强迫型人格障碍，强迫型人格障碍是一种过于拘泥细节、刻意追求完美以致无法适应新情况的人格障碍。强迫型人格障碍的临床表现：墨守成规，过分疑虑，苛求完美。诊断要点：①事无巨细。要求高度精细、极端准确，必须遵循严格的规则，否则难以容忍。②常有不安全感和不完善感，经常处于惶恐和苛求当中，因而显得沉闷、敏感、无情。③不容许变更生活习惯和规律，以及处事的信条和方法，因而无法适应新的情况、环境。治疗方法：引导患者认识自己的心理问题；通过认知行为疗法改变强迫型人格障碍的种种表现；必要时应使用药物。

6. 依赖型人格障碍

特点是缺乏独立性，感到自己无助、无能和缺乏精力，生怕被人遗弃。将自己的需求依附于别人，过分顺从于别人的意志。要求和容忍他人安排自己的生活，无法自己做出决定。当亲密关系终结时则有被毁灭和无助的体验。有一种将责任推给他人来对付逆境的倾向。

7. 自恋型人格障碍

自恋型人格障碍大多有自我中心的特点。这种人大多表现为自我重视、夸大、缺乏同情心、对别人的评价过分敏感等。他们听到别人的赞美之词，就沾沾自喜；反之，则会暴跳如雷。他们对别人的才智十分妒忌，有一种“我不好，也不让你好”的心理，在和别人相处时，很少能设身处地地理解别人的情感和需要。这类人由于缺乏同情心，所以人际关系很糟，容易产生孤独抑郁的心情，加之他们有不切实际的高目标，易在各个方面遭受失败。

8. 多重人格障碍

人的心理功能包括认知、记忆、身份、意识，正常人的这几个方面都是整体和谐地运转的。当这几个方面出现病理性分离，则会产生分离性的障碍，比如记忆无法整合时会出现分离性遗忘：正常人喝醉后的断片或者发生车祸后的短期遗忘，这些都是类似于分离性遗忘的体验。而当一个人的身份和意识无法进行整合时就会出现分离性身份障碍，这就是我们常说的多重人格。多重人格最引人注目的特点就是一个人身上存在两个或多个身份的人格特征，这也是其“多重”命名的来源。

【案例分析】

多重人格障碍——我的身体里住了6个人

Jess，真实的人格分裂（DID）患者，身体里有6个人格。Jess说话沉静、缓慢，她是一名麻省理工学院的学生，不仅患有DID，还有创伤后应激障碍、重度抑郁、社交恐惧症和强迫症。她曾录制视频记录在自己身上发生的事，希望向大众科普“DID”是一种什么样的病。在视频录制过程中，甚至出现了这一幕：她切换到了另一个人格“Alex”。Alex是个13岁女孩，开朗，爱社交。跟Jess的语调、动作和神态都完全不同。没有像电视里演得那么戏剧(突然昏倒、反差变装)。

其他已知的人格还包括Max(6岁男孩)、Cassy(爱笑、爱打扮的女孩)、Quinn(粗暴直爽的女孩)、Jade(31岁的成熟母亲)。这些人格会不时出现在其他主题的视频中，比如:传授“美妆教学”的Cassy;科普“Jess如何发现自己得病”的Jade;为了维护Jess而“用大段粗口回怼网络暴力”的Quinn。

刚开始，Jess并不知道自己生病了，直到身边持续出现奇怪迹象。比如:房间里突然多了不属于她的奇怪玩意儿;家里莫名的便利贴，写着“几点烘干衣服”(实际上这是Jade为了照顾她而写的)。起初她还以为有一个跟踪狂，暗地里在监视、操控一切……直到Jess去看了心理医生(数据显示确诊平均耗时长达7年)。

这是很少见的DID患者对自己状态的公开记录。因为一般来说，DID患者有很深的病耻感，倾向于隐藏其他人格。这些视频被大量网民围观，不少人钦佩她的勇气，但也引发了许多质疑“做戏”的声音。甚至还有人羡慕她，觉得这病很酷，因为“她好像有很多朋友”,“可以自己组队打麻将”，或是“发展一个高智商人格帮我考试”。

实际上，人格分裂的真正感觉，并不是“一个身体里住了好几个灵魂”，而是“一个人碎成了很多片”。也可以认为，ta们没有一个完整和统一的“自我”。

【幸福解码】

菲尔人格测试

1. 你何时感觉最好?(　　)

A. 早晨(2分)　　B. 下午及傍晚(4分)　　C. 夜里(6分)

2. 你走路时是(　　)。

A. 大步地快走(6分)　　B. 小步地快走(4分)

C. 不快，仰着头面对着世界(7分)　　D. 不快，低着头(2分)

E. 很慢(1分)

3. 和人说话时，你(　　)。

A. 手臂交叠地站着(4分)　　B. 双手紧握着(2分)

C. 一只手或两只手放在臀部(5分)　　D. 碰着或推着与你说话的人(7分)

E. 玩着你的耳朵，摸着你的下巴，或用手整理头发(6分)

4. 坐着休息时，你(　　)。

A. 两膝盖并拢(4分)　　B. 两腿交叉(6分)

C. 两腿伸直(2分)　　D. 一腿蜷在身下(1分)

5. 碰到你感到发笑的事时，你的反应是(　　)。

A. 一个欣赏的大笑(6分)　　B. 笑着，但不大声(4分)

C. 轻声的咯咯笑(3 分)　　D. 羞怯的微笑(5 分)

6. 当你去一个派对或社交场合时,你(　　)。

A. 很大声地入场以引起注意(6 分)　B. 安静地入场,找你认识的人(4 分)

C. 非常安静地入场,尽量保持不被注意(2 分)

7. 当你非常专心工作时,有人打断你,你会(　　)。

A. 欢迎他(6 分)　　B. 感到非常恼怒(2 分)

C. 在以上两极端之间(4 分)

8. 下列颜色中,你最喜欢哪一种颜色?(　　)

A. 红色或橘色(6 分)　B. 黑色(7 分)　C. 黄色或浅蓝色(5 分)

D. 绿色(4 分)　E. 深蓝色或紫色(3 分)　F. 白色(2 分)

G. 棕色或灰色(1 分)

9. 临入睡的前几分钟,你在床上的姿势是(　　)。

A. 仰躺,伸直(7 分)　B. 俯躺,伸直(6 分)　C. 侧躺,微蜷(4 分)

D. 头睡在一条手臂上(2 分)　E. 被盖过头(1 分)

10. 你经常梦到你在(　　)。

A. 落下(4 分)　B. 打架或挣扎(2 分)

C. 找东西或人(3 分)　D. 飞或漂浮(5 分)

E. 你平常不做梦(6 分)　F. 你的梦都是愉快的(1 分)

测试分析:

将以上十道题的得分相加得出总分,下面是对总分的解释与分析。

(1)21 分以下:你是内向的悲观者。

身边人一致认为你是个害羞的、神经质的、优柔寡断的人,你需要人照顾,永远要别人为你做决定,不想与任何事或任何人有关系。他们认为你是个杞人忧天者,永远看不到存在的问题的人。有些人认为你令人乏味,只有那些深知你的人知道你不是这样的。

(2)21～30 分:你是缺乏信心的挑战者。

你的朋友认为你勤勉刻苦、很挑剔。他们认为你是谨慎的、十分小心的人,一个缓慢而稳定辛勤工作的人。如果你做任何冲动的事或无准备的事,绝对令他们大吃一惊。他们认为你会从各个角度仔细地检查一切之后仍决定不做。他们认为你的这种反应一部分是因为你的小心的天性。

(3)31～40 分:以牙还牙的自我保护者。

别人认为你是一个明智、谨慎、注重实效的人,也认为你是一个伶俐、有天赋、有才干且谦虚的人。你不会很快和人成为朋友,但你是一个对朋友非常忠诚的人,同时要求朋友对你也有忠诚的回报。那些真正有机会了解你的人会知道要动摇你对朋友的信任是很难的,但同样的,一旦这种信任被破坏,会使你很难熬过。

(4)41～50 分:平衡的中道者。

别人认为你是一个新鲜的、有活力的、有魅力的、好玩的、讲究实际的,而且永远有趣的人。你经常是群众注意的焦点,但是你是一个足够平衡的人,不至于因此而昏了头。他们也认为你亲切、和蔼、体贴、能谅解人,你是一个永远会使人高兴起来并会帮助别人的人。

(5)51～60 分:吸引人的冒险家。

别人认为你具有令人兴奋的、高度活泼的、相当易冲动的个性。你是一个天生的领袖、一个做决定很快的人,虽然你的决定不总是对的。别人认为你大胆、有冒险心,愿意试做任何事至少一次,是一个愿意尝试机会且欣赏冒险的人。你浑身散发着热情,人们喜欢跟你在一起。

(6)60 分以上:傲慢的孤独者。

别人认为对你必须"小心处理"。在别人的眼中,你是自负的、自我中心的,是个极端有支配欲、统治欲的人。别人可能钦佩你,希望能多像你一点,但不会永远相信你,对于和你更深入地来往有所犹豫。这种性格的人通常很有才华,但与人沟通的功夫欠佳,适合做研发指导工作。

四、大学生存在人格问题的原因分析

(一)家庭因素的影响

父母是个体发展的第一任老师,在个体成长的过程中,父母及家庭环境构成了一个复杂的系统,以一种全方位综合的方式影响着大学生的心理健康水平和健康人格的形成。帕金斯形象地把家庭比作"制造人格的工厂",大学生的人格水平与父母的教育方式、父母的婚姻状况和家庭的经济状况有着显著的关系。

(二)学校原因

学校是教育的主体,是培养人的主要场所,学校教育在学生的人格形成过程中起重要作用。北京大学首任校长蔡元培先生在 20 世纪初就指出,国民教育以养成共和之健全人格为根本方针。可见,学校教育的根本应该是培养学生健全的人格,但在目前,学校教育中存在着种种问题,忽视了人格教育的培养。许多学校在教育思想上过多注重智力素质,把智力发展作为人才培养的唯一目标,而忽视了非智力素质如意志、性格等的培养。教育的工具化和非主体化,以及教育内容的空泛都是目前所存在的问题。

(三)网络的消极影响

网络不是洪水猛兽,但是一把双刃剑,它给大学生带来便利和机遇的同时,不可避免地给他们造成了一些负面影响。网络容易导致大学生角色混乱,自我封闭,上网成瘾,甚至产生网络依赖,也容易导致大学生道德自律弱化。

（四）社会环境的影响

社会环境对大学生心理的影响是潜移默化的，具有极大的感染力和引导性，不具有强制性，但更容易被青年大学生所接受。宣传媒体、社会舆论对大学生的人格影响很大，一些不负责任的宣传、有暴力倾向的游戏等吸引并影响着大学生，使得一些自控能力弱、抵制不住诱惑的大学生人格偏离。

（五）大学生自身因素

大学生个体因素是影响和制约其人格的主要内因，当代大学生中有很多人重视客观存在的影响，但忽视对主观世界的改造。

（1）心理落差。有些大学生在高中阶段“鹤立鸡群”，长期具有优越感，但是进入大学后，高手云集，“山外有山”，使得原有的优越感丧失，会产生一种失落感。心理落差如果处理不当，会产生焦虑、怨恨等多种心理障碍，对大学生的人格造成不良影响。

（2）自我定位过高。大学生听到的较多是社会期望之词，抬高了部分学生对自身在社会位置中的认识。再加上缺乏面对挫折和失败的心理准备，一旦接触社会，遇到不如意的事情，就会感到苦恼，并把自己这种能力上的弱点归结于社会或者家庭没有为自己创造一个好条件，导致对社会、家庭的抱怨，有的甚至发展成报复社会的心理。

（3）自我中心心理。有些大学生凡事想以自己的意志为转移，不顾及别人的感受，只替自己打算，不为他人着想，过分地追求个人自由和个人发展，缺乏包容心、集体感和合作精神。

第三节　大学生健全人格的塑造

有人说过：“人的一撇是才能，一捺是人格，出色的才能加上健全的人格，便支撑起顶天立地的人字。”青年大学生应当看到，要实现人生价值，获取事业成功，关键要有健全的人格。塑造大学生健全人格是时代发展的迫切需要。

一、健全人格的标准

随着人格越来越多地被人提及，更多的人想知道什么样的人格才是健全人格。国内外的研究者对健全人格有不同的看法。西南大学心理学部（认知与人格教育部重点实验室）通过对4000多人的测试，总结了人格健全的六个标准。

第一，体验幸福。对自己的生活状况有满意的评价，坦然面对现实，痛苦少。有个故事：一位富翁觉得自己不幸福，他将所有贵重财产装入袋子，要送给大师，只求他告诉自己幸福的方法。大师抓了袋子就跑，富翁追丢了，坐在地上大哭，大师回来将袋子还给他，问他：“幸福吗？”富翁说：“太幸福了！”大师笑说：“别等失去了才知道自己拥有的。”人生总有不幸的时候，培养体验幸福的能力，可以去关怀需要帮助的人，如孤儿、老年人、残疾人，这能让我们更加珍惜所拥有的，在感恩里体验幸福。

第二，人际和谐。积极的人际关系能激发积极的情绪，人格健全者能与人友好相处并平等待人。现在很多年轻人追求个性张扬，在工作与家庭中难免与人产生摩擦，最终也让自己陷入焦虑、抑郁、烦恼中。学会换位思考，为他人着想，宽以待人，慷慨助人，就会在身边营造和谐的人际环境。

第三，积极乐观。没有坏的事，只有坏的心态。凡事从好的方面去看，整个人生都会不一样。澳大利亚人尼克·胡哲天生没有四肢，但他没有自暴自弃，不仅骑马、游泳、踢足球样样皆能，还拥有两个大学学位，遍访 34 个国家，演讲 1500 余场，激励和感动了无数的人。他在夏威夷学习冲浪时说："我的重心非常低，所以可以很好地掌握平衡。看到自己的优势，不要放弃。每天向前一小步，你一定可以完成人生的目标。"一个残疾人尚能如此乐观，我们更应积极地寻找自己的优势，相信自己的使命，在困境中保持乐观。

第四，控制情绪。现在所有人都说要"自律"，其实控制情绪，不轻易生气也是一种自律。情绪起伏波动大、长期持续的不良情绪严重危害人际关系、人格和身体健康。发脾气谁都会，但控制情绪却需要涵养。心理学家建议，当我们与人发生矛盾时，一旦发现呼吸变得急促，或脉搏每分钟高出十次，就赶紧离开现场平静一下。我们不妨用这个方法控制情绪。

第五，有所追求。人格健全的人一定有目标，有追求，希望人生过得有意义。定目标、做规划、强执行，会让人生充满希望感。而且追求不分年龄。日本柴田老奶奶 92 岁开始学习写诗，99 岁出了第一本诗集《请不要灰心呀！》，瞬间走红，10 个月销售出了 150 万册，感动和抚慰了许多经历了海啸的日本人。一个 92 岁老太太都可以学习写诗并成为诗人，年轻的我们又有什么理由放弃追求梦想呢？

第六，勇于挑战。人有各种需求和愿望，追求过程中并非总能一帆风顺，遭遇挫折时，勇者能迅速调整状态，从打击中恢复过来，冷静处理并迎接挑战。有一句名言说："勇敢不是不害怕，而是害怕的时候你还能坚持去做。"人生唯有不断地向内突破自己，才能不断突破外在的挑战和藩篱，拓展人生格局。

健全人格的标准之间都是相互关联的，人格健全的人，其人格的各个方面是统一的、平衡的。上述标准，不仅是我们衡量一个人的人格健全的尺度，同时也为每个人改善自己的人格提供了具体的努力目标。

大学生健全人格的标准为：客观的自我意识；乐观向上的生活态度；自我悦纳，接纳他人；建立适宜的人际关系的能力；具有与自己年龄相适应的生活能力；个性结构具有协调性；树立正确的世界观、人生观和价值观；有效解决问题的能力；良好的社会适应能力；良好的情绪调控能力。

【案例分析】

有一位法国留学女孩，为了省钱，她住在离学校很远的地方，每天都要坐地铁去学校，放学后又坐地铁去工作。慢慢地她发现当地的公共交通系统的售票处都是自助的，也就是你想到哪个地方，根据目的地自行买票就行；车站几乎都是开放式的，不设检票口，也没有检票员，甚至连随机性的抽查都非常少。她发现了这个管理上的漏洞，或者说以她的思维方式看来是漏洞。凭着自己的聪明劲，她精确地估算了这样一个概率：逃票而被查到的比例大约仅为万分之三。她为自己的这个发现而沾沾自喜，从此之后，她便经常逃票上车。她还找到了一个宽慰自己的理由：自己还是穷学生嘛，能省一点是一点。

四年过去了，名牌大学的金字招牌和优秀的学业成绩让她充满信心，她开始频频地进入巴黎一些跨国公司的大门，踌躇满志地推销自己。但这些公司都是先热情有加，然而数日之后，却又都是婉言相拒。一次次的失败，使她愤怒。她认为一定是这些公司有种族歧视的倾向，排斥外国人。

最后一次，她冲进了某公司人力资源部经理的办公室，要求经理对于不予录用她给出一个合理的理由。然而，结局却是她始料不及的。人事经理告诉她说："女士，我们并不是歧视你，相反，我们很重视你。你一来求职的时候，我们对你的教育背景和学术水平都很感兴趣，老实说，从工作能力上，你就是我们所要找的人。"她愤愤地说："那为什么不收这样的人才为贵公司所用？"人事经理坦诚地告诉她："因为我们查了你的信用记录，发现你有三次乘地铁逃票被处罚的记录。"她回答："我不否认这个。但为了这点小事，你们就放弃了一个多次在学报上发表过论文的人才？"其实她的所有行为都被存进了个人诚信系统，只是她自己不清楚。人事经理继续解释道："小事？我们并不认为这是小事。我们注意到，第一次逃票是在你来我们国家后的第一个星期，检查人员相信了你的解释，因为你说自己还不熟悉自助售票系统，只是让你补了票。但在这之后，你又两次逃票。"女孩说："那时刚好我口袋中没有零钱。"其实我们很多人都会在这样的情况下给自己找各种借口。"不、不，女士。我不同意你这种解释，你在怀疑我的智商。我相信在被查获前，你可能有数百次逃票的经历。""那也罪不至死吧？干吗那么认真？以后改还不行吗？""不、不，女士。此事证明了两点：一、你不尊重规则。你善于发现规则中的漏洞并恶意使用。二、你不值得信任。而我们公司的许多工作是必须依靠信任进行的，如果你负责了某个地区的市场开发，公司将赋予你许多职权。为了节约成本，我们没有办法设置复杂的监督机构，正如我们的公共交通系统一样。所以我们没有办法雇用你，可以确切地说，在这个国家，你可能找不到雇用你的公司。"

直到此时，她才如梦方醒、懊悔难当。然而，真正让她产生一语惊心之感的，却是对方最后提到的一句话：道德常常能弥补智慧的缺陷，然而，智慧却永远填补不了道德的空白。

道德是一个人的最基本素质，即一个人的人格。再优秀的人，如果人格出现了问题，都会令人失去信任和支持。职场上面，这种丧失人格的行为就更为可怕，为了眼前的一点小利益而做出破坏体制的行为，绝对是在葬送一个人的职业生涯。告诫大家，职场要凭本事和真心，输什么也别输人品。

二、塑造健全的人格

大学生是知识的象征，是国家未来的栋梁，时代对大学生的要求更高，要求大学生要有健全的人格。那作为一名大学生，我们应该怎样来塑造自己的健全人格呢？我们可以尝试做到以下几点。

（一）接纳自我，悦纳他人

我们要对自己有满意感，对自己所做的事情、对经过努力完成的目标有认同感。就算是没有完成的事情，只要是自己已经尽力而为了，也就没有什么可抱怨的了。除了对自己外，我们还要对别人采取同样的态度。承认别人的价值，由衷地为别人的成功而高兴，即使他和你有不同的意见，也一样地为他祝福，这样的话，你将是一个受欢迎的人。同时，我们还要善于容纳社会上现实存在着的事物，包括承认一些丑陋的现象，乐于接受科技发展带来的新经验和新观点，对社会产生的新的变化能较快适应，即能以一种非传统非固定的思维方式去思考问题，并愿意改变固定的生活方式，去适应和创造一种新的生活。也就是说我们要做到悦纳自己、悦纳他人以及悦纳实实在在存在着的社会。

（二）独立自主，丰富知识

我们要独立，相信自己有能力改变目前不够理想的生活，相信自己可以通过自己的努力来改变社会，使之更加合理美好。在学习和生活上，我们要拒绝被动，不迷信传统和权威，而要相信命运是可以改变的。还有，我们是为自己而不是为别人而活着，因此，我们不要随波逐流、见风使舵，要有正义感，说话做事不要违背自己的良知，不忘初心，奋斗拼搏。

现实生活中，许多大学生的人格缺陷（比如自卑、固执、狭隘等）源于知识的贫乏，而丰富的知识，使人自信、坚强、理智。知识就是力量，知识也具有人格的力量。大学生的主要任务是学习，其正处在学习的黄金时代，广泛地学习自然科学、社会科学和专业知识，不仅能够提高自己的文化素养，掌握专业技能，还能够促进人格的完善。

（三）管理情绪，理智处事

我们要以理智的态度来办事，要客观地认识自我和评价自己。我们对自己提出的目标必须是切实可行的。我们要善于控制自己的情绪，喜、怒、哀、乐都适可而止，活泼而不轻浮、豪放而不粗鲁、坚定而不固执、勇敢而不鲁莽、干练而不世故。我们要建立自己和谐的人格，不可肆意放纵自己；懂得控制自己的心理和情绪，不要过度放纵自己、满足欲望。人的欲望是永无止境的，总是无法满足自己，并不是一件好事，有时候会带来严重的后果。年轻人不要一味地追求自我满足，有时候，困顿也是一种很好的人生经历。我们应提高自己的情商，保持一颗平常心。提高自己的情商是形成健康人格的一部分。高情商不是先天生成的，而是在后天中不断实践所得。这就要求我们保持一种平和的心态，喜怒哀乐，从容处之。

（四）关心他人，融入集体

集体是培养人格的土壤，集体是展现人格的舞台，也是认识自己人格的一面镜子，更是锤炼人格品质的熔炉。我们要热爱生活，树立正确的世界观、人生观和价值观，形成积极向上的人生态度，培养广泛的兴趣。我们要积极参加学校举行的各种文娱活动，多关心身边的人，主动与同学、老师交往，多融入集体，在集体中成长，使自己的身心得到很好的发展。

（五）社会实践，磨炼意志

社会是一个大舞台，个体只有通过社会生活的锤炼，才能把握好自己的角色，形成自己独特的个性和品格。大学生社会实践的内容丰富，形式多样，通常有志愿者活动、勤工俭学、义务劳动、科研活动等。这些实践活动可以磨炼学生的意志，促进大学生自主、严谨、细致、勤奋刻苦、责任感强、乐于奉献、诚实、公平、民主、协作、有毅力等优良品质的培养，是完善和培养健康人格的重要途径。

【幸福结语】

古往今来，无论是戏剧表演艺术家、小说家，还是心理学家、哲学家，人们都在不断地探索和描述那些千奇百怪的人格问题。人格是一个人素质的重要组成部分，也是一个人精神面貌的集中反映。心理学家认为，作为认识社会、改造社会主体的人，其人格发展状况、人格所呈现的面貌不仅直接影响着本人的社会生活质量，而且间接地关系着整个人类社会能否得到健康、和谐的发展。因此，创造良好的社会心理条件，培养、增进、塑造健全的人格就成为大学生心理健康教育的一项重要任务。

像马加爵这类大学生身上存在严重的人格缺陷，造成他们人格缺陷的有家庭、自身、社会和学校教育等方面的原因。当代教育应当促进每个人的全面发展，即身心、智力、敏感性、审美意识、责任感、精神价值等方面的发展。因此，对于作为人的全面发展的综合体现——人格的探讨，尤其是对当代大学生人格教育方面的探讨，具有重大的现实意义。

大学是使知识全面扩充、品德和人格全面发展，以及完善心理发展的关键阶段，决定着大学生未来的方向。当代大学生在人格发展中表现出的种种心理困扰，或是表现出的人格缺陷，都影响着大学生的身心健康。因此，社会、学校、家庭应共同致力于帮助大学生了解当代大学生的人格特征，掌握大学生常见人格缺陷的表现及调适方法，指导他们培养、增进健康人格，引导他们塑造健全人格。

【幸福锦囊】

(1)当你对自己诚实的时候，世界上没有人能够欺骗得了你。

(2)在顺境中修行，永远不能成佛。

(3)上善若水，厚德载物。

(4)积极的孩子能享受探索未知的乐趣，即使没有外界奖励，也能以热情和毅力应对压力。

(5)我们每个人都是独一无二的个体，都是值得被好好爱着的，慢慢学会欣赏自己，并建立个人边界吧。

(6)当你真心想要去做一件事情的时候，整个宇宙都会联合起来帮助你。

(7)伟大的队员有时候是伟大的对手塑造出来的，胜利和失败同样具有价值。

(8)即使我们在最恶劣的境遇,我们仍然有着不可被剥夺的精神和自由,可以选择有尊严地面对痛苦,而这种选择本身就彰显着人性的高贵。

(9)在我们成长的道路上,我们所遭遇的挫折、失败、打击、挑战,又何尝不是一份礼物呢?它们磨砺我们的心智,完整我们的人格。

【幸福行动】

一、自画像活动

这是一种独特的自我探索、自我分析、自我展示的方法,自画像用非语言的方法将画者的内心投射出来。

流程:成员按小组坐好,老师给每位成员发一张图画纸、一支彩笔或油画棒。然后请成员画自己,把自己心中最能够代表自己的东西画出来,可以是任何形式的:抽象的、形象的、写实的、动物的、植物的等。作品没有好坏之分,关键在于能不能代表自己。画完后贴在墙上,开"画展",成员自由观看他人的画,不加评论。欣赏完毕,请每一位画家对自己的画进行阐述,大家也可以对他的画进行提问,画家答疑。

二、特别的你

每位同学都是特别的。我们都被赋予了某些才能、长处及兴趣,使得我们每个人都是独一无二的。有时,我们经历悲伤,或是在困难面前感到不堪重负的时候,很难做到对自己感觉良好。在这些时候,尤为重要的是,回头想一想自己所拥有的积极品质。通过反思自己的长处、兴趣和成就,我们的自我感觉会好起来。

1. 用几分钟的时间安静地思考一下你的长处、兴趣或成就。问问自己"我的长处或兴趣有哪些?"以及"哪些成就让我对自己感觉良好?"比如,你可能会对自己感觉良好,因为你在学校取得了好成绩,或者你所在的篮球队获得了胜利。找到你的长处、兴趣或成就以后,在下面的空格中把它们写下来。请找出至少5个长处、兴趣和成就。

(1)________________________________;

(2)________________________________;

(3)________________________________;

(4)________________________________;

(5)________________________________。

2. 接下来,想一个代表你的长处、兴趣或成就的物品或标志。仔细想一想:你要用什么类型的物品或标志?以下几个例子或者建议可以供你参考。

(1)高中的演出制服,反应过去的成就;

(2)学校足球队队袜,表明足球队成员的资格;

(3)乐器,代表你的音乐才华;

(4)滑雪靴,反应你对滑雪的兴趣;

(5)成绩单,反应你的学业成就;

(6)诗作或绘画作品,反应你的艺术才能;

(7)奖牌、奖状或绶带,反应你过去的成就;

(8)以前度假的照片,反应你的兴趣和愉快的回忆。

这些例子或建议或许能给你一些启发。记住,要做你自己,并选择那些能够反应你是怎样一个人的物体或标志。在这个练习中,要做到有创意、有乐趣。同时,在选择物品或标志时,需要切实可行。比如,如果你非常热衷于骑自行车,但把自行车带过来是有难度的。然而,你的骑行头盔或者骑车时的照片都可以作为你爱好骑自行车的很好的标志。

带上三个物品或标志,并准备好与你的同学和老师讨论这些物品或标志。我们很想知道你是如何培养你的长处或兴趣,或者是你是如何实现你的成就的。请回答以下问题,这会有助于你准备下一次的课程。

第一个标志或物品的名称:________________________________。

这个标志或物品代表了什么样的长处、兴趣或成就?

你在现实生活中是如何运用这个长处或兴趣的?如果你的标志或物品代表的是一项成就,那么你是如何实现这项成就的?

第二个标志或物品的名称:________________________________。

这个标志或物品代表了什么样的长处、兴趣或成就?

你在现实生活中是如何运用这个长处或兴趣的?如果你的标志或物品代表的是一项成就,那么你是如何实现这项成就的?

____。

第三个标志或物品的名称:________________________________。

这个标志或物品代表了什么样的长处、兴趣或成就?

你在现实生活中是如何运用这个长处或兴趣的?如果你的标志或物品代表的是一项成就,那么你是如何实现这项成就的?

____。

第六章 情绪管理与幸福人生

【幸福导读】

通过本章的学习，使学生明白什么是情绪，学习情绪的分类和产生，了解情绪对人的影响，帮助大学生提升自我认识能力和心理自助能力。

第一节 情绪概述

【热身活动】

(一)情绪猜猜猜

1. 情绪通常有喜、怒、哀、惧、爱、恶六大种类。准备六张“情绪卡片”，卡片上分别写上喜、怒、哀、惧、爱、恶(厌恶)。

2. 让组员随机抽出一张卡片，用表情、动作等非语言信息表达卡片上所写的情绪，不能用言语表达。让其他的组员猜测台上的同学要表达什么情绪。

3. 组织讨论:“情绪有好坏之分吗? 为什么?”

4. 组员相互交流并分享。

(二)镜中人

1. 组员两两一组，一方做出各种表情，另一方作为镜子模仿。时间为2分钟左右。

2. 双方互换角色。

3. 学生围绕刚才的活动讨论分享。

(1)看到“镜子”的表情，你有什么感受?

(2)情绪可传染吗?

(3)在努力模仿各种表情时，你的情绪有变化吗?

(三)我的心情故事

1. 每个组员一张小纸条，让其写下自己感受最深、印象最深刻的心情故事或是生活中的烦恼。

2. 组员不记名地将完成的小纸条丢到团体中央。

3. 请组员依序抽出纸条，并念出内容，分享自我的感受与想法或与成员一同讨论找出解决的策略。

（四）发现快乐

1. 请学生回想最近两周令自己开心的事件，在笔记本上列出自己的“快乐清单”，每人至少列出10项。

2. 请部分学生读出自己的快乐清单。

3. 小组脑力激荡法：在同学的“快乐清单”的启发下，大家开动脑筋再尽可能多地寻找快乐，每个小组请一位同学做记录，完成小组的快乐清单。

4. 以小组为单位读出小组的快乐清单，给快乐清单内容最多的小组发礼品。

一、有关情绪的理论

情绪，是对一系列主观认知经验的通称，是人对客观事物的态度体验以及相应的行为反应。一般认为，情绪是以个体愿望和需要为中介的一种心理活动，也是以主体的需要、愿望等倾向为中介的一种心理现象。情绪具有独特的生理唤醒、主观体验和外部表现三种成分。符合主体需要和愿望的情绪，会引起积极的、肯定的情绪，相反就会引起消极的、否定的情绪。

主观体验是个体对不同情绪状态的自我感受。每种情绪有不同的主观体验，它们代表了人的不同感受，如快乐、痛苦等，构成了情绪的心理内容。情绪体验是一种主观感受，很难确定产生情绪体验的客观刺激是什么，而且不同人对同一刺激也可能产生不同的情绪。因此，情绪体验的研究一般采用自我报告的方法。

情绪的外部表现，通常称之为表情。它是在情绪状态发生时身体各部分的动作量化形式，包括面部表情、姿态表情和语调表情。面部表情是所有面部肌肉变化所组成的模式，如高兴时额眉平展、面颊上提、嘴角上翘。面部表情模式能精细地表达不同性质的情绪，因此是鉴别情绪的主要标志。姿态表情是指面部以外的身体其他部分的表情动作，包括手势、身体姿势等，如人在痛苦时捶胸顿足，愤怒时摩拳擦掌等。语调也是表达情绪的一种重要形式。语调表情是通过语言的声调、节奏和速度等方面的变化来表达的，如高兴时语调高昂，语速快；痛苦时语调低沉，语速慢。

生理唤醒是指因情绪产生的生理反应。它涉及广泛的神经结构，如中枢神经系统的脑干、中央灰质、丘脑、杏仁核、下丘脑、蓝斑、松果体、前额皮层，以及外周神经系统和内、外分泌腺等。生理唤醒是一种生理的激活水平。不同情绪的生理反应模式是不一样的，如满意、愉快时心跳节律正常；恐惧或暴怒时，心跳加速，血压升高，呼吸频率增加，甚至出现间歇或停顿；痛苦时血管容积缩小等。

以下是情绪的理论。

1. 早期理论

（1）詹姆斯-兰格理论：美国心理学家詹姆斯和丹麦生理学家兰格分别提出内容相同的一种情绪理论。他们强调情绪的产生是自主神经活动的产物。后人称它为情绪的外周理论。即情绪刺激引起身体的生理反应，而生理反应进一步导致情绪体验的产生。詹姆斯提出情绪是对身体变化的知觉。在他看来，是先有机体的生理变化，而后才有情绪，所以悲伤由哭泣引起，恐惧由战栗引起。兰格认为情绪是内脏活动的结果。他特别强调情绪与血管变化的关系。詹姆斯-兰格理论看到了情绪与机体变化的直接关系，强调了自主神经系统在情绪产生中的作用；但是，他们片面强调自主神经系统的作用，忽视了中枢神经系统的调节、控制作用，因而引起了很多的争议。

(2)坎农-巴德学说：认为情绪的中枢不在外周神经系统，而在中枢神经系统的丘脑，并且强调大脑对丘脑抑制的解除，使自主神经活跃起来，加强身体生理的反应，而产生情绪。外界刺激引起感觉器官的神经冲动，传至丘脑，再由丘脑同时向大脑和自主神经系统发出神经冲动，从而在大脑产生情绪的主观体验，而由自主神经系统产生个体的生理变化。该理论认为，激发情绪的刺激由丘脑进行加工，同时把信息输送到大脑和机体的其他部位，到达大脑皮层的信息产生情绪体验，而到达内脏和骨骼、肌肉的信息激活生理反应，因此，身体变化与情绪体验同时发生。

2. 认知理论

(1)阿诺德"评定—兴奋"说：美国心理学家阿诺德认为刺激情景并不直接决定情绪的性质，从刺激出现到情绪的产生，要经过对刺激的估量和评价。情绪产生的基本过程是刺激情景—评估—情绪。同一刺激情景，由于对它的评估不同就会产生不同的情绪反应。情绪的产生是大脑皮层和皮下组织协同活动的结果，大脑皮层的兴奋是情绪行为的最重要的条件。

(2)沙赫特的两因素情绪理论：美国心理学家沙赫特和辛格认为情绪的产生有两个不可缺少的因素，一是个体必须体验到高度的生理唤醒，二是个体必须对生理状态的变化进行认知性的唤醒。情绪状态是由认知过程、生理状态、环境因素在大脑皮层中整合的结果。可以将上述理论转化为一个工作系统(称为情绪唤醒模型)。

(3)拉扎勒斯的认知—评价理论：拉扎勒斯认为情绪是人与环境相互作用的产物。在情绪活动中，人不仅反映环境中的刺激事件对自己的影响，同时要调节自己对于刺激的反应。也就是说，情绪是个体对环境知觉到有害或有益的反应。因此，人们需要不断地评价刺激事件与自身的关系。具体有三个层次的评价：初评价、次评价、再评价。

3. 分化理论

这种理论以伊扎德为代表。伊扎德认为，情绪是人格系统的组成部分，是人格系统的动力核心。情绪系统与认知、行为等人格子系统建立联系，实现情绪与其他系统的相互作用。下面简要介绍这个理论的主要内容。

(1)情绪是分化的：伊扎德认为，情绪是分化的，存在着具有不同体验的独立情绪，这些独立的情绪都具有动机特征。他假定存在10种基本情绪，即兴趣、愉快、惊奇、悲伤、愤怒、厌恶、轻蔑、恐惧、害羞与胆怯，它们共同组成了人类的动机系统。每种基本情绪在组织上、动机上和体验上都有其独特性。不同的情绪具有不同的内部体验，这种内部体验对认知与行为会产生不同的影响。情绪过程与有机体的内部动态平衡、内驱力系统、知觉及认知是相互影响的。

(2)情绪在人格系统中的地位和作用：伊扎德认为，人格系统是由体内平衡系统、内驱力系统、情绪系统、知觉系统、认知系统和动作系统六个子系统组成。其中，情绪系统是人格系统的核心动力。情绪的主观成分——体验起动机作用，是驱动机体采取行动的力量。人格系统的发展是这些子系统的自身发展与各子系统之间联结不断形成和发展的过程。

(3)情绪系统的功能：伊扎德从进化的观点出发，提出大脑新皮层体积的增加和功能的分化，面部骨骼肌肉系统的分化以及情绪的分化是平行的、同步的。情绪的分化是进化过程的产物,具有灵活多样的适应功能,在有机体的适应和生存上起着核心的作用。每种具体的情绪都有其发生的渊源和特定的适应功能。

【案例分析】

脑切除实验

1892 年高尔兹发现被切除了大脑皮层的狗变得十分凶猛。1925 年卡农等人对被切除了大脑皮层的猫进行了经典研究并确定了"假怒"动物标本的手术方法。1934 年巴德把"假怒"一词引入生理心理学中。他指出切除猫的大脑皮层之后猫对各种不愉快的刺激如轻触、气流等均表现出极度夸大的攻击行为表现:弓腰、竖毛、咆哮、嘶叫和张牙舞爪等。这些行为缺乏指向性,很难说动物伴有怒的内心体验,故称此行为为"假怒"。其脑机制是:只要破坏边缘皮层、大脑皮层与下丘脑的神经联系,使大脑皮层对下丘脑的抑制解除,下丘脑功能亢进,就会出现"假怒",对于这些实验事实,生理心理学界广为接受的观点是下丘脑在情绪的表现中具有重要作用。

情绪是一种内部的主观体验,但在情绪发生时,又总是伴随着某种外部表现。这种外部表现也就是可以观察到的某些行为特征。这些与情绪有关的外部表现,称为表情。表情又分为面部表情、姿态表情、语调表情和感觉反馈四大内容。

1. 面部表情

面部表情是指通过眼部肌肉、颜面肌肉和口部肌肉的变化来表现各种情绪状态。人的眼睛是最善于传情的,不同的眼神可以表达人的各种不同的情绪和情感。例如,高兴和兴奋时"眉开眼笑",气愤时"怒目而视",恐惧时"目瞪口呆",悲伤时"两眼无光",惊奇时"双目凝视"等。眼睛不仅能传达感情,而且可以交流思想。人们之间往往有许多事情只能意会,不能或不便言传,在这种情况下,通过观察人的眼神可以了解对方的内心思想和愿望,推知他们的态度:赞成还是反对、接受还是拒绝、喜欢还是不喜欢、真诚还是虚假等。可见,眼神是一种十分重要的非言语交往手段。艺术家在描写人物特征、刻画人物性格时,都十分重视通过描述眼神来表现人的内心的情绪,栩栩如生地展现人物的精神风貌。

相关实验表明,人脸的不同部位具有不同的表情作用。例如,眼睛对表达忧伤最重要,口部对表达快乐与厌恶最重要,而前额能提供惊奇的信号,眼睛、口部和前额等对表达愤怒情绪很重要。还有实验研究表明,口部肌肉对表达喜悦、怨恨等情绪比眼部肌肉重要,而眼部肌肉对表达忧愁、惊骇等情绪则比口部肌肉重要。

2. 姿态表情

姿态表情可分成身体表情和手势表情两种。

(1)身体表情:人在不同的情绪状态下,身体姿态会发生变化,如高兴时"捧腹大笑",恐惧时"紧缩双肩",紧张时"坐立不安"等。伸展体姿能振奋精神;收缩姿势会降低活力。

(2)手势表情:手势通常和语言一起使用,表达赞成还是反对、接纳还是拒绝、喜欢还是厌恶等态度和思想。手势也可以单独用来表达情感、思想,或做出指示。在无法用语言沟通的条件下，单凭手势就可表达开始或停止、前进或后退、同意或反对等思想感情。“振臂高呼”“双手一摊”“手舞足蹈”等手势，分别表达了个人的激愤、无可奈何、高兴等情绪。心理学家的研究表明，手势表情是通过学习得来的。它不仅存在个别差异，而且存在民族或团体的差异，受社会文化和传统习惯的影响。同一种手势在不同的民族中可用来表达不同的情绪。

3. 语调表情

除面部表情、姿态表情以外，语音、语调表情也是表达情绪的重要形式。朗朗笑声表达了愉快的情绪，而呻吟表达了痛苦的情绪。语言是人们沟通思想的工具，同时，语音的高低、强弱、抑扬顿挫等，也是表达说话者情绪的手段。例如，当播音员转播乒乓球的比赛实况时，他的声音尖锐、急促，表达了一种紧张而兴奋的情绪；而当他播出某位领导人逝世的讣告时，语调缓慢而深沉，表达了一种悲痛而惋惜的情绪。

面部表情、姿态表情和语调表情等构成了人类的非语言交往形式，心理学家和语言学家称之为“身体语言”。人们除了使用语言沟通达到互相了解之外，还可以通过由面部、身体姿势、手势以及语调等构成的身体语言，来表达个人的思想、感情和态度。在许多场合下，人们无须使用语言，只要看看脸色、手势、动作，听听语调，就能知道对方的意图和情绪。有人研究企业中领导者的动作表情，发现不同层次的领导者在进行管理工作时的面部表情、语调，以及使用手势的情形是不同的。

4. 感觉反馈

人们的情绪是通过面部肌肉、骨骼肌肉系统的活动来表达的。近几十年来，人们发现通过身体的反馈活动可以增强情绪的体验。

言语行为也同样影响人们的情绪。

【幸福专栏】

危桥上的约会

社会心理学研究证明了爱情的复杂性。心理学家达顿和阿伦曾做过一个有趣的实验：他们让一位女性作主试，进行主题统觉测验。一次是在一座70米高的吊桥上，下面是深不见底的峡谷；另一次是在一座10米高的石桥上。参加实验的被试都是男性。两次的实验程序完全一样：女主试把题目交给男被试，待其完成后对他说：“如果你想知道这次测验是怎么回事，可以给我打电话。”说完留下电话号码，离开了。实验控制了各被试对测验的兴趣因素。结果发现，吊桥上的男子测验后与女主试联系的比例显著高于石桥上的男子。前面提到过，社会心理学家是用情绪唤醒理论来解释爱情的。这个实验就证明，对生理唤醒状态的认知评价也是促使青年投入恋爱的因素。

二、情绪的分类

情绪不仅仅只是感觉生气、开心、悲伤、郁闷，情绪当中有三个非常重要的成分。第一个是独特的主观体验，也就是心理内省体验，是个体对不同情绪和情感状态的自我感受。第二个是外部表现，也就是表情与姿势，是在情绪和情感状态发生时身体各部分的动作量化形式，包括面部表情、姿态表情和语调表情。第三个是生理唤醒，是情绪与情感产生的生理反应。

情绪的成分有四个。①情绪涉及身体的变化，这些变化多数是情绪的表达形式。②情绪是行动的准备阶段，一些人称之为“行动潜能”。③情绪涉及有意识的体验，当我们感知事物时，就会存在情绪体验。④情绪涉及认知的成分，包含注意、记忆、知觉。

从情绪的内容来分，可以分成基本情绪和复合情绪；从情绪的状态来分，又可以分为心境、激情和应激。

具体展开，首先是情绪的维度与两极性。情绪的维度是指情绪所固有的某些特性，而这些特征又存在两种对立的状态，称为两极性，例如人们口中的乐极生悲，恰恰证明了这个两极性。情绪的维度当中可分动力性、激动性、强度性、紧张性。在动力性上，有的情绪会增加“行为潜能”的可能，有的情绪会有减弱的作用。在激动性上，有的情绪会使人激动，有的情绪会使人平静。在强度性上，情绪分为弱情绪与强情绪。在紧张性上，有的情绪会使人紧张，有的情绪会使人放松。

情绪维度的理论中常提到三维理论和四维理论。三维理论里，有三个代表人物，冯特提出的三维理论认为情绪是由三个维度组成的，即愉快—不愉快、激动—平静、紧张—松弛。每一种具体情绪分布在三个维度的两极之间不同的位置上。他的这种看法为情绪的维度理论奠定了基础。20 世纪 50 年代，施洛伯格根据面部表情的研究提出，情绪的维度有愉快—不愉快、注意—拒绝和激活—平静三个维度，建立了一个三维模式图，其三维模式图长轴为快乐维度，短轴为注意维度，垂直于椭圆面的轴则是激活水平的强度维度，三个不同水平的整合可以得到各种情绪。20 世纪 60 年代末，普拉切克提出，情绪具有强度、相似性和两极性三个维度，并用一个倒锥体来说明三个维度之间的关系。顶部是八种最强烈的基本情绪，悲痛、恐惧、惊奇、接受、狂喜、狂怒、警惕、憎恨，每一类情绪中都有一些性质相似、强度依次递减的子情绪，如厌恶、厌烦、哀伤、忧郁。美国心理学家伊扎德后来提出更深层次的四维理论。认为情绪有愉快度、紧张度、激动度、确信度四个维度。从以上可以看出情绪是分不同维度的，且不同维度都有两极存在。

在西方的研究综述中，生物进化观里将情绪分为基本情绪和复合情绪。伊扎德提出过复合情绪分三类，一是基本情绪的混合，例如兴趣与愉快，恐惧和害羞等，二是基本情绪和内驱力的结合，例如性的驱动力—兴趣—享乐，疼痛—恐惧—愤怒等，三是基本情绪和认知的结合，例如活力—兴趣—愤怒，多疑—恐惧—内疚等。

情绪状态也有分类，即心境状态、激情状态和应激状态。

①心境状态：比较平静而持久的情绪状态，具有弥漫性。心境是指人比较平静而持久的情绪状态。心境具有弥漫性，它不是关于某一事物的特定体验，而是以同样的态度体验对待一切事物。心境持续时间有很大差别。某些心境可能持续几小时；另一些心境可能持续几周、几个月或更长的时间。一种心境的持续时间依赖于引起心境的客观刺激的性质，如失去亲人往往使人产生较长时间的郁闷心境。一个人取得了重大的成就（如高考被录取、实验获得成功、作品初次问世等），在一段时期内会使人处于积极、愉快的心境中。人格特征也能影响心境的持续时间，同一事件对某些人的心境影响较小，而对另一些人的影响则较大。性格开朗的人往往事后不再考虑，而性格内向的人则容易耿耿于怀。心境产生的原因是多方面的。生活中的顺

境和逆境、工作中的成功与失败、人际关系是否融洽、个人健康状况、自然环境的变化等，都可能成为引起某种心境的原因。心境对人的生活、工作、学习、健康有很大的影响。积极向上、乐观的心境，可以提高人的活动效率，增强信心，使人对未来充满希望，有益于健康；消极悲观的心境，会降低认知活动效率，使人丧失信心和希望。经常处于焦虑状态，则对健康有害。人的世界观、理想和信念决定着心境的基本倾向，对心境有着重要的调节作用。

②激情状态：一种强烈的、爆发性的、为时短促的情绪状态。这种情绪状态通常是由对个人有重大意义的事件引起的。重大成功之后的狂喜、惨遭失败后的绝望、亲人突然死亡引起的极度悲哀、突如其来的危险所带来的异常恐惧等，都是激情状态。激情往往伴随着生理变化和明显的外部行为表现，例如，盛怒时全身肌肉紧张，双目怒视，怒发冲冠，咬牙切齿，紧握双拳等；狂喜时眉开眼笑，手舞足蹈；极度恐惧、悲痛和愤怒后，可能导致精神衰竭、晕倒、发呆，甚至出现所谓的激情休克现象，有时表现为过度兴奋、语言紊乱、动作失调。激情状态下人往往会出现“意识狭窄”现象，即认识活动的范围缩小，理智分析能力受到抑制，自我控制能力减弱，进而使人的行为失去控制，甚至做出一些鲁莽的动作或行为。有人用激情爆发来为自己的错误找借口，认为“激情时完全失去理智，自己无法控制”。这是有争议的说法，一般认为人能够意识到自己的激情状态，也能够有意识地调节和控制它。因此，个人对在激情状态下的失控行为所造成的不良后果都是要负责任的。要善于控制自己的激情，做自己情绪的主人，培养坚强的意志品质、提高自我控制的能力。然而激情并不总是消极的，发射卫星成功时研制人员的兴高采烈、运动员在国际比赛中取得金牌时的欣喜若狂，在这些激情中包含着强烈的爱国主义情感，是激励人上进的强大动力。

③应激状态：人对某种意外的环境刺激做出的适应性反应。人们遇到某种意外危险或面临某种突然事变时，必须运用自己的智慧和经验，动员自己的全部力量，迅速做出选择，采取有效行动，此时人的身心处于高度紧张状态，就是应激状态。例如，飞机在飞行中，发动机突然发生故障，驾驶员紧急与地面联系着陆；正常行驶的汽车意外地遇到故障时，司机紧急刹车；战士排除定时炸弹时的紧张而又小心的行为等。应激状态的产生与人面临的情景及人对自己能力的估计有关。当情景对一个人提出了要求，而他意识到自己无力应付当前情境的过高要求时，就会体验到紧张而处于应激状态。人在应激状态下，会引起机体的一系列生物性反应，如肌肉紧张度、血压、心率、呼吸以及腺体活动都会出现明显的变化。这些变化有助于适应急剧变化的环境刺激，维护机体功能的完整性。

三、情绪对人的影响

情绪有它独特的功能，才得以存在。情绪的功能一共分为四类，社会适应功能、动机功能、组织功能和信号功能。

1. 社会适应功能

在成人生活中，人遇到危险时发出的大声呼救和恐惧的表情，即进化而来的适应性行为和求生手段。由此可见，情绪在生活中是不可或缺的，是人们适应社会环境的一个重要存在。

2. 动机功能

情绪、情感是动机的源泉之一，是动机的基本成分，适度的情绪兴奋，可以使身心处于最佳的活动状态，进而推动人们有效完成工作。因此动机功能可以表现为适度的紧张和焦虑，可以成为行为的动力，使人积极思考，解决问题。在一定程度上，压力可以转化成动力，例如面对一场考试，如果想要有个好成绩，感受到了一定的压力，那么这个压力实际上就是一种情绪的内驱力，从而促使一个好结果。情绪对内驱力有放大信号的作用，成为驱使人们行动的强大动力。

3. 组织功能

什劳费提出情绪作为脑内的检测系统，对其他心理活动具有组织功能。具体表现：积极情绪的协调作用，如中等强度的愉快情绪可以提高认知成绩，而消极情绪则有破坏作用，如恐惧、痛苦等消极情绪水平越高，认知活动成绩越差。积极情绪使行为更加开放，容易看到事物美好的一面，愿意接纳事物。消极情绪会使个体感到悲观、失望，接纳程度下降，攻击性增强。

4. 信号功能

情绪和情感在人际间具有传递信息、沟通思想的功能，并通过表情来实现。

由此可见，情绪对人的影响甚多，甚至会影响身体健康。

【案例分析】

阿拉伯学者阿维森纳曾把一胎所生的两只羊羔置于不同的外界环境中生活，一只小羊羔随羊群在水草地快乐地生活；而在另一只羊羔旁拴了一匹狼，它总是看到自己面前那只野兽的威胁，在极度惊恐的状态下，根本吃不下东西，不久就因恐慌而死去。

医学心理学家还用狗做嫉妒情绪实验，把一只饥饿的狗关在一个铁笼子里，让笼子外面另一只狗当着它的面吃肉骨头，笼内的狗在急躁、气愤和嫉妒的负性情绪状态下，产生了神经症性的病态反应。实验告诉我们：恐惧、焦虑、抑郁、嫉妒、敌意、冲动等负性情绪，是一种破坏性的情感，长期被这些情绪困扰就会出现身心疾病。一个人在生活中对自己的认识与评价和本人的实际情况越符合，他的社会适应能力就越强，越能把压力变成动力。

四、情绪的产生

情绪，是对一系列主观认知经验的通称，是多种感觉、思想和行为综合产生的心理和生理状态。从古希腊至今，历代思想家都试图在理论上解释情绪的产生。当代情绪理论多注重经验主义研究方法，很多独立的理论并不互相排斥，大多数研究人员乐于采纳多种视角，融合各种理论。引起争议的问题主要是认知判断对产生情绪有多重要，特别是和身体反应等其他方面比较时。就心理学而言，存在 3 种影响较大的情绪理论，詹姆斯—兰格理论、坎农—巴德理论、情绪的认知理论。

【心理专栏】

还记得动画电影《头脑特工队》吗？故事其实很简单，每个人的头脑中，快乐、恐惧、厌恶、悲伤、愤怒五种情绪化身的小人，管理和调节着大脑，展现了人类大脑中情绪的运作状况。而在现实中，要理解情绪的产生，我们需要了解一点大脑的构造。

人刚生下来时，大脑发育还不完善。简单地说，可以认为"情绪脑"已现房交付，而"理智脑"还在装修中。这个说法源自神经学家保罗·麦克莱恩的"三脑假说"。他认为，人类颅腔内的大脑主要有三个功能区域，分别是：

(1)爬虫脑：不受意志控制，遇到危险会自我保护，在孩子一出生就具备了，它保证心跳、呼吸、吸吮等生命基本功能。

(2)动物脑：包含杏仁核(情绪相关)和海马结构(记忆相关)，会在出生后飞速发展，并与爬虫脑组成"情绪脑"，掌管喜怒哀惧等几种原始情绪。

(3)皮质脑：也就是"理智脑"，发育较晚，可以进行理性和成熟的分析。我们在医院常常能看到这样的画面：一位妈妈带着小孩去体检，小朋友一直不配合，特别是到了抽血环节，十分害怕。周围人安抚小朋友："不怕不怕，没事的。"小孩反而哭得更厉害了。护士和后面排队的人有些不耐烦，这让妈妈十分难堪，忍不住吼了孩子，导致小孩哭得更凶了。如果这位妈妈有魔法，可以走进这个小朋友的身体里，看一看里面的情况，整个事情或许能处理得更好。

在我们的情绪脑中，有一个敏感的探测器叫作杏仁核。当它发现小主人被带到陌生的医院，并且不知道会被怎样对待时，杏仁核就开始剧烈放电，让身体产生诸如心跳加快、呼吸加速的应激反应。它在小朋友大脑中不停地叫："不得了！有危险！"

听到杏仁核的叫喊，一个成熟的大脑不会立即下达"赶紧逃跑"或者"开始战斗"的指令，这个警告会被传递到理智脑里的瞭望塔——前额叶皮质，让它去评估一下发生了什么事，到底有没有危险。然后根据判断，检测到危险信号时，大脑就会释放荷尔蒙、肾上腺素、皮质醇等物质，让身体准备好打一架或者逃跑；收到好的信号时，分泌多巴胺、催产素、血清素等物质，让人体感觉很棒。

但人类大脑中负责理性思考的前额叶皮质，发育时间比较长。联合国儿童基金会研究青少年发展的专家曾指出，前额叶皮质会在 17 岁左右达到一个发育的高峰，然后进入缓慢发育状态，直至 25 岁左右完全成熟。

也就是说，小朋友的探测器足够敏感，但瞭望塔还经验不足。随着孩子机体不断成熟，情绪管理相关脑功能将进一步发展和完善。这样就很容易理解，为什么越小的孩子哭得越多这件事，因为在这个时候，帮助孩子们讲道理、审时度势的"皮质脑"，还只是个"毛坯房"。

另一方面，情绪管理是一个通过练习可以不断提高的能力。影响"理智脑"毛坯变精装的因素，还有父母等周边人的"装修技巧"。上面的案例中，那个着急否定孩子消极情绪的妈妈，更科学的做法是，在打针之前，花一点时间如实告诉孩子接下来会发生什么，可以有效安抚孩子，提前消除孩子紧张、恐惧的源头。在这个基础上，如果还能再给孩子一点自主权："你是想让医生阿姨扎你左边的手指还是右边的呢?”那恭喜这位妈妈，她差不多算是一位情绪管理高手了。

阐述情绪产生的理论较多，这里介绍一下阿诺德评价理论，生活事件发生和环境变化后产生的信息，被视觉、听觉等感官器官所收集，反馈到信息中转器官丘脑，丘脑整理后再传递给大脑皮层，大脑皮层收到信息后会进行判断和评估，再反馈给丘脑系统，丘脑系统再下达给交感神经，之后产生情绪或者生理反应，如呼吸加速、心跳加快、出汗等。

【幸福专栏】

不同的颜色可通过视觉影响人的内分泌系统，从而导致人体荷尔蒙的增多或减少，使人的情绪发生变化。研究表明，红色可使人的心理活动活跃，黄色可使人振奋，绿色可缓解人的心理紧张，紫色使人感到压抑，灰色使人消沉，白色使人明快，咖啡色可减轻人的寂寞感，淡蓝色可给人以凉爽的感觉。

英国伦敦有一座桥，原来是黑色的，每年都有人到这里投河自杀，后来，将桥的颜色改为黄色，来此自杀的人数减少了一半。

第二节 大学生与情绪

一、大学生情绪的独特性

人们的情绪和情感都有着从简单到丰富、从不成熟到成熟的发展进程，每个发展阶段各有不同特点，例如在婴幼儿时期，即出生后不久的情况下，他(她)基本上只有愉快和不愉快这两种情绪，随着慢慢长大，他(她)渐渐会形成害怕、发怒、害羞等情绪，和母亲产生感情依恋；再比如青年期的人情感丰富复杂且体验深刻，情绪的波动起伏大，也易冲动，而到了壮年期后，人的情绪和情感则渐趋稳定成熟，能够自我控制和调节情绪，社会责任感强烈，到了中老年期，人的情绪基本是平静、恬淡，顺乎自然，但同时也容易受更年期、疾病衰老、家庭生活变故等影响，易出现忧郁悲观、孤独寂寞、多疑易怒等消极情绪。

大学生正处于青年期之时，具有青年人共有的情绪和情感特征，情感丰富、复杂、不稳定。大学生对人、事、社会现象十分敏感、关注，对友谊、美、爱情、正义等的追求十分执着，爱思考、辩论，甚至于以行动来维护心目中的真善美；他们的情感体验深刻、强烈，感情容易外露，喜怒哀乐常形于表面，在外界刺激下容易冲动、凭感情用事，过后又懊悔不已；情绪起伏波动较大，呈两极趋势，有时兴奋激动如火山爆发，有时消沉忧郁，甚至失去活下去的勇气。此外，大学生这一群体由于其独特的社会地位、知识水平、心理发展特点以及生理状况，使得他们的情绪和情感具有以下鲜明的特点。

1. 稳定性和波动性并存

大学生普遍具有较高的智力水平和知识素养，加上社会和自我的高要求、高期望，因而在日常生活中，具有一定的自我控制情绪的能力，一般能用理智约束冲动，对不良情绪进行自我调适，从总体上看来，大学生情绪和情感是比较稳定的。另外，大学生的情绪和情感仍有不稳定因素存在，突出表现为情绪和情感经常在两极之间起伏、动荡：时而平静，时而激动；时而积极，时而消极；时而肯定，时而否定；时而外显，时而内隐，呈现出波动性的特征。这种波动性是由大学生在生理、心理和社会性三方面发展的特点决定的。

大学生的生理发展已经成熟，由于性成熟和性激素分泌旺盛，大脑皮层和皮层下中枢之间出现暂时的不平衡，易产生情绪波动。另外，从人体生物节律来看，人的体力、情绪和智力都有周期性的变化，处在高潮期时，人感到精力充沛、心情愉快、思维敏捷；处在低潮期时则正好相反，会觉得疲劳乏力、心情沮丧、思维迟钝，也呈波动的特点。

大学生的心理发展正处于由不成熟向成熟过渡的时期，易产生各种内心矛盾和冲突，如独立与依赖、自尊与自卑、理想与现实、闭锁与开放等，这些内心矛盾和冲突常会打破大学生的心理平衡状态，引起情绪和情感的波动起伏。

大学生的社会性发展尚未成熟，虽然他们对社会现象极为敏感、活跃，但是人生观的不稳定、认识上的不成熟往往使他们不能对社会现实进行全面分析，容易以偏概全地加以肯定或否定，从一个极端走向另一个极端。尤其是在遇到困难和挫折时，更容易跌到悲观失望的谷底，难以自拔。

总而言之，大学生自身在生理、心理和社会性发展上的不平衡，使他们的情绪和情感呈现出忽高忽低、激烈多变的两极波动，并与稳定性共存，形成稳中有动的特点。

2. 丰富性和复杂性并存

大学生的情绪和情感丰富复杂，表现形式多种多样。

大学生的情绪和情感极为丰富，不论在日常生活、学习、交往中，还是从事社会活动时，无不带有浓厚的感情色彩。大学生在自我情感体验方面敏感丰富，注重独立感、自尊心、自信心和好胜心；在学习活动中有强烈的求知欲、好奇心，热爱科学和真理；对祖国、社会和集体有着深厚的情感，有强烈的民族自豪感和自尊感，有"天下兴亡，匹夫有责"的责任感、义务感；大学生对纯洁的友谊和爱情十分向往，还积极地在发现美、欣赏美、创造美的活动中体验到美的感受等。

这些丰富的情感在表现形式上复杂多样，呈现出外显和闭锁、克制和冲动交错的特征。通常情况下，大学生对外部刺激的反应迅速、敏感，喜怒哀乐溢于言表，内心体验和外部表现是一致的，呈现出明显的外显性特点，例如为比赛胜利欢呼雀跃，因考试失败而垂头丧气。然而，在一些特定场景和事件上，大学生的情绪在表现和内心体验两方面往往并不一致，有时会把内心真实的情绪和情感隐藏起来，显得冷淡、无所谓，如当大学生感受到不友好、不公正的对待和压制时，在得不到理解和尊重的场合中，在对立紧张的情况下，他们就会把心扉紧闭起来，不轻易表露自己的真情实感。有时，还会采用文饰、反向的办法来掩饰内心情感。它与情绪的外显性是交错共存的，只要有适当的场合和理解、关心的对象，大学生就会敞开心扉，表露真实情感。大学生正处在青年期，他们精力充沛、血气方刚，在外界刺激下极易产生冲动性情绪和行为，尤其是在感受到挑衅和敌意时，容易情绪失控，呈现出冲动性的特点。大学生对自己的情绪和行为有一定的自制力，多数情况下都能用理智克制冲动，自我约束，自我调节，因而冲动性和克制性并存。

3. 阶段性和层次性并存

大学生情绪和情感的发展呈现出明显的阶段性和层次性的特点。一方面，随着年龄的增长、知识的积累和阅历的增加，不同年级的大学生各有特点；另一方面，同一年级的大学生由于成绩、能力等方面的差异，又表现出不同层次的情绪和情感特点，二者交织共存。

(1)低年级大学生的情绪和情感：由于刚刚跨入大学校园，对校园中的一切都感到新鲜、好奇；同时，也有部分由于没有考上更好的专业和学校以及理想中的大学生活与现实的巨大落差等原因，许多大学生感到强烈的失望、迷惘和自卑。激烈的竞争、繁重的课程、不同的教学方法使大学生在感到短暂的轻松后很快便感到压力和紧迫感；陌生的环境和人、生活上的不适应，使得低年级大学生产生恋旧感，深深地思念父母家人和往日同学。因而，低年级大学生的情绪和情感体现出自豪感和自卑感交织、轻松感和压力感交织、新鲜感和恋旧感交织的特点。

(2)中年级大学生的情绪和情感：在经过一两年的调整后，中年级大学生已逐渐融入大学生活和学习之中，适应性情感增强。专业思想渐趋稳定，学习兴趣浓厚，求知欲强，思维活跃。对自我的认识进一步深入，独立感、自尊感和自信心得到发展。此时，大学生的人际交往逐渐增多，与班级同学的感情较为密切，并建立起深厚的友谊，一些大学生还开始了对爱情的追求。中年级大学生爱好广泛，积极参加社会活动和审美活动等，社会责任感、义务感、荣誉感和美感进一步发展并成熟。情绪和情感总体看来较为平稳。

(3)高年级大学生的情绪和情感：经过近四年时间的大学学习，即将告别学校，走上社会，此时他们的社会责任感明显增强，社会性情感日趋丰富，主要表现为更多地关心个人与社会的关系、思考人生价值和意义的倾向。他们大多面临论文答辩、求职择业、恋人去向等诸多抉择和压力，因此紧迫感和忧虑感十分明显，同时对母校和班级、同学产生惜别留恋之情，依依不舍。不同层次的大学生情绪和情感会因其在校学习成绩、表现及能力有所区分。如优生的独立感、自尊心和自信心较强，情绪大多积极、愉快、乐观，求知欲极强，学习兴趣浓厚，能体验到获取知识和有所创造时的快乐，对班集体的责任感和荣誉感较强。后进生的内心相对矛盾，一方面想努力学习，奋发进取，甩掉落后帽子，另一方面又常因缺乏毅力和恒心，半途而废，徘徊不前，因而内心常常感到苦恼、自责，他们既有强烈的自卑感，又有一定的自尊心。科学认识大学生情绪和情感发展的特点，有助于准确把握他们的心理和行为，调适不良情绪，促进良好情绪和情感的培养。

【课堂体验】

目的：帮助成员梳理近段时期自己的情绪状态，体会不同情绪体验对生活和身心健康的影响。

内容：

(一)冥想放松

方法：伴随舒缓的音乐，选择舒适的姿势，成员放松肌肉，回想近段时期生活中发生的事件，并注意自己情绪上的变化。

(二)纸笔练习

方法：发给成员每人一张卡片，要求成员完成下列句子。

1. 最近让我感觉高兴的事情是__________。当时我的心情是

____________，现在想起这些事，我的心情是____________。

2. 最近让我感觉不高兴的事情是____________。当时我的心情是____________，现在想起这些事，我的心情是____________。

3. 每当心情好的时候，我会觉得____________。

4. 每当心情糟的时候，我会觉得____________。

5. 我的心情总是____________。

（三）交流、分享

引导成员间进行交流、讨论，帮助成员了解自己的主导情绪，感受不同情绪体验对生活、行为、健康的影响，使其认识到积极情绪的重要。

（四）领导者呈现生活中与情绪有关的小故事，启发成员思考

1. 面对疾病，不同情绪导致不同结果。

2. 心理学实验中，若相貌平平的女大学生经常被人赞美，则心情愉悦，常面带微笑，一段时间后，人们一致评价她比原来漂亮多了。

（五）成员讨论

引导成员认识到自己才是情绪的主人，应该主动构建快乐心情。

二、大学生的情绪问题

大学生活是紧张而充实的，社会对大学生的高期望值、大学生沉重的学业负担及未来的就业竞争压力等因素导致大学生的情绪易处于紧张状态。情绪是人对客观事物的态度体验及相应的行为反应。适度的情绪反应是正常的，但是，大学生如果处理不好学习和生活中的各种压力和问题，极容易产生各种情绪问题，进而影响其心理的健康。大学生在大学期间常见的情绪问题如下。

1. 焦虑

焦虑，焦虑是十分常见的现象，是一种类似担忧的反应或是自尊心受到潜在威胁时产生担忧的反应倾向，是个体主观上预料将会有某种不良后果产生的不安感，是紧张、害怕、担忧混合的情绪体验。当大学生预感到自己在学习和生活上将要遇到不好的事情时，就会产生焦虑的情绪。焦虑对大学生的影响是双重的，适度的焦虑能对学习起到促进作用，但过多的焦虑会起阻碍作用。

2. 抑郁

抑郁最明显的症状是压抑的心情，对任何事情都没有兴趣，自我评价偏低。性格内向、敏感多疑、不爱交际、在生活上遭遇较大挫折（例如遭遇失恋、面临辍学）的大学生容易产生抑郁情绪。

3. 愤怒

愤怒，是指人们的需要得不到满足时产生的情绪反应。当人们产生愤怒情绪时，人体的心跳会加快、心律会失常，而且自制力也会减弱甚至丧失，也极易产生冲动的行为。大学生的精力比较旺盛，在遇到不好的事情时，容易产生愤怒情绪。

4. 嫉妒

嫉妒，是指个体觉得自己在某些方面不如别人所产生的情绪体验。嫉妒是自尊心的一种异常表现，在大学生中普遍存在。嫉妒对人的心理健康极为不利，不仅破坏人际关系的和谐，还造成个人的内心痛苦。

5. 冷漠

冷漠，是指个体对外界的事物及外界发生的事情没有相应的情感反应，对任何事情漠不关心，当个体遇到不如意的事情时选择逃避的态度。压抑自己内心中的情绪和情感，就会产生冷漠的情绪，大学生如果长时间对事物保持冷漠的情绪，内心当中的负性能量就无法得到释放，当超过一定的限度时，就会导致其心理失衡，损害心理健康。

三、大学生健康情绪的标准

1. 情绪是由适当的原因引起的

欢乐的情绪是由可喜的现象引起的；悲哀的情绪是由不愉快事件或不幸的事情引起的。一定的事物引起相应的情绪是情绪健康的标志之一。如一个人受到挫折反而高兴，受人尊敬反面愤怒，是情绪不健康的表现。

2. 情绪的作用时间随客观情况变化而转移

在一般情况下，引起情绪的因素消失之后，其情绪反应也应逐渐消失。例如，孩子偶而不慎摔碎了一个碗，当母亲的可能当时不高兴，事情过后，也就不生气了。如果几天都生气，甚至长期生气，这就是情绪不健全的表现。

3. 情绪稳定

情绪稳定表明个人的中枢神经系统活动处于相对的平衡状况，反映了中枢神经系统活动的协调。一个人情绪经常很不稳定，变化莫测，是情绪不健康的表现。

4. 心情愉快

这是情绪健康的另一个重要标志。愉快表示人的身心活动的和谐与满意。愉快表示一个人的身心处于积极的健康状态。一个人经常情绪低落，总是愁眉苦脸，心情苦闷，则可能是心理不健康的表现。一个人在生活的道路上难免遭遇挫折或不幸。面对亲友的病故，情绪悲哀，这当然是正常的情绪反应。

5. 情绪表达适时适度

具体表现为善于控制与调节自己的情绪，既能克制又能合理宣泄自己的情绪，情绪的表达既符合社会的要求又符合自身的需要，在不同的时间和场合有恰如其分的情绪表达；情绪反应与环境相适应，反应的强度与引起这种情境相符合。

【幸福解码】

下面是一个情绪健康度测试，每个问题有 3 种答案供你选择，选择一个与你实际情况最相近的答案。对测题中出现的与自己生活、身份不相符合的情况，可以不予选择。

1. 看到自己最近拍的照片，有何想法？

A. 不称心　　B. 很好　　C. 可以

2. 你是否想到若干年后会有什么使自己极为不安的事？

A. 经常想到　　B. 从未想过　　C. 偶尔

3. 是否被朋友、同事、同学起过绰号，挖苦过？

A. 常有　　B. 从没有过　　C. 偶尔

4. 你上床后，是否经常起来一次，看看门是否关好？

A. 经常　　B. 从不　　C. 偶尔

5. 你对与你关系最密切的人是否满意？

A. 不　　B. 非常　　C. 基本

6. 你在半夜是否觉得有什么值得害怕的事？

A. 经常　　B. 从不　　C. 有

7. 你是否经常梦见什么可怕之事而惊醒？

A. 经常　　B. 没有　　C. 极少

8. 你是否经常有多次做同一个梦的情况？

A. 有　　B. 无　　C. 记不清

9. 有无一种食物使你吃后呕吐？

A. 有　　B. 无　　C. 记不清

10. 除去看见的世界外，你心里有无另外一个世界？

A. 有　　B. 无　　C. 记不清

11. 你心里是否觉得你不是现在的父母所生？

A. 时常　　B. 无　　C. 偶尔

12. 你是否曾经觉得有一个人爱你或尊重你？

A. 是　　B. 否　　C. 说不清

13. 你是否常常觉得你的家庭对你不好，但是你又的确知道他们对你好？

A. 是　　B. 否　　C. 偶尔

14. 你是否觉得没有人十分了解你？

A. 是　　B. 否　　C. 说不清

15. 你在早晨起来时最经常的感觉是什么？

A. 忧郁　　B. 快乐　　C. 说不清

16. 每到秋天，你的感觉是什么？

A. 秋雨霏霏或枯叶遍地

B. 秋高气爽或艳阳天

C. 说不清

17. 你在高处时是否觉得站不稳？

A. 是　　B. 否　　C. 说不清

18. 你平时是否觉得自己很强健？

A. 是　　B. 否　　C. 说不清

19. 你是否一回家就立刻把房门关上？

A. 是　　B. 否　　C. 说不清

20. 你坐在小房间里把门关上后，是否觉得心不安？

A. 是　　B. 否　　C. 说不清

21. 当一件事需要你做决定时，你是否觉得很难？

A. 是　　B. 否　　C. 说不清

22. 你是否常用抽签、投硬币之类方法来测凶吉？

A. 是　　B. 否　　C. 说不清

23. 你是否常常因为碰到东西而跌倒？

A. 是　　B. 否　　C. 说不清

24. 你是否需用一个小时才能入睡，或醒得比希望的早一个小时？

A. 是　　B. 否　　C. 说不清

25. 你是否觉得自己有超越常人的能力？

A. 是　　B. 否　　C. 说不清

26. 你是否曾看到、听到或感觉到别人察觉不到的东西？

A. 是　　B. 否　　C. 说不清

27. 你是否曾经觉得因有人跟你走而心不安？

A. 是　　B. 否　　C. 说不清

28. 你是否觉得有人注意你的言行？

A. 是　　B. 否　　C. 说不清

29. 当你一个人走夜路时，是否觉得前面潜伏着危险？

A. 是　　B. 否　　C. 说不清

30. 你对别人自杀有何想法？

A. 可以理解　　B. 不可思议　　C. 说不清

量表说明：

以 A＝2、B＝0、C＝1 计分方式，将你所测结果统计出来，看一看所得分数是多少。得分越少，说明你最近的情绪越健康，反之越差。

1. 总分在 0～20 分

情绪稳定，自信心强，具有较强的美感、道德感和理智感。你有一定的社会活动能力，能理解周围人的心情，顾全大局，你是一个爽朗、受欢迎之人。

2. 总分在 21～40 分

情绪基本稳定，但较为深沉，考虑事情时过于冷静，处事淡漠消极，不善于发挥自己的个性。你的自信心受到压抑，办事热情忽高忽低，办事瞻前顾后，踌躇不前。

3. 总分在 41～50 分

情绪极不稳定，日常烦恼太多，使自己的心情处于紧张和矛盾之中。

4. 总分＞50 分

这是一种危险信号，你务必请心理医生做进一步诊断！

第三节　大学生情绪管理及自我调节

一、大学生的情绪管理

怎样成为一个不冲动的人？

情绪管理可以说是一首五部曲，即认识情绪、标定情绪、接纳情绪、改变不良情绪和创造积极情绪，也可以说是回答“三个 W”的问题，即“What（我现在有什么情绪）”“Why（我为什么会有这种感觉（情绪））”“How（如何有效处理情绪）”。情绪无所谓好坏，我们要允许自己有不好的感觉，遵循情绪管理的原则，改掉我们不想要的，引入我们想要的，这样我们就拥有了良好的情绪状态。

【大学心事】

小文在大家眼中是一个性格开朗、活泼的女生，善于与人交往而且很健谈，有亲和力和组织协调能力。因为日常表现十分优秀，刚进入大学就被老师任命为班长，并加入了校学生会。优秀的小文却对自己很多方面都不满意，觉得自己没有主见，人云亦云。她十分欣赏有自己的想法，做事有原则，即使错了也坚持到底的人。在与人交往方面，虽然小文和别人友好交往，但总是感觉有距离，不能很亲密。小文曾经交过一个男朋友，和男朋友在一起时，小文经常被男朋友说幼稚、不成熟、不细致，导致小文在男朋友面前表现很不自然，极度紧张，习惯自我否定。小文很苦闷，也很烦恼。进入大三时，小文身边的同学有准备考研的，有打算找工作的，大家都忙碌了起来，而小文不愿意学习，对什么事都没有太大兴趣，对未来一片迷茫，不知道何去何从。长时间的灰暗的心情让小文失去了进取的动力，渴望解脱，而现实又让小文感到特别无助。

美国著名心理咨询师辛德勒博士认为，情绪稳定与成熟就像是一个硬币的两面，成熟也就意味着在逆境中依然情绪稳定，这是一种保持沉着、勇敢、谦让、果断、快乐的能力；而不成熟的人在同样的环境中则会表现出忧虑、恐惧、焦急、挫败等负面情绪。情绪管理的意义是让自己成长、成熟起来，面对现实，承担责任，积极行动。总体来说，情绪管理应遵循“四不”原则，即不责备、不逃避、不遗忘和不委曲求全。

1. 不责备

不责备包括不自责和不责备别人。陷入自责而耽搁行动是不明智的，而责备别人只会引起新的矛盾，你要做的首先是澄清事实，然后表达你的感受，最后说出你自己能做的事及你期望对方做的事。

2. 不逃避

有一些女同学说当自己不开心的时候就大吃，在大吃之后又会为体重问题而纠结；有一些男同学可能还会去喝个大醉，而醉后严重的不适感会让他们的身体几天都缓不过来；还有一些网络成瘾的同学，因为在现实世界中有很多的遗憾和痛苦，转而到虚幻世界中寻找满足。不要采用逃避或麻痹自己的方式，不要去当一只把头埋进沙子里的鸵鸟，要承认痛苦或者错误的存在，并且勇敢面对。

3. 不遗忘

有人说："睡吧睡吧，睡一觉第二天一切就都好了。"这只是用来暂时安慰人的话语。人们总以为把问题搁置一边，当它不存在，遗忘了就好了。其实不是这样的，这个问题只是沉入了当事者的潜意识中，它就像一颗不定时炸弹，会在当事者将来的生活里制造更大的麻烦。

4. 不委曲求全

有的学生在人际交往中总是习惯做老好人，不会说"不"，自己原本不想做的却去做了，自己原本想做那件事结果做的却是这件事。这些学生总在违逆自己的意愿、忽略自我的渴求，这实际上是将攻击转向自己，带来的只会是抑郁情绪。

二、大学生情绪的自我调节

良好的情绪对大学生人格的完善和身心的健康都具有重要作用。因此，大学生应当以恰当的方式管理自己的情绪，积极地调节自己的情绪，培养乐观开朗的性格，从而使自己快乐地度过在校生活。

（一）提高自我认识

1. 正确评价自我

个体产生什么样的情绪，很大程度上与他的认知评价有关。当一个人对周围的事物、行为或价值形成负面的认识和评价时，他就会产生各种消极的情绪。例如，一个人有过一次失败的经历，就会在主观上认为自己能力不够，不能胜任该工作。此后再遇到类似情况时他也会这样评价自己，以致产生畏难情绪。因此，要产生积极的情绪体验，首先要形成积极的自我认知，学会以正确的方式来看待自己。

大学生要正确地评价自我，首先要学会悦纳自我，接受自己所有的特性，包括相貌、身材、能力、性格、家庭背景等。只有从内心深处接受了自己，才会认识到自己的价值，对自己产生认同和欣赏。相反，如果不能接受自己，就会被消极的情绪所困扰。要正确地评价自我，还应当运用合理的方法进行比较。如果一味地与差距较大的人进行比较，就很容易产生消极情绪；如果改变比较的策略，和过去的自己比较或与自己类似的人比较，就容易获得心理上的平衡，从而增强自信心。

2. 消除不合理信念

要消除不合理的信念，关键是要用一个新的信念或看法代替原有的信念或看法，从而得到新的情绪。当代大学生自我意识很强，他们希望自己得到他人的肯定，所以经常会给自己定下一些目标。如一些大学生为了展示自己具有很强的领导能力，暗暗下决心："一定要在这次学生干部竞选中取胜。"这样的决心给他们造成了巨大的心理压力，一旦失败，他们就会产生自责、失落的情绪，并使自我价值感降低。所以，大学生应当转变一些不合理的信念，这样无论出现何种结果，都能以平静的心态去面对。

3. 积极的自我暗示

自我暗示分为积极的自我暗示和消极的自我暗示。积极的自我暗示在不知不觉中对自己的情绪、心理及生理状态产生积极的影响，从而使个体发挥主观能动性，最终战胜挫折，适应环境。消极的自我暗示则强化了个体的弱点，唤醒了个体内心深处的自卑、怯懦、嫉妒等消极的情绪。大学生可以运用积极的自我暗示来调适和放松紧张的心理状态，保持心理平衡，使不良情绪得到缓解。如一个人在情绪不佳时，可以找个安静的地方坐下来，在内心默念“喜笑颜开”“兴高采烈”“我非常开心”之类的话，可以收获一种快乐的情绪。

（二）加强行为训练

1. 转移注意力

心理学研究表明：当一个人产生某种情绪时，头脑里就会出现一个较强的兴奋区。这时，如果另外建立一个或几个兴奋区就可以抵消或冲淡这个较强的兴奋区。怎么建立呢？有如下方法可供参考。

1）做事转移

当我们觉察到自己的情绪不佳时，我们可以选择自己喜欢的事情来做，或者做些能让自己专心投入的事情来分散注意力，将不愉快的情绪暂时忘记。比如，看喜欢的书、和朋友玩、做志愿服务、听音乐、看电影、睡觉等。当事情做完时，我们甚至可能会发现，原来造成我们心情不好的原因已经消失了。

2）运动转移

当感到心情低落、沮丧、精神不振时，可以去做运动，运动可以加速身体的新陈代谢，促进身体中使自己快乐的、放松的激素分泌。弗吉尼亚大学心理治疗教授布朗博士研究了101位沮丧的学生，将他们分为运动组和不运动组。布朗博士发现：两个星期共慢跑五天的人，十个星期就能明显地降低沮丧分值；而一个星期共跑三天的人，亦有同样的效果；但在这期间不运动的人，却没有任何改变。

3）环境转移

当我们觉察到自己的情绪不好时，我们也可以通过单纯地转移我们的环境来转变我们的情绪。例如，去海边散步、去郊外骑车、去登山、去与日常所处环境差异特别大的地方旅游。

2. 合理发泄情绪

当我们遭遇情绪低谷或非常愤怒、伤心的事情时，一味地压抑自己的情绪也是不正确的事情。这不仅不会化解消极情绪，反而会使这种坏的情绪愈演愈烈。此外，压抑情绪还可能伤害我们的生理和心理健康。所以，在采用情绪调节的方法仍未能化解消极情绪时，我们可以适当地进行发泄。

情绪的宣泄有很多科学的方法，下面主要给大家介绍五种。

1）倾诉

当遇到不愉快的事时，不要自己生闷气，不要把不良心境压抑在内心，而应当学会倾诉。每个人都有几个知心朋友，当产生不良情绪时，找自己的朋友，把积郁的消极情绪倾诉出来，以便得到别人的同情、开导和安慰。

2)高歌

音乐对治疗心理疾病具有特殊的作用,而音乐疗法是通过听不同的乐曲把人们从不同的病理情绪中解脱出来。殊不知,除了听以外,自己唱也能起同样的作用。尤其高声歌唱,是排除紧张、激动情绪的有效手段。当人们的不满情绪积压在心中时,不妨自己唱唱歌,歌的旋律、词的激励、唱歌时有节律的呼吸与运动,都可以缓解紧张情绪。

3)以静制动

当人的心情不好,产生不良情绪体验时,内心都十分激动、烦躁、坐立不安,此时,可默默地莳花弄草,享受鸟语花香,或挥毫泼墨,垂钓河边。这种看似与排除不良情绪无关的行为恰是一种以静制动的独特的宣泄方式,它以清静雅致的态度平息心头怒气,从而排除沉重的压抑。这种方式往往是知识型社会成员的选择。

4)痛哭

哭是人类的一种本能,是人的不愉快情绪的直接外在流露。现实生活中除了过度激动外,哭总是由不愉快引起的。短时间内的痛哭是释放不良情绪的最好方法,是心理保健的有效措施。人在情感激动时流出的泪会产生高浓度的蛋白质,它可以减轻甚至消除人的压抑情绪。不过只是在内心受到委屈和不幸达到极大程度时,哭才是恰当的,如果遇事就哭,反而会加重不良情绪体验。

5)求助医生

宣泄只能缓解压力,并不能解决根本问题。因此,要想彻底解决问题,还是要找心理医生,请他帮助纾解。心理医生的分析,往往能帮助我们找到不良情绪的根源,从而化解心理矛盾。

3. 认知改变

通过心理学家沙赫特的三因素理论,我们可以发现,情绪不是无缘无故的,影响因素包括客观刺激、生理反应和主观认知,其中认知因素起到关键作用,不仅决定了情绪发生的可能性,也影响了情绪的强度。因此,心理学家艾利斯进一步提出,人的情绪来自人对所遭遇的事情的信念、评价、解释或哲学观点,而非来自事情本身。认知是人心理活动的“牛鼻子”,把认知这个“牛鼻子”拉正了,情绪和行为的困扰就会在很大程度上得到改善。

艾利斯将以上观点概括为 ABC 理论:A 代表诱发事件(activating events);B 代表信念(beliefs),是指对 A 的信念、认知、评价或看法;C 代表结果,即症状(consequences)。艾利斯认为并非诱发事件 A 直接引起症状 C,A 与 C 之间有中介因素在起作用,这个中介因素是人对 A 的信念、认知、评价或看法,即信念 B。艾利斯认为人极少能够纯粹客观地知觉经验 A,总是带着或根据大量已有的信念、期待、价值观、意愿、欲求、动机、偏好等来知觉经验 A。因此,对 A 的经验总是主观的、因人而异的。换言之,事件本身的刺激情境并非引起情绪反应的直接原因,个人对刺激情境的认知、解释和评价才是引起情绪反应的直接原因。

艾利斯把常见的不合理信念称为非理性思维。主要的非理性思维包括下列三大特点。

(1)绝对化的要求。

绝对化的要求即从自己的意愿出发,认为某事一定会发生或一定不会发生,喜欢使用“应该”“必须”等词语。其不合理之处在于,人们不可能在每件事情上获得成功,即使某件事取得了成功,也不可能得到所有人的赞赏。这种绝对化的要求反映了这类人不合理、走极端的思维方式。人们对他人也常有某种不合理的要求,如果对他人持有绝对化要求,就会产生愤怒、怨恨、压抑等不良情绪。

(2)过分概括化。

这是一种以偏概全的思维方式。这类人因自己某一件事情办得不好,未获得成功,就认为自己一无是处,而实际上只是这件事办得不好。因此,人们应当就自己的某一行为的表现而进行评价,不能因一件事而否定一个人的价值。

(3)糟糕至极。

一些人认为如果某一件不好的事情发生,其结果必然非常可怕、糟糕至极,是灾难性的。这种思维方式导致焦虑、悲观、压抑、犹豫等不良情绪。将一件事情的负面结果夸大到极点,反映了个体走极端的不合理的思维方式。

ABC理论强调B的重要作用,认为A只是造成C的间接原因,B才是情绪和行为反应的直接原因。因此,一旦不合理的信息导致不良的情绪反应,个体就应当努力认清自己的不合理的信念,并善于用新的信念D取代原有的信念,即用一个合理的信念驳斥、对抗不合理的信念,借以改变原有的信念。驳斥成功,就产生新的、具有建设性的情绪和行为,即E(effect)。

4. 自我暗示

自我暗示也是改变自己情绪的有效方法之一。其基本的做法是自己给自己输送积极信号,以此来调整自己的心态,改变自己的情绪。具体的暗示方法有多种。比如,早上起床时,就开始给自己暗示:今天我心情很好!今天我很高兴!今天我办事一定顺利!今天我一定有好运气!要不断地给自己暗示,使自己的潜意识接受这些信号。这将对你一天的情绪有很大的影响,使你能够心情愉快、精神饱满地去从事各项工作。

5. 放松训练

放松训练是指通过一种系统练习达到舒缓情绪的方法。其原理在于个体的心情包含着"情绪"和"躯体"两方面。如果能改变"躯体"的反应,"情绪"也会随着发生变化。

放松训练有很多种,如呼吸放松法、肌肉放松法、想象放松法等,以最简单易行的呼吸放松为例,有如下步骤。

首先,以舒服的身体姿势,坐在椅子上,闭上双眼。让自己感觉到在呼吸,注意自己是在用嘴还是用鼻呼吸,以及自己呼吸的频率。然后,注意观察身体各部分,要细心注意身体的肌肉群,看自己是否感觉紧张。这样保持一分钟。随后,回到呼吸上来,用鼻做深吸气,然后用嘴吐气,连续做几次这样平静而深邃的呼吸。当你吐气时,观察肌肉在干什么,注意观察肌肉是如何开始工作的。继续这样呼吸几分钟。应注意,每次吸气时最大限度地扩张腹部;每次吐气时最大限度地收缩腹部。放松训练通常不会马上有明显效果,但大量实践证明,经过反复的练习,人们的情绪控制力会增强,更容易恢复平静的心情。

6. 培养情绪智力

情绪智力是一个多元概念,包括认识情绪的能力、管理情绪的能力、自我激励的能力、理解和认知他人情绪的能力、处理人际关系的能力和领导力等。

(1)自制力的培养。

自制力是一个人驾驭情感和行为的能力。具有良好自制力的人无论在什么场合、面临什么问题、受到什么影响都能始终如一,将自己的情绪、行为控制在预定的范围内,从而牢牢把握学习和生活的正确方向。

(2)理解力的培养。

理解力是指人们在人际交往中表现出来的理解、认知他人情绪的能力,它是一个人能否准确、恰当地理解他人所传达的意图的能力。理解力也称为共情的能力,即指一个人站在对方的立场、从对方的需要出发关注对方的一种能力。心理学家威廉·詹姆斯曾说:"人性深处,无不渴望被赞赏。"任何人无论地位高低、个性如何,内心都有被尊重、被关注、被理解的需要。当一个人传达出对他人的体谅、欣赏与兴趣时,他人不仅会感激他,而且会把他当作可信任的人。

(3)领导力的培养。

领导力是一个人管理情绪、有效地影响他人及开展团队合作所必需的能力。大学生虽然不从事管理工作,但在实际生活中可以不同程度地发挥其组织管理才能。大学生可以在学生会、学生社团、班级、宿舍中承担一定的组织、领导和协调职责,开展一些有效的社会实践服务,从而不断提高自己的管理能力。

(4)表达力的培养。

表达力指一个人将体验到的情绪有效地表达出来的能力。大学生应努力培养自己表达情绪的能力。因为表达积极的情绪有助于他们增加愉快的体验、提升彼此的信任和了解,从而使他们的人际关系更加和谐。同时,表达消极的情绪有利于他们释放紧张感和压力,从而促进心理健康。

【课堂体验】

活动名称:烦恼纸飞机

活动目的:了解大学生不良情绪来源,纾解情绪,引导心理健康。

活动程序:教师准备不等数量纸片,分发给学生,学生在纸片上匿名写下烦恼事,折成趣味"飞机"形态,由教师收集起来。

教师随机抽取,根据内容进行话语疏导;再由学生随机抽取,根据纸片内容提供解决办法,这样,在提升课堂趣味性的同时,达到了引导健康情绪的目的。最后将纸片撕碎,意为烦恼去除。

【幸福专栏】

作家哈里斯和朋友在报摊上买报纸,朋友礼貌地对报贩说了声谢谢,但报贩却冷口冷脸,没发一言。

"这家伙态度很差,是不是?"他们继续前行时,哈里斯问道。

"他每天晚上都是这样的。"朋友说。

"那你为什么还是对他那么客气?"哈里斯问。

朋友答:"为什么我要让他决定我的行为?"

每个人心中都有把"快乐的钥匙",但我们却常在不知不觉中把它交给别人掌管。

一位女士抱怨道:"我活得很不快乐,因为先生常出差不在家。"她把快乐的钥匙放在先生的手里。

一位妈妈说:“我的孩子不听话,让我很生气!”她把快乐的钥匙交在孩子手中。

男人可能说:“上司不赏识我,所以我情绪低落。”这把快乐钥匙又塞在上司手里。

这些人都做了相同的决定,就是让别人来控制自己的情绪。

当我们容许别人掌控我们的情绪时,我们便觉得自己是受害者,于是抱怨与愤怒成为我们唯一的选择。我们开始怪罪他人,并且传递一个信息:“我这样痛苦,都是你造成的,你要为我的痛苦负责!”

这样的人把自己的责任推给了他人。

一个成熟的人能握住自己快乐的钥匙,他不期待别人使他快乐,同时能把自己的快乐和幸福带给周围的人。

我们身处的地方,不论是环境、人、事、物都很容易影响我们的情绪,可是千万别忘了,决定快乐的钥匙,一定要在你自己手中!

【幸福结语】

情绪发生时,我们要善于察觉它,把自己从情绪中拉回来。当你慢慢地从情绪中走出来时,你要清醒地处理当前的事情,厘清思路,寻求事情的解决办法。人只有在保持头脑清醒时,做出的决定才是正确的,当你把这件事情解决后,你会发现事情没有你想得那么糟糕,解决也没有你想的那么困难。有一句话说得好:人的一切愤怒是对自己无能的表现。情绪的变化也和心态有关,情绪好的人,对生活积极乐观向上,他们善于管理情绪,做事的效率也很高,所以他们做的事情的结果与预想的一样。

大学生一直在学校这个相对比较单纯的环境里生活,他们的交往对象比较固定,交往范围较窄,生活经验比较少。他们心理发展相对缓慢,心理调节机制不完善,缺乏对心理活动调节和支配的意志和能力,因此大学生的生理和心理的发展出现了某种程度的不平衡。因此,一般大学生的情绪体验感强烈,情绪表达较直接,他们不会有太多的掩饰,一般会真实地反映心理活动,其情绪具有冲动性、直接性的特点。同时,与之前相比,大学生需要更多地去考虑自己的感情、学业、人际关系以及就业等,在这一过程中自我意识逐渐成熟,也逐渐地学着调适自己的情绪,情绪及其表达开始逐渐趋于成熟。

大学生处于由学校到社会的转折期,他们在心理发展方面还未完全成熟,在面对学业、感情、交友、就业等问题时往往比较敏感,情绪波动较大,常常会出现沮丧、失落、焦虑、空虚、自卑、易怒等负面情绪,且很容易陷入情绪困扰之中,造成心情不愉快、人际关系紧张,甚至做出一些冲动失控的举动。这些负面情绪影响到大学生的身心健康,甚至造成不可挽回的后果,影响他们的未来。对大学生的情绪特点进行分析,探讨大学生情绪管理的有效方式,有助于提高大学生的心理健康水平。

【幸福锦囊】

(1)难过的时候告诉自己,坏事情总会过去的。

(2)生活不是一场赛跑,而是一次旅行,要学会好好欣赏每一段路程。

(3)人生最大的成功是使自己快乐。

(4)在一切变好之前,我们总要经历一些不开心的日子,这段日子也许很长,也许只是一觉醒来。

(5)如果我们可以改变情绪,我们就可以改变未来。

(6)善待自我,不被别人左右,也不去左右别人,自信优雅。

(7)无论前途怎样凶险,都要微笑着站定,因为有爱,我们不该恐惧。

(8)给心灵一丝绿意,给他人一抹微笑。

(9)学会亮起心中那道彩虹,我们的世界就如雨后晴天。

(10)人生在世,不可能春风得意,事事顺心,没有经历过失败的人生不是完整的人生。

【幸福行动】

写出自己近期最突出的情绪困扰,然后将困扰分为"抑郁""焦虑"等类型。分组讨论:哪些因素或事件导致了自己的这种情绪困扰?这种情绪困扰给自己带来了怎样的危害?如何消除这些困扰?最后,每个小组选一名代表进行发言分享。

第七章　人际交往与幸福人生

【幸福导读】

通过教学使学生了解人际交往的意义、特点及类型，理解影响大学生人际交往的因素，掌握基本的交往原则和技巧，了解人际关系障碍的类型及调适方法，增强人际交往能力。

【热身活动】

我说你画

活动目的：体会人际沟通是一个双向的过程；明白有时候你所表达的并不一定就是别人所理解的，你所听到的未必就是别人想表达的。沟通并不是一件简单的事情，需要双方不断反馈、调节沟通方式，才能达到最佳效果。

活动准备：准备若干张由正方形、长方形、三角形、圆形、直线、曲线、不规则图形等组成的图片，要求描述起来有一定的难度。

活动方法：成员之间两两一组，老师给每组中的一名成员出示图片，并确保另一名成员无法看到。然后请前者向后者描述图片的内容，后者根据前者的描述画出该图片。要求在描述的过程中，只能通过语言表达，不能用手比画。比比看哪一组画得又快又准确。然后每组中的两个成员交换角色，重复上述游戏。

第一节　人际关系概述

人际交往是一个既古老又新鲜的话题。自从人类诞生的那天起，我们就能感受到它的存在。21世纪是一个高科技的世纪，是一个信息的世纪，是一个充满竞争的世纪。现代世界正变得越来越小，国际之间的交流越来越频繁，彼此之间的合作越来越重要。因此，人际交往的要求也越来越高。合作中求生存，生存中求发展，已成为全世界的共识。所以联合国教科文组织的经典著作之一《教育内容发展的全球展望》中写道：为了使青年适应与今天截然不同和难以预料的未来，我们非常重视对世界性问题的了解、预见能力的训练。而交往与合作恰恰可以成为未来发展的一个重要动力因素。

【大学心事】

王同学，女，19岁，大一学生。考入大学后，离开了熟悉的高中同学和老师，离开了与自己朝夕相处的父母等家人，王同学第一次体验到住校生活。置身于全新的陌生环境，面对全新的人际关系，王同学感到无所适从。由于中学时“一心只读圣贤书”，王同学并未有意识地发展自己的人际交往能力，交往面比较狭窄，几乎没有和社会接触。进入大学后面对来自四面八方性格迥异的同学，王同学手足无措，不知如何同别人相处，不知如何与别人沟通，缺乏人际交往的技巧和智慧，更是难以应对人际交往的一些摩擦和问题。王同学干脆不再主动尝试交往，也很少有人主动与王同学交往，她成了在寝室里默不吭声的“自闭族”。

思考：王同学的问题出在哪儿？她的人际关系为什么会出现问题？应该如何改善？我们知道，人际关系是人之基本社会需求。那么到底什么是人际关系？人际关系受哪些因素影响？人际关系有什么基本模式和原则？如何应对常见的人际交往问题？如何促进人际沟通？如何构建和谐的人际关系？本章将对以上问题进行探讨。

一、人际交往与人际关系

人际交往是指人与人之间相互作用的动态过程。它是在社会生活中，人与人之间通过一定的方式进行接触，交流思想，沟通感情，传递信息，并在心理上和行为上相互产生影响的互动过程。

人际关系是指人与人之间经由相互交流而形成的心理关系，是人和人在交往中不断产生的情感积淀，是人们之间稳定的情感联系，通常是指在社会生活中人与人之间的直接交往关系。

人际交往是一个动态的过程，而人际关系则具有相对的稳定性，是人际交往所产生的静态结果。人若没有人际交往，就像一个独处野外丛林或是被禁闭的人，那种孤独、无助、寂寥是难以言表的。因为人是社会性动物。

人际交往是一种必然的社会活动，是人类赖以生存和发展的最基本条件。心理学家估算，人们除睡眠之外70%的时间用于人际交往。什么是人际交往呢？人际交往就是个体与周围人之间的一种心理和行为的沟通过程，人与人之间通过交往与相互作用形成的直接心理关系称为人际关系。它是在人们直接的交往中形成的，主要包括朋友关系、同学关系、同事关系、同乡关系、邻里关系、师生关系、夫妻关系、亲子关系等。

现代社会，民众心里有这样一种意识：如果一个孩子外向、善于交际，父母会比较心安；如果一个孩子内向、不善言谈，父母会比较担心。大家似乎觉得：人际交往越广越好，认得的人越多，人脉就越好。真的是这样吗？交往与独处，我们怎么看呢？

二、交往需要与独处需要

(1)交往需要：其行为动机在于人们对于确立自我价值和安全感的需要。所谓确立自我价值，是我们需要了解别人，需要通过别人来了解自己；所谓安全感的需要，是人在面临危险时有别人帮助，在困惑时得到指引，从而满足人对于交往和稳定人际关系的需要。

(2)独处需要：有助于自知和有效的自我矫正。过多的交往使人浅薄。人有独处的需要，在安静中自我省思。而社交情境中，我们必须将注意力一定程度地投向别人，使人们无法潜心体味自己、反思自己，从而影响应有的自知和有效的自我矫正。所以，过多的交往使人浅薄。

缺乏与人交往的经验会让人焦虑，而反之，过多的社会接触造成独处经验的缺乏，也同样会使人焦虑。我们需要保持各种刺激量的匹配与平衡，保证交往需要的满足的同时也保证独处需要的满足。

三、人际关系发展的阶段

(1)定向阶段：人们选择谁作为交往对象，并与其保持良好人际关系，往往要经过自觉的选择过程。只有那些在人们价值观念上具有重要意义的人，人们才会选作交往和建立人际关系的对象。打招呼、攀谈，以确认是否进一步交往。

(2)情感探索阶段：在此阶段，彼此探索双方可以在哪些方面建立真实的情感联系，而非仅仅停留在一般的正式交往上。此阶段自我暴露的信息仍是表面的，但都希望在初步沟通中给对方留下良好的第一印象，以利于以后的发展。

(3)感情交流阶段：到感情交流阶段，双方关系的性质开始出现实质性变化。此时，双方在人际关系上的信任感、安全感已经得到确立，人们相互间会提供真实的评价性信息，提供建议，彼此真诚地赞赏和批评。

(4)稳定交往阶段：在此阶段，人们心理上的相容性更为增加，自我暴露也更广泛和深刻。此时，人们已经允许对方进入自己高度私密性的个人领域，分享自己的生活空间和财产。

但在实际生活中，很少有人可以达到这一情感层次的友谊关系，很多人的友谊在第三阶段就不再继续发展了。达到这个阶段的人际关系就是我们常说的知己、死党、铁哥们，我们常说："人生得一知己足矣！"那是令人珍惜的深厚的友谊关系。

四、良好的人际关系

你认为什么是良好的人际关系？有人觉得好的人际关系意味着两个人形影不离，没有距离，没有边界，好得可以共穿一条裤子；或者意味着双方之间不能有冲突、有争吵、有不一致意见，如果有也必须有一方委屈退让，成全另一方的观点；或者意味着忍气吞声，表面上的一片祥和；意味着不能讲真话，不能提意见，不能有与对方不同的喜好等等。这里给大家一个良好人际关系的基本界定，供大家参考。

良好的人际关系，是一种相互之间人格平等、不需要委曲求全，而是接纳的、坦白的、信赖的，容许有不同意见、不同看法，没有害怕与恐惧的深度关系。

良好的人际关系是一种深度关系。其中，人格平等是良好人际关系的最重要前提。

五、人际交往的类型

(1)按需求性质划分：可以划分为满足相互之间情感需求的关系或为了达到某一目的的

关系。

(2)按接纳程度划分:可以划分为彼此有好感、相互友好、相互肯定、相互热爱的吸引性关系和彼此之间心理不相容、相互攻击、相互厌倦、相互疏远、相互对立的排斥性关系。

(3)按交往双方的地位划分:可以划分为彼此平等的关系和一方被另一方支配的不平等关系。

(4)按人际关系存在的时间划分:可以划分为长期性人际关系、短期性人际关系以及临时性人际关系。

(5)按照双方之间的关系划分:

①主从型人际关系:其主要特点是一方处于主导地位,另一方处于支配或者服从的地位。比如上、下级的关系。

②合作型人际关系:其主要特点是双方(或多方)拥有共同的理想或目标,彼此间配合默契,发生争执时能相互忍让,意见有分歧时能彼此体谅,是一种比较理想的人际关系。比如团体性强的体育项目足球、排球、篮球等,需要大家团结合作才能取得胜利。

③竞争型人际关系:其主要特点是双方各有自己的目标,为了实现自己的目标,彼此都会不遗余力,努力拼搏。比如竞争激烈的体育比赛,选手间为了争冠军各显其能。

④主从—竞争型人际关系:这是一种比较难以相处、比较尴尬的人际关系。其主要特点是在双方交往的过程中,时而呈现出主从的关系,时而双方又存在激烈的竞争。这种变化令双方无所适从,很难维持、把握。

⑤主从—合作型人际关系:这是一种互补、对称、较为理想的人际关系。其主要特点是双方能和睦相处,彼此之间感情融洽,平安无事。

⑥竞争—合作型人际关系:其主要特点是双方时而合作,时而竞争。比如同学之间的关系有时就呈现这种变化。

⑦主从—合作—竞争型人际关系:主要特点是在相互关系中,同时具备主导和支配、相互合作、彼此竞争的关系;双方因关系过于复杂而不好面对和把握,常让人感到紧张和焦虑。

⑧无规划型人际关系:主要特点是双方关系无规划可言,自己也说不清要干什么。

第二节 大学生人际交往及影响因素

大学生来自五湖四海,他们有着不同的家庭、文化背景,有着不同的兴趣、爱好,有着不同的交友方式,这些差异是大学生在知识、志趣等方面多样互补、互相帮助、互相安慰的基础。可以说,大学校园是一个最好的社交微环境,为大学生人际交往能力的发展提供了很好的条件。但是,也有一些因素会影响到大学生人际交往。

【大学心事】

晓君是一个活泼、开朗、热情、坦率的女孩子。一进大学校门,她就积极主动地与周围同学交往,她希望自己在大学期间广交朋友,从别人身上吸取优点,充实自己,能让自己获得别人的肯定、接纳与喜欢。于是,她不放过任何一个与别人交流、沟通的机会。无论在宿舍里、在课间休息的时候还是在结伴而行的途中，身边的任何一个话题她都会热烈地参与，而且她自己也常常是各种话题的发起者。本来，她就口齿伶俐、思维敏捷、知识面丰富，加上她迫切地希望在言语交流上表现出色，因此只要有她在场的交谈，几乎没有不以她为中心的。她说的话最多，自然占用的时间也最长，并且总是千方百计地把别人的注意力吸引到自己这里，或者竭力驳倒与自己观点不同的人。她为此自我感觉颇为良好，有一种优越感。她认为这样更有利于在别人心目中确立自己的地位。

然而，随着时间的推移，她渐渐发觉当初同学们倾听她侃侃而谈时的专注、欣赏的表情消失了，代之以心不在焉甚至不耐烦的表情。不止一次，当她的言谈暂告一段落时，其他人都奇怪地默不作声，使她体会到无人回应的尴尬。她自我检查并没有说错什么，猜测是因为自己的话题别人不感兴趣，所以就换一个新话题继续说下去。但是，这样做的结果更糟了。她明显感觉到已经有人在故意回避她了，主动跟她交谈的人更加少了。她陷入了从未有过的孤独与困惑。

直到有一天，当她又不由自主滔滔不绝地说着的时候，一位同学以无比冷淡的语气打断了她："你说的尽是我、我、我……有完没完?!"她愣住了，内心似乎有什么东西被触动了一下。她问自己："为什么会这样?"

一、大学生人际交往的影响因素

(一)认知错觉

人际交往过程中，大学生对交往对象和交往关系的看法与态度将直接影响到这种互动关系的性质和发展方向。因此，大学生在人际关系方面存在的一系列认知错觉是造成人际关系不良的首要因素。大学生中常见的认知错觉主要包括第一印象、晕轮效应、定势效应和刻板印象。

1. 第一印象

第一印象，是指素不相识的人初次见面时，通过对方的仪表、言谈举止等外部特征提供的信息所迅速形成的印象，也就是常说的先入为主。第一印象虽然是认识的起点，但它往往带有明显的表面性和片面性。一旦形成第一印象，就很难改变，影响日后对交往对象进行准确、全面的评价。

2. 晕轮效应

晕轮效应，又称光环效应，是指人们依据已知的或交往对象某一局部的特征，推及交往对象未知的其他特征，从而形成一个完整的印象。晕轮效应是一种将信息泛化、扩张的心理效应，是一种以点概面的思维方法，如以貌取人就是晕轮效应的直接表现。

3. 定势效应

定势效应，是指人们早已形成的对交往对象的心理准备状态，这种心理准备状态让人们对某些客观存在具有一定的倾向性，从而使客观知觉带上了主观色彩。"疑邻偷斧"讲的就是定势效应。定势效应有一定的积极作用，它可以使人在对象不变的情况下对事、对人的感知更迅速、更有效；但它也有消极作用，即当条件改变时，定势效应会妨碍知觉的顺利进行，甚至造成歪曲反映。

4. 刻板印象

刻板印象是一种特殊的心理定式，是指人们对某一类事物，特别是对某一类人所形成的比较固定的笼统看法。当刻板印象形成后，在知觉具体角色和个人时，便会比较分析，把某一角色或某个人归入某一群体的刻板印象中去，这样极易产生偏见。

（二）性格障碍

根据社会心理学家的研究，在阻碍人际关系吸引的人格因素中，性格特征是最突出的。影响大学生人际关系的不良性格特征主要有以下几个方面。

（1）以自我为中心，只关心自己的兴趣和利益，不为他人着想，对他人缺乏责任感，对别人的进步和成绩怀有很强的嫉妒心。

（2）不尊重别人。对他人缺乏同情心，不关心他人的喜怒哀乐；喜欢控制和支配别人，甚至把别人当作自己使唤的工具。

（3）待人不真诚，虚伪，浮夸，采取一切手段想得到好处，并以此作为与人交往的前提。

（4）孤僻，不合群，不愿与人交往；对人有偏见，态度冷漠。

（5）过分自卑，缺乏自信心；多疑，对他人的言行过于敏感。

（6）狂妄自大，自命不凡，好高骛远，苛求他人。

（7）固执，偏见，不愿意接受他人的规劝，听不进他人的意见，粗鲁，暴躁。

（8）自私。学习成绩好，但不肯帮助别人。

（三）能力缺陷

人际交往能力的欠缺也是影响人际关系的原因之一。缺乏沟通能力或技巧、语言障碍等都是影响人际交往的重要因素。例如：有的人口齿不清，语言表达不准确，常常词不达意，使别人不能准确理解其意，容易引起误会；也有的人说话的语气欠妥，很少用商量的语气，而习惯用命令式语气，因而引起对方的反感。受成长环境和个性方面的因素的影响，每个大学生的交往能力是不同的。与性格内向的大学生相比，性格外向的大学生更喜欢主动结识新朋友，具有更多的人际交往的锻炼机会，在不断的实践活动中，他们的交往能力自然会得到更多的训练和提高，而交往能力的提高又会使他们的交往活动更容易成功，并从中体验到愉悦和满足，这将进一步强化他们交往的主动性。同样的道理，性格内向的大学生常会因不知道怎样与人交往而导致人际关系紧张。因此，人际交往能力的欠缺也是大学生陷入人际关系困境的一个内在因素。

【课堂体验】

活动时间：15 分钟。

活动场地：室外最佳。

活动过程：

（1）请大家手拉手围成一个圈，指导老师站在中间。听到“开始”指令后，大家拉着手逆时针跑起来。

(2)指导老师说:“马兰花儿开。”同学们问:“开几瓣?”老师答:“开n瓣!”(n可以是随意的数字)所有同学立即自发组成一个正好有n个人的小组。

(3)在所有小组之外,变得“无家可归”的同学表演节目。活动可重复进行,变换n数字的大小,让更多的同学体验到“无家可归”时的感受。

活动总结:

活动结束后请同学谈体会,分别请“无家可归”次数最多的同学和总能顺利组成小组的同学分享自己的收获,启发同学认识到在人际互动中要积极主动,不能只是消极被动地等待,同时启发同学认识到集体归属感的重要性。

二、大学生人际交往的特点

大学生人际关系呈现出多元化与开放化的特点。大学生渴望友谊,渴望结交更多的朋友,获得更多的信息,接受更多的新思想。大学生的人际关系心理常具有如下几个特点。

(1)喜欢与人交往,渴求友谊。交往是人的心理需要之一,健康正常的交往需要如能得到满足,就会形成一种向心力,对工作、学习起到促进作用;如果得不到满足,就会产生空虚感和烦恼,甚至会影响个性的健康发展。很多大学生远离故土和亲人,容易产生失落感、孤独感,渴望得到周围同学的关心、体贴、爱护、信任和理解。特别是那些年龄较小、独立生活能力较差的学生尤其渴望结交朋友。

(2)希望与异性交往。青年大学生正处于性心理成熟时期,希望了解异性,得到异性的理解、尊重和爱慕。正确引导大学生与异性的交往,有利于大学生个性的全面发展和培养健康的性心理,加深对异性的理解和尊重,使自己更加自尊、自爱、自重,增强用理智控制情绪、情感欲望的能力。

(3)希望与社会交往,扩大交往面。随着社会开放和物质文化生活水平的提高,大学生们对精神生活有着更高更迫切的要求,大学生渴望走出校园,在与社会人群的交往中满足这方面的需要。这是一种积极的社会心理倾向,它是大学生走向社会,开阔视野的原动力之一。但是如果管理不好,就会对校园的组织纪律和正常的生活秩序产生一定的影响。

在当今市场经济的条件下,大学生的交往观念又出现了一些新的变化。

(1)强化了交际的信息观念和竞争意识。市场经济的发展增强了人们的信息观念和竞争意识。在某种意义上说,信息是商品的生命,是一种竞争优势。这种适应市场经济发展的信息观念、竞争意识必然会渗透、延伸到校园人际关系之中。因为在信息革命的时代,每一个人都是一个信息载体。人们只有在与他人的广泛交往中,才能捕捉、筛选出对自己工作、学习等有价值的新信息,以更新自己的知识贮存,打破自己的思维定势,在实践中完善、再造自己,提高与他人竞争的能力。也就是说,大学生交际的出发点和归宿点,已经由“聊天闲谈”“访友叙旧”,逐渐向获取信息、更新知识、提高竞争能力等较高层次发展。

(2)强化了交际的平等、民主观念。市场经济的发展,使大学生要求在思想上、在交际中平等、民主。大学生交际的平等、民主观念,使交际双方冲破等级观念的羁绊和心理障碍,使交际方式从单向"辐射"转变为双向"交流",那种"我是老师你是学生,我说话你得听"的交际方式正逐渐为人们所摒弃。

(3)强化了交际的时效观念。随着市场经济的发展,"时间就是金钱,效率就是生命"的时效观念已经被越来越多的人所看重并成为行为准则。这种时效观念,反映到大学生的人际交往中,就要求提高交际时间的利用率和实现高效能。其主要表现在网上交流、电话、明信片等沟通形式明显增多,改变了事无巨细、见面再谈的传统习惯;预约、践约的风气逐渐形成,避免了因时间冲突或无暇顾及而造成的时间浪费;注意长话短说,开门见山,尽量避免东拉西扯,没完没了的空谈等等。

(4)强化了交际的价值观念。市场经济的发展,促使人们用价值的观点来衡量、审视一切社会活动,也强化了大学生交际的价值观念。过去人们交际的主要对象是体现"血缘""地缘""业缘"关系的亲属、同乡、同事以及好友,并以情感上的交流、心理上的共容为满足,较少考虑交际的价值。现在,从交际的对象、内容、范围以及样式上,出现了价值的取向,追求实惠。"在家靠父母,出门靠朋友""多一个朋友就多一个路子",在市场经济的大背景下,这种观念必然会影响大学生。现代社会心理学也认为,人际关系是一种资源,一个人的成功20%在于智力,80%在于人际交往的能力。

第三节 大学生人际交往原则及技巧

一、人际交往原则

(一)真诚与信用原则

心理学家安德森在1968年进行了一项研究,总结了人们最喜欢和最不喜欢的个性品质。

人们最喜欢的十种个性品质:诚实;正直;通情达理;忠实;耿直;可信;聪明;可靠;开朗;深思熟虑。

人们最不喜欢的十种个性品质:说谎;虚伪;庸俗;暴戾;不老实;不可信赖;不愉快;心术不正;卑鄙;欺骗。

(二)交互原则

威廉·詹姆斯认为,人类本性最深处的需要是渴望得到别人的欣赏。

人际交往中,存在着一个原则,叫作交互原则。就是说,在人际关系中,喜欢与厌恶、接近与疏远是相互的。

在人际交往中,别人喜欢你是有前提的,就是你也喜欢他们,承认他们的价值,对他们起支持作用;你讨厌、疏远别人,别人也不太可能会喜欢你,也会与你保持距离。

心理学家阿龙森和林德的实验:安排不相识的被试参加一系列物理或化学实验,使被试之间发生一系列交往,两两配对为一组,其中一个是真被试,一个是假被试——也就是心理学家安排的"托",而真被试并不知情。实验之后,安排假被试对真被试做评价,并"无意"中让真被试听到评价。一类评价是夸赞，假被试说自己喜欢一起参加实验的合作者；另一类评价是抱怨，假被试说不喜欢一起实验的合作者。然后让真被试选择下一阶段实验的合作者，结果发现，凡是被正面评价的真被试，都倾向于选择原来的伙伴，而受到抱怨的真被试则倾向于拒绝选择原来的伙伴。

阿龙森和林德的研究得出了这样的结论：人们总喜欢那些喜欢自己的人。

为什么会如此呢？任何人都有保持自己心理平衡的倾向，都希望自己与他人的关系是合理的、适当的。

(1)从主动爱人、敬人这方面看：在人际交往中，人们对于行为合理性和适当性的理解，会投射到与人们发生相互联系的人身上。当我们爱人、敬人——即对别人表示友好、接纳后，会产生要求对方做出相应回答的期望。如果对方行动偏离人们的期望，就会认为对方不通情理，不值得报以友好，从而感到不愉快而排斥对方。

(2)从被爱、被敬这方面看：当别人对自己友好、接纳、支持时，人们会感到“应该”回报以友好与支持。这种“应该”意识，会使人们产生一种心理压力，迫使自己对别人也表示友好和接纳；否则自己的行为就是不合理、不适当的，从而感到自责、内疚，导致心理失衡。也就是说，当你爱人、敬人以后，对方是需要在心理上对等回应的，否则对方也会难受、不舒服。

有些人总是抱怨在新环境中难以交到关系好的朋友。而看看他们的状态，你就明白他们为什么交不到朋友了。因为他们总是习惯性地等，等待别人主动来交往，而他们不懂得“爱人者，人恒爱之；敬人者，人恒敬之”。所以，与人交往时，我们需要清楚交互性原则，首先保持人际交往的主动性，主动表示对对方的喜欢、肯定与接纳，才能得到对方的积极回应。

综上，只有真诚、主动地爱人、敬人、欣赏人，才会收获良好的人际关系。

【案例分析】

小张是一名大一女生，她为了与周围的同学友好相处，从不拒绝别人的任何要求。外面下雨，宿舍同学都不愿出门的时候，她冒雨去给所有人买饭；别人有事的时候，总是让她跑腿代领快递。她原本以为这样的付出可以让所有人都喜欢自己，可结果却是她总感觉自己被忽略，没有人真正把自己当作知心朋友，而一直以来对别人的要求有求必应也让小张心中充满疲惫和压抑，不知如何是好。

分析：今天的大学生中也许有不少人与小张有着同样的想法，认为只有周围所有的同学都喜欢自己才说明自己拥有良好的人际关系，觉得拒绝别人就会破坏人际关系，愿意牺牲自己的利益去维护良好的人际关系。这些看似合理的想法其实并不合理。以所有人都喜欢自己作为人际交往的目标显然是不符合实际的，每个人都有自己的个性和特点，让所有人都接纳自己、肯定自己是不可能的，也是不必要的。

另外，与人交往时能够做到谦让、为对方着想是好的，但是对于无理的或者自己没有能力达到的要求，要学会用平和的方式坦然拒绝。“想要所有人都喜欢自己”“不能拒绝别人的所有要求”这些绝对化的想法不仅不能促进人际交往，还会让大学生在追求这种不合理的“完美”状态过程中过分压抑、迷失自己，使自己背上沉重的包袱。大学生应该抛弃这些不合理的想法，当你以轻松坦然的心态面对所有人时，说不定会有意想不到的收获。

二、大学生人际交往的原则

大学生由于自身成长过程中的固有特点及涉世不深，经验不足，对人际交往的认识不够，经常出现各种各样的交往障碍。解决的办法，总的来说，一是提高认识，掌握交往的原则和技巧；二是充分实践；三是培养自己的良好素质。其中，最主要的是掌握交往的原则。大学生应掌握的人际交往原则如下。

（一）平等原则

平等是交往的基础，是建立良好人际关系的前提。平等本身的含义是广泛的，指人们在社会、政治、经济、法律等方面享有相等待遇。人际交往中的平等，主要是指一种精神和人格上的平等。实际生活中，交往双方在政治、经济、文化、社会地位都是很难完全平等的。也就是说，在现实生活中，交往双方存在很多不平等因素。这些不平等因素往往给交往带来困难。例如：有的家庭条件优越者会有居高临下和盛气凌人的心理；而家庭条件较差者，难免自卑，有一种不敢高攀的心理，这就使交往出现障碍。因此，面对一些客观存在的不平等因素，首先要保持心理上、人格上的平等。人格平等意味着一种独立，双方没有人身依附关系，重视他人的人格和价值，承认他人在人际交往中的平等地位；人格平等意味着一种尊重，既尊重自己也尊重他人。尊重能带来良性反馈，“投我以木桃，报之以琼瑶”，温暖了别人的同时也温暖了自己。

（二）互利原则

互利原则是要求人们在交往中，双方都能得到好处和利益。这种好处可以是物质的，也可以是精神的，还可以是物质和精神兼而有之的。互赠礼品、互相安慰、礼尚往来、投桃报李，互利使人际关系得以维持和发展。如果一方只索取不给予，交往往往难以维持。互利性越高，交往双方的关系就越稳定、密切；相反，互利性越低，交往双方的关系就越疏远。

（三）信用原则

信用原则，是指在人际交往中诚实守信，言行一致。人们对交往中的信用原则向来看得很重，如“一言既出，驷马难追”“言必行，行必果”等，都强调了信用的重要性。没有信用，人际交往将无法深入，人际关系将无法维持和发展。有人认为，在现代社会里，守信用是一种愚蠢的行为，其实不然。现代社会中，人们的交往更加广泛，更加追求互利性，同时也具有暂时性和片面性。例如，现代社会生活中每天都在频繁地进行各种商品交易会、订货会、展览会、酒会等活动，使成千上万本来没有可能交往的人聚集在一起，使之产生交往行为，这种交往行为并不是以感情为基础的，那么靠什么维持呢？靠信用。现代社会的人际交往更加依赖信用的作用。

（四）宽容原则

宽容原则要求我们，在交往中要辩证地看待他人，既要看到他人的优点，也要容忍他人的缺点。当双方发生矛盾和冲突时，只要不是原则性的大问题，都应抱着豁达大度的心态，“退一步海阔天空”,彼此容忍,这样才能保证交往的正常进行。“金无足赤,人无完人”,世界上没有完美的事物,我们不能对他人太过于苛求。宽容不是害怕,不是懦弱,不是窝囊,也不是无能。相反,它是一种豁达,一种度量,是成功交往的一种必备素质。有一位男大学生因为搞不好宿舍关系而前来咨询。他说:“我们宿舍里的同学素质都太差,真倒霉,偏偏是我和他们住在一起。有的太不讲卫生,臭袜子也不洗;有的经常邀请朋友到宿舍聊天;有的老是用我的开水;有的心胸狭隘,对什么事都斤斤计较。我想换一个寝室,你觉得有没有必要?”如果这位同学可以以宽容的态度,与宿舍同学友好沟通,或许宿舍关系就能有所缓和。

三、人际交往的技巧

人际交往是一种艺术,技巧纯熟,则会挥洒自如,游刃有余;技巧不当,则难免别扭尴尬,关系紧张。经常有大学生称自己不知道如何处理人际关系,希望得到指导,如“朋友欺骗了我,我该怎么办?”“如何安慰别人?”“我觉得同学都疏远我,有活动也不叫我参加,不知为什么?”“怎么样拒绝别人又不至于得罪他?”等,处理这些问题都需要交往技巧。

人际交往的技巧有很多,下面介绍其中几个最主要的技巧。

(一)树立良好形象

个人形象的好坏,直接影响着交往的深度和广度。形象是一个综合的概念,它包含三个层次的含义。外层次指容貌仪表,中层次指言行举止,内层次指知识、能力、个性等内在因素。在人际交往中,理想的自我形象是:容貌仪表富有魅力,谈吐高雅,语言生动风趣,举止得体,知识丰富,能力突出,个性健全完善。与其拼命指责别人的形象如何不好,还不如先反省一下自己的形象。要交往成功,塑造自身形象是一条最根本的途径。在形象塑造中,要特别注意第一印象。人际交往总是从第一印象开始的,它常常鲜明、强烈,影响深远,在以后的交往中起着心理定式的作用。第一印象主要来源于一个人的外部特征,如仪表、言行举止等。因此,初次交往时,对自己的一举一动都应特别注意,不能不拘小节,言语无忌,衣着过于随便。要知道,恶劣的第一印象往往可能使交往终止,良好的第一印象则带来交往的持续和深入。

(二)增强人际吸引力

我们可以运用一些技巧来增强自己的吸引力。例如,创造条件让双方在时空上更为接近,多找机会接触对方。了解对方的兴趣爱好、文化水平、个性特征、社会背景等各方面的信息,寻找彼此相似的因素,多谈论对方感兴趣的事情,对对方的观点、看法给予适当的支持。了解对方的需要和弱点,善于利用自身的优势满足他的需要,弥补他的缺陷。在交往中尽可能地展示自己的知识和能力,让对方感到你是一个知识丰富、聪明能干的人。注意仪表,学会微笑,表情丰富,掌握日常交往的礼仪,举止得体,“站要挺拔,坐要周正,行要从容”。最后,在交往中表现良好的个性品质,如热情待人、真诚关心别人、豁达大度、自信开朗等。

(三)讲究谈话艺术

交谈是人际交往中最常用、最基本的沟通方式,也是影响交往的重要因素。我们经常可以听到这样的话:“你太笨了,简直是个榆木脑袋!”“你看起来比较苍老,这件衣服比较适合你。”

“哇，你的鞋是名牌的，是真的吗？”“我当初瞎了眼，找了你这个窝囊废！”我们常常可以看到有的人在人际交往的过程中听人说话时，面无表情，毫无反应，或漫不经心，目光游移，或随意打断别人。这些都是不讲究谈话艺术的表现。同样的内容，用不同的方式表达，效果大相径庭。如批评别人工作没有做好，如果说“你真没用，这点小事都做不好”，只会引起对方的不快和自卑，影响他以后工作的积极性；如果换一种说法，如“我想凭你的能力，你可以做得比这好十倍”，则既可以让对方明白自己的错误，又激发了他的积极性。交谈技巧多种多样，不一而足。

（四）把握对象特点

技巧是灵活的、相对的，面对不同的交往对象，应采取不同的技巧。把握交往对象的特点，本身也是人际交往的技巧之一。与一些特殊人群的交往，尤其要注意技巧。如与孤僻者交往，要主动热情，耐心细致，运用暗示法，多启发、多诱导，并善于选择话题，找到他们的感兴趣的点；与急躁者交往，要冷静、宽容、忍让；与狂妄者交往，可以采取请教式，虚心提问，耐心倾听，满足对方的虚荣心，也可以采取震慑式，让对方暴露弱点，使其产生强烈的心理震动，这种震慑往往能促进与急躁者的交往；与残疾人交往，要自然，不可显得过分小心谨慎，要多鼓励、赞美对方，让他看到自己的价值，另外，要注意言谈的避讳，不要当面叫别人“瞎子”“聋子”“跛子”等，必要时可以换一种说法，如“你腿不方便，请先走”。总之，交往中把握对象的特殊性，有的放矢，灵活应付，将会给你带来更多的朋友。

【幸福专栏】

只有当我们学会换位思考，站在对方的处境全方位体察，才会理解他人、包容他人。

赞扬能释放一个人身上的能量，调动人的积极性。真心真意、适时、适度地表示你对别人的赞扬，能够增进彼此的吸引力。感谢作为一类特殊的赞扬方式常常被我们忽视。我们常常认为对特别亲近的人不需要道谢，太小的事不需要道谢。事实上，真诚地、发自内心地感谢能给他人带来极大的成就感和愉悦感，进而提高人际交往的质量。

适度地称赞对方。每个人都希望别人赞美自己的优点，如果我们能够发掘对方的优点，进行赞美，对方也会很乐意与你多交往。但是赞美也要适度，要有具体内容，绝不能曲意逢迎。

【幸福解码】

这是一份人际关系行为困扰的诊断量表，共 28 个问题，每个问题作“是”（打√）或“否”（打×）两种回答。请你认真完成，之后参看后面的计分法，对测验结果做出解释。

1. 关于自己的烦恼有口难言。　（　　）
2. 和陌生人见面感觉不自然。　（　　）
3. 过分羡慕和嫉妒他人。　（　　）

4. 与异性交往太少。 ( )
5. 对与他人不断地谈话感到困难。 ( )
6. 在社交场合，感到紧张。 ( )
7. 时常伤害他人。 ( )
8. 与异性来往感觉不自然。 ( )
9. 与一大群朋友在一起，常感到孤寂或失落。 ( )
10. 极易感到窘迫。 ( )
11. 与别人不能和睦相处。 ( )
12. 不知道与异性相处如何适可而止。 ( )
13. 当不熟悉的人对自己倾诉他的生平遭遇以求同情时，自己常感到不自在。 ( )
14. 担心别人对自己有什么坏印象。 ( )
15. 总是尽力使别人赏识自己。 ( )
16. 暗自思慕异性。 ( )
17. 时常避免表达自己的感受。 ( )
18. 对自己的仪表(容貌)缺乏信心。 ( )
19. 讨厌某人或被某人所讨厌。 ( )
20. 瞧不起异性。 ( )
21. 不能专注地倾听。 ( )
22. 自己的烦恼无人可倾诉。 ( )
23. 受别人排斥与冷漠。 ( )
24. 被异性瞧不起。 ( )
25. 不能广泛地听取各种意见、看法。 ( )
26. 自己常因受伤害而暗自伤心。 ( )
27. 常被别人谈论、愚弄。 ( )
28. 与异性交往不知如何更好地相处。 ( )

人际关系测试计分表

Ⅰ	题目	1	5	9	13	17	21	25	小计
	分数								
Ⅱ	题目	2	6	10	14	18	22	26	小计
	分数								
Ⅲ	题目	3	7	11	15	19	23	27	小计
	分数								
Ⅳ	题目	4	8	12	16	20	24	28	小计
	分数								

以上28个问题中，打“√”的得1分，打“×”的得0分。在表中记录每个题目的

分数，并计算总分。

测查结果的解释与辅导：

如果你得到的总分是 0～8 分，那么你在与朋友相处上的困扰较少。你善于交谈，性格比较开朗、主动，关心别人，你对周围的朋友都比较好，愿意和他们在一起，他们也都喜欢你，你们相处得不错。你能够从与朋友相处中，得到许多乐趣，你的生活是比较充实而且丰富多彩的，你与异性朋友也相处得很好。总之，你不存在或较少存在交友方面的困扰，你善于与朋友相处，人缘很好，容易获得许多人的好感与赞同。

如果你得到的总分是 9～14 分，那么你和朋友相处存在一定程度上的困扰。你的人缘一般，你和朋友的关系并不牢固，经常处在一种起伏波动之中。

如果你得到的总分是 15～28 分，那就表明你在同朋友相处上的行为困扰较重，而且你容易在心理上出现较为明显的障碍。你可能不善于交谈，也可能是一个性格孤僻的人，不开朗，或者有明显的自高、自大、讨人嫌的行为。

以上是从总体上评述你的人际关系。下面将根据你在每一横栏上的小计分数，具体指出你与朋友相处的困扰行为及其可资参考的纠正方法。

记分表中Ⅰ横栏上的小计分数，表明你在交谈方面的行为困扰程度。

如果你的得分是 6～7 分，说明你不善于交谈，只有在极需要的情况下你才同别人交谈，你总难于表达自己的感受，无论是愉快还是烦恼；你不是个很好的倾听者，往往无法专心听别人说话或对单独的话题感兴趣。

如果得分是 3～5 分，说明你的交谈能力一般，你会诉说自己的感受，但不能讲得条理清晰；你努力使自己成为一个好的倾听者，但还是做得不够，如果你与对方不太熟悉，开始时你往往表现得拘谨与沉默，不太愿意跟对方交谈。但这种局面在你面前一般不会持续很久。经过一段时间的接触与锻炼，你可能会主动与同学搭话，同时这一切来得自然而非造作，此时表明你的交谈能力已经大为改善，这方面的困扰也会逐渐消除。

如果你的得分在 0～2 分，说明你有较高的交谈能力和技巧，善于利用恰当的谈话方式来交流思想感情，因而在与别人建立友情方面，你往往比别人获得更多的成功。这些优势不仅为你的学习与生活创造了良好的心境，而且常常有助于你成为伙伴中的领袖人物。

记分表中Ⅱ横栏上的小计分数，表示你在交际与交友方面的困扰程度。

如果你的得分是 6～7 分，则表明你在社交活动与交友方面存在着较大的行为困扰。例如，在正常集体活动与社交场合，你比大多数伙伴更为拘谨；在需要待人接物的场合，你往往感到紧张而扰乱你的思绪；你往往过多地考虑自己的形象而使自己处于越来越被动、越来越孤独的境地。总之，交际与交友方面的严重困扰，总会使你陷入“感情危机”和孤独困窘的状态。

如果你的得分是 3～5 分，则往往表明你在被动地寻找被人喜爱的突破口。你不喜欢独自一个人待着，你需要和朋友在一起，但你又不大善于创造条件并积极主动地寻找知心朋友。而且，你害怕在主动行为后的“冷”体验。

如果得分低于 3 分，则表明你对人较为真诚和热情。你的人际关系较和谐，在这个问题上，你不存在较明显持久的行为困扰。

记分表中Ⅲ横栏的小计分数,表示你在待人接物方面的困扰程度。

如果你的得分是6～7分,则往往表明你缺乏待人接物的机智与技巧。在实际的人际关系中,你也许常有意无意地伤害别人,或者你过分地羡慕别人,甚至内心嫉妒别人。因此,一些同学可能回报给你的是冷漠、排斥,甚至是愚弄。

如果你的得分是3～5分,则往往表明你是个多面的人,也许可以算是一个较圆滑的人。你对待不同的人往往有不同的态度,而不同的人对你也有不同的评价。你讨厌某人或被某人所讨厌,却极喜欢另一个人或被另一个人所喜欢。你的朋友关系在某些方面是和谐的、良好的,在另一些方面却是紧张、恶劣的。因此,你的情绪很不稳定,内心极不平衡,常常处于矛盾状态中。

如果你的得分是0～2分,表明你较尊重别人,敢于承担责任,对环境的适应性强。你常常以真诚、宽容、责任心强等个性获得众人的好感与赞同。

记分表中Ⅳ横栏的小计分数表示你跟异性朋友交往的困扰程度。

如果你的得分是5～7分,说明你在与异性交往的过程中存在较为严重的困扰。也许你存在着过分的思慕异性或者对异性持有偏见,这两种态度都有它的片面之处。你常会因不知如何把握好与异性同学交往的分寸而陷入困扰之中。

如果你的得分是3～4分,表明你与异性同学交往的行为困扰程度一般,有时你可能会觉得与异性同学交往是一件愉快的事,有时又会认为这种交往似乎是一种负担,你不懂得如何与异性交往最适宜。

如果你的得分是0～2分,表明你懂得如何正确处理异性朋友之间的关系。对异性同学持公正的态度,能大方、自然地与他们交往,并且在与异性朋友的交往中,能得到许多从同性朋友那里不能得到的东西,增加对异性的了解,丰富自己的个性。你可能是一个较受欢迎的人,无论是同性朋友还是异性朋友,多数人都比较喜欢你和赞赏你。

四、大学生人际交往的技巧

大学阶段是迈向社会的关键转折点。在大学期间会遇到很多不同的人际关系,面对众多的人际关系,如果不懂得如何处理,便会造成很多困扰。大学时代关系着自己的未来发展与人脉圈,因此对于大学期间人际交往的重要性是不可忽视的。下面一起来看看应该如何正确处理大学中的人际关系吧!

(一)大学生如何提高人际交往能力

(1)提高自我觉察能力,改善不良的认知。在人际关系有冲突的时候,不要把情绪放在争论谁对谁错上,否则问题会被激化。如果能从中觉察出问题,不断地自我认识,自我完善,那么,人际交往的能力将会不断提高。在人际交往过程中要多多理解他人,从他人角度出发,学会换位思考、体谅他人。

(2)掌握人际交往的技巧,提升个人心理素质。向身边人际交往能力强的同学学习,观察别人是怎么与人交往的。学会赞美他人,赞美不是虚伪,而是以事实为基础的欣赏。没有任何人喜欢被指责，而赞美可能会成为成长的动力，更会赢得良好的人际关系。在人际交往中，尊重他人，以真诚的态度对待他人，并且设身处地地为他人着想是我们需要努力学习的。

(3)学会控制自己的情绪，避免冲突的发生。当与他人发生矛盾的时候，要学会控制自己的情绪。有情绪的时候，说出的话可能是不理智的，也并不是我们的本意。那么学会控制自己的情绪，理智地处理当下很重要，需要在日常的生活当中不断学习和改变。

(4)寻求专业的帮助，改善自己的困难处境。如果因为人际关系问题而对学习或生活产生了困扰，可以寻求专业的帮助，学生可以前往学校的心理咨询中心。寻求专业人员的帮助会使你摆脱困境，从而更好地学习和生活。

(二)提升大学生沟通能力的方法

(1)克服交往中的认知障碍。研究表明，对交往对象和交往关系的态度直接影响该关系发展的性质和趋向。大学生人际关系交往中经常出现认知的偏差和障碍。要注意以下几个方面：晕轮效应、刻板印象、投射效应和角色固着。

(2)克服交往中的情绪障碍。人际交往过程中，消极的情绪，如愤怒、恐惧、嫉妒等，会影响人际交往的正常进行。大学生要学会在生活中应对这些不良情绪，选择健康而有效的方式来化解和有分寸地表达，面对社交恐惧不逃避，努力正视它，增加自信，这才是调整自我价值的正确方式。

(3)克服交往中的人格缺陷。增强自信，主动与他人交往。面对朋友，要敞开心扉，面对现实，悦纳自己。可以用延迟法克服冲动的习惯，有意识地去挖掘生活中美好的事物，真诚热情待人，热爱生活，培养兴趣，改变对世界的消极看法，提高人际交往的质量。

(4)提高人际交往的能力技巧。加强交往技能和能力，学习和掌握人际交往的艺术。首先，运用积极暗示来减少或消除不良的自我意象，比如经常在心里默默对自己说："我是受欢迎的人！"除语言暗示外，还可以运用形象暗示。其次，主动而热情地待人。心理学家发现，"热情"是最能打动人的，要从心里对他人感兴趣，真心喜欢他人。学习愉快地面对生活，可以从行动入手，让自己高兴地去做事，以微笑待人。再次，学习社交谈话的技巧。双方交流时注意倾听对方的诉说，鼓励他人谈论他们自己、他们的成就、他们的感受，是赢得友谊的有力品质。

每个人都有自己的性格特点、心理特点，我们要学会悦纳自己。当遇到烦心的事情时，乐观一点，勇敢一点，相信快乐就在你身边。

第四节　大学生人际关系障碍及调适

和谐的人际关系是大学生心理健康的必要条件，但是在实际生活中大学生和谐人际关系的建立受诸多因素的制约。下面我们将分析制约大学生和谐人际关系的障碍因素，同时提出建立和谐人际关系的途径和方法。

一、大学生人际关系的障碍因素

（一）大学生自身的因素

内因是起决定作用的部分，人际关系失谐的主要影响因素是大学生自身的因素，大学生自身的不和谐因素使大学生人际关系受到影响。

1. 自我认识偏差

大学生处于人生的转型期，还是正在发展中的人，面临着众多的挑战和选择，他们对自我认识容易出现偏差。有些大学生由于自我认识不足和自我期望过低，往往容易形成自卑的心理。自卑是个人由于某些生理缺陷或心理缺陷及其他原因而产生的轻视自己，认为自己在某个方面或几个方面不如他人的情绪体验。在交往活动中表现为在他人面前畏首畏尾，缺乏自信心，认为自己处处不如别人。在与他人交往中容易产生依赖的心理和行为，由于内心的自卑而害怕人际交往。这部分大学生不能很好地评价和分析自己的优势与劣势，阻碍了人际关系的和谐发展，同时也影响了这部分学生自我价值的顺利实现。

还有一些大学生过于自信，有些甚至自大。这部分大学生的突出特点是认为自己是最优秀的，自己的能力卓然于他人之上，常常目中无人，这会使他远离他所处的人群，影响他的和谐人际关系的建立，也容易使这部分学生的心理出现交往障碍，阻碍其自身的发展。

部分大学生万事推崇以自我为中心，事事为自己着想，抱有“自我中心论”，过于看重自己的利益而忽视了和谐人际关系中的互助互利原则，忽视了交往中对方的情感需求和交流需求，阻碍了其和谐人际关系的发展。

2. 社交偏见

社交偏见是一种在人际交往中对他人过激的态度，是一种习得性的反应。偏见有积极的，也有消极的。积极的偏见一般来说不会产生什么不良的问题，消极偏见往往会产生比较严重的后果。有些大学生对他所处的社交人群长期抱有自己的消极偏见。一方面，大学生自己心情郁闷，不愿意与人交往；另一方面，抱有消极偏见的大学生也会遭到社交隔离，社会交往不顺畅，导致和谐的人际关系的建立面临更多的困难。

3. 社交恐惧

社交恐惧是一种非常严重的交往心理障碍，主要是一种不安和带有恐怖色彩的情绪反应。由于各种原因的存在，有些人在特定的交往场合会表现出轻微的紧张和不安，例如，害羞的人羞于在大众场合露面，如果让其说话，他可能会紧张得说不出话。社交恐惧主要表现是害怕与人交往。一般这些人都有一些自卑或害羞心理，举手投足间都顾虑重重。这样长期地不与人交往使他们逐渐地失去了与他人交往的意愿，即使偶尔与他人交往，也会表现出更加不适应交往场合的不良情绪反应，甚至产生恐慌。

（二）环境因素

环境因素包括大学生的生活环境和学习环境，人际关系不协调受到多方面环境的影响，其中主要有以下三种。

1. 社会环境

(1)市场经济的快速发展、经济的迅速发展对人们价值观念产生了巨大的冲击。大学生们开始关注社会的经济发展,也更加注意自身的发展。而此时有些大学生忽视了和谐人际关系的真谛,他们一味地要求人际关系对自己的作用,开始把人际关系培养成自己成功的"踏板",忘记了和谐人际关系需要人们真心的交流和互相帮助。

同时,有的大学生受拜金主义、享乐主义、极端个人主义等不良的思想观念的影响,他们在人际关系中更注重享乐和金钱,使和谐人际关系变质和失谐。

(2)就业形势的严峻、人口数量的增加,高校的进一步扩招等使大学生面临严峻的就业形势。大学生的就业压力在严峻的就业形势下明显增加,在就业压力增加的情况下,大学生的和谐人际关系也受到了影响。大学生们忙于应付就业的困难和冲击,无暇经营自己的人际关系,也不注重和谐人际关系中的沟通与交流。所以,大学生中的人际关系常常出现失谐的现象。

2. 学校环境

学校是大学生学习和生活的重要场所,大学生思想政治教育中人际关系失谐受学校的多方面影响。主要有以下几个方面。

(1)学校对和谐人际关系培养的不重视。和谐人际关系是学校"软件"建设的重要组成部分。高校建设更注重对教师素质的提高、对教学设施的建设及对学生专业能力的培养等,而往往忽视了对学生和谐人际关系的培养,使校园人际关系失谐现象频发,影响了学生的正常学习和生活。

(2)学校师资资源配备不合理。高校教师对学生管理的配备制度往往出现以少对多的现象,一个辅导员(或班主任)管理几百名学生,造成了辅导员(或班主任)难以关注到每个学生,不能很好地了解学生之间人际关系的发展现状和趋势,不能很好地对学生和谐人际关系的发展做出规划和对学生人际关系的失谐做出应对。辅导员(或班主任)力量的薄弱使大学生思想政治教育中的和谐人际关系难以更好地巩固和发展。

(3)高校的交往模式缺少人际沟通纽带。进入大学之后,学校更注重培养学生的独立性和自主性,学生的人际沟通范围较小,大学生人际沟通的方式也受到局限。这样,有些大学生在大学校园中更加关注自己的成长和发展,并不主动创造合适的机会加强和谐人际关系的建立和发展。

3. 网络环境

网络已经成为大学生生活中的重要组成部分,网络加快了人们交流沟通的速度,缩短了人们的交往距离,但网络交往在某种程度上也使大学生和谐人际关系出现了失谐的现象。网络交往容易使大学生形成网络依赖,造成现实人际交往关系的困难,而且网络交往角色的虚拟性,容易导致大学生在现实人际关系中产生信任危机。网络的进一步扩大化,要求大学生在充分利用网络带来便捷的同时,也要注重避免和防止网络带给大学生的隐患。大学生可以无拘无束地汲取信息、制造信息和传播信息。由于网络信息自由传播,思想文化信息多向贯通,舆论多元表达,使网络中充满了许多复杂的、消极的因素,大学生要学会鉴别,以免受到不良信息的影响。

二、大学生人际关系调试途径和方法

（一）人际冲突的调节

人际冲突是大学生中比较常见的一种人际适应不良。在出现冲突时，有必要采取一定办法去缓解它；没有出现冲突时，也应该尽量避免冲突产生。下面就来谈谈解决人际冲突的一般原则和具体步骤。

1.解决人际冲突的一般原则

(1)保持冷静。当冲突可能要发生或已经不可避免地发生了，此时，保持冷静有助于更好地解决冲突。

(2)求同存异。人际冲突并不都是由不公平引起的，有时候，人与人之间的冲突只是由于意见有分歧而已，此时求同存异应该成为解决冲突的首要原则。

(3)积极沟通。心理学家认为，人际交往就是人与人之间相互沟通、相互知觉、相互影响的过程，沟通与相互作用被看成人际交往的两个基本特征。正因为如此，积极沟通才成为解决人际冲突的一般原则之一。当然，如何与人进行沟通还存在一些人际交往的技巧方面的问题。

2.解决人际冲突的具体步骤

易凌峰、杨丽华等提出了顺利解决人际冲突的具体步骤。

(1)相信一切冲突都是可以理性而建设性地获得解决。

(2)客观地了解冲突的原因。

(3)具体地描述冲突。

(4)向别人核对自己有关冲突的观念是否客观。

(5)提出可能的解决冲突的方法。

(6)对提出的办法逐一进行评价，筛选出最佳的解决途径。最佳方法必须对双方都最有益。

(7)尝试使用选择的最佳方法。

(8)评估实现最佳方案的实际效应，并按照给双方带来最大利益和有利于良好人际关系维持的原则给予修正。

坚持解决冲突的一般原则并按照具体步骤实施，可以较好地解决人际冲突，即使是以自我为中心者和情绪调控能力较差者，遵循上述原则建立相应的人际关系也可以起到较好的效果。当然，上述原则和一般步骤只是更好地适应人际关系的前提，以自我为中心者应该正确认识他人与自己的关系，认识到人际交往的自我价值保护原则；而情绪调控能力差者则应更多地学习调控情绪的方法，这样才能更好地促进自己的人际沟通与交流，建立良好的人际关系，避免人际适应不良的产生。

总之，要避免人际冲突的产生，特别是为了避免某些仅仅是由于观点分歧而造成的冲突时，对他人和冲突要有一个正确的认知，这样才能保持平和的心态，更好地克服人际冲突对自己造成的不利影响。

(二)交往恐惧的调节

交往恐惧者往往有自卑和戒备两种心理,因此在对具体的人际冲突进行调节时,也主要从这两个方面着手考虑。

1. 自卑心理的调节

要对自卑心理进行调节,首先,要对自卑形成正确的认识,对自卑产生的原因和自卑的消极影响有一定的了解。自卑是对自我的否定,是理想自我与现实自我差距过大,而理想无法实现时所产生的负面情绪体验。自卑对个体身心健康的消极影响表现为求知欲下降,进取心减弱,自信心丧失,缺失积极情感等。因此,要使自己从自卑心理中摆脱出来,首先要学会积极自我暗示,提高自我期望。可以把一些激励自己积极奋进的话贴在宿舍的墙上,每天看一看,告诉自己:"我也可以优秀,我也可以拥有良好的人际关系。"

其次,要修正对自己的认识,逐步形成正确的自我认识。如果总是要求自己"与人交往时只能成功""要成为大家注目的焦点",一旦达不到这样的要求,自然会灰心丧气。因此要逐步形成正确的自我认识,认识到人际交往中自己不会是永远的中心,也不可能成为永远的中心。在交往中,自己也可能犯错误,甚至可能会失去某些友谊,这些都是可以理解和接受的。我们要学会"改变自己可以改变的,接受自己不能改变的"。

再次,要积极参加交往活动,增加成功交往的体验。只有在实际的交往中获得成功的体验,自卑者才可能逐渐从自卑中解脱出来。因为一次成功的交往表明自己在人际交往过程中,虽然还会遇到各种各样的问题,但自己始终是不断前进发展的。而如果不参加交往活动,就会永远会困在自卑带来的影响里,没有前进和发展。

最后,当人际交往不利而陷入自卑时,可以通过参加运动、阅读书籍、听音乐、写作等方式来摆脱不良心境。找亲朋好友倾诉的方式尤其值得采纳,因为这种方式一方面宣泄了自己的不良情绪,另一方面也或多或少地增加了自己人际交往的机会,无形中培养了自己的人际和交往的能力。

除此之外,最重要的就是要对自己建立信心,要相信自己能够克服交往中的自卑心理。只有这样,克服人际交往中自卑心理的各项措施才能畅通无阻,发挥最大的作用。

2. 戒备心理的调节

在人际交往中,适当的戒备是必需的,但过分的戒备心理则往往会对大学生的人际交往造成不利的影响。因此,必须想办法调节自己,尽力克服戒备心理带来的不利影响。

要克服戒备心理,首先,要对戒备心理有正确的认知,了解戒备和多疑对个体人际关系的负面影响:由于对他人过分怀疑和戒备,不能以真心与他人交往,在碰到需要与他人交往的情境时,往往顾虑重重,产生交往恐惧。有强烈戒备心理的人往往不够自信,害怕别人对自己的指责,害怕别人在与自己的交往过程中使自己丧失某种利益,不能坚持公平互惠原则,不能形成良好的人际关系。

其次,发现自己出现不恰当的戒备心理时,要迅速用理智的力量克制自己,告诉自己适当的戒备是可以理解的,但无端怀疑别人则是不适宜的,会给自己的人际关系带来不良的影响。

再次,要培养自信心。戒备是自信心不足的一种表现形式,因为自信心不足,不相信自己能够保护自己、能够与人友好相处、能够与别人建立良好的人际关系,自然会忧心忡忡。只有充满信心地与人进行交往，才不会过分地担心别人对自己别有企图，才不会对交往充满恐惧。

最后，学会适当自我暴露，消除自我封闭心理。社会心理学的研究表明，交往双方心理的公开区域越多，则其交往越深入。因此，适当地自我暴露，坦诚地向交往对象透露自己的某些秘密，可以促进良好的人际关系的形成，也可以使自己的戒备心理在一定程度上得以缓解。在暴露时注意遵循两条原则：第一，与人初交时不宜暴露过多、过深；第二，自我暴露的层次应与交往对象自我暴露的层次基本持平，逐渐深化双方关系。

（三）沟通不良的调节

要解决沟通不良的问题，首先要对沟通建立正确的认知。从沟通的方式来看，人们可以用语言方式沟通，也可以用非语言方式进行沟通，而且非语言沟通方式的作用是不可忽视的。心理学家甚至提出了这样的公式：信息的表达等于7%的语调加38%的声音加55%的表情。

对沟通的研究使心理学家们受到了极大的启示，他们相信为了克服沟通中的障碍，实现成功的沟通，交往者在不同的场合会选择不同的交往方式和技巧。这就要求我们要注意培养自己丰富的交往方式和技巧。例如，学会微笑，学会赞美别人，培养自己的幽默感，注意人际交往中的语言和非语言技巧等。

【课堂体验】

双赢沟通高手的自我对话

尝试通过换位思考回答如下问题：

(1)为什么要沟通，沟通是否必要？

(2)对方有什么特点、需求(潜在)？

(3)我能给对方提供什么(以满足这些需求)？

(4)我有什么诉求(期望)？

(5)我们的交集在哪里？

(6)沟通最终要达到什么目标？

(7)自己和对方的底线是什么？怎样算双赢？

1. 会妙用微笑

微笑是人际交往中的表情运用。心理学家的多次实验结果证明，一个人最受别人欢迎，最容易让人接近的个性特征是“热情”。热情的人一般都拥有很多的朋友，而内心冷漠，常常板着一副冷面孔的人，则很容易使人敬而远之。微笑是热情的标志，是友善的信号，它可以使初交者感到亲切和友善，使朋友间体会到信任和支持，也会使对立者感受到谅解和宽容。但微笑必须真诚、自然、发自内心，而不是强颜欢笑或虚伪地笑，微笑还要根据时间、场合恰当地使用。

2. 学会赞美别人

美国哲学家詹姆士认为，“人类本质中最殷切的需求是渴望被肯定”。赞美能够释放出一个人身上的能量，调动人的积极性。实验心理学对酬谢和惩罚所做的研究表明，受到赞扬后的行为，要比挨了训斥后的行为更为合理、更为有效。真心诚意、适时适度地赞美对方，往往能有效地增进彼此的吸引力，因为人们欢迎喜欢自己的人。赞美别人，首先要学会真诚地看待他人，还要学会在别人的行为中看到其内在的优良品质。要学会适度地赞扬别人的优点，要学会在正确的时间用正确的方式赞美别人。

3. 学会倾听

倾听就是在人际交往中，专心听取对方讲话，适时给予对方回应的方法和技巧。在倾听时要注意以下几点：①要认真地听、对对方所说的话要认真地听，在倾听过程中要身心专注，不插入别的话题，一边听，一边品味，不能东张西望，或者“顾左右而言他”。②不要随便打断别人的话：打断别人的话是一种不礼貌的行为，也是缺乏个人修养的表现，因此在倾听时切忌打断别人的话，这样会让别人觉得很扫兴，也会使对方觉得没有受到足够的尊重。③积极反馈，适当提问：倾听并不等于一句话也不说，在适当的时候要积极反馈，这是倾听的重要组成部分。适当提问可以增进自己对对方所谈及内容的理解，但提问时要尽量避免干涉性或盘问式的提问。

4. 学会交谈

交往常常从交谈开始，不善交谈的人，往往感到难以与人交往，发展友谊。大学生在交谈时要注意：①交谈时态度要诚恳、适度，不可过于恭维或过于傲慢；②谈话要注意用词的准确和通俗，语言自然流利，显示善意；③交谈时说话注意场合；④注意礼貌，不宜自己滔滔不绝，不给对方讲话的机会，或心不在焉、东张西望、做小动作，目光要注视对方等；⑤尽量不说对方不感兴趣的话题，若对方说的话题自己没有兴趣，可巧妙地转移话题，不宜直截了当地用语言、表情或动作表示没兴趣；⑥可根据谈话内容运用手势、身姿、表情等来表达自己的思想感情，但要恰到好处，不可过于频繁，更不能手舞足蹈。

5. 要培养自己的幽默感，使人际关系更为和谐

在使用幽默的时候，尤其要注意其原则，要记住，幽默不是讽刺，不是蔑视，更不是油嘴滑舌。在运用幽默的时候尽量不要调侃别人的缺点。

【幸福结语】

每个人的成长都是一个过程，就像身体迅速成长过程中的“生长痛”一样，一定范围内的心理冲突甚至失调也是心理成熟所要付出的必然代价。换句话说，大部分大学生在人际交往过程中都或多或少出现过上面这些问题，这是大家在成长过程中的必然经历，关键是我们以怎样一种态度来面对问题，怎样在问题中进行反思和调整，从而成长为更好的自己。

在很大程度上，我们不能改变周围的环境，也不能改变他人，只能改变我们自己。那些受到周围人欢迎、能赢得大多数人尊重和友谊的人有很多共同点，他们一般待人真诚、与人为善、胸襟宽广、豁达乐观。当人际交往中出现问题和困惑的时候，请先不要只表达对别人的不满，让我们从调整、完善自身开始吧！

人际关系是一门学问，人际交往是一门艺术，掌握正确的方法和技巧，才能收到事半功倍的效果，而其中最主要的方法是倾听和沟通。

其一，要学会倾听。有不少大学生抱怨说自己不善言辞，也不会与人交往。其实注意观察一下，我们便不难发现，与善于表达比起来，那些善于倾听的人才更容易交到真正的朋友，而倾听其实比表达更不容易。一个好的倾听者会全神贯注地去听对方的表达和描述，并且在这个过程中不带有自己的情绪，也不试图站在更高的角度去评价对方。在倾听对方所表达的字面意思的同时，还应该尽量设身处地地去体会对方想要表达的情感和态度。很多时候，字面意思并不是对方真正想要表达的，蕴藏在字里行间的情绪和情感才是对方真正想要分享的内容。同时，倾听的过程中贸然地打断对方势必会引起对方的反感，但是适时给予对方回应也是非常必要的，应该用眼神、点头、鼓励性的语言等表达自己的兴趣和理解，鼓励对方自由地按照自己的意愿进行表达。

其二，要学会沟通。首先，一个好的沟通者首先要能够简洁、明确、清晰地表达自己的意思，知道自己要说什么。其次，沟通的时机和场合也很重要，要根据不同的场合把握沟通的方式和分寸，知道什么时候说、什么情境说。再次，要把沟通的对象放在第一位，时刻不忘去了解对方的立场和感受，这样才能使沟通拥有良好的氛围，促进彼此的理解以达成共识。仅站在自己的立场、不管不顾地一通表达只会打消对方与我们沟通的念头。最后，要注意沟通过程中的语气、语调以及各种肢体语言。研究表明，在两个人面对面的沟通中，55%以上的信息交流是通过身体语言实现的。同样一句话，由不同的人、伴随不同的语气语调以及身体语言表达出来，会给人以截然不同的感受。面带微笑、和颜悦色的沟通者也许可以使本来拒绝沟通的人敞开心扉，冷眼相对、面带不屑的态度则可能让对方从此心门紧闭。沟通中的非言语信息既可能成为促进沟通的催化剂，也可能成为让沟通走向恶化的祸端，大学生在实际的人际沟通中应该多加注意。

【幸福锦囊】

人际交往五大法则

法则一：从外在看内在，从别人看自己。透过别人，你才能认识真正的自己。

法则二：你是什么样的人，就会认为别人是什么样的。你不能容忍他人的部分，就是不能容忍自己的部分。

法则三：你的内在是什么，就会被什么样的人吸引。你对外排斥什么，对内就排斥什么。

法则四：你约束别人，自己也会被约束。你越恨就越束缚，你越爱就越自由。

法则五：如果你很排斥，它就是你必须学习的课题。如果你很欣赏，它就可以蜕变成爱。

卡耐基指出，一个人的成功只有15%取决于专业能力，而85%取决于人际协调能力。约翰·多恩说："没有人是一座孤岛。"人从一个自然人要发展为一个社会人，必定需要通过人际交往来实现。

威廉·詹姆士说："人类本质中最殷切的需求是渴望被肯定。"我们真诚地主动爱人、敬人、欣赏人，自然会收获良好的人际关系。

人际交往在本质上是一个交换过程，它遵循功利原则，交往中的双方都希望得大于或等于失。如果你要保持长久、真挚的情义，有好的人际关系，请使用增值交换规律，远离减值交换规律。因为增值交换规律，让我们交往的双方都感受到得大于或等于失，在重情义、轻物质的过程中保持我们人际关系的纯真与美好。

人际交往要有“度”，交往需要和独处需要应当有“度”，适度的熟悉能增加喜欢的程度。

【幸福行动】

(1)大学生常见的人际关系问题有哪些?

(2)你在生活中有人际关系的困扰吗?你是怎样解决的?

第八章 亲密关系与幸福人生

【幸福导读】

通过本章的学习，使大学生了解爱情、性心理的实质，探讨大学生在恋爱中所表现出来的特点及所产生的困惑，分析爱情中常见的问题，学习调试方法，帮助大学生确立正确、健康的恋爱观与性观念。

第一节 大学生的恋爱心理

爱情是一个亘古常新的话题，是大学校园里的热门话题，也是校园里一道亮丽的风景线。正值青春期的大学生，没有了学业的重负，没有了父母的管束，没有了老师的督促，就如同刚从笼中放出的飞鸟，在蔚蓝澄净的天空中自由地翱翔。随着性生理的发展和成熟，渴望爱情、想谈恋爱已成为大学生中较为普遍的心理。

【热身活动】

用5块钱买个男(女)朋友，你要怎么买?

如果你是女生：给你5块钱买男朋友，你会怎么分配你的5块钱？别忘了，你有且仅有5块钱，你会买哪几样？写出你心里的答案。

序　　号	选　　项	单价/块
1	外表帅气	3
2	忠诚	3
3	富有	3
4	浪漫	2
5	体贴	2
6	会做饭	2
7	幽默风趣	1
8	聪明机智	1
9	个子高	1
10	身体健壮	1

如果你是男生：给你5块钱买女朋友，你会怎么分配你的5块钱？同样，你有且仅有5块钱，你会买哪几样？写出你心里的答案。

序　号	选　项	单价/块
1	漂亮	3
2	专一	3
3	性格好	3
4	温柔贤惠	2
5	家境殷实	2
6	会料理家务	2
7	顾家	1
8	聪明	1
9	丰满	1
10	身材好	1

【大学心事】

佩佩和汪伦是高中同学，两个人在高中的时候就谈起了恋爱。进入了丰富多彩的大学后，佩佩这个开朗活泼的女孩，为了能够更好地发展自己，热衷于班级活动，还参加了许多社团。在学习上，因为选择了自己喜欢的播音与主持专业，又是很新颖的一种学习方式，所以学习的热情很高。每一天，佩佩的生活都被学习和各式各样的活动填得满满的，她感到充实而快乐。

而汪伦则是一个内敛、安静的男生，很少进行社交活动，大多时候是自己一个人。烦闷了，就给佩佩打个电话或者发个短信。而佩佩因为繁忙，经常把手机调成静音模式，虽然有时间的时候看到会立马回汪伦的电话，但汪伦还是很介意。佩佩一方面觉得很内疚，另一方面也觉得男朋友不理解自己。汪伦因为佩佩对他的表现觉得自己渐渐被佩佩忽视了。两个人之间慢慢积攒了很多怨气。

佩佩感觉自己和汪伦越来越没有共同话题，两个人之间的联系也越来越少，以前无话不说的亲密情侣，再也没有以前一样的默契了。回忆过去和汪伦在一起无话不说的生活，佩佩觉得很是怀念，她试图和汪伦谈谈未来的打算，汪伦却不愿意继续谈下去了。这使佩佩越来越觉得两个人不会有未来了，甚至现在在一起都只是困住彼此，所以最终说出了分手。

知识链接

一、什么是爱情

(一)爱情的概念

什么是爱情？它有什么特征？它由哪些元素构成？它的本质是什么？我们应该如何去爱？千百年来人们一直在寻找答案,但直到现在仍未全部揭开爱情神秘的面纱,但我们对爱情的了解随着现代研究的进展的确有了一些进步。

社会心理学认为:爱情是指男女双方基于共同的生活理想,在内心形成的双方相互接纳、相互需求、相互爱慕,并渴望对方成为自己终身伴侣的最强烈、最专一和稳定的情感关系,它是人类特有的一种高尚的精神生活。我们可以从以下几个方面来理解爱情的特征。

1. 爱情是两个人之间的关系状态

爱情是发生在两个人之间的特殊情感关系。单恋是不是爱情呢？有的单相思者由于对倾慕的对象一往情深,希望得到对方爱情的动机十分强烈,往往按照自己的主观需要去理解对方的言谈举止,造成对对方认知的偏差。对方无意的一个眼神、一丝微笑、一句模棱两可的话语,在他人看来微不足道,但在当事人看来却是爱的表示,并坚信不已,从而陷入单恋的深渊而不能自拔,虽然当事人的心里是有爱的,但对方可能毫无知觉和情感回应。爱情是相互的,因此,单恋不是爱情。

2. 爱情是双方对等的亲密关系

所谓对等性是指在形成和发展爱情关系的过程中,男女双方处于平等的地位。同情与爱情能不能画等号？爱情关系中的两个人是对等互爱的,你呵护我,同样我也呵护你,爱情还具有求美性,即双方互相倾慕。但是在同情怜悯中,呵护、照顾是单向的,一方是实施者,另一方是接受者。如果只有同情,被同情一方是弱小的,彼此欣赏亦无从谈起。因此,同情不是爱情。当然,由同情也可生发出爱情,人们可能会以任何情感为基础走到一起,关键要符合爱情最大的一个特点,就是它一定要走向双向,即爱情建立在彼此平等、互相给予又获取的基础上。

3. 爱情是彼此专一的(排他的)亲密关系

爱情从其本质上来说是彼此专一的,是排他的。两人之间一旦形成爱情关系,就不容许有第三者介入,也不容许其中的任何一方同时涉足第三者。爱情的专一排他性,要求恋爱双方重视爱的忠诚,一旦双方确立了恋爱关系,就必须一心一意。任何脚踏两只船、三角恋爱、多角恋爱的行为,都是不道德的行为。

一个人是否能对两个人同时有爱呢？同时爱上两个人,从心理学上来说,是可以理解的正常心理现象。因为一个人很难具备另一个人所期望的所有优点,很难满足另一个人的所有需要。如果发生这样的情况,怎么处理呢？首先了解人会发生这样的情感,不过分自罪自责。然后明白每个人都想得到专一的爱情,因此需要克制自己这种倾向,当事人必须去做选择和取舍。

4. 爱情是彼此互惠的亲密关系

爱情的目的是什么？从本质上讲,就是双方互相满足对方的需要,如果做不到这一点,爱情是不可能持续的。良好的爱情关系,即双方两情相悦、互尊互敬、互谅互让、互信互爱、互勉互慰，使双方生理、心理及社会的各种需要都能得到最大程度的满足，从而使双方精神愉快，工作、学习富有活力，对生活、对人生充满了爱，对未来充满了希望，能真正获得一种幸福感。

在爱情中，人们往往认为外在因素很重要。按照常人的理解，男孩俊朗，女孩美丽才般配。但实际上，双方内心世界能够被满足、能被实现才更重要。人们容易看到的是一些表面现象，比如：恋人之间吵架了，然后就分手了，其实这一过程的背后一定存在着彼此爱的付出、获取和需要之间能不能达到一个平衡的问题，也就是互相能不能做到满足对方的需要，或者对方不能满足我的需要，而我可以理解对方。当一个人更多地愿意去付出、去理解对方，说明她在付出更多的爱，这样就是一个良性循环，就可以把爱的过程延续下去，并开花结果。

【课堂体验】

活动名称：倾听情感深处的回声

1. 活动目的

考察爱情观，澄清所持的爱情期望。

2. 活动程序

请你用一句话表达，爱情是什么？

男女分组，从外表、性格、行为方式三个方面讨论“我喜欢什么样的异性”及“我不喜欢的异性特质”。

（二）爱情的理论

在多项爱情理论中，有两种理论最受重视：一种是爱情类型理论，另一种是爱情三角理论。

1. 爱情类型理论

加拿大社会学家约翰·李根据爱情体验的深度、对爱人的投入和承诺、所想要得到的爱人的特点、及对付出的爱的回报的预期等的不同，将爱情分为6种类型。

(1)情欲之爱：有着很强的身体成分，其特点是一见钟情，以貌取人，缺少心灵沟通和专一，靠激情维持。

(2)游戏之爱：将爱情看作一场让异性青睐的游戏，对所爱对象不肯负责任，善变，经常会同时拥有几个恋爱对象。

(3)占有之爱：对所爱对象，给予极强烈的狂热感情，希望对方以同样方式回应之，对所爱对象具有极度占有欲，对方稍有怠慢忽视，就心存猜疑。

(4)友谊之爱：在缓慢中由友情逐渐演变成爱情。在友谊式爱情关系中，温存多于热情，彼此信任，是一种平淡而深厚的爱情。

(5)无私之爱：信奉爱情是无私奉献的原则，甘愿为其所爱牺牲一切，不求回报。

(6)实用之爱：即实用主义的爱，这类爱情往往理性高于情感，将爱情视为现实需求的满足，考虑对方的现实条件多于情感。

2. 爱情三角理论

美国耶鲁大学教授斯腾伯格(Sternberg)的爱情三角理论是目前极受重视的爱情理论。按照爱情三角理论的说法，人类的爱情虽然复杂多变，但基本上由三种成分组成。

(1)亲密：是两人之间感觉亲近、温馨的一种体验。简单说来，就是能够给人带来一种温暖的感觉体验。亲密包括热情、理解、交流、支持及分享等特点。

(2)激情：以身体的欲望激起为特征。激情的形式常常是对性的渴望。激情是一种“强烈渴望跟对方结合的状态”。通俗地说，就是见了对方，会有一种怦然心动的感觉，和对方相处，有一种兴奋的体验。

(3)承诺：指自己投身于一份感情的决定及维持感情的努力。承诺由两方面组成：短期的和长期的。短期方面就是要做出爱不爱一个人的决定。长期方面则是做出维护这一爱情关系的承诺，即认定了一个人，决定跟他在一起，而不要跟别人在一起，也就是结婚誓词里说到的“我愿意！”，是一种患难与共、至死不渝的承诺。两者不一定同时具备，比如决定爱一个人，但是不一定愿意承担责任，或者给出承诺。

在这三种成分中，亲密是感情性的，激情是动机性的，而承诺主要是认知性的。爱情关系的“热度”来自激情，温暖来自亲密，理智来自承诺。

这几个成分并不是固定的，随着时间和环境的变化，它们会有所改变。其中激情是最易变和最难以控制的。

斯腾伯格的爱情理论是目前对爱情研究最完整的理论，虽然目前缺乏验证性研究，但根据这个理论，身在恋爱中的人们可以得到一点启示：单凭激情的爱情，是维持不久的，理想的爱情关系应三者兼备，且合而为一。

二、大学生恋爱的心理特征

(一)大学生恋爱产生的动因

恋爱是大学生生理和心理发展的自然结果，是生理需求和心理需求以及环境交互作用的产物。生理驱力和心理需要、环境因素影响是大学生追求爱情、进行恋爱的基本动因。

【大学心事】

某大学的小梅和小林，二人刚入校不久就谈上了恋爱，经过两年的相处，二人的感情已经相当深厚，小林已不满足于平时的拥抱亲吻，开始对小梅提出性的要求，起初小梅每次都是委婉地拒绝，可是小林说，如果小梅不答应这个要求，将和小梅分手，小梅深恐毁了二人的恋情，最后只好答应了男友的要求。

1. 生理驱力

爱情产生的生物学基础是性生理的成熟。直接影响性生理成熟的是脑垂体前叶分泌的性激素，性激素的激活唤醒了性意识，从而产生对异性的好奇、爱慕和吸引等。

当代在校大学生年龄段一般在18～22岁，正处于性生理发育的成熟期，随着性器官与性功能的发育成熟，自然产生了恋爱的生理需求。

2. 心理需要

生理成熟是恋爱的基础，心理需要是恋爱的本质特征。心理学家认为，男女恋爱并不是因为有种什么不可捉摸的神秘力量使他们相互吸引，而是因为两人的某些心理需要通过对方得到满足。正如马卡连柯指出："从动物的性本能中是培养不出人类的爱情的。恋爱的力量只有在人类非性爱的好感中才能得到。"

亲密关系对每个人来说都是不可缺少的。即使是流落荒岛的鲁滨逊，也要培养出一个忠实仆人"星期五"来满足他的人际交往需要。完全没有与自己关系密切的人交流往来所带来的孤独，一般人是很难忍受的。亲密关系发展的顶点就是爱情。心理学家沙利文指出，亲密关系和性冲动最终结合成人类的情爱。

归属需要是人的社会性需要之一。心理学家马斯洛认为归属感是在人的安全需要之后的精神层面的高一层次需要。恋爱关系是一个亲密关系极强的小圈子，在恋爱中，恋人能感觉到自己属于另一个人和被另一个人爱抚关心的温暖。两人共同分享所有的东西(财产、感情、秘密等)。恋爱能直接满足归属感的需要。

3. 环境影响

爱情在当今的大学校园不再是羞于提及的话题，这是社会大环境和大学小环境共同作用的结果，具体表现在以下几个方面。

(1)大学生活不同于高中生活，大学生脱离了父母的管制，家庭对于个体的影响也随之减弱，大学生自主意识明显增强。大学生对自己的恋爱问题持有相对较大的主见。

(2)在大学生活中，大学生们在一起生活、学习、参加各种活动，这种环境为大学生发展友谊和培养爱情提供了良好的客观条件。

(3)来自周围同学的恋爱的影响。

(4)大学浓厚的文化氛围，学生可从多种渠道(文学作品、影视、网络、报纸、杂志等)获得有关爱情的诸多信息，从而影响着大学生的恋爱心理和行为。

因此，大学生的恋爱意识和行为是在生理、心理、环境三因素的相互作用下自然而然地产生、发展的，对于高校和大学生本人来说，学会驾驭爱情是应该认真思考的问题。

(二)大学生恋爱的一般心理过程

恋爱心理是一个复杂的过程，是一对恋人相互了解对方的过程。大学生恋爱一般经历以下三个心理阶段。

1. 意向阶段

这是爱情的萌发阶段，即男女大学生在交往中，感觉自己被对方强烈吸引，进而考虑自己能否和他(她)接近，如何表露真情，并设计一些相会的情景。此阶段多表现为"单相思""白日梦"。如果没有恰当的契机和勇气，爱慕之心就会随之消失或埋在心底。

2. 求爱阶段

这是重要且困难的阶段。这一时期求爱者心理压力大，心理冲突严重：不知怎么向对方表白；担心表白时太紧张而表达不清；担心向对方表白后遭到拒绝。这一阶段容易出现求爱挫折，产生心理障碍。

3. 恋爱阶段

一方表白与另一方接受，双方的恋爱关系就确定了，两个异性之间就开始了共同的情感交流，即进入了恋爱阶段。这一阶段包括以下几个时期。

(1)热恋期。恋爱关系确定后,就进入恋人朝夕相处、关系十分密切的时期。这一时期恋人之间彼此依恋,感情几乎支配了一切,对方在自己眼中趋于完美,出现人际交往中的“光环效应”。“情人眼里出西施”就是这一阶段的典型反映。

(2)磨合期。热恋是甜蜜的,但随后就进入双方的磨合期。在磨合期,激情和浪漫随着时间冷却。当恋人冷静下来,彼此看待对方就会更加全面客观,就会发现那些在热恋中没有注意到的缺点。因此在这一阶段双方会发生争论、冲突、心理碰撞,感情也会起伏波动。在这个时期,包容在维持感情中的重要性与日俱增。

(3)契合期。如果在磨合期恋人之间能够彼此包容和自我调适,恋爱双方就进入感情的契合期。这一时期,双方开始思考如何去长期维持和培育这份浪漫的恋爱关系,开始关注承诺和责任,在这一关系中将承诺和责任视同激情和愉悦,甚至承诺和责任更为重要。

三、大学生恋爱的现状

大学生谈恋爱已成为当今大学校园里的一种相当普遍的现象。大学生恋爱,除了具有前面所讲的爱情的特点以外,还具有自己独有的特点。应该说,多数大学生的恋爱态度是严肃认真的,但不能否认部分大学生恋爱中明显存在种种不良倾向,这需要得到学校、家庭和社会的关注。

(一)恋爱起点低龄(年级)化

大学生的性生理和性心理正日趋成熟,男女同学经历一个较长时间的相交相知,产生爱情是正常现象。问题在于有部分大学生崇尚自我感觉和一见钟情,他们确定恋爱关系前的交往时间正明显缩短,开始恋爱的年龄越来越小,年级也越来越低。

(二)恋爱追求潮流化

有的大学生谈恋爱是在从众心理的支配下追求潮流的结果。有的大学生看到校园里很多人谈恋爱,好像自己不谈恋爱就很另类或者显得很没面子。于是别人谈我也谈,跟潮流,这就是从众心理。而且表达爱意的方式方法也是时下最为流行的。日益普及的校园恋爱趋势也对部分同学早涉爱情起了示范和催化作用。

(三)恋爱态度体验化

现在有不少大学生是抱着体验的态度在谈恋爱。他们往往并非为了寻觅终身伴侣,而仅仅是为了寻求两性情感生活上的即时满足和人生体验,真正以婚姻为主要目的而恋爱的不多。因此,“不求天长地久,只求曾经拥有”“恋爱的结果不一定是婚姻”等流行爱情观在大学里得到了多数大学生的认同。

(四)恋爱目的实用化

无论是利用恋爱来打发时光,还是用来满足虚荣心,抑或用于体验情感生活,都是爱情价值观日趋实用化的表现。这种实用化倾向还有一个更加危险的表现,就是用爱情作为交换条件来达到自己追求的特殊目标。

(五)恋爱过程快餐化

大学生恋爱人数越来越多,恋爱进展越来越快,恋爱过程越来越短,恋爱关系的稳固程度越来越低,恋爱成功率也越来越小。

(六)恋爱交往放纵化

西方的情爱观、性文化观念不断地冲击着我国传统的伦理道德,导致有的大学生对恋爱中男女双方交往尺度采取一种宽松甚至放纵的态度。大多数学生赞同大学生谈恋爱,并对婚前性行为表示支持或理解,近一半人认为多角恋爱是无可非议或不应干涉的,这表明在部分大学生中存在恋爱道德意识特别是责任意识和法纪意识弱化,甚至有无视这种意识的倾向。

当前大学生恋爱现象中的各种不良倾向,对大学生的身心健康十分不利,对形成良好的校园氛围和社会风气也构成了很大危害。因此,对大学生恋爱现象进行心理引导显得尤为重要。

第二节　大学生的性心理

一、什么是性心理

性(sex)这个词,是从拉丁语 sexus 一词演变而来。无论在中国还是在西方,已经存在几千年,但要想对之做出准确、公认的描述和解释却又是一件不容易的事。

一谈到性,一些同学会表现得十分敏感或羞怯。在敏感和羞怯的背后,隐藏着一种狭隘的认识,即性是一种单纯的性生理,是男女之间生理上的性关系。这种认识是非常片面的。实际上,性具有丰富的内涵,既是一种生理现象,也是一种心理现象和社会现象。它涉及了生理学、心理学和社会学的知识。

从生理学的角度说,性是人类最基本的生物学特征之一,性,就如同人需要呼吸、饮食一样,都是人的一种自然本能。在汉语当中,“性”是一个多义词,《辞海》对此概念的解释中,有“人、物的自然质性,通常指人性。”“性别。如:男性;女性;雄性;雌性。”“有关生物的生殖或性欲的。如:性病;性行为;性意识。”这三个解释实际上是“性”在汉语当中三个基本的含义,而且这三个含义的发展具有一定的历史性。在近代之前,汉语中的“性”一词,主要是指人的自然属性。性欲意义上的“性”则主要是由“色”“欲”等词所承担,如在《孟子·告子上》中有“食、色,性也”,在《礼记·礼运》中有“饮食男女,人之大欲存焉”说。按照《中华性医学辞典》对“性”的解释,性是指男、女两性在生物学上的差别。性是生物繁衍的基础。

从心理学的角度说,性的基本意思是与“性”有关的一切心理现象,它不仅包括性交、性爱抚等所有直接的性活动,还包括人们对于性的情感、态度、价值观和性方面的喜好等心理方面的表现。它不仅是人们普遍认为的“正常”的性活动,也包括所有被认为是“反常”和“不正常”的性行为。

从社会学的角度说,人是社会的人,性是人类得以繁衍、进化的基础,性活动则是人类社会生活的基本内容之一。无论何时何地,人类的性观念和性行为都受制于一定的社会意识形态和道德规范，而不是“两个人的私事”。不同的国家、不同的民族，因社会制度和文化背景的不同，人们的性观念也不同。所以，性科学是研究人类性现象和性行为及其相关的社会学内容的一门严肃的科学，并仍然在不断地深入发展。正因为如此，有关性的概念以及相应的性生理、性心理、性医学、性教育和恋爱、婚姻、法律等方面的内容需要大学生循序渐进地接受相关教育，才能完整地掌握性知识。

综上所述，性心理是指在性生理的基础上，与性欲、性行为等有关的心理状况与心理过程，也包括与异性有关的男女交往、婚恋等。性心理可具体分为性认知、性思维、性情感及性意志等，是人类对“性”的认识、情感和意志的反应活动。它们相互联系、相互制约，共同体现在与性有关的言行之中。

二、性心理的发展阶段

广义的性心理存在于个体发展的各个阶段，并且基于生理的成熟表现出明显的阶段性特征。对于性心理发展阶段的认识，有助于我们在不同的个体阶段正确地认识自己，减少不必要的认知冲突，促进个体健康的发展。青少年性心理的发展可以归纳为五个阶段。

1. 青涩的反感期(12～13 岁)

随着青春期的到来，男生表现为开始长胡须、喉结，声音低沉等，女生表现为乳腺发达、骨盆宽大、皮下脂肪丰富、嗓音尖细等一系列第二性征的出现，少男少女开始产生对性的焦虑和恐慌，由于个体不知道怎样面对这些生理变化，而对这些变化产生厌恶。在行为上表现为对异性的疏远或者通过恶作剧的方式来划清自己与异性之间的关系。由于这一时期是基于对性生理的不知所措所导致的厌恶感，因此我们将其称之为青涩的反感期。

2. 性的困惑期(14～15 岁)

随着青少年性生理的进一步成熟，一些男孩子对自己外生殖器的变化非常敏感，性意识开始觉醒。这些问题让男孩子产生焦虑和困惑。对于女生来说，初潮及月经期的不适、情绪波动等是青春期少女面临的困惑。针对可能出现的困惑，家长和老师应该及时地给予青少年必要的指导，以促进他们性心理的成熟与完善。

3. 萌动期(16～17 岁)

随着心理的不断成熟，个体此时已经能够妥善地处理性生理的问题，并且正确看待性别差异。此时，他们开始关注到一些异性性别上的优势，如男性的雄壮健美、女性的婀娜多姿。异性身上所表现出来的性别优势使两性之间相互产生好感，并且主动接近。此外，对异性的好奇促使青春期的个体进一步去尝试了解对方。表现为与异性交往的萌动期。这一时期处于中学阶段，他们的这种性心理的萌动往往被繁重的课业负担、父母、老师所阻碍，虽内心萌动但表面含蓄。

4. 倾慕期(18～20 岁)

这一时期的青少年处于大学阶段，课业负担相对减轻，可供自由支配的时间和精力显著增多。此时的青少年开始了对爱情的憧憬，并尝试与异性交往。他们开始构思自己心目中的另一半应该具有的特征。在与异性交往的过程中，逐渐变得大方得体，在遇到自己心仪的对象时会采取相应的方式表达自己的爱意。

5. 成熟期(20岁以后)

一般来说,20岁以后个体的性生理已经成熟,随着知识和社会阅历的增加,世界观、人生观、价值观逐渐趋于成熟,他们对于爱情以及性的态度日趋明朗,不仅有爱的能力,而且也开始懂得爱的责任、规范和准则。此时,他们能够将基于生理的性欲和社会因素、社会现实、社会责任相结合,这些是性心理逐渐成熟的标志。

三、大学生性心理的特点

大学生由于尚未脱离家庭的管束,其性心理的发展显现出一些不同于成年人的特点。

1. 性生理的发展和性心理的发展不同步

大学时期,男女生的生理发育已经基本完成,具有性交、受孕、生育、哺育的生殖功能,但是性生理的成熟并不标志着性心理的成熟。由于性知识的缺乏或者认识的不端正,大学生对性器官和性生理过程还充满着好奇、紧张、焦虑甚至恐惧。对异性的倾慕还有着生理本能性,还保持着朦胧性的特点,尤其在性冲动的自制、性爱的技巧或者性审美方面还有很多认识的误区。

2. 性需要和社会道德规范间的冲突带来的矛盾性

性生理的成熟使人们有了性欲的冲动,这种本能的需要却一定程度上受社会道德以及习俗的约束,这使得大学生经常处于理性和感情冲动的矛盾中,这种矛盾冲突让恋爱中的男女青年产生焦虑感。当发生一些诸如拥抱、亲吻、爱抚等边缘性行为时,焦虑感就会加重甚至会产生恐惧,一些恋人发生了性行为后,还会产生负罪感。

3. 渴求爱情但不了解异性

大学生正处在与异性交往的热忱期,渴望开始一段轰轰烈烈的爱情。但很多人对爱情的需要是因为想借此填补初离家庭的孤独感,在恋爱中更期望得到多一些的关爱,往往索取的多,付出的少。在恋爱中经常会因为对异性心理的不了解,出现争吵,发生矛盾,有时候还会因此发生一些伤害事件。

四、性心理健康的标准

性心理的健康是个体身心健康的重要组成部分,对于性心理健康标准的研究是进行性心理健康教育与矫正的基础,关于这一标准,不同的研究者根据自身的分析提出了关于性心理健康的不同标准。

世界卫生组织对性心理健康给出的界定是:通过丰富和完善的人格、人际交往和爱情方式,达到性行为在肉体、感情、理智和社会诸方面的圆满和协调。同时提出,性心理健康评定标准必须具备以下四个条件:一是关于性别角色方面的。标准指出,个人的身心应有所属,如果对男女性别认识不清,就难以实施健全的性行为与获得美满的爱情。二是个人对自身性特征及性行为的认识,有良好的性适应,包括自我性适应与异性适应,即对自己的性征、性欲能够悦纳,与异性能很好地相处。三是对一切与科学相悖的性愚昧、性偏见及种种谬误有清醒的认识、理解并追求性文明。四是能够自然地高质量地享受性生活。

大学生性心理健康的标准与一般群体存在共性，同时也存在一些特殊性。结合已有理论和实践咨询的实践，我们将大学生的性心理健康的标准概括为以下四点。

1. 有正常性欲望

随着性生理的成熟，大学生会出现正常的性需求和性欲望，这是个体发展的基本规律之一。正常的性需求和性欲望包括两个层面的内容，第一是对象正常，即个体产生性欲望的对象是成年的、健康的。恋物癖是性欲望对象异常的表现。性欲望正常的第二个标准就是性欲望适度，既不是对性狂热地迷恋，也不是对性毫无兴趣。

2. 对性有科学的认识

人的理性行为是以对问题的科学认知为基础的。大学生要有健康的性心理就必须对性有科学、系统和全面的了解，需要了解性冲动和性欲望产生的原因及应对方式。只有在正确了解的基础上，大学生才会真正懂得如何保持性生理和性心理的健康。

3. 能与异性和谐相处

大学阶段，个体的性心理逐渐成熟，与异性交往的需求增加，机会增多。此时能否与异性和谐相处成为个体性心理健康的标准之一。具体表现为懂得与异性交往的方法并且交往适度，能够正确区分与异性之间的友情与爱情。在交往过程中，既不故步自封，也不开放随便。

4. 有良好的性道德

性道德是性心理健康的最重要标志。健康的性道德首先起源于对性的正确认识和辨别。大学生需要学习必要的行为规范，在两性交往中遵守社会规范，学会尊重他人，有对对方的责任心和对自己性欲望的有效自制力，并且要学会区分性文化中的精华与糟粕、淫秽与纯洁，以对性的正确认识和正确的爱情观为基础，在面对性欲望时对自己的行为能有效调节和控制，促进自身性心理的健康发展。

总之，性心理健康不仅包括在认知层面上对性欲望、性特征及相关性知识的科学全面了解，也包括在行为层面上能够合理与异性和谐相处，能够有效调节自身的性欲望，更包括在道德情感层面上尊重他人、有责任心以及对低级淫秽行为的厌恶与抵制。

【案例分析】

“我们像所有正在交往的情侣一样，一起吃饭，一起上网，一起逛校园。我们彼此很喜欢对方，从开始到现在，哪怕是未来，我想我都会一直喜欢他，他也是。于是我们牵手、接吻、拥抱……接下来有点麻烦了，他想和我发生性行为，但我想我是有点保守的，有时候我们亲密接触时，看着他难受又难过的样子，我也不好受，几乎就想妥协了。我们很相爱，可是该如何处理我们之间的关系呢?”这个女孩在恋爱里一直这样左右为难着。

分析：目前社会上对婚前性行为持有比较宽容的态度，大多数大学生对婚前性行为也都持宽容态度。有调查显示，认为“只要有爱情就可以发生性行为”的占27%，认为“只要能结婚就无妨”的占11%，认为“只要双方愿意就行”的占45%，可以说，当代大学生更注重满足自己对情感的需求。但对婚前性行为，社会上更多持有谨慎、严肃的态度。

性是两人同意分享亲密的感觉，虽然很多人只是“让它自然发生”，但可能会导致无法挽回的结果。性行为的发生要求当事人事先有成熟的考虑——因为它涉及责任，尤其是对于一个在经济上尚未独立、心理上尚未足够成熟、对自己的行为还缺乏负责的能力的大学生而言。在决定是否要有性行为之前，请先思考以下几个问题。

第一，这与我的价值观和文化观相冲突吗？

第二，我会感到羞耻或罪恶吗？

第三，我害怕如果没有性就会被对方抛弃吗？

第四，是因为周围人都这样做吗？

第五，是想证明自己是个有魅力的男人或女人吗？

第六，我能否为对方担负责任？

第七，事先我和伴侣畅谈性事吗？

第八，我了解伴侣过去的性史吗？

第九，我有避孕和预防性病的有效措施和心理准备吗？

少数人认为，可以用性达到某种目的，或者认为性就是爱情，这种观点是错误的。

第三节　大学生常见恋爱与性心理问题及调适

爱情虽然甜蜜，但也会带来复杂、独特而微妙的情感体验，容易产生心理困扰。

大学生刚刚步入成年阶段，对待感情往往容易出现各种心理问题，给自己带来一定的苦恼，甚至影响学业。那么，大学生常见的恋爱心理问题有哪些呢？面对这些问题，又该如何进行调适呢？

一、大学生恋爱常见问题与调适

（一）如何区分友谊和爱情

如何把握友情与爱情的界线，许多年轻人都存在这一困扰。很多大学生在同异性的交往中往往把握不住感情的分寸，错把友谊当成爱情。有的人认为，男女之间只有爱情而没有友谊。这样也就造成更多的人对异性间的友谊感到茫然，对异性间的友谊采取回避的态度。那么应该如何看待异性之间的友好情感？怎样区别爱情与友谊的关系呢？

首先，友谊与爱情之间既有区别又有联系。不管是友谊还是爱情，它们都是人们彼此之间的一种真挚感情。友谊是爱情的桥梁。有许多爱情都是以友谊为先导的，是在友谊的基础上建立起来的，并贯穿于整个爱情关系之中。但是友谊不等于爱情，友谊也不一定都能发展为爱情。所以，友谊与爱情之间是有区别的。

第一，友谊与爱情是两种不同性质的感情概念。友谊是朋友之间一种平等的、诚挚的、相互信赖的关系，它不具有异性间的吸引力，表现在感情上带有平和、深沉的色彩。爱情则是男女相互之爱，具有异性间的相互吸引，在感情上具有表现热烈、激情、奔放的特点。

第二，友谊是广泛的交往，不分男女，不限对象。而爱情只限男女二人之间，它是男女之间的爱慕之情，只能忠贞不贰，不允许任何第三者涉足。

第三，友谊可能是暂时的，可因环境、工作的改变，认识上的分歧而随时发生变化。而爱情一旦确立，双方结婚后，要患难与共，白头偕老。

第四，友谊关系中，主要承担道德义务，朋友之间讲原则，做到忠诚、热情、互助。而爱情在缔结婚姻关系之后，要承担法律义务，婚姻家庭受法律保护。

其次，莫把好感当爱情。在青年男女交往中，有的人往往把好感当爱情，只要对方对自己好，就认为对方对自己“有意思”，有的人甚至把对方一颦一笑，误认为是暗送秋波，有心示意，结果往往导致一些错误的行为。好感作为人际交往中的一种情感，是对他人言行、品质、举止表示肯定的一种态度，它的对象是广泛的。异性之间的好感，有时颇像爱情，但好感并不就是爱情。二者之间的区别在于，爱情除了感情的萌动之外，还需要有各方面的深入了解，理想、志趣等的高度一致；而好感却不一定有这些因素。对异性的强烈好感可能会转变为爱情，但并不是所有对异性的好感都能转变为爱情。

（二）如何表达爱

当你确定你心目中的另一半出现后，接下来就是爱的表达了，很多人因为单相思而苦恼，往往就是没有勇气或是不懂如何把自己的爱表达出来。怎样恰到好处地表达爱呢？这就是爱的表达艺术。

一要选择最佳时机，即要选择对方和自己都处于好心情时，双方关系融洽，情绪轻松愉悦。

二要选择合适地点，应是能私下面谈的地点，不会给对方和自己造成心理紧张和不适的地点。

三要选择恰当方式，即选择你自己最擅长，对方又最容易接受的表达方式。求爱的表达方式多种多样，在不同的恋爱期，爱的表达方式也是不同的。

恋爱初期，可以选择当面表达、书信表达、电话表达、网聊表达、信物表达。恋爱达到一定程度时，人们渴望用语言、行为，尤其是身体的接触来表达自己的感情。性爱的行为主要有牵手、挽臂、接吻、拥抱、爱抚、性交。含蓄而文明的爱的表达方式，不仅符合社会道德要求，而且有助于爱情的健康发展。过分亲昵的行为，粗俗甚至野蛮的示爱，不仅会引起对方的反感，给纯洁的爱情蒙上一层阴影，甚至造成恋爱挫折。

【课堂体验】

如何表达爱情？

表达爱的方式多种多样，可以试用以下方式。

(1)用你的眼睛传达爱。这是一种比较含蓄的方式，当对方注意到你的注视时，不要逃避，镇定坦然地凝望，把你的爱意表现在眼睛里。

(2)用你的行动来关爱。用实际行动来表示对倾慕对象的关心、帮助和亲昵，如下雨天送雨伞，对方生病时前去看望，或者投其所好。

(3)用书信和字条来传情。如果你无法用言语大胆地说出爱意，写下你爱的誓言也是很好的方法。

(4)送去代表相思之情的爱情信物。如红豆,装有自己照片的心形相框,亲手做的首饰、荷包、手工艺品等,让对方睹物思人,知道你的心思。最经典的表达方式就是送上一枝系着“我爱你”卡片的红玫瑰。

请选择其中一种方式或独创一种方式进行角色扮演,之后评论,交流。

大学生已成年,怎么去爱那是他们自己的事情,但在公众场合,有些人太过张扬地表达自己的真诚爱意。这种用心良苦、浪漫性的示爱方式就能感动对方吗?对方能够接受这种公开的示爱吗?假如对方不喜欢你、不爱你、不答应你怎么办?公开地制造社会舆论是否给被求爱者带来了各方面的伤害?是否给对方带来了精神压力?是否会使对方被其他同学取笑?是否会影响对方今后的生活、工作和学习呢?

爱情是美好的,追求浪漫的示爱方式无可厚非。但喜欢对方、爱对方并不是要通过制造惊天动地的浪漫爱情故事来感动对方。在校大学生,应当以学业为重,若是为了赢得爱情,太过张扬地制造惊天动地的爱情故事,可能会影响自己的学业,还会增加家庭的经济负担。

【幸福解码】

爱的五种语言测试

放松心情,用 15～30 分钟做以下测试,选出一个最能代表你觉得被爱的方式。

1. 我喜欢收到那些称赞我的字条 A
   我喜欢被拥抱 E
2. 我愿意花时间与我认为重要的人单独在一起 B
   当别人给予我实际帮助时,我感觉被爱 D
3. 我愿意收到礼物 C
   我喜欢朋友或亲人的探访 B
4. 当别人给予我帮助时,我感觉被爱 D
   当朋友或亲人触摸我时,我感觉被爱(如:手搭肩膀,拥抱等) E
5. 当我欣赏/仰慕的人将他/她的手搭在我肩膀上时,我感觉被爱 E
   当我欣赏/仰慕的人送我礼物时,我感觉被爱 C
6. 我喜欢与我的朋友或者与我爱的人到处去旅行 B
   我喜欢与对我来说特别的朋友牵手或者击掌 E
7. 礼物对我来说很重要 C
   当别人给予我肯定时,我感觉被爱 A
8. 我喜欢坐在我喜欢的人的旁边 E
   我喜欢听到别人说我美丽 /英俊 A
9. 我喜欢花时间与我的亲人或者朋友一起 B
   我喜欢收到朋友或者亲人所送的小礼物 C
10. 话语上的肯定对我来说十分重要 A

我知道当别人帮助我时，他们是爱我的 D

11. 我喜欢与朋友或者亲人一起做事情 B

我喜欢听到别人对我说有爱心的话 A

12. 对我来说别人所做的比他/她所说的更重要 D

拥抱对我来说让我觉得有价值，被看重 E

13. 我珍惜称赞，我也尽量躲避批判 A

我会珍惜几份不昂贵的有意义的礼物多过一份很贵重的礼物 C

14. 当我与朋友或者亲人一起做/讲一些事情时，我感觉我们很靠近 B

当朋友或者亲人触摸我时，我会感觉和他们比较亲近 E

15. 我喜欢别人称赞我的成就 A

当别人为我做一些他/她不喜欢做的事情时，我知道那是因为他/她爱我 D

16. 当朋友靠近我时，我喜欢他们触碰我 E

我喜欢别人全神贯注地听我说话 B

17. 当朋友或者亲人在工作或者其他的事情上帮助我时，我会感觉被爱 D

我喜欢收到朋友的礼物 C

18. 我喜欢别人称赞我的外表 A

当别人愿意花时间来明白我的感受时，我会感觉被爱 B

19. 当一些特别的人触摸我时，我感觉安全 E

当别人愿意为我做事时，我感觉他们爱我 D

20. 我感激别人为我所做的事 D

我喜欢收到对我来说特别的人送给我的礼物 C

21. 我享受别人给予我的那份全神贯注的时刻 B

当别人为我服务时，我感觉很快乐 D

22. 当别人送我生日礼物时，我感觉被爱 C

当别人以正面的字句(书面/话语)来为我庆祝生日时，我感觉被爱 A

23. 我知道当别人送我礼物时，他/她正念着我 C

当别人愿意帮助我，分担我需要做的事情时，我感觉被爱 D

24. 当别人耐心听我说话而且不打岔时，我会感觉开心 B

当别人在特别的日子里送我礼物时，我会感觉开心 C

25. 我喜欢我的亲人/朋友能在日常的事情上帮助我以代表他们对我的关心 D

我享受能与朋友/亲人去旅行 B

26. 我享受被我亲密的人(亲人/朋友等)拥抱或者去拥抱他们 E

在不是特别的日子里收到礼物能使我兴奋 C

27. 我喜欢听别人告诉我他们欣赏我 A

我喜欢他人能在说话时候看着我 B

28. 朋友或者亲人送的礼物对我来说都非常珍贵 C

朋友或亲爱的人碰触我时，我感觉非常好 E

29. 当别人十分热情地为我做事情时，我感觉被爱 D

当别人对我说他们十分欣赏我时，我感觉被爱 A

30. 我需要每天被触摸(如拥抱、拍拍肩膀) E

我需要别人每天对我说肯定我的话 A

做完测试，请统计自己的选择，其中 A、B、C、D、E 各有几个？

A—肯定性的话语

你需要你的亲人、爱人或者朋友，总之是关系亲密的人经常给你一些肯定的话语(如称赞、鼓励等)，在他们这样的肯定、表达里，你能感觉被爱。

B—优质时间

当你亲密的人，花时间来跟你做一些事情时，不管时间长或者短，也不管你们做的具体是什么事情，但是，对方把注意力都放在你身上，这时你感觉被爱。比如，一位母亲陪她的孩子一起玩球好，还是陪孩子的时候接打电话好？时间不管长短，也不管做的是什么，但是，时间要有质量。

C—接受礼物

当别人送给你礼物时，你会感觉被爱。

D—服务的行动

你喜欢对方为你做事情。比如有一个人是通过服务的行动来感受爱，你即使跟他说再多肯定的话语，他都不会有感觉，但你如果给他倒一杯水，可能感动他，让他感觉被爱。

E—身体的接触

有些人需要通过身体语言感觉被爱，在身体接触时，比如拥抱、牵手等，才能感觉被爱。

(三)如何拒绝爱

在大学阶段的学生正处在青春期，因此相互之间容易产生好感，并由此进一步发展为对异性的爱慕，所以就会出现求爱与被爱的事情。当我们得到所期望的求爱时，内心会感到莫大的满足和幸福，但是当求爱的人是自己不满意或不喜爱的对象时，就会感到莫大的苦恼。苦恼的根源在于我们既想拒绝这一爱情表白，又怕伤害了对方的心。尤其在对方与自己有深厚友谊时，这苦恼就来得更为强烈。然而，不管多么困难，不能接受的爱情总是要拒绝的。对大学生来说，拒绝别人的求爱更是件不容迟疑的事。只是，要选择好方法和时间，以下是针对这种情况发生时的一些建议。

第一，态度要坚决。拒绝难免是一种伤害，但不能因此而犹豫不决。如果拒绝的态度不够坚决，很容易造成误会，尤其是对方处在深爱你的状况，你所采用的出于礼貌或者是顾全的思想，会让对方觉得你也是爱他的，至少是让他觉得还有希望的，最后往往带来比拒绝更大的伤害。

第二，尽量维护对方的尊严。为了减少拒绝给对方的心理伤害，也使对方更易于接受，要尽量设法维护对方的心理平衡，尽量减少对方的内心挫折。具体说来，你不妨先对对方的人品和才华等加以赞许，然后说明你为什么不能接受求爱的理由；说出的理由要合乎情理，最好从对方的角度提出有利的方面，让对方觉得拒绝也是为了他（她）好；如果必须向旁人解释，你不妨把消极原因归因于自己，避免给他人形成一个你拒绝了他的印象。这种方法尤其适用于拒绝那些心理比较脆弱的人，可以避免一些极端现象的出现。

第三，选择恰当的方式。应该考虑到你们平素的关系和对方的个性特点，选择面谈或书信等方式，但最好不要采用托人转告的方式，因为这显得对对方不够尊重，还可能带来不必要的麻烦。这种方法的采用，也可以结合第二点，也就是在和他面谈或者是书信说明时，可以对他进行肯定的评价，但是，更重要的是要结合第一点，也就是肯定对方的同时，让对方知道你拒绝他的态度，不然的话会让对方觉得你也爱他。

第四，选择合适的时机。一般来说，不要在对方刚表白时立即加以拒绝，因为此时会让对方很难接受；但也不可拖延太久，给对方造成误会。当然，具体选择什么时机，要视具体情况而定。最好是在对方表白后的三四天时间内，这样对方的情绪也比较稳定了，你的拒绝也不会让对方感到太受伤害，同时也让对方明白了你的态度。

上述几点都是拒绝真心求爱时应该注意的。如果对方属无理纠缠，则应取得师长及同学们的帮助，不留情面。更不要因此影响了自己的生活和学习，给自己带来不必要的麻烦。

【幸福专栏】

拒绝别人不可心软

女孩：我和他在一个班级，最近这一段时间，他发过来的短信都比较暧昧，还有让我做他女朋友之类的。我一直没有回复，又觉得不回复也不太好。我想拒绝他，做个了断，又怕伤面子伤感情，以后上课每天都要见面的。如何既拒绝他的求爱又能保持朋友关系？

赵老师：不管多么困难，不能接受的爱情总是要加以拒绝的。你的心情我理解，可是你既要拒绝，还要保持朋友关系，这就很难。

女孩：为什么？

赵老师：因为朋友和恋人的距离比较近，容易让人混淆两者的界限。

女孩：那怎么办呢？

赵老师：你可以先按着拒绝求爱而保持同学关系来努力。

女孩：嗯，好吧。

赵老师：要慎重。一定要考虑清楚自己的感受，是一时冲动还是深思熟虑，别拒绝了又后悔。

女孩：我已经想清楚了。

赵老师：要尊重。要尊重对方的人格，理解对方对你的感情。不要对对方进行嘲讽，更不要将其公之于众。要尽量维护对方的尊严，降低拒绝给对方的心理伤害，设法维护对方的心理平衡，尽量减少对方的内心挫折。

女孩：这个我明白。

赵老师：要果断。拒绝要及时，不要犹豫不决，越拖延越难解决。越拖延，他投入的感情越多越深，就越难解脱，你也就越难拒绝。

女孩：是的。我着急也是因为这个。

赵老师：要坚决。拒绝难免是一种伤害，如果你拒绝的态度不够坚决，很容易造成误会，最后往往带来比现在更大的伤害。

女孩：是的。

赵老师：要婉转。具体来说，第一，凡是这样的短信一律不予理睬，平时也不同他开玩笑。过一段时间他就觉得没意思了。

女孩：如果这一招儿不管用怎么办？

赵老师：第二，用同样的方法，给他发短信："你不要跟我开玩笑了，这个玩笑我一点也不喜欢！"以后不论他说什么，只要是这个意思的，你都要认为他是开玩笑，让他知道你在拒绝他。

女孩：如果他还不停止追求呢？

赵老师：第三，最好直接面谈，不要采用托人转告的方式，因为这显得对对方不够尊重，还可能带来不必要的麻烦。你不妨先对对方的人品和才华等给予肯定，然后说明你为什么不能接受求爱的理由，让对方觉得拒绝是为了他好，如"我与你不合适""我会耽误你的前程"。把消极原因归于自己，指出是自己配不上他，而避免单单造成一个你拒绝他的印象。

女孩：有道理。可是我觉得力度不够。

赵老师：第四，如果想加大力度，面谈时要认真严肃，不要搞得太轻松，有说有笑的。在说完上述话之后，你就说："主要是我和你在一起没感觉。"只要是懂道理的人，听了这句话，就会知道没戏了。

女孩：这样说，我又怕他会伤心。

赵老师：拒绝别人不可心软，你不要有对不起之类的内疚感，长痛不如短痛，这样对双方都好。

女孩：如果他还不死心，想邀请我吃饭之类的，怎么办？

赵老师：可转移。穷追不舍的人也是有的，你实在推不开，就叫上一位好友，甚至可以找一位和他条件相当的女性朋友，一同前往，没准他们能互相看好，你正可以一箭双雕，既解脱了自己，又成全了他人。

女孩：哈！这一招儿不错！

赵老师：勿收礼。在这个过程中，还要提醒你，一定要坚定信心，千万不要心软，不要接受他的礼物。有一个女孩，就因为不忍心让追求自己的人伤心，收下了对方送给她的礼物，结果纠缠不清，对方就认为这是接受了求爱。可她说绝对没有这个意思，只是怕对方伤心。可是这样反而使对方更难过。所以不要好心办坏事，不要给对方造成任何误解和幻想。

女孩：您提醒得太对了。

赵老师：勿动情。有一位女孩非常优秀，她的同学千方百计追求她，她开始极不情愿，可时间一长，她就心软了，心想对方都爱到这个份儿上了，还能有谁超过他呢？于是就答应了。可是婚后不久就发现这个人性格偏激，办事常常不顾他人的感受，而且不负责任，两个人还是离婚了。

女孩：这个女孩太不幸了。

赵老师：她心肠太软，头脑太热。从那位男同学求爱的极端方式就可以看出其性格的严重缺陷，只考虑自己，不管他人，这种爱的实质是爱自己，是自私。真正的爱，是要让被爱的人感到舒服，感到幸福，感到自由。因此，千万不能误认为这是有诚意。

女孩：有您的提醒，我不会被他人左右的。还是说我的这位同学吧，还有什么需要注意的呢？

赵老师：只要你内心坚定，方式委婉，他按理来说，不会再有非分之想了。作为一般同学，你就公事公办，从学习角度出发，维持正常关系就行了。

女孩：好的，谢谢您。

（四）如何解决爱的冲突

亲密的人彼此在心理上依赖度很高，生活中的交集也很多，但毕竟是两个不同的人，对每一件事的看法、生活习惯、价值观排序很难相同。双方难免会因为某些事情而发生争吵。如何吵一个具有建设意义的架，避免冲突恶化，也就成为进入亲密关系的人的必修课。以下有一些建议，提供参考。

首先，对彼此的沟通方式差异和对亲密的质与量的需求有一定的了解，如此可以减少许多不必要的争吵。

假如真的发生争执了，也不用太害怕去面对，可以注意以下几个方面。

（1）声调、语气：当发现自己声调和语气太激烈时，稍微放松缓和一下，就不会在战火上添油，也不会让亲密的人感受到被威胁。如果对方的声调和语气太激烈，也可提醒对方，请对方慢慢地说。

（2）非敌对态度：敌对不是我们的目的，我们的目的是要接纳彼此的不同和达成共识，我们虽然意见不同，但我们有一个共同的目标，就是要对问题达成可接纳的共识。

（3）轮流说话：冲突往往伴随激烈的情感，你和对方可能都处于这样的状态，或者对方情绪更激动，更急于一下把话全部说完，那么可以约定一次就一个人说话，说话的人一边说话一边把情绪纾解出来，就不再那么冲动了；听话的人就先听，先稳住自己，等对方先告一段落，再说出自己的感觉、想法，只有当彼此都比较平静时的沟通，才能更有效率地解决问题。

（4）如果对方还没有准备好要沟通，那么就先不要勉强对方，否则可能带来更多负面的情绪，不妨再等一阵子，因为这样会带来更好的结果。同时告诉自己不要太快放弃沟通。

（5）吵架最好对事不对人，要明确你不喜欢对方做某件事或你不同意对方的某一想法，而不是你不喜欢对方这个人或你完全否定对方整个人，要有这样的区分和尊重。

（6）最好直接沟通，不要请人传话，因为这样会让传话的人感觉左右为难，而且每个人的表达方式不同，让他人传话可能会引起误会。要勇敢地学会面对面沟通。

(7)有时,对方要的只是一句“对不起”。如果你错了,就真诚地先说一句“对不起”,三个字就可以化解冲突,何乐而不为?然后,可以将自己当时之所以会那么做或那么说的情况说明一下,让自己有表达的机会。如果觉得错在对方,也可以表明希望对方表达歉意,或让对方明白你的需求和期望。

(8)如果你们已经进入失控的状态,此刻最好的方法就是暂时先离开吵架的情境,双方约定时间再谈。先各自离开情境,冷静一下,才能让自己比较理性、客观看待事情和体会彼此的立场。

爱的冲突一方面来自日常生活中的不一致,或不协调;另一方面可能来自性格的差异。相爱的人不是寻求两人的一致而是看如何协调、合作。爱需要包容、理解、体谅。

【幸福专栏】

恋人之间如何“越吵越亲密”?

(1)把争吵看作是恋人间碰撞、交流的一种方式,通过争论来了解对方,进行沟通,拉近距离。

(2)双方发言的机会要均等,不要唱独角戏,要有倾听对方的耐心。

(3)不计较谁占上风,从对方的角度看问题,理解比赢得争吵更重要。

(4)弄清楚为什么争吵,找到背后的原因,寻求一种两个人都能接受的解决方法或平衡点。

(5)使争论的范围仅限于当前的问题,避免形成一种“算旧账”的局面,否则就会使争吵的规模无限升级,会使双方的争论问题偏离主题,让对方觉得是在“揭丑”,或给对方以不可理喻之感。

(6)态度不可过激。争吵中也可穿插一句温柔或赞美的话,这能消除对方的怨气。有时也可说一些幽默的语句或笑话来自我解嘲,缓和紧张气氛。

(7)及时道歉,态度要诚恳。一句不诚恳的道歉会使情形更糟糕。同时,等待道歉的一方也需要耐心。另一方断然拒绝道歉是不明智的行为,这会使双方关系受到长远的影响。

【课堂体验】

姑娘与水手

一艘船遇上了暴风雨,不幸沉没了。船上的人中有5个人幸运地乘上了两艘救生艇。一艘救生艇上坐着水手、姑娘和一位老人;另一艘上坐着姑娘的未婚夫和未婚夫的亲戚。气候恶劣,波浪滔天,两艘救生艇被打散了。

姑娘乘的救生艇漂到一个小岛上。与未婚夫分开的姑娘惦记着未婚夫,千方百计地寻找,但找了一天,一点线索也没有。第二天,天气转好,姑娘仍不死心,继续寻找,但还是没有找见。

有一天，姑娘远远地发现了大海中的一个小岛，她就请求水手："请修理一下救生艇，带我去那个岛上好吗？"水手答应了姑娘，但提出了一个条件，必须和他过一夜。陷入失望和困扰的姑娘找到老人，与他商量，"我很为难，怎样做才好呢？请您告诉我一个好方法。"老人说："对你来说，怎么做正确，怎么做错误，我也不能替你做决定。你就按你的想法去做吧。"姑娘万般无奈，寻未婚夫心切，答应了水手的要求。

第二天早上，水手修好了艇，带着姑娘去了那个小岛。远远地，她看到了岛上未婚夫的身影，不顾船未靠岸，从船上跳进水里，拼命往岸上跑，一把抱住了未婚夫。在未婚夫温暖的怀抱里，姑娘想：要不要告诉他昨晚的事呢？思前想后，姑娘下决心说明情况。未婚夫一听，顿时大怒，一把推开她，并吼着："我不想再见到你了。"转身跑走了。

姑娘伤心地边哭边往海边走。见此情景，未婚夫的亲戚走到她的身边，用手拍着她的肩膀，说："你们两人吵架我都看到了，有机会我再找他说说，在这之前，让我来照顾你吧。"

要求：对刚才的故事中出现的5个人物（水手、姑娘、老人、未婚夫、亲戚），按照自己的好感程度排序，然后简单地写下原因。选择完后在组内交流，每个人说明自己的想法，并统计全组的倾向性意见。通过听取他人意见，小组成员受到启发，可以修正自己的意见。每个小组派出代表进行交流，在共同讨论中表明自己的价值观，也可以了解他人的价值观，促进深入思考，逐渐确立正确的价值观。

（五）如何面对爱的丧失

任何爱都要承担风险，没有毫无风险的爱。爱的风险包括因爱而失去一些东西，因爱而受到伤害，以及爱的失去等等。

一般来说人们会以四种方式来分手。

一是沉默式分手。什么也没说，什么也没做，两个人渐渐疏远，不再联络。

二是宣泄式分手。将交往这段时间种种不悦发泄出来，告诉对方要分手。

三是协议式分手。约一个合适的时间、地点，将两人不适合在一起的原因说明白，让双方有从容的时间处理情绪与未尽事宜。

四是谈判式分手。你的归你，我的归我。

根据调查，人们选择的分手方式中最多的是沉默式分手，最少的是协议式分手，而专家最建议的是采取协议式分手，因为理性平和的过程最不容易造成伤害。如果你是那个主动提出分手的人，请找个地方静静想清楚自己为什么要分手，分手有什么好处，有什么坏处。准备好自己表达的方式、态度和理由。调整好情绪再出发，以说"我"的角度切入，态度温和而坚定，别总是数落对方的不是。慎选谈分手的时间和地点，时间最好是白天，因为晚上时人的情绪较难控制，地点最好是公开、安静、有旁人但不会干扰你们谈话的地方。

被分手的人，在对方提出分手后，要先保持冷静，听完对方怎么说，别从"我被甩"的角度看事情，而从"了解对方是怎样不快乐，在事件中的我是怎样的心情"的角度来了解事情，来看是否可能有转圜的空间；及从“留一个心不在我身上的人，两人会不会幸福?”的角度来看感情的未来。

其实，分手不见得都会带来不愉快的情绪，许多人也体会到分手带来的成长与学习，比如更懂得控制和表达情绪，更加独立。分手后的反思能让人认清自己对感情的真正需要，了解以前对异性的不合实际的要求。更能体谅别人，更能和别人沟通，更懂得爱。

当我们用健康的心态来看待分手时，分手也许就不再那么令我们害怕和不敢面对，我们也能看见分手的正向成长意义了。

【幸福专栏】

蜜蜂与鲜花的寓言

玫瑰花枯萎了，蜜蜂仍拼命吮吸，因为它以前从这朵花上吮吸过甜蜜。但是，现在在这朵花上，蜜蜂吮吸的是毒汁。蜜蜂知道这一点，因为毒汁苦涩，与以前的味道有天壤之别。于是，蜜蜂气愤不过，它吸一口就抬起头来向整个世界抱怨，为什么味道变了?!

终于有一天，不知道是什么原因，蜜蜂振动翅膀，飞高了一点。这时，它发现，枯萎的玫瑰花周围，处处是鲜花。

放弃并不容易，爱情中的放弃尤其令人痛苦。有观点认为，爱情是对我们幼小时候的亲子关系的复制。幼小的孩子，无论从哪个方面看，都离不开父母。如果父母完全否定他，那对他来说就意味着死亡，这是终极的伤害和恐惧。我们多多少少都曾体验过被父母否定的痛苦和恐惧，所以，当爱情——这个亲子关系的复制品再一次让我们体验这种痛苦和恐惧时，我们的情绪很容易变得非常糟糕。

不过，爱情和亲子关系相比，有一个巨大的差别：小时候，我们无能为力，一切都是父母说了算；但现在，我们长大了，我们有力量自己去选择自己的命运。可以说，童年时，我们是没有翅膀的小蜜蜂，但现在，我们有了一双强有力的翅膀。

当深深地陷入爱情时，我们会感觉回归童年，我们会忘记自己有一双可以飞翔的翅膀。等我们自己悟出这一点后，爱情就不再是亲子关系的复制了，我们的爱情就获得了自由，就有了放弃的力量。

切记：爱情是两个人的事情，是两个完全平等的、有独立人格的人的事情。你可以努力，但并不意味着你努力了就一定会有效果，因为你并不能左右另一个人。

所以，无论你多么在乎一段爱情，如果另一个人坚决要离开你，你也不要任凭痛苦的折磨。你已成人，你有一双强有力的翅膀，你完全可以飞出一段已经变成毒药的关系。

二、大学生性心理问题与调适

(一)性行为失当

边缘性行为和婚前性行为是大学生性行为失当的两种主要表现形式。边缘性行为是指两性之间由于性吸引而产生的一系列亲昵性行为。如两性交往中，具有性吸引倾向的牵手、谈话、拥抱、接吻、抚摸身体等。对于边缘性行为缺乏正确认识的大学生，往往会存在一些心理的困惑甚至心理障碍。已有的研究证明，大学生中，约25%的男生和50%的女生在经历了边缘性行为之后会产生认知和情绪的问题。如有的女学生担心自己怀孕，有些产生自卑、自责，还有部分学生存在较长时间的恐惧和焦虑。婚前性行为是指没有配偶的异性或同性之间在未履行结婚登记手续的情况下发生的非单方面性行为。中国计划生育协会、中国青年网络、清华大学公共健康研究中心联合发起了一项调查——全国大学生性与生殖健康调查，调查显示，在对婚前性行为的态度上，75.14%的男生以及55.03%的女生表示“自己可以接受”。而且，从大一年级到大四年级，大学生对于婚前性行为的整体接受度也在逐年增长，大四学生整体可以接受的比例达到了86.56%。但是，当性行为的发生并非彼此的初衷时，事后所产生的懊恼、自责及罪恶感会给双方带来很多的困扰。

【案例分析】

这是一位女大学生的求助信：我是刚刚进入大学认识他的。他是我的老乡，在我初次离家孤独时给予我很多的安慰与帮助，不知不觉我陷入了恋爱之中。随着交往的深入，我们的恋爱也不仅限于精神层次的交往了，彼此从身体上渴望接纳对方。于是在一个晚上，我们发生了性行为。虽然我们还在恋爱，可每一次在一起我总会想到性，我会感到恐慌，经常觉得所有人都知道我们的事，现在我也陷入深深担忧中，如果今后我们分手怎么办？我真不知道如何面对？

分析：这是典型的因为婚前性行为造成的内疚与自责，心理无法摆脱自责的感觉。尽管当代大学生性观念与性行为比较开放，对婚前性行为持基本认可、宽容的态度。但是，大学生毕竟在性心理上还不成熟，在发生性行为时，并没有对可能由此产生的痛苦做好准备。许多大学生在思想准备不足的情况下，过早地发生性行为后产生恐慌、后悔、罪恶感。有的大学生认为既然发生了性关系，就不能再分手。如果遇到感情波折甚至分手，生活和学习会受到极大的影响，他们甚至会舍弃自己的生命。还有的大学生对性关系不慎重，把性的给予等同于爱的付出，给自己和他人带来不可弥补的伤害。

樊富珉在《大学生心理健康与发展》中指出，大学生婚前性行为一般存在三个特点：一是突发性，即性行为的发生在毫无心理准备的情况下。这样的性行为大多发生在男女朋友的生日、圣诞节、情人节、假期后等时间段。二是自愿性而又非理智性。部分大学生常常在不完全清楚性行为科学知识的前提下，自愿而不理智地发生性行为，当不清洁、不科学的性行为引起生理疾病或者怀孕时懊悔不已。三是反复性。研究者发现，一旦大学生冲破心理防线，性行为便会多次反复发生。

婚前性行为的常见问题就是女性的未婚先孕，这给当事人带来身心上巨大的压力和痛苦。研究者调查发现，在发生性行为之后，百分之八十以上的男女生都会感到焦虑不安和严重的自我否定。对性行为的结果持否定态度的男生占到近百分之四十，而女生认为性行为有害的比例超过百分之八十。可见，大学期间的性行为，会对当事人的身心发展产生严重影响，同时婚前性行为的后果不受法律保护，因此会破坏道德规范和社会行为准则，影响社会风气，还可能导致一系列的家庭和社会问题，值得全社会的广泛关注。

（二）性幻想和性梦的困惑

性幻想是与性有关的虚构想象，又称性想象，是一种普遍存在的性心理现象。当个体在现实中或者影视剧中看到恋人之间的亲昵行为时，就可能幻想出自己与心爱的对象在约会、拥抱、接吻等性行为，性幻想可以使个体情绪兴奋，有时甚至于达到性高潮，有时可以使个体的性紧张得到一定的缓解，但是作为一种白日梦式的幻想，事后往往会使个体感到内疚、荒唐，并因此而自责，也有可能使个体产生不当性行为。

性梦与性幻想最大的区别主要是发生的时间，性幻想是在个体意识清醒时产生的，而性梦是指在睡梦中发生性行为。这也是青春期性成熟后出现的正常的心理、生理现象，在青年中普遍存在。性梦是指人在梦中与异性谈情说爱，甚至发生两性关系。性梦与个体白天的现实生活有着或多或少的联系，在性梦产生时，个体在现实中被性道德等社会和自身因素压抑的性欲望被释放出来，在一定程度上缓解了性紧张，有助于个体的性心理健康。由于部分大学生对性知识的缺乏，对性梦的不了解，往往在梦醒之后对梦中的行为感到深深的自责、内疚和懊悔。

（三）与异性交往的不适应

大学生逐渐进入成年早期，在社会生活中与异性的交往是不可避免的，这也是正常社会交往必要的组成部分。如果缺乏与异性的交往，不仅不利于个体人格的成熟与完善，社会适应能力也会存在很多的问题，但是由于害羞、自卑、内向、被动等因素，部分大学生的确存在一些与异性交往的不适应，出现诸如见不到面时思念、见到面时躲避、一说话就脸红等问题。大学生与异性交往的不适应主要表现在两个方面：一个是回避或拒绝，另一个是随意或放纵。部分现代社会的大学生对异性敬而远之，也有部分同学认为男女之间除了谈情说爱之外，不可能有真正的友情，从而要么积极主动谈恋爱，要么静静地自我欣赏。还有些大学生由于缺乏自信心或者性格内向而回避与异性交往，持续一段时间后又会对自己的回避产生深深的自责。对于上述类型的大学生来说，伴随着性生理、性心理的逐渐成熟，与异性交往的需要与日俱增，但是由于他们不正确的交往观念、回避态度导致的交往中的退缩行为会使他们内心产生强烈的冲突。这种冲突导致个体产生的紧张焦虑如果不能得到及时缓解，就可能导致个体产生社交障碍。

此外，随着现代社会的发展，部分大学生性观念和性行为产生了巨大改变，使他们在性行为中表现出极大的随意性和放松性。有些大学生将异性当作游戏对象，他们认为那些能够与异性广泛、频繁交流的人是“有本事”的，于是他们在与异性的交往中表现得非常轻率，往往不分对象、不加选择地与各种类型的异性交往；有些大学生在交往过程中采取种种不当手段，如通过夸大自己的家庭背景或者在学校的影响力进行欺骗，甚至采取性挑逗、性骚扰的方式与异性交往。这种与异性交往的观念将阻碍他们正确爱情观的形成，长此以往，将严重影响其身心健康，甚至患上难以治疗的性生理疾病。

（四）大学生性心理的调适

第一，学习性生理、性心理的有关知识，了解青春期性意识的发展规律，树立科学健康的性观念，培养良好的性道德，做好充分的心理准备，以迎接必然到来的性成熟。这有利于消除由性意识观念产生的罪恶感、自卑感等自我否定倾向。

第二，学会大方、潇洒地与异性交往。在青春期，异性间正常、健康的交往有助于缓解性压抑，破除对异性的无知和神秘感，形成健康的性心理。

第三，培养广泛的兴趣，增强理性感。大学生在青春期精力充沛，情感丰富，充满了青春活力。因此，大学生在青春期要培养广泛的兴趣，把旺盛的精力转移到学习知识、培养兴趣、增长技能上，避免各种不健康因素的干扰和刺激，避免沉湎于各种性满足。

第四，养成良好的生活习惯，注意生殖器官的卫生。良好的生活习惯（包括早睡早起，积极参加体育锻炼等）是青春期身心健康的首要条件。大学生要养成健康、有规律的生活习惯，勤洗澡，勤换内衣裤，以健康的身心、健美的体态迎接性成熟。

第四节　大学生恋爱与性健康教育

一、培养大学生健康的恋爱心理

（一）树立正确的恋爱观

恋爱观是指一个人对爱情的认识和态度，以及对恋爱动机、爱情本质等基本问题所持的基本观点和态度，它受个体人生观、价值观和世界观的影响。正确的恋爱观是个体健康爱情生活的基础，对于爱情的产生、维持与发展具有非常重要的作用。

1. 端正恋爱目的

所有男女之间的真正的爱情都是自由的和值得尊重的，它虽是男女双方的私事，但同时又是人类的社会行为。大学生的恋爱目的多种多样，但很多人忽略了爱情的社会性，认为自己出于什么样的目的都是自己的事情，因此会有功利型、情欲型和慰藉型的恋爱出现，这些类型的恋爱大多往往以失败告终，对一方或者双方都造成伤害。正确的恋爱目的应该是寻找志同道合的爱情，恋人之间彼此相爱是因为他们有相同的、积极的人生目标，在思想品德、事业理想和生活情趣等方面大体一致。这样的爱情是双方发自内心的真挚情感。只有志同道合的爱情才能经得起时间和苦难的考验，只有以寻求志同道合的伴侣为目标的恋爱才能够茁壮成长，恋爱关系才能够长久。

2. 理智、文明交往

爱情是人类孜孜以求的最高尚、最美妙的情感之一。爱情的高尚性不仅体现在人们端正的恋爱目的，更表现为在追求爱情过程中的理智与文明。这种文明首先表现为相互尊重，恋爱过程中既可以因为双方的真心倾慕而开始，也可以因为一方在爱情中感到志向不相投而在彼此认真交流之后结束。当代大学生要能够文明地开始爱情，也要懂得理智文明地分手。此外，在爱情的过程中，理智与文明体现在表达爱情要选择适当的时间和空间，表达过程要尊重对方，要含蓄委婉地为对方留下考虑的机会。真正的爱情不是那种不分时间、不分地点场合的不合适的亲密行为，而是对爱情的真诚与敬畏，是对对方的尊重。爱情需要注入更多的文明和理性才可以长久。

（二）正确处理爱情与生活的关系

对于个体的发展来说，每一时期都有核心目标任务要完成。爱情自青春期开始，随着个体年龄的增长，爱情对个体的重要性变得越来越突出，但是在大学阶段，它仍然不是这一时期的核心目标。大学生要学会处理爱情与其他生活环节的关系，将爱情摆在适当的位置。

1. 分清主次，正确处理爱情与学习的关系

大学时期是个体精力最旺盛、学习能力最强的时期，这时最应该做的是不断地通过知识的学习、体育锻炼、文艺活动来充实自己，为将来的生活做好铺垫和准备。所谓厚积才能薄发，只有在大学期间为自己的人生理想习得必要的技能，才能在未来的人生中游刃有余。当然，有的大学生会认为，爱情是为自己美好人生的一种准备，但是这一时期的爱情会受到物质基础、工作的选择、家庭环境等多个因素的影响。我们尊重所有美好的爱情，更尊重以学业为主的、将爱情与学业相互结合、对学习产生促进的爱情。因为这种爱情更加充实，在构建爱情的过程中，已经通过学业对其进行了必要的铺垫。

2. 摆正爱情与人生的关系

神圣的爱情是我们美好人生的重要组成部分，在人生中具有不可替代的作用。爱情几乎是每个社会个体孜孜以求的，但不是人生的全部，如果大学生将爱情作为生活的全部，只能说明其生活不够丰富。有的大学生说没有爱情我不知道怎么活下去，但是他显然不清楚只有爱情他仍然活不下去。正如文学家裴多菲的观点一样，“生命诚可贵，爱情价更高。若为自由故，两者皆可抛”，爱情可能比生命重要，但是还有比爱情更为重要的，那就是自由地追求人生目标。我们可以把自己的生活定位在爱情上，但是你很快就会发现，这种目标往往持续的时间很短。所以，大学生既要尊重爱情，又要有更明确和更充实的人生目标。

二、大学生健康性心理的培养

两性的交往活动是最能体现一个个体人格健康水平的社会活动。在两性交往的过程中，一个人的社会适应能力、生活态度、情绪调控能力等方面会得到较为全面的展现。塑造大学生健康的性心理，需要从认同并欣赏自己的性别角色、具备自我控制与调整婚前性行为的能力两个方面展开。

（一）认同并欣赏自己的性别角色

性别角色是指根据性别而规定的一种行为及思维模式，其形成主要与种属和两性的生理特性有关。性别差异是人类社会交往活动产生和发展的重要原因之一，拥有正确的性别角色意识是性心理健康的重要体现。首先，大学生应该从生理层面识别并接受自己的性别角色。其次，大学生要以更具政治、经济、文化和风俗习惯的差异表现出适应周围社会环境的行为模式。此外，有部分大学生表现出对自己的生理外貌特征不满意或者不能接受，这类大学生应认识到外貌特征产生的原因以及可改变的程度，积极接受自己。通过不断地提高自己的人格魅力和意志品质，取得性心理的平衡，获取爱情和事业的成功。

（二）具备自我控制与调整婚前性行为的能力

1. 通过多种途径学习性知识

大学生面临的许多性心理困扰往往都是由缺乏性知识导致的。因此，大学生可以通过查阅专业书籍、网络检索等途径学习一些基本的性知识，了解有关性生理和性心理发展的普遍规律，以正确的态度看待性行为的各种表现，用科学的方法调适性心理问题，进而消除对性的困惑和误解，减轻心理负担。需要注意的是，大学生要对性知识的获取有所选择和过滤，以避免不良信息对身心的侵害和冲击。

2. 大学生应慎重面对婚前性行为

大学生处于个体发展的青年期，生理发育成熟，性的欲望强烈，当遇到真心相爱的人时产生性的冲动是正常的。大学生要正确认识婚前性行为的危害，在恋爱中学会正确控制、把握自己的感情和行为，同时，要把恋爱中基于爱情的性行为与性放纵、性违纪行为区分开来。要积极引导大学生掌握必要的针对性冲动的自我调适方式，使大学生健康地度过恋爱阶段的性冲动期。

【幸福结语】

爱情无疑是大学生最为关注的话题之一。大学生恋爱早已不再是“犹抱琵琶半遮面”了，它是那样的具有魅力，拨动同学们的心弦，令人寻觅和向往。然而，恋爱问题恰恰又是大学生们最感困惑的问题之一，严重影响到他们的学习、生活乃至人格的健康发展。因此，关注大学生的恋爱心理和性心理，培养大学生正确的恋爱行为，成为大学生心理健康教育工作的一项重要内容。

由于大学这个特殊的社会环境，以及大学生自身的一些因素，许多人在承受学习压力的同时也承受着恋爱与性有关的各类问题的困扰。随着年龄的增长与心理、生理的逐渐成熟，大学生有爱与被爱的权利，如何正确地驾驭爱情并且将其转化成人生发展进步的动力是每一个人都需要正视的问题。当代大学生应正确地认识爱情的本质，处理好恋爱关系，这样，爱情就会给人生带来幸福，否则就可能成为人生不幸的诱因。

当代大学生在恋爱中表现出的种种不良心理状态，影响着大学生的身心健康。因此，社会、学校、家庭应共同致力于帮助大学生处理好爱情和学业的关系，指导他们树立正确的恋爱观，引导他们实现自我价值。

【幸福锦囊】

（1）人因为相同而吸引，因为不同而成长。

（2）我爱你不是因为你是谁，而是我在你面前可以是谁。

（3）爱情不是人生的全部，你的人生还有很多事情要做。

（4）所有的关系都是自己与自己的关系。

（5）保持彼此独立又相互陪伴的关爱。

(6)爱情需要维护和经营。

(7)爱情是一件宁缺毋滥的事,急不得。有爱情,便全心对待,没有爱情,一个人也惬意。

(8)好的爱情永远是相互的,双向奔赴的爱情才有意义。

(9)你若盛开,蝴蝶自来。爱情如此,生活如此,事业也是如此。

(10)好的爱情,是遇见对的人,也遇见更好的自己。

【幸福行动】

(1)根据自己的实际情况制订一个恋爱计划,按“GROW”模型展开行动:

G(goal)——确定目标,你想找一个什么样的恋人?明确你自己的核心恋爱价值观和选择恋人的最核心需求。

R(reality)——了解现状,你现在所面临的状况和遇到的困扰主要是什么?

O(options)——选择方案,有什么方案能帮助你实现目标。制订你的交友计划。

W(way forward)——承诺行动,展开行动,把握你的交友计划实施的情况。

(2)掌握爱的五种语言,找到适合自己和恋人的“爱的语言”,用对方喜欢的方式表达爱意,并引导对方用自己喜欢的爱语来表达。

第九章　学习心理与幸福人生

【幸福导读】

通过本章的学习，使大学生了解大学学习活动的基本特点与学习心理特点，了解大学生学习心理障碍的表现及成因，学会调适学习心理障碍，帮助大学生拥有良好的学习心理状态。

第一节　学习概述

学习最早见于《论语·学而》："学而时习之，不亦乐乎？"在我国古代，学与习两字是分开使用和理解的。所谓的"学"，主要是指获取知识和技能，有时指接受各种感性知识和有关书本知识。它与"思"相对，有时又兼有思的含义。所谓"习"，主要是指巩固知识和技能。它一般有三种含义：温习、练习、实习。

【热身活动】

年龄与学习的关系

每位同学准备好小卡片和笔，认真地写出自己从小学到大学自己对学习的认知及态度的变化，写完后交给任课教师，任课教师从收集上来的卡片中随机抽取10张进行分享和讨论。

【案例分析】

小陈、小王都是大二的学生，疫情开始时，在得知卡点招募志愿者的信息后，第一时间报名，都成了志愿者。这两名正值青春的大学生在这场没有硝烟的战场上用自己的行动谱写了一曲青春赞歌。刚来的第一天，他们就感受到了一线人员的辛苦，更加坚定了自己应该也为抗击疫情献出一份力量的决心。刚到达志愿者岗位时她们只是协助社区工作人员维护现场秩序，随着疫情的发展，再加上天气寒冷，她们看到信息登记人员长时间登记信息冻到手指僵硬，为了让居民们减少排队时间，二人便穿起防护服协助进行信息录入工作。二人在志愿服务中还摸索出一些小技巧，遇到上年纪的老人，说话就大声点，遇到小朋友和有些性子急躁的人就多些耐心和细心，慢慢沟通，确保信息登记无误。

一、学习的概念

在心理学中，学习是一个十分广泛的概念：学习是由于经验所引起的行为或思维的比较持久的变化。在这个定义中，体现了四个观点：第一，学习是动物和人共有的心理现象，虽然人的学习是相当复杂的，与动物的学习有本质区别，但不能否认动物也是有学习的；第二，学习不是本能活动，而是后天习得的；第三，任何学习都将引起适应性的行为变化，这些变化有的是外显行为的变化，有的是内隐行为或内部过程的变化，即个体内部经验的改组和重建，这种变化不是短暂的，而是长久的；第四，不能把个体的一切变化都归为学习，只有通过学习活动产生的变化才是学习，比如成熟、疲劳、创伤、用药等虽然均能引起行为的变化，但这些变化均不能称为学习，必须把两者区别开来。就学习和疲劳、创伤等的比较而言，学习引起的行为变化，其质量往往趋于提高；而疲劳等引起的变化，其质量往往趋于降低。学习和成熟虽然都能提高行为的水平，但是学习是获得新的经验，它与特殊的外界情景发生联系，变化的速度较快；成熟则是由内部生理发育引起的，变化的速度较慢。当然，二者相互影响，密切相关。

二、学习的类型

（一）加涅的学习分类

1970 年加涅根据学习水平不同，由简单到复杂，由低级到高级，将学习分成了八类。

1. 信号学习

信号学习即巴普洛夫的经典条件反射学习。形成学习的条件：第一，信号刺激与无条件刺激同时出现；第二，信号刺激与无条件刺激必须多次配合重复出现。

2. 刺激—反应学习

刺激—反应学习即斯金纳的操作条件反应学习或工具性学习。形成学习的条件：第一，学生做出正确的反应后必须给予强化；第二，立即强化，强化时间越短，学习效率越高；第三，刺激情景必须多次出现。

3. 连锁学习

连锁学习是一系列刺激—反应的联合。形成学习的条件：第一，练习；第二，刺激是连续的；第三，及时给予强化。

4. 语言连锁学习

语言连锁学习也是一系列刺激—反应的联合，它是由语言单位所连接的联合。

5. 辨别学习

辨别学习即学会识别多种刺激的异同并对之做出不同的反应。辨别学习实质上是知觉学习，即是对知觉的分化。

6. 概念学习

概念学习是学会对同一类刺激做出同样的反应，也就是对事物抽象特征的反应。

7. 规则学习

规则是两个或两个以上概念的联合。规则学习即是了解两个或两个以上概念之间的关系。

8. 解决问题的学习

解决问题的学习也叫高级规则的学习，即在各种情况下，使用所学规则去解决问题。

加涅的这一分类中，前三类都是简单的反射活动，许多动物也能完成。前四类是基础性的，相对比较简单，大部分在学龄前已经习得。后四类主要是在学校通过学习获得。

加涅还按学习结果的不同，把学习分为言语信息的学习、理智技能学习、认知策略学习、态度学习、运动技能的学习。

（二）奥苏伯尔的学习分类

美国心理学家奥苏伯尔把学习从两个维度分类：一个维度是根据学习进行的方式，把学习分为接受学习和发现学习；另一个维度是根据学习材料的性质及学习者的理解程度，将学习分为机械学习和意义学习。

1. 接受学习与发现学习

接受学习是指学生接受现成的概念、结论、原理，是课堂学习中"教师讲、学生听"的学习方式。在接受学习中，学习者不需要独立发现学习对象的特征和联系，仅以对学习内容的理解和记忆为基础，把学习材料归纳于自己的知识和操作方式的认知结构即可。发现学习是教师启发学生独立发现事物意义的学习。学习材料一般以未有定论的实际性材料为主，而不是现成的结论。发现学习以发现和解决问题为基础，是学习者对信息的重新组织和意义转换，从而发现学习对象或现象隐蔽着的特征和联系。

2. 机械学习与意义学习

机械学习是指学习没有意义联系的材料，或学习者在学习中并未理解材料间的意义联系的学习。例如，幼儿能背几百首唐诗，这种学习建立在"死记硬背"的机械记忆基础之上。机械学习也是必需的学习方式之一。意义学习指通过理解学习材料的意义联系而掌握学习材料的内容的学习。意义学习的实质是符号所代表的新知识与学习者认知结构中已有的适当观念之间建立起实质性和非人为的联系。

意义学习有以下四个先决条件：

第一，学习材料本身具有逻辑意义，即新旧知识在人类认识范围内可以建立实质性的联系。

第二，学习者认知结构中具有同化新知识的有关观念。

第三，学习者必须有意义学习的心向，有一种将新知识与旧知识发生联系的愿望。

第四，学习材料本身必须能建立实质性和非人为性联系。

任何学习，只要符合以上条件，就是意义学习。

（三）马汀的学习分类

美国当代教育学者马汀从社会的角度观察了学习者，按学习者获取知识的方式进行学习的分类，包括以下几类。

1. 教师传授式的学习

通过教师传授式的学习方法所获得的知识，其实只占了人的一生中所学知识的10%。这种学习方法最传统，在我们目前的学校教育中仍占主导地位。

2. 学生自主的学习

在学生自主的学习活动中，学习内容与学习者本身紧密相连，其方法包括探索、试验、自我教育、调查和保持好奇心等。

3. 在潜移默化中学习

人们在学习语言、文化、习惯和一些社会规则及行为时常用到这种方法，实际上人们70%的知识都是通过这种方法习得的。

4. 通过反思学习

人们在对自身知识结构进行反思时，常常会产生一些具有创造性的观点。这种学习需要一定的内在的能力，如综合、创新和解决问题的能力等。反思学习有利于灵感的突现和创新意识的激发。在目前的学校教育中，使用这种学习方式的仅占1%～2%。

马汀的分类法摆脱了以往“只有心理学才能研究学习”的学术传统，从新的视角考察学习，使一般人能通过这种方法清楚地反思自己的学习类型。对各种学习在目前教育和学习中所占的比例进行分析，有利于教育者和学习者共同改进学习，达到最佳的学习效果。

（四）言语学习

言语学习可以分为概念学习、原理学习、问题解决的学习三种类型。

1. 概念学习

概念是指一类具有共同特征的事物或观念的符号。概念学习就是通过学习过程获得这些符号或观念的过程。任何知识的学习都离不开对概念的学习。大多数学习者对概念的学习和运用往往都是不自觉的。例如，笔有钢笔、圆珠笔、铅笔、毛笔、粉笔、画笔等，其共同特征是“书写的工具”。

2. 原理的学习

原理是指以命题的形式表达的几个概念之间的关系。原理学习又称规则学习或命题学习，它建立在概念学习之上。原理学习是习得句子所表达的意义，即在学习材料和头脑中已有的知识之间建立实质性的非人为的联系。原理可以理解为定理、定律、公式等。原理学习可通过精细加工（如做笔记、写概要、用自己的话写注释、自问自答等）和组织（归类整理等）进行。在原理学习的过程中，学习者要注重原理的应用，联系已学过的知识，掌握丰富的例证，解决实际问题，加深对原理的理解。

3. 问题解决的学习

问题解决是学习的高级形式，它是在已具有的知识、经验、技能或概念的基础上，根据问题的要求对其进行重新组合，形成一个适应问题要求的方案。学习者可通过尝试错误法、顿悟法、类比法以及信息加工心理学中重新表述问题、手段—目的分析、逆向法等方法解决问题。

（五）根据学习内容和结果分类

根据学习内容和结果，学习可以分为三种。

1. 知识的学习

知识是人类对客观事物的属性、联系和关系的反映，是人类社会经验的主要组成部分，是人类进行交际、生活、生产的主要工具，是人类学习的主要内容之一。知识的学习是学生学习中的一种最基本的、最主要的学习。知识的学习回答的是知道或不知道以及知道多少的问题。

2. 技能的学习

技能是通过练习形成的一套活动方式，是人们顺利地完成行动所不可缺少的调节因素。它包括动作技能和心智技能，前者是我们看得见的活动方式，后者是看不见的心智活动的方式。技能的学习，不仅要解决知道与不知道的矛盾，还要解决做什么和怎样做的问题，要解决会与不会、熟练与不熟练的问题。

3. 道德品质和行为习惯的学习

行为准则也称社会行为规范，是人类社会生活中各种人与人之间关系的反映，是用以调节人的社会行为的工具。不同的社会，人的社会行为规范不同。这也是社会经验的一个重要组成部分。道德品质和行为习惯的学习是一项更为复杂的学习，不仅是认识层面的学习，还是行为和习惯的学习。言行是否一致是学习的重要标准。因此，它是学生学习的一种极为重要的类型。

三、几种主要的学习理论

(一)学习的联结理论

学习的联结理论是21世纪由桑代克首先提出来的，后经行为主义心理学家华生、斯金纳等人的进一步发展，成为一个较为完整且影响较大的学习理论。这一理论用刺激与反应的联结即条件反射来解释学习过程。它解释了学习发生的原因以及影响学习的主要因素。

(二)学习的认知理论

学习的认知理论以格式塔的顿悟说、托尔曼的认知论、布鲁纳的学习理论等为代表。格式塔强调在整体环境中研究学习，同时还强调知觉经验组织的作用。它认为，学习是知觉的重新组织，这种知觉经验变化的过程不是渐进的尝试与错误的过程，而是突然领悟的。托尔曼关于学习的理论受格式塔理论的影响。他认为外在强化并不是学习产生的必要因素，不强化也会出现学习。另外他还强调内在强化的作用。在学习过程中存在着尝试与错误的过程，在多次尝试中，有的预期被证实，有的则未被证实。预期的证实是一种强化，就是内在强化，即由学习活动本身所带来的强化。布鲁纳是美国当代著名认知学家。他认为，学习是认知结构的组织与重新组织。他强调学生发现学习，认为学习是积极主动的过程。他也非常重视内在动机与内在强化的作用。

(三)人本主义的学习理论

人本主义心理学兴起于十九世纪五六十年代，代表人物是马斯洛与罗杰斯。其基本观点有四点。

第一，重视人的尊严。

第二，重视人的主观性、意愿和观点。

第三，重视人的价值、人的创造性和自我实现。

第四，重视良好的人际关系。

人本主义的学习理论有以下几点。

第一，学习是有意义的心理过程，而不是机械的刺激和反应联结的总和。

第二，学习是学习者内在潜能的发挥。人类的学习是一种自发的、有目的、有选择的学习过程。教学任务就是创设一种有利于学生学习潜能发挥的情境，使学生的学习潜能得以充分的发挥。

第三，从学习的内容上讲，罗杰斯认为应该学习有用的、有价值的内容。

第四，最有用的学习是学会如何进行学习。罗杰斯强调对学习方法的学习和掌握，以及在学习过程中获得知识和经验。

（四）建构主义的学习观

建构主义认为，世界是客观存在的，但是对世界的理解和赋予意义却是由每个人自己决定的。我们以自己的经验为基础来建构现实。由于个体经验以及信念的不同，对外部理解也就不同。所以建构主义关注原有经验、心理结构和信念。建构主义认为学习是学习者在一定的情境即社会背景下，借助他人的帮助，利用必要的学习资料，通过意义建构的方式而获得的。其理论核心是：以学生为中心，强调学生对学习的主动探索，主动发现和对所学知识意义的主动建构；学习需要交流和合作，强调教学过程对情节的创设，强调资源对意义建构的重要性。

第二节　大学生学习动机及学习的特点

一、大学生学习动机的特点

随着大学生身体、心理与社会性发展，大学生的学习动机有以下特点。

1. 学习动机的多元性

大学生学习动机的多元性主要表现为四大类。第一类是报答性和附属性学习动机，如为了报答父母的养育之恩，为了不辜负老师的教诲，为了取得其他同学的认可和获得朋友的支持等而学习；第二类属于自我实现和自我提高的学习动机，如为了满足荣誉感、自尊心、自信心、满足求知欲等而学习；第三类属于谋求职业和保证生活的学习动机，如为了获得一个理想的职业和高回报的收入而学习；第四类属于事业成就的学习动机，如希望自己在专业上有所建树，希望自己能对社会有所贡献，深感使命感、责任感和义务感等。大学生学习动机的四种类型，实际上也表现出大学生在学习中的不同层次和水平。在同一个大学生身上，其学习动机也是多种多样的。

【大学心事】

小张今年已经大三了，一直优秀的她一向对自己要求很高，当然这也与家庭的期望有关，她的父母都是具有高级职称的学者，在父母的言传身教下，她从小就知道努力与奋斗。在大学，她进行了认真细致的生涯规划，一步一个脚印向前走。她成绩拔尖，大学二年级通过国家六级和托福考试，为将来出国做好准备；大学三年级入党。在大学，她像一只陀螺飞速运转着，锻炼自己在各方面的能力，珍惜大学的分分秒秒，因为她相信，付出总有回报。最近她却发现，她离自己的目标越来越远，她忽然怀疑起自己的学习能力，感到自己在学习上的优势在减弱，甚至多年积累的自信也受到挑战，她忽然开始担心未来，一时间不知道该怎么办才好。

2. 学习动机的间接性

调查研究表明，大学生的直接性学习动机，如分数赞赏、奖励、避免惩罚等随着年级的升高而逐渐减弱；而间接性学习动机，如求知欲、探索、成就、创造、贡献等，随年级的升高而逐渐加强。

3. 学习动机的职业性

由于部分学生的高考志愿并非出自学生个人的意愿(如囿于高考分数的限制或听从父母的意见等)，不少大学一年级学生都有专业思想不巩固的问题。但是随着年级的升高，学生对所学专业的了解日益加深，认识到所学专业的作用，从而对自己所学专业的喜爱程度逐年加深，职业化的学习动机开始逐渐巩固。

当然，大学生学习动机的发展也存在着很大的个体差异。造成这种差异的原因是多方面的，如社会、家庭、教师及大众传播的影响，学生集体的相互关系，个人的成败经验及成就动机等，都会直接影响大学生的学习动机。

二、大学生学习的特点

1. 专业性

大学是培养高级专业技术人才的地方，因此学习活动的安排都是围绕专业来进行的，学校的课程都是为适应社会发展的需要而设置的，因此，大学生入校后要树立起专业观念，培养对专业学习的兴趣，了解所学专业的知识结构和能力结构，以专业学习为重点，不断充实自己，为将来的良好发展奠定基础。如果学习目标不明确，或对所学专业不感兴趣，学习目标分散，兴趣过于广泛，知识基础不扎实，会导致大学生学业不佳，甚至影响整个大学生活质量。

2. 广泛性

第一，课程增多，有基础课、公共课、专业课、实践课等；第二，课外活动增多，学校为了引导大学生全面发展，组织各种各样的活动，增设与学习相关的选修课程；第三，学习形式多种多样，虽然课堂教学还是大学学习的主要途径，但大学生可以依靠多种渠道来获得知识；第四，校外实践活动多样，大学的实践性教学活动占有很大的比重，这就要求大学生加强社会实践和科研等实践性的环节。

3. 创造性

学习有三个层次：吸收性学习—模仿性学习—创新性学习。中学的学习以继承性为目的，主要是前两个层次，大学学习要将创新性学习逐步提到主导地位，要将三个层次的学习结合起来。因此，大学生不仅要求理解、巩固、掌握已有知识，还要学会发现问题，分析问题，从新的角度解释已知现象，探索未知领域，取得创新成果。

4. 独立性

大学新生入学后，往往感到不适应，主要是对独立性的不适应。

第一，不适应独立生活。离开家庭，起居饮食、穿戴洗晒等生活琐事不能再依赖父母等亲人；在陌生的环境不能迅速建立新的人际关系，情绪不稳，感觉孤独。

第二，不适应独立学习。大学课程量大、内容多，老师讲得不细，自学时间、空间多，不知道如何自主安排学习活动。

第三，不适应独立思考，习惯于老师“抱着走”，学习无主见，不会制订学习计划，不会选择选修课、辅修专业和课外活动。

对大学学习独立性特点认识得越晚，“不适应期”越长，大学生越易陷入矛盾和困惑，产生学习动机冲突，导致焦虑情绪。

5. 实践性

大学阶段是学生走上社会实践的准备阶段。大学课程中，实践性教学环节占很大比重，实践性教学占有重要地位。如实验课、现场教学、见习和毕业设计、计算机操作训练、科研活动、社会调查等，都是培养解决问题的能力和提高实践能力的重要途径。许多专业要求理论和实践相结合，因此在重视学习理论知识的同时，更要注意参加实践活动。随着时代的发展，实际操作、动手能力显得更为重要。

6. 探索性

和中学相比，大学的教学内容更多的是介绍各派理论观点和最新学术发展动向方面的知识，这就要求大学生的学习观念从正确再现教学内容，向汇集百家之长、形成个人见解的方向转变。大学生从在教师指导下完成作业，到独立完成毕业论文（或毕业设计），都带有明显的探索性质。

第三节　大学生学习能力培养及创造力开发

一、大学生学习的目标和任务

大学生在校期间学习的目标和任务应该是全方位的，具体主要有学会学习、完善人格、提高素质和能力、学会健康的生活四方面。

1. 学会学习

《学习的革命》一书中提出，怎样学习比学习什么更为重要。大学生重要的是学会怎样学习和怎样思考，要活学活用，形成良好的学习习惯，而不要“死读书，读死书”。

2. 完善人格

做人是做事的基础。我国的教育目标中明确提出，我们培养的是德、智、体、美、劳全面发展的人。从心理健康角度讲，大学生要成为智力正常、情绪稳定、意志健全、人格完整、自我评价正确、人际关系和谐、适应能力强的人。

3. 提高素质和能力

大学培养的是高级专业技术人才，需要具备一定的素质和能力。

第一，大学生必备的基本素质有四个方面。一是思想政治素质，包括科学的人生观、世界观，坚定的政治立场，正确的政治方向，要具备坚定的共产主义理想和信念等；二是道德素质，包括强烈的爱国主义情感、全心全意为人民服务的思想和艰苦奋斗的精神、集体主义精神、科学创新精神、敬业奉献精神、民主精神、合作精神等；三是科学素质，包括精深和广博的知识结构，正确的科学意识和科学观念，科学的思维方式和工作方法，求实的科学精神和科学态度；四是身心素质，大学生只有保障身体健康和心理健康，才能谈创业，谈发展。

第二，大学生必须具备的能力。能力是工作的必备条件，能力不是天生的，要经过学习和训练才能获得。新时期的大学生应当具备以下几种能力：①熟练运用专业知识的能力；②敏锐的信息收集能力及对信息的分析、综合能力；③一定的组织管理能力；④流畅的语言表达和写作能力；⑤勇往直前的开拓创新能力；⑥建立和谐人际关系的能力。

4. 学会健康的生活

不会生活的人就不会工作，生活习惯的好坏是衡量一个人心理健康的标准之一。新时期的大学生要做文明生活的倡导者，健康生活方式的推行者。具体可从以下两个方面做起。

第一，树立科学的健康观。从发展的观点看，真正的健康就是在经常变化的环境中能对抗紧张，经得住挫折和压抑，能积极安排自己的各种生活，使自己的智慧、情感融为一体，生活和精神充满生机，达到生理和心理的健康。

第二，培养合理的理财观念。调查发现，80％的同学经济来源于父母，有小部分的学生以勤工助学作为生活来源，也有一小部分学生以奖学金或助学贷款作为主要生活来源。在个人理财方面不少学生知识贫乏，不懂得合理规划收支，影响自己的学习、生活、交往等活动。

二、大学生学习方法的掌握

（一）掌握知识理解的学习方法

1. 什么是知识的理解

理解是指个体运用已有的知识经验去认识未知事物的联系，直至揭露其本质及规律的一种思维活动。学生对知识的理解就是把抽象的知识（词、概念、法则、规律等）和它们所概括的事物的形象，通过思维加工，在头脑中结合起来。

2. 影响大学生知识理解的主要因素

第一，学习材料本身的性质。①教材本身具有逻辑意义和内在联系，比无内在联系的学习材料容易理解。②教材的具体—抽象化程度也影响理解。在一般条件下，具体事物的概念最容易理解，空间形式的概念次之，之后是数概念，社会性事物的概念最难掌握。③教材所必不可少的学习材料的多少及材料之间关系的复杂程度。教材本质所包括的必不可少的学习材料越多，材料之间必须结合的关系越复杂，掌握该概念就越困难。

第二，原有知识的概括水平。若原有知识的概括水平较高，那么在原有知识背景上，再学习新的知识就比较容易。

第三，有理解学习的心理准备。知识的理解是一个积极主动的过程。为此，先要有积极理解的心理准备，要将学习的材料与自己原有的知识内在联系起来。否则，采用机械记忆的学习方式，只能做人为的、字面上的联系。

第四，已掌握的基本概念的正确程度。高一级的概念或复杂的概念和法则、原理的学习，往往要借助于已有的基本的概念。基本概念掌握的不准确，往往会影响后面要掌握较高一级的概念、法则和原理。

3. 促进大学生知识理解的方法

第一，丰富的感性材料可以促进对知识的理解。感性知识是理解知识的源泉。对知识本质的认识是以大量的感性材料为基础的，它是从大量感性材料中分析、综合、比较、抽象、概括、判断和推理而来的。大学教师主要采用直观的办法帮助学生取得感性认识。一般直观主要有：①实物直观，即通过实物使学生获得直接的感性经验，如教学中的标本展览、实验、实地参观、访问和考察等；②模象直观，即通过模拟实物的形象提供感性材料，如各种图片、图表、模型、幻灯和教学电影等；③言语直观，即通过教师形象化的语言描述或举例，使学生在头脑中形成有关事物的表象，从而获得感性知识。因此，大学生要结合教学中获得的直观印象，重视感性知识的学习和积累。

第二，重视知识本身的结构和体系，有助于对知识的理解。任何知识都不是孤立的，它都处于一定的知识体系之中，其本身都有一定的结构。应掌握良好的知识结构，因为有核心、有条理、有层次的知识体系，使得人对知识的理解更透彻。大学生在学习完每一章的知识后，可以做一个知识结构图。知识结构图的内容要涵盖所学知识的全部内容，要反映出知识间的内在联系，层次要清楚，概括性要强。做知识结构图的过程，是对所学知识的再梳理过程，也是建立知识间更广泛联系的过程，更是探索知识间本质联系的过程。

第三，积极的思维活动可以促进知识的理解。理解知识的过程离不开积极的思维活动。因此，大学生要善于通过自己的思考来寻求对知识的了解，发现要点，获得各种知识，养成勤于思考的习惯，形成善于思考的本领。积极的思维还表现在学习上要富有一定的批判精神，对教师、教科书的讲解和论述力求有自己深刻的理解和独到的见解，不盲从，敢于质疑或否定，这样才能提出问题并真正理解所学知识。

（二）掌握记忆的学习方法

1. 充分利用有意识记，也不忽视无意识记

根据识记有无明确的目的，人的识记有“无意识记”和“有意识记”两类。无意识记是指没有明确的识记目的，也不需要意志努力所进行的识记。有意识记是指具有明确的识记目的，并采取一定的方法进行的识记，有时还需要一定的意志努力。大学生的学习主要依靠有意识记，在其他条件相同的情况下，有意识记的效果比无意识记好得多。

2. 尽量运用意义识记,促使机械识记意义化

根据材料的性质以及人对材料的理解程度、采用的方法,可把识记分为机械识记和意义识记。机械识记是只依据材料本身的表现形式或外在联系去进行机械重复的识记。意义识记是通过对材料的理解而进行的识记。在日常生活和学习工作中,有意地利用意义识记,并辅之以机械识记,达到在理解的基础上熟记的目的,是记忆的最好方法。有时,我们可给本来无意义的材料赋予一种认为的意义,使机械识记转化为意义识记,以提高记忆效果。如:日本富士山的高度是12365英尺(约3.77千米),则正好借用"十二个月三百六十五天"来识记。

3. 手、脑、眼、耳并用,提高识记的效果

多种分析器同时参加活动是提高理解和识记成效的重要条件。我国宋朝教育家朱熹就曾说过:"余尝谓读书有三到:心到、眼到、口到,心不在此,则眼看不仔细;心眼既不专一,却只漫浪诵读,决不能记,记亦不能久也。三到之中,心到最急;心既到矣,眼口岂不到者乎?"所谓"心到",是指要用脑子思考;所谓"眼到、口到",是重视多种感觉器官的协同作用。

4. 对识记内容进行编码、组织

要提高识记的效果,需要良好的方法,这就要看我们如何利用自己已有的知识经验去组织识记的材料。组织识记的具体方法很多。例如,将识记材料分门别类地整理好,使其系统化,这样有助于记忆。又如,借助于直观形象识记,利用数字特征去识记,编写材料提纲去识记等。因此,要大力提倡意义识记,即在学习材料理解的基础上进行识记,这在全面性、速度、精确性和巩固性等方面都比机械识记优越得多。

5. 采用记忆术

第一,分类记忆法。把一定的记忆材料分成适当的类别进行记忆的方法。

第二,联想记忆法。一切记忆的基础在于观念和体验的联想,联想是指由一种经验想起另一种经验。

第三,形象比拟法。一种用形象事物来比拟抽象事物的方法,使抽象的事物变得直观,便于理解和记忆。

第四,谐音记忆法。利用读音的相似把无意义的材料转化为有意义材料的一种方法。

第五,奇异联想法。利用奇怪的违反常理的联想,把那些看上去毫无联系的东西联系在一起的方法。

第六,简约记忆法。把事物的特征概括化的记忆方法。它既简单明了,又突出特征,使记忆变得简洁。

第七,歌诀记忆法。把要记忆的材料变成韵律化的歌谣口诀。

第八,定位记忆法。"标钉法",是在自己的"记忆仓库"中准备好一系列位置固定的"货架",当识记一系列材料时,可以按顺序往"货架"上存放,以保证提取时有条不紊的记忆方法。

6. 加强复习,防止遗忘

所谓遗忘是指识记的内容会被忘记。德国心理学家艾宾浩斯对遗忘现象进行研究,总结出了遗忘的规律,认为遗忘的进程是不均衡的,遗忘在识记后立即开始,在识记后的短时间内遗忘得很快,随着时间的进展,遗忘的速度逐渐缓慢。根据这一规律可进行有效的复习。

第一,及时复习和分配复习。根据遗忘过程的规律,必须在识记后及时复习,不要等遗忘了再去复习。有研究表明,在学习结束时,立刻用2分钟的时间进行复习,效果最好,这2分钟也被称为黄金2分钟。当天识记的材料，当天就进行复习，这样记得牢固扎实。不仅要及时复习，而且要经常复习。在复习时间安排上，开始时复习时间要长一些，间隔时间要短。以后复习的时间和次数可以减少，间隔时间可以长一些。一般地说，分配复习（在时间上有一定间隔的复习）优于集中复习（连续地进行复习），但优异的程度视许多因素而定，如材料的意义性、组织形式、难易程度等。

第二，复习要多样化。实验证明，以同一频率持续刺激神经元，则神经元的反应性很快消失，若稍微改变其频率，它的反应又可以发生。所以，必须注意复习多样化。采取不同的方法从不同的角度去复习同一材料，如把要识记的材料安排到新的组合中进行复习；在学习新材料时与以前获得的知识经验联系起来进行比较，找出它们之间的异同；或在复习一些比较抽象的材料时，尽可能运用一些直观的手段，使感性认识和理性认识结合起来，加深理解。总之，每次学习都要从新的角度来重现、处理旧的材料，或加入一些新的成分使之有新的提高，这比单纯地重复旧材料的效果会好得多。

第三，反复阅读和尝试背诵相结合。需要背诵的材料，在复习过程中，采取边阅读边尝试背诵的办法，复习效果会有很大的提高。这是因为在尝试背诵时，智力活动处于积极状态，为建立更多的暂时联系提供机会。同时，在尝试背诵时能较清楚地了解材料的重点和难点，及时改正背诵中出现的错误，有利于识记，也有利于保持。

（三）几种有效的学习方法

1. 整体学习法与部分学习法

整体学习法是指将学习材料作为一个整体来学习。学习过程中，将材料从头至尾反复学习，以获得对材料的总体印象和了解，并进而了解一些较为具体的内容。部分学习法是指将学习材料分成几个部分或几个具体的概念，每次集中学习其中一部分或一个具体概念。对每个具体的部分或概念要根据其难易程度的不同，具体安排学习时间或次数。

这两种方法使用起来各有利弊。整体法使人较易把握学习材料的全貌，但对具体的材料内容就可能掌握不好；而部分法则能使学习者较好地掌握每一个具体部分，但难以对材料形成一个总体印象，从而使具体学习的各部分内容不能很好地融会贯通起来。要使这两种方法最好地发挥作用，可以将二者结合起来使用，采取整体—部分—整体的方法。具体方法：首先，采用整体法，对所学材料有一个大概的了解，在头脑中形成一个较为清晰的轮廓；其次，采用部分法，对学习材料实行“各个击破”，并重点学习那些较难或较重要的问题；最后，再采用整体法，将已仔细学习过的材料作为一个整体重新复习一遍，让各部分的具体内容前后联系起来，在头脑中形成一个更为清晰全面的印象。实践证明，二者相结合的方法比单独采用某一种方法更有效。

2. 集中学习法与分散学习法

集中学习法是指较长时间地进行学习活动，学习的次数相对少一些。一次学习时间的长短则取决于所学习的材料的性质及其他因素。一般来讲，比较复杂难懂的材料，用集中法较为合适，这样可以保证学习者在一定时间内集中注意力，有利于理解并掌握那些抽象难懂的材料。但集中学习的时间不宜过长，否则容易引起学习者的疲劳，使学习效率下降。至于集中学习时间的长短，要视个人的体力与脑力情况而定。

分散学习法与集中法不同，它是指将学习时间分成几个阶段，每学习一段时间就稍事休息。实验证明，假如分散学习的时间不是太短，这种方法是较为有效的。至于每次分散学习的时间的长短，也要视学习材料的性质以及个人的具体情况而定。

3. 过度学习

所谓过度学习是指对知识达到勉强可以回忆的地步后，仍然继续进行学习。也就是说，在对知识技能全部学会以后再继续学习一段时间，以达到巩固学习成果的目的。

研究表明，过度学习越多，保持率越高。但有一点也要注意，过度学习超过 50%之后，对内容的记忆效果有下降的趋势。因此，并非过度学习越多，学习效果越好，它有一个限度，在这个限度之内，过度学习的学习效果较好。一般来讲，中等程度的过度学习效果较佳。

4. 迁移学习

迁移学习就是指先前的学习或训练的内容对后来类似的学习或训练的内容的影响。在迁移学习中，也有正迁移与负迁移之分。在应用迁移学习的方法时，要尽可能地促进正迁移，避开负迁移。

三、大学生的个体差异与学习

（一）学习者的生理差异

学习者的生理差异可以从学习时间偏爱、感知觉通道的偏爱、学习环境的偏爱等几个方面来了解。

1. 学习时间的偏爱

每个学习者都有自己的生物节律，表现在学习时间上也有不同的偏爱，在不同的时间段里进行学习会产生不同的效果。有人喜欢在清晨，有人喜欢在上午，有人喜欢在下午，还有人喜欢在晚上学习。根据学习者对不同学习时间的偏爱，可将学习者分为四种类型。

第一，清晨型(即百灵鸟型)。这类学习者在清晨头脑清醒，反应敏捷，记忆和思维效率高。

第二，上午型。这类学习者在四个时间段中，上午学习的效率最高。

第三，下午型。这类学习者偏爱下午学习，这时学习效率最高。在四种类型中，该类型的学习者较少，但确实存在。

第四，夜晚型(即猫头鹰型)。这类学习者在夜间大脑高度兴奋，且特别清醒，注意力集中，精力充沛，思维活跃，学习效率特别高。

学习者偏爱哪一时间进行学习，受许多因素的制约，其中有些因素如生活习惯等是可以调节的。了解自己的时间偏爱后，每一个人应合理、科学地安排自己的作息，在自己喜欢的学习时间内进行学习，而不要将这一宝贵的时间用在闲聊或者一些无关紧要的事情上，这样可以取得较理想的学习效率。

2. 感知觉通道的偏爱

从感知觉方面看，学习者主要有视觉型、听觉型、动觉型三种类型。

第一，视觉型。视觉型学习者善于通过接受视觉刺激而学习。喜欢通过图片、图表、录像、影片等各种视觉刺激手段接受信息、表达信息。他们将所听到的事情想象成图像，将所要说的话以形象来取代。他们通过观察所学到的，往往比从交谈、聆听或是实际习作中所学到的东西还要多。在学习上，他们通过自己动手涂写，要比阅读文字或聆听语言更有效。这种类型的学习者喜欢阅读，而且能够比较容易地从书本上吸收知识。他们能将所读的文章轻而易举地记住，并转换为口语，因而在复述或书面测试中容易取得好成绩。

第二，听觉型。听觉型学习者善于通过接受听觉刺激进行学习。喜欢通过讲授、讨论、听磁带录音等口头语言的方式接受信息。这类学生上课一般都能认真听讲，能够按时完成老师布置的作业，但是他们的劣势在于过多地注意原有的知识，可能会影响他们潜力的充分发挥。

第三，动觉型。动觉型学习者喜欢通过双手和整个身体运动进行学习，如通过做笔记、在课本上画线、亲自动手操作等来学习。他们往往在体育、自然、课外活动等需要动手操作、实验的学科中表现得较为突出。这类学习者往往比其他学习者有着更大的发展潜力。这种学习类型的学生做事一般都比较守信，而且一旦集中于某事，就会做出很好的成绩。

3. 学习环境的偏爱

学习者对学习环境的偏爱包括对声音的偏爱、对光线的偏爱、对温度的偏爱、对姿态的偏爱等。

第一，声音偏爱。学习者在学习时对声音的偏爱表现为三种：①喜欢在安静的环境中学习；②喜欢有一些背景音乐；③能容忍一定程度的噪音。

第二，光线偏爱。学习者在学习时对光线明暗有不同偏爱，有的喜欢在光线明亮的环境中学习，有的喜欢在光线柔和、偏暗的环境中学习。

第三，温度偏爱。学习环境中适宜的温度有利于学习效率的提高，反之，室温偏高或偏低，都不利于学习。学习者对温度的偏爱主要有两种：一种是喜欢在温暖的室内学习，另一种是喜欢在凉爽的室内学习。

第四，姿态偏爱。学习者对学习时的姿态有不同的偏爱，有的坐姿正规，喜欢固定座位，端坐在桌前看书学习效率较高；有的学习时姿态随便，或坐或躺在地毯上、椅子上、沙发上、床上等进行学习。

（二）学习者的心理差异

1. 智力

加德纳提出了多元智力理论。

第一，语言智力。主要包括与语言的运用相关的听、说、读、写的能力。这种智力在记者、编辑、作家、诗人、律师、演讲家和政治领袖等人身上有比较突出的表现。在这方面展露才华的人都能雄辩滔滔，或是据理说服，精于演艺，或是擅长教导。他们都能读会写，也喜爱利用语音玩些双关语、文字游戏或是绕口令。这类人通常记性好，能记得许多事情，所以也经常是常识问答游戏的高手。

第二，数理—逻辑智力。主要包括数学和逻辑思维的能力，表现为对事物间各种关系如类比、对比、因果等逻辑关系的敏感以及通过数理运算和逻辑思维等进行思维的能力。这种智力在科学家、数学家、侦探、工程师、会计人员和电脑程序设计人员身上有比较突出的表现，如牛顿、爱因斯坦等科学家。

第三，视觉—空间智力。主要是对视觉世界的敏锐的感受、理解能力并借此表达思想和情感的能力，表现为对线条、形状、结构色彩和空间关系的敏感以及通过平面图形和立体造型将它们表现出来。这类人在思考时，常透过图像思考。对于视觉空间的感受性很强，能变换、重塑各个层面的空间。悠游于这一空间世界的人有建筑师、摄影师、画家、航海家、飞行员和机械工程师等。设计埃及金字塔的人就颇具这类智力。毕加索、爱迪生和亚当斯也同属这一类型。

第四，音乐—节奏智力。这种智力主要是指感受、辨别、记忆、改变和表达音乐的能力，表现为个人对音乐包括节奏、音调、音色和旋律的敏感以及通过作曲、演奏和歌唱等表达音乐的能力。巴赫、贝多芬、莫扎特、勃拉姆斯这类人具有这样的智力。任何人，只要听觉敏锐，唱歌时不跑调，而且颇能辨别不同的乐曲，也就具备了这类智力。

第五，身体—动觉智力。指能灵巧熟练地控制身体动作、操作物体以及善于利用身体语言来表达自己的思想和情感的能力。例如，演员卓别林，篮球运动员迈克尔·乔丹。身手灵敏的人善于缝纫、木工和模型制作。这类人也喜爱体能方面的活动，如健行、跳舞、慢跑、露营、游泳、泛舟等。

第六，人际交往能力。即人际交往、沟通、相处方面的能力，表现为能善解人意并能与人融洽相处，有察言观色的本领，对人的情绪、脾气、心意和期盼都能做出适宜的反应。这些人适宜从事教师、律师、推销员、公关人员、心理咨询专家、管理者等职业。

第七，内省智力。这种智力主要是指认识、洞察和反省自身的能力，表现为能够正确地意识和评价自身的情绪、动机、欲望、个性、意志，并在正确的自我意识和自我评价的基础上形成自尊、自律和自制的能力。在这方面有能力的人，能进入自己的感觉，分辨自己各式各样不同的心态，并能运用这种能力来引导自己的人生更臻完美。他们是十分内省型的人，喜好沉思、默想、探索自己的心灵世界。他们也可能非常独立、责任感强，而且自律甚严。这种智力在心理咨询人员、哲学家等人身上有比较突出的表现，例如哲学家柏拉图。

虽然你可能认为自己只具备了前述的一种或两种智力，但事实上，你拥有所有七种智力。而且，任何正常人都可将每一种智力发挥到相当的水准。因这七种智力在我们各人身上显现的方式不同，所以我们每个人各具特色。能在六种或七种智力上都出类拔萃的人，是较罕见的。也有少数人，他们在一种智力上登峰造极，其余的智力都远落在后，被称为“专才”。譬如有的人歌喉嘹亮，却动作笨拙，连系鞋带都有问题。

2. 认识风格

赫尔曼·威特金通过实验提出了两种认识风格：场独立型和场依存型。场独立型者往往倾向于通过内在的参照而不是外在的参照来知觉事物，即能以自己独立的标准觉察、判断事物。场依存型者则较多地依赖外在参照知觉事物，或者难以摆脱环境因素的影响，不能从复杂情景中区分事物的若干要素或组成部分。

场独立型—场依存型与学习有着密切的关系。研究结果表明：场独立型学习者偏爱自然科学，数学成绩好，两者呈显著的正相关，他们的学习动机以内在动机为主；而场依存型学习者则偏爱社会科学，他们的学习更多地依赖外在反馈，对人比对物更感兴趣。场独立型者善于运用分析的知觉方式；而场依存型学习者偏爱非分析的、笼统的或整体的知觉方式。场独立型学习者更倾向于冲动、冒险，凡事以个人的意志所决定；场依存型则表现得较为谨慎，不愿冒险。此外，场独立型学习者比较适应结构不严密的教学方法，如讨论式教学；而场依存型学习者比较适应结构严密的教学方法。

3. 思维方式

有学者将具体思维与抽象思维，有序思维与随机思维交叉，形成四种思维类型。

第一，具体而有序的思维者。他们以现实为基础，以有条理的、有序的、线性的方式加工信息。对他们来说，现实是由他们通过视觉、触觉、听觉、味觉和嗅觉所能感觉到的东西组成的，他们能够很容易地发现并回忆起细节，轻松地记住具体的信息、公式和规则。对这些人来说，“亲自动手”是一个很好的学习方式。

第二，具体而随机的思维者。他们是实验者，像具体而有序的思维者一样，他们以现实为基础，但是更愿意采取试错法。他们经常有直觉的跳跃，这对于真正创造性的想法是十分有必要的。他们有强烈的发现、选择并按自己的方式行动的需要。

第三，抽象而随机的思维者。他们通过深思组织信息，并能在自由的、注重人的环境中更好地发展。对于这类人来说，真正的世界是感觉和情绪的世界。他们的头脑通过深思来吸收和组织思想、信息和观念。如果信息是拟人化的，他们记得最牢。当他们处于一个组织严密的环境中时，他们会感到受压抑。

第四，抽象而有序的思维者。他们喜爱理论和抽象思维的世界。他们喜欢用概念思维并且分析信息。他们的思维加工是逻辑的、理性的、理智的。他们可以成为伟大的哲学家和研究科学的人。他们很容易把注意力放在重要的东西上，例如关键点和重要的细节。抽象而有序的人所偏爱的活动是阅读，当有一个项目需要研究时，他们会一丝不苟地去完成。通常，他们喜欢单独工作，而不是在群体里。

4. 对大脑左右半球的不同偏爱

根据个体的大脑优势半球差异，可以把学习者的学习分为左脑型、右脑型、左右脑混合型三类。

第一，左脑型。学习者在大多数情况下较多地使用左脑。该类型的基本特征是学习工作积极主动，爱用言语的、逻辑的方式处理信息，对细节问题特别敏感，善于分清主次，抓住重点，做事有自觉性、计划性，条理性强，有责任心。

第二，右脑型。学习者在大多数情况下较多地使用右脑。他们的基本特征是容易接受新东西，空间概念较强，喜欢以直觉的方式处理信息，善于把握整体，喜欢灵活的规则和活动，需要自律训练，喜欢趣味性、形象性的学习材料。

第三，左右脑混合型。学习者兼有左脑型和右脑型两者特点。对左脑或右脑的偏爱取决于学习情景、学习任务的性质等因素，有时较多地使用左脑，而有时较多地使用右脑；左右脑之间的联系有的紧密，有的不紧密。

面对各类学习任务，有些学习任务需要左脑参与得多些，有些则需要右脑参与得多些，还有些要求左右脑同时参与的程度基本相当。不过总的说来，混合型兼有左右脑两者的特长，因而适应性更强，尤其在完成复杂任务时表现得更为明显。

5. 气质的不同类型

气质是一个人心理活动动力方面典型的稳定的心理特点。气质分为四种基本类型：胆汁质、多血质、黏液质和抑郁质。

第一，胆汁质型。学习精力旺盛，不易疲倦，热情、积极地发问，大胆坦率，学习情绪易于外露，但思考欠周密，易丢三落四，受到挫折容易冲动、急躁。

第二，多血质型。学习反应迅速，学习热情容易激发，思维敏捷，动作利索，生气勃勃，活泼好动，心直口快，兴趣广泛但易变化，做事缺乏耐心，注意力易转移，情绪不稳定。

第三，黏液质型。学习作风勤奋、踏实，思考问题较谨慎，学习耐受力强，注意力稳定但不易转移，反应较迟缓。

第四，抑郁质型。学习敏感性强，认真细致，善于察觉细节，自尊心强，情绪体验深刻但不外露，孤独怯弱，不喜欢发言，学习行动缓慢，学习时易疲倦且难恢复。

大学生要了解自己气质的特征，清楚自己气质的优、缺点，努力发挥自己气质的优点，向积极的方面发展，防止和纠正消极品质的形成，弥补自己气质的不足之处。

6. 性格倾向

外向型和内向型学习者在学习上有不同的特点和表现。

(1)外向型：性格开朗，不会因考试不理想而沮丧或失去信心；善于与人沟通、交流，善于发表意见，喜欢在群体的环境中进行集体学习；行动果断、勇敢；反应灵活，容易接受新事物、新知识；作业、考试易出错，对答错的问题不太注意吸取教训。

(2)内向型：善于独立思考，注重细节；十分注意自己答错的问题，意志坚定，善于制订并严格执行计划；喜欢独立学习，很少向他人求助；不注意把握重点而浪费时间；不善于与他人交流问题。

(三)学习者的性别差异

首先，男女智力总体上无差异，但在智力分布上有显著差异。男性智商分布的离散程度比女性大。男生中智力分布处于两端的人数比例都略大于女生。反映在学业成绩上，常表现为男生中学习成绩优异和学习成绩较差的人数均多于女生，成绩中等的女生多于男生。

其次，男性和女性在智力结构上存在差异，各有自己的优势领域。女性观察力极强，常能发现男性顾及不到的细枝末节。在语言方面，女性在语言流畅性及拼、读、写上占优势，而男性在语言推理及词汇上占优势。在感知觉方面，男性的视知觉能力较强，空间知觉能力明显优于女性；女性听觉能力较强，特别在对声音的辨别和定位方面优于男性，其听觉的敏锐性也较强。在注意力方面，男性注意多定向于物，喜欢摆弄物体并探索物体的奥秘；女性注意多定向于人，喜欢探索人生，对人际关系很敏感，喜欢注意人的外貌、举止和内心世界。在记忆力方面，男性的理解记忆和抽象记忆较强，而女性的机械记忆和形象记忆较强。在思维方面，男性偏于逻辑思维，女性偏于形象思维。男性的数学能力通常比女性强。女性模仿能力较强，接受新鲜事物较快，但灵活、创造性地解决问题的能力一般不如男性。

四、创造力

(一)创造力的本质

1. 含义

创造力是根据一定的目的，运用一切已知信息，产生出某种新颖、独特、有社会或个人价值的产品的能力。

创造力的表现形式有两种:一种是发明,另一种是发现。发明是制造新的事物,比如瓦特发明的蒸汽机;发现是找出本来就存在的,但尚未被人了解的事物和规律,比如发现了一颗行星。

2. 创造力与知识的关系

对于创造力与知识的关系,目前学界还没有取得一致的意见,有下列几种观点。

1)创造力与知识之间存在正相关

知识是人类生活和实践经验的总结,世界上的任何发明和发现,都开始于原型启发,都是建立在一定的知识经验基础上的。创造实际是知识在较深层次上的重新组合。没有知识,就不可能有创造。一方面,知识越丰富,产生新设计、新观念的可能性就越大,创造力就越强;另一方面,创造力强,也有利于知识的掌握。

2)创造力与知识之间存在负相关

当人们有现成的解决问题的方法时,就很少去动脑筋想新的解决问题的方法。只有在没有解决问题的方法时,才会产生出新的解决问题的策略和方法,创造力在这种情况下才发挥作用。比如有人主张"要具有创造力,就得把学校所学的东西尽可能地忘掉"。

3)创造力与知识存在矛盾关系

一方面,一个人已获得的知识越多,他在问题解决过程中,越有可能产生出新的创见,表现出较高的创造力;另一方面,一个人已获得的知识越多,也可能经常会用一种固定的方法解决所遇到的问题,从而表现出较低的创造力。

3. 创造力与智力的关系

创造力与智力的关系比较复杂,它们之间是一种相互独立的、在一定条件下又相关的非线性关系。具体的结论:低智力的人不可能创造力强,高智力的人可能创造力强,也可能创造力弱;创造力弱的人其智力水平可能低,也可能高,创造力强的人必须具有高于一般水平的智力。

4. 创造力与学业成绩的关系

创造力与学业成绩,目前也相互矛盾。创造力的培养需要花费大量的时间和精力,会导致很多学业时间被占据。独创性是从不同的角度,独辟蹊径地分析、探讨和处理问题的能力,是创造性思维能力的核心。学生考试成绩往往是衡量学生学业成就的重要指标之一,然而考试成绩却难以反映学生的创造力,甚至可能独创性能力越高的学生学习成绩反而越差。

5. 创造力与人格

创造力与人格的关系是非常密切的,高创造力的人具有一些有利于其创造力发展和创造性完成任务的人格特点。比如,董奇认为高创造力者具有如下人格特点:①具有浓厚的认识兴趣;②情感丰富,富有幽默感;③勇敢,敢冒风险;④坚持不懈,百折不挠;⑤独立性强;⑥自信、勤奋、进取心强;⑦自我意识发展迅速;⑧一丝不苟。

(二)创造心理及创造个性

1. 创造、创造力及创造心理

1)创造的含义

创造是一个含义极广的概念,指的是直接或间接给人以物质或精神享受,具有新颖性、突破性、社会性的智力劳动过程及其成果。从过程看,它是一种特殊种类的解决问题的活动,其特点是在问题的系统阐述方面具有新意性、独特性、持续性和一定难度，任务带有启发性而非刻板性。从成果看，它具有适当性和实用性、正确性和价值性。它可以是新观念、新思想、新理论等方面的精神成果，也可以是新工艺、新技术、新材料等方面的物质成果。

因此，创造不仅仅是技术上的发明，文学创作、宗教艺术、美术作品、科学管理方法、新的理论体系和分析方法的诞生都属于创造的范畴。穴居人的图腾，古罗马人的雕塑，世界上第一辆自行车、第一个电灯泡等，都是创造的产物。简单地说，创造并不神秘，从提出问题到产生有效的结果，都属于创造。

2)创造力的含义

任何创造均是人的创造力的表现。所谓创造力亦可称为创造能力，指的是人们运用已知的信息、条件和手段，产生出某种新颖、独特、有社会或个人价值的产品的能力。作为个人产生新设想或新组合的创造力有两个特征。其一，创造力不是单纯、单向度的能力，而是复杂的能力组合；其二，创造力大多和新的观念联结有关系，这些联结是以前别人没有想到的。

作为复杂的能力组合，创造力的心理结构可以由既相互独立又相互联系的三个维度构成。第一个维度是创造力的智力维度；第二个维度是创造力的智力方式维度，它决定智力维度的广度和深度，其中创造性思维方式是创造力的核心和标志；第三个维度是创造力的人格维度，指的是创造者本质的、稳定的、独具特色的创造个性心理特征(如性格、兴趣、爱好、品质、能力等)的总和，它既决定智力维度的倾向和风格，又制约着智力方式维度的形成和发展。可见，创造个性对发展创造力起着十分重要的动力和定向作用。

此外，不少心理学家还从影响创造力发挥的角度，概括出六种因素：一是智力；二是知识；三是认识风格，主要指思维方式；四是人格特征，即个性；五是动机；六是环境。

无论是三维模型还是六种因素，都包含着智力和非智力因素，而智力因素在创造力的体系中占有十分重要的位置。

3)创造心理的含义

所谓创造心理的发展，既指影响创造力的智力心理因素的发展，更主要指的是影响甚至决定创造力的非智力心理因素的发展。当然，知识和智力是任何创造活动不可缺少的基础，因为从来没有超越知识和智力的创造。

当前，面临知识经济强有力的冲击和科学技术所表现出的信息化、网络化、数字化、社会化、生态化等深刻变化，我国高等教育的体系和结构也出现了为数众多的知识生长点和创新突破口，这迫使大学生的创新探索向前所未有的广度和深度发展。但长期被动接受式的学习模式，使得部分学生重照文理解，轻怀疑创新；重逻辑推演，轻发散求异；重概念内涵，轻形象直观，这些无疑都给大学生的创造心理及其行为的形成带来障碍。

在对待创造的问题上，大学生中也存在许多错误看法，较典型有如下三种。

第一，“只有天才才能创造，平凡人不能创造”。正如前面所讲，创造力所依赖的许多因素中，非智力因素也占很大比重，并非完全是个人的才能。著名数学家高斯两次考大学都名落孙山，爱因斯坦和希尔伯特在学生时代都不突出，后来都成为举世闻名的大师，这是由于他们具有“三军可夺帅，匹夫不可夺志”的毅力和恒心。正如古语说的：“人皆可以为尧舜。”创造并非少数天才的特权，它是有强烈愿望和充分自主性的任何人的顺乎自然的行动。

第二，“我懂得少，基础差，不能创造，只有懂得多的人才能进行创造”。其实并非如此。巴金的代表作《家》、曹禺的代表作《雷雨》和《日出》都是他们在青年时代写成的，尽管后来他们的知识比青年时代更渊博、更丰富。广义相对论的数学基础是黎曼几何和张量分析，而爱因斯坦创立广义相对论时既不懂黎曼几何也不懂张量分析，这些知识都是后来学习的。在某种意义上说，只有进行创造，学习才有明确的目标，才有真正的学习。

第三，“简单的问题都搞完了，剩下的问题都是困难的问题”。实际并非如此。详细剖析近年来科学的一些重大发展，它们的基本思路都很简单，往往可以追溯到大学和中学的课程，从大学教材和中学教材中找到线索。其实，学习的过程就是由繁到简的过程，同时也是创造的过程。比如这个定理、公式是怎样想出来的，我能否独立地想出来？它有什么用处，能否找到新的应用？它有什么缺点，应该如何改进？这个习题有几种解法？没有伟大的猜想，就没有伟大的发现，而学习发现和发现学习才使问题由难而易，由繁而简。

总之，创造、创造力、创造心理三者既有区别，又有联系。创造是创造力的对象化或客体化，创造心理构成创造力的主体心理结构；前者是创造力的外显，后者是创造力的内潜。发展创造个性和创造性思维是创造心理发展的内容。

2. 创造个性的品质特征

创造个性即创造者区别于他人的个性中独具特色的部分，重在其个性的独特性。如有人描绘科学家的个性特征：坚决果断地勇往直前；勇敢自信地构建新思想；义无反顾地挑战偶像。还有人从爱迪生、巴甫洛夫、爱因斯坦等人的创造过程中归纳出一些令人惊诧的特征：高度关注一些似乎毫无意义的客体并保持长久的兴趣，在很多方面有孩子般的天真，难以驾驭的倔强；对简单事实的追根究底，为自己不断提出杰出的谬论和杰出的玩笑而欢欣鼓舞。

有学者通过研究发现，那些自信心、责任感、荣誉感、进取心强，有奉献精神、有恒心、有强烈的好奇心和丰富的想象力，并具有冒险性和挑战性倾向的学生往往具有较高的创造力。综合起来，创造个性的品质特征大致可以概括为以下五个方面。

第一，兴趣广泛，目标专一。广博是精深的基础，创造者大都兴趣广泛，好奇心强，但决不朝三暮四，而是将精力聚集于选定的目标，将志向和实干结合起来。

第二，想象丰富，洞察深刻。想象是创造力的翅膀，想象越多、越奇特，创造的空间越大、越广，而创造性想象离不开对对象敏锐而深刻的洞察，它如一双锐利的鹰眼，将想象导航到创造的目的地。

第三，敢于独创，善于变通。创造者做事既不人云亦云，随波逐流，也不因循守旧，墨守成规，而是勇于独创，标新立异。同时，他们又善于变通，乐于反思，思想流畅，方法独特。

第四，坚持独立，乐于奉献。创造者能自立、自尊、自主、自强，不为一时困境所动摇，也不为虚幻的名利所困扰。坚守自己的价值观和信念，但并不孤高自傲，乐于同强者竞争，也善于同旁人沟通，在交往和奉献中迸发出创造力。

第五，意志坚强，情感丰富。创造者具有强烈的自信心和意志力，对于选定的目标，他们持之以恒，百折不挠。但他们绝不是不懂生活的工作狂，其情感细腻而丰富，情操高尚而执着，将对工作和生活的创造和谐地统一在一起。

【课堂体验】

练习一：一位公安局局长在茶馆里与一位老人下棋。正下到难分难解之时，跑来了一个小孩，小孩着急地对公安局局长说：“你爸爸和我爸爸吵起来了。”老人问："这孩子是你的什么人？"公安局局长答道："是我的儿子。"请问：这两个吵架的人与公安局局长是什么关系？

练习二：在荒无人迹的河边停着一艘小船，这艘小船只能容纳一个人。有两个人同时来到河边，两个人都乘这艘船过了河。请问：他们是怎样过河的？

（三）创造力的培养

1. 操作能力及其培养

现代社会要求大学生既具有动脑能力，又具有动手能力，动手能力即操作能力。操作能力是创造型人才必不可少的基本素质。操作的过程对人的智力发展影响巨大，双手复杂的动作和敏锐的感觉会迁移影响思维，促进大脑的注意力和观察力的发展，并强化记忆。操作过程是手脑并用，互相促进的过程。操作能力的培养可从如下几方面做起：一是培养操作能力的自觉意识；二是力求掌握操作能力的基本知识；三是形成提高操作能力的良好习惯。

2. 创造性想象力及其培养

创造性想象力属于智力中思维力的范畴。所谓创造性想象力，指的是不依靠现成的描述和形象，而是根据一定目的和任务在大脑中独立地创造出新映象的心理过程的能力。它既是人类主观能动性的高度体现，也是创造性思维的前导。

创造性想象力培养的一般方法如下：一是在实践中不断积累丰富的知识和经验；二是培养强烈的兴趣和好奇心；三是激发饱满的热情和态度。

3. 创造性思维能力及其培养

创造性思维并不是一种独立的思维形式和方法，作为思维活动中最积极和最有价值的形式，它指的是在感性认识的基础上，综合、统一、协调各种逻辑和非逻辑思维（包括灵感、直觉、顿悟等），从而发挥出思维创新性效率的心理过程。而创造性思维能力，简单地说即创造者个体把握这一心理过程的主观能力。

对大学生而言，创造性思维能力的具体训练方式多种多样，应根据自身的特点因时、因地进行选择。但总的来看，训练可从以下两个方面加以把握。

1）拓展思路的创造技法的利用

这是从创造性思维形成的客观环境入手。归纳科技史上的创造技法主要有如下10种。

（1）综合。近代科技史上，先后发生过三次技术革命，前两次从创造技法上讲均具有代替性，即蒸汽机代替手工劳动，电力又代替蒸汽机。而以原子能、空间技术和电子计算机为代表的第三次技术革命的最主要特点是将多种技术综合为一体。综合的技法成为当今时代创造的显著特点。

（2）移植。有别的东西像这件东西吗？是否可以从这件东西想出其他的东西？这种思路是移植。

（3）杂交。和生物学中动、植物的杂交优势一样，在科技、管理等各个领域的杂交往往能形成优势互补。

（4）改变。改变原来物体的形状、颜色、气味、形式等，会产生什么结果？还有其他的改变方式吗？这些设想往往能带来新的发现。

(5)放大。在这件东西上可以另外加些东西吗？增加什么？是时间、频率、高度、长度、厚度，还是增加强度等。

(6)缩小。在这件东西上可以减少些东西吗？减少什么？怎么减少？会有什么结果？

(7)转化。这件东西能否做其他的用途？或者稍微改变一下，是否还有其他用途？

(8)代替。有没有其他东西可以取代这些东西？还有其他成分、材料、过程或方法可代替吗？

(9)颠倒。正反互换怎么样？上下倒置又怎么样？会导致性质变化还是功能变化？

(10)重组。改变一下构成、模式、布局、次序、因果会有什么结果？

2)创造性思维能力的具体技巧的训练

这是从创造性思维形成的主体能力入手。如何进行思维的发散，开发新的创造技法，是创造性思维的根本。我国学者何名申曾提出了14种具体的创造性思维技巧，可以作为大学生训练的借鉴。

(1)认清问题想，要求对准目标，力避自扰。

(2)跳出框框想，要求突破定势、审查常识、标新立异。

(3)朝四面八方想，要求发展个人的辐射发散思维和集体的“头脑风暴”。

(4)倒过来想，要求就事物依存的条件、起作用的过程、所处的位置、发展的结果倒过来想。

(5)换个角度想，要求找新视角，通过条件变换、问题转换来想。

(6)拐个弯想，要求迂回绕道、间接地、以进为退、以退为进地想。

(7)傻乎乎想，要求挖掘荒唐，返老还童地想。

(8)模模糊糊想，要求运用模糊概念和模糊判断进行思维活动。

(9)抓住机遇想，包括捕捉机遇、因祸得福、种瓜得豆、反败为胜。

(10)用形象想，包括思维想象、组合想象、充填想象、纯化想象、取代想象、预示想象、导引想象、思维联想、接受联想、对比联想、连锁联想、飞跃联想。

(11)凭直觉想，要求运用潜意识思维作用直觉顿悟。

(12)激发灵感想，要求自发灵感、诱发灵感、触发灵感、逼发灵感来想。

(13)梦里想，要求进行自发梦悟和自觉梦悟。

(14)让两个车轮都转起来想，要求将逻辑思维与非逻辑思维有机结合起来进行创新思考。

第四节　大学生学习中常见心理问题及调适

一、学习动力缺乏

1. 主要表现

无明确学习目标，脚踩西瓜皮，滑到哪里算哪里；学习无计划，过一天是一天，做一天和尚撞一天钟；无成就感，无抱负和理想，无求知欲和上进心，没有压力，没有紧迫感；对优生不羡慕，对自己一事无成也不羞愧，对学校奖励不感兴趣，而对惩罚不满，认为限制了其发展；厌倦学习、逃避学习，不愿上课，千方百计逃课；上课无精打采，下课生龙活虎，作业拖拉，甚至找人代做。

2. 主要原因

第一，社会原因。大学生择业机制尚不健全，就业中不合理、不公平现象依然在一定程度上存在。这是学习动力不足的主要原因。

第二，学校原因。如专业设置过细，口径过窄，一定程度上脱离社会需要，导致择业困难，学用脱节，课程设置不合理，教学内容陈旧，方法刻板、单一，教学效果不佳；教学管理不严，教学条件跟不上等。

第三，家庭原因。家长的不恰当期望，过高和过低要求是导致学习动力缺乏的间接原因。如有的家长自认为将来能为孩子找份理想的工作，因此不督促孩子学习；有的家长因家庭条件差，只想让孩子早点毕业工作，减轻家庭的负担等。

第四，个人原因。如学习动机不正确，社会责任感不强，自我意识不成熟，自我效能感缺乏，学习方法不当，态度不端正，毅力不够，对专业不感兴趣等。

3. 克服方法

第一，认识学习的意义，增强学习的主动性和自觉性。

第二，设置适当学习目标，使学习具有明确的努力方向。目标对一个人的意义重大，学习也一样，没有目标，也就没有努力方向。学习目标设置应恰当，不可过低亦不可过高，过高达不到，易失去信心；过低不费力，又起不到激励作用。

第三，制订具体的学习计划，增强学习的有序性。光有目标还不行，还应有具体计划，至少应有分段计划，且主张“今日事，今日毕”，而不在于计划多详尽。

第四，培养学习兴趣，多读、多听、多看、多动手、多参与。多阅读专业相关书籍、报纸、杂志，把握学术动态；多听学术报告会，了解学术动态和本学科当前最新研究成果；多看一些学术成就展览，以激发学习兴趣，多动手参加实验活动，亲自动手操作，在操作中理论联系实际，并增长技能；积极参加学校各种科技文化活动，包括各种小发明、小创造活动，有条件的还可参与教师的科研项目、撰写论文。

第五，适当重视外部诱因。可对学校的各种奖惩措施予以必要关注，以起到增强学习动力的作用。

二、学习动机过强

学习动机对学习起发动、维护和推进作用，但并不意味着学习动机强度越大，学习效果就越好。心理学研究认为，学习动机过强，不论是内部的抱负和期望过高，还是外部的奖惩诱因过强，都会使学生专注于自己的抱负和外部的奖惩，而不是专注于学习，实际上反而影响了学习的效果。

1. 主要表现

(1)成就动机过强：急于取得成就并超过他人。

(2)奖惩动机过强：对奖惩考虑过多，往往是被动学习，以考试为中心，紧紧围绕老师转，上课小心翼翼记笔记，下课认认真真对笔记，考试前辛辛苦苦背笔记。这类考生往往考试分数较高，但应变能力一般较差。应摆脱封闭式学习方法，拓宽思路。

(3)学习强度过大:每天学习时间过长,不善于休息,常处于过度疲劳状态。

2. 主要原因

(1)对自己能力认识不足,估计过高,所以抱负超出自己实际水平。

(2)自尊心过强,过分看重荣誉。

(3)补偿心理:这类大学生除学习外,大多无其他特长。

(4)性格原因:如性格内向、沉默寡言不善交际者容易如此。

3. 调节方法

(1)端正学习动机,正确对待外部环境。

(2)正确认识自己的潜力,量力而行,循序渐进,不好高骛远。

(3)培养广泛兴趣爱好,培养多种特长。

(4)树立远大目标,淡化名利得失,克服虚荣心。

三、缺乏自信

1. 主要表现

缺乏自信也就是我们常说的自卑,所谓学习中的自卑心理就是一个人对自己的智力、学习能力及学习水平做出了偏低的评价,总觉得自己不如别人,悲观失望,丧失信心等。

2. 主要原因

主要原因包括对自己认识不足,过低估计自己;消极的自我暗示;挫折的影响。

3. 克服方法

第一,正确估计自己,培养自信心理。美国心理学家布鲁姆和他的助手们经过对许多少年儿童的实验观察、追踪研究,得出以下结论:“除了百分之一二的超常儿童和百分之二三的低常儿童外,百分之九十五以上的学生在学习能力、学习效率、学习动机方面并无多大差别。”他们肯定地说:“只要有适合学生个别特点的学习条件,世界上任何一个人能学会的东西,几乎所有人都能学会。”

第二,与自己较劲,选准突破口,获得一次成功。

第三,积极补偿,以勤补拙。所谓补偿就是发挥自己的长处弥补自己的短处,以消除烦恼和痛苦的情绪。

第四,克服学习无助感,提高自我效能感。关于学习无助感的研究表明,当个体(或动物)被目前变化的环境完全控制,或对未来将要发生的事情完全无法预测时,个体的认知功能势必因无法解决困难而解体。如果这种情况长期延续下去,个体将因无法克服焦虑、恐惧、痛苦,有压力而丧失求生斗志,放弃一切追求,进而陷入绝望的心理困境。此种绝望心境被称为学习无助感。

【案例分析】

小东学习十分勤奋刻苦,每天早晨5:30起床,晚上10点多才回到寝室。经常最先到教室,上课十分用心,他的笔记在同学们中广泛传阅。期中考试以前,同学们都认为他的成绩肯定会在班级名列前茅。但是在期中考试当中,他的高等数学和无机化学均考了不到40分。同学们十分惊讶,他也感到十分意外,但不知道问题出在哪,认为还是自己付出不够。

四、学习方法不当

大学的学习方法因大学学习的专业性、阶段性、自主性、探索性等特点而有别于中学的学习方法,大学生必须结合自己的实际情况寻求适合的学习方法。学习是一种个人的活动,不同的大学生因个性特性、学科专业方向等的不同,采用的学习方法也各有特点。

第一,根据个性特点来选择学习方法。每个人都有自己独特的个性,个性不同,则学习方法亦应不同。例如对性格外向的同学来说,他们活泼好动,注意力转移快,思维敏捷,反应迅速,但坚持性差。因此就不必强迫自己整天埋头复习,应用“交替学习法”,不断交换大脑优势兴奋中心,该玩时就玩得痛快淋漓,该学时就“两耳不闻窗外事”,必要时用意志来约束自己。而内向型的同学则沉着稳重,感知事物细腻,思考问题有深度,学习认真能持久,但思路不开阔,领会知识速度慢。这类同学应在发挥自己优势的同时,培养自己的发散性思维,开阔视野,拓宽思路,多与同学交流讨论。

第二,根据思维的状态来选择学习方法。人的思维状态在一天之中是有变化的,这些变化受时间、环境和情绪的影响,我们应根据变化特点,采取不同的学习方法。思维进入最佳学习状态时,就把最重要的功课或难题放在这个时间去复习、思考、背诵等。思维处在低潮时,可做选择阅读、浏览、整理笔记、练习绘画等。

第三,根据不同学科来选择学习方法。各门学科都有其独特的规律,都有其基本的学科结构,因此在学习时,要掌握各门学科的基本知识结构及内容,思考怎样把它们联系起来。总之,学习方法的选择要因学科而异。

五、考试焦虑

1. 导致过度考试焦虑的原因

考试焦虑的产生既有外部原因,又有学生自身内部的原因。外部原因主要是来自学校、家庭、社会对大学生能力、素质的评价,仍然是以考试成绩为主要依据。如果成绩优异,就会收到较好的评价,从而增强自尊、自信,提高学习积极性。如果成绩较差,就会产生挫折感。学生自身内部的原因则包括以下几种:自己认知方式的偏差,有的学生要求过高并且绝对化,以偏概全,认为一次考试失败,自己的前途也完了。有的学生过分自尊,但对自己又缺乏自信,总担心考试失利影响自身的形象。有的同学性格内向、拘谨,过分敏感、脆弱,有较高的特质焦虑(神经系统属于弱型,极易对刺激环境产生紧张反应,这种类型的人较易产生考试焦虑)。有的学生考试准备不足,又缺乏一定的应试技能,自然就担心考不好。还有的学生由于以前考试失败的经历而产生畏惧心理和焦虑等。

2. 考试焦虑的自我调适

第一,正确认识考试,稳定情绪。不要过分看重考试对个人前途的影响,应把考试看成是检验自己学业水平的工具。

第二，做好充分的考前准备工作。考试前做好精神、物质上的准备工作，有利于放松紧张心理，脚踏实地、有条不紊地进入应试状态。精神准备除了要调整好情绪，还要保证充足的睡眠。

第三，正确评估自己，树立必胜信心。不要盲目乐观，更不能低估自己，振奋士气、树立必胜信心是防止“晕场”的有力保证，使自己始终处于自信而不自满、自尊而不自负的心理状态。

第四，自我放松，自我暗示。入考场前，如仍处于紧张状态，可以做几次深呼吸，做两节广播操，哼几句流行歌曲，想点与考试无关使自己高兴的事，积极参与同学间谈笑来转移注意力，冲淡紧张的情绪。

【幸福结语】

大学是培养高级专业技术人才的地方，因此学习活动的安排都是围绕专业来进行的，学校的课程都是为适应社会发展的需要而设置的，因此，大学生入校后要树立起专业观念，培养对专业学习的兴趣，并了解所学专业的知识结构和能力结构，以专业学习为重点，不断充实自己，为将来的良好发展奠定基础。如果学习目标不明确，或对所学专业不感兴趣，学习目标分散，兴趣过于广泛，知识基础不扎实，会导致大学生学业不佳，甚至影响整个大学生活质量。

学习动机是激发和维持学生进行学习活动，并使自己的行为朝向一定的学习目标的内在动力。它既可以使学生的学习活动保持一定的动力和方向，也可以使学生心理保持一定的激活状态和持久性，对学习效果的获得具有重要的作用。学习动机是直接推动学习的内部力量，也是一种学习的需要，这种需要是社会和教育对学生学习的客观要求在学生头脑中的反映。

学习动机决定着学习方向。学习动机是以学习目的为出发点的，它是推动学生为达到一定的学习目的而努力学习的动力。没有明确的学习目标的学生自然不会产生学习动机，因此，学生在大学的学习中首先要懂得为什么而学，应朝着什么方向努力。

【幸福锦囊】

(1)相信自己能做到，自己才有可能做到。从不会到会，中间只需要做一件事：努力学习。

(2)人生的成功，不在于等待拿到一副好牌，而是怎样将现在的牌打好。把手头上的事做好，坚持下去。

(3)一个人，要想在激烈的人生竞赛中胜出，首先要修炼自己的心态，培养有利于自己走向成功的积极心态。

(4)决定一个人幸福与否，在于他如何看待自己，而不是别人如何看待他。很多时候，别人眼中的“我”，并没有自己想象的那么重要。

(5)很多时候，我们没有办法选择自己生存的环境，但用心去“改变自己”，却是可以马上做到的。当别人都在固守自己的缺陷无法改变时,请你率先做一个改变自己的人。

(6)大学,就像是军队,把你武装;课堂,就像是训练,把你变强;书本,就像是钢枪,赐你武器;学识,就像是子弹,助你闯荡;把握好大学时光,知识给予你力量。

(7)年轻不是你玩的理由,而是你奋斗的资本。

(8)“经得起各种诱惑和烦恼的考验,才能达到最完美的心灵健康。”愿你毕业后,能经得起各种考验,做一个有益于社会的人。

(9)明白付出并不一定有结果。过去的事情可以不忘记,但一定要放下。要快乐,要坚韧,要温暖,给予真诚。

(10)别在最应该奋斗的时候选择了安逸。

(11)伟大的思想只有付诸行动才能成为壮举。

(12)在寻求真理的长河中,唯有学习,不断地学习,勤奋地学习,有创造性地学习,才能越重山跨峻岭。

(13)不向前走,不知路远;不努力学习,不明白真理。

(14)如果说学习有捷径可走,那也一定是勤奋。

(15)唯一持久的竞争优势,也许就是比你的竞争对手学习得更快的能力。

【幸福行动】

(1)激发一个人的学习动机,可以从哪些方面进行综合考虑?

(2)你希望自己大学四年之后是什么样的?

第十章　压力管理与幸福人生

【幸福导读】

压力和挫折在大学生活中无处不在。无法通过的考试、难度加大的课业、难以处理的人际关系、渴望得到老师和朋友们关注的心理、可望而不可即的爱情等，都会给大学生们带来的压力和挫折。通过本章的学习，使大学生们能够正确地认识压力和挫折，了解大学生压力和挫折的主要来源，了解压力与挫折对人生的意义，学会正确管理压力和应对挫折。

第一节　压力和挫折概述

【热身活动】

刷新认知(对的打"√"，错的打"×")

(1)人一旦有压力的感受，他首先一定会觉得精神紧张。(　　)

(2)压力只是"心事"，与身体无关。(　　)

(3)压力是可以完全消除的。(　　)

(4)有压力总是不好的。(　　)

(5)压力会制造不愉快的问题，但不会"置你于死地"。(　　)

(6)打针吃药可以控制压力。(　　)

(7)你离开给你压力的环境时就会留下压力而不会把它带走。(　　)

(8)长期的运动会减弱你抵抗压力的能力。(　　)

(9)除非你改变生活方式，否则你对压力一点也没办法。(　　)

一、压力的概念和种类

压力是一种主观感受，当人认为自己没有能力去满足外界对自己的要求和需求时，就会感到压力。压力是一把双刃剑，在某种程度上能转化为动力，可以驱使人成就更好的自己。压力就像是自己给自己的考验，而挫折像是生活给自己的难题。压力也称为"应激""紧张"，是指个体的身心在感觉到胁迫时所产生的一种紧张状态。假如个体长时间地处于一种高度的应激状态，就会对身心造成严重的伤害。

目前在心理学领域，不同的学者对于压力的概念有不同的观点。有学者认为凡是使人感到紧张的事件或者环境刺激，都可以认为是一种来自外部力量的压力。持该观点的学者从生理学和医学的角度提出了应激反应理论模型，该模型将人对压力情境的适应和调节看成一个过程，但是过于片面地强调了个体对压力源的生理反应。还有一种观点认为压力是一种主观的情绪反应，是由于外部刺激引起紧张的内部心理状态。持有这种观点的学者从物理学角度提出了一种压力刺激理论模型，虽然在某些方面促进了压力理论的发展，但它对压力的理解是单向的，它片面地将人性物化，忽略了人的主观能动性和个体差异，没有意识到人的行为的复杂性。

而拉扎勒斯(1984)则认为压力既不是环境刺激，也不是个人的性格，更不仅仅是一种反应，而是需求与不以疯狂或死亡为代价的处理需求的能力之间的关系。拉扎勒斯指出了人们对客观存在的压力源的感知过程，强调了客观环境与人之间的互动，这个观点更加全面和科学，目前被学术界广泛采用。应激的CPT理论模型随之产生，拉扎勒斯和福克曼将压力定义为：自理压力是个人与环境之间的一种特定关系，个人评估这些关系是否繁重，是否超过他的资源能力范围，是否对他的健康产生危害。在这个理论中它强调个体认知与环境之间的相互作用。个体首先会评估压力源对自己是否具有挑战性和威胁性，这是初级评估；之后个体评估自己是否具有应对压力源的能力，这是次级评估。当评估自己不足以应对压力源时，会产生紧张心理及相应的生理、心理反应，这是一种从主观角度出发的理论。

总结目前的研究成果，所谓压力即是主体与个体的交互作用，又是个体对于某种压力源对自己是否造成压力及自己应对压力源能力的认知和评估。任何会使个体产生压力的刺激情境或环境都被称为压力源。压力源着眼于压力的刺激情境，包括使人感到紧张的事件或刺激。它可以来自内部，如对自己的严格要求或具有较高期待等；它也可能来自外部，如家长或老师的严格要求、工作量或学习任务繁重等。面对压力源个体评估自身资源和能力与环境要求之间的距离，在评估和缩小差距的过程中会产生各种心理或生理上的压力反应。

二、压力的适度性

知识链接

当今时代，生活压力越来越大，生理、心理、行为方面都受到压力的负面影响，那么，是不是没有压力就最好呢？

【课堂体验】

感觉剥夺实验

心理学家贝克斯顿曾做过一项实验，实验募集了许多大学生志愿者，让这些志愿者每天躺在床上睡觉，并有每天20美元的酬劳。他们可以自己决定何时退出实验。这种毫无压力的生活看起来应该是惬意的，还有钱可以拿，真不错。

实际情况是怎么样呢？

1954年，心理学家贝克斯顿、赫伦和斯科特等，在付给志愿者每天20美元的报酬后，让他们在缺乏刺激的环境中待着。实验好像是非常愉快的。具体地说，

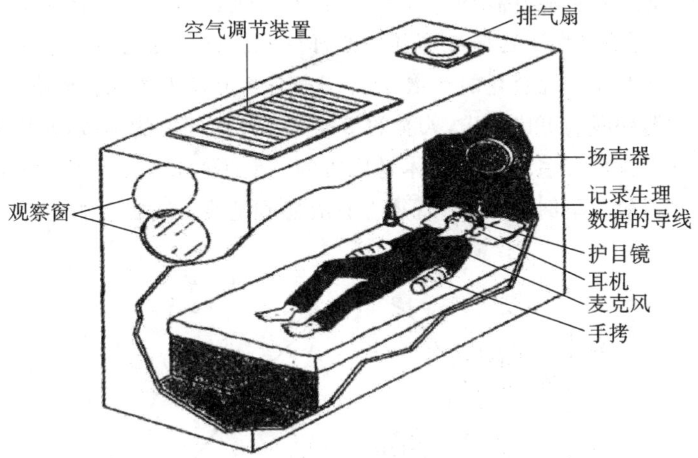

就是在没有图形视觉(志愿者们须戴上特制的半透明的塑料眼镜),限制触觉(手和臂上都套有纸板做的手套和袖头)和听觉(实验在一个隔音室里进行,用空气调节器的单调嗡嗡声代替其听觉)的环境中静静地躺在舒适的帆布床上。这一实验叫作感觉剥夺实验。实验开始阶段,许多志愿者都是大睡特睡,或者考虑其论文。然而,两三天后,他们便决意要逃脱这单调乏味的环境。实验的结果显示:感到无聊和焦躁不安是最起码的反应。在实验过后的几天里,志愿者们开始注意力涣散,思维受到干扰,不能进行明晰的思考,智力测验的成绩不理想。另外,他们的生理上也发生了明显的变化。对脑电波的分析证明这些志愿者的全部活动严重失调,有的志愿者甚至出现了幻觉(白日做梦现象)。

大多数志愿者在实验开始后24～36小时要求退出,没有人坚持72小时以上。在实验期间,他们由惬意的睡眠渐渐变为厌倦和不安,有的志愿者开始唱歌、吹口哨或自言自语,直至有幻觉出现。

从感觉剥夺实验我们可以得出以下结论。

其一,感觉剥夺实验说明,感觉虽然是一种低级的简单的心理活动,但它对人来说意义重大。剥夺感觉,就势必会影响知觉、记忆、思维等较高级的和复杂的心理现象。没有刺激,没有感觉,人不仅不会产生新的认识,而且连正常的心理功能都得不到维持。

其二,感觉剥夺实验表明,认识环境是一种比物质享受更迫切、更强烈的需要。根据马斯洛需求层次理论,人的需求有五种层次,由较低层次到较高层次分别为:生理需求、安全需求、社会需求、尊重需求和自我实现需求。他认为,即使前四种需求都得到了满足,个体也还能制造紧张、产生要求发挥自己全部潜能的需要。处于感觉剥夺情境的志愿者,虽然生理的需要、物质的享受得到了满足,但是更高一级的认识上的需要却受到了抑制。因而,满足其认识客观需要的动机便促使他们不得不制造紧张状态,引起心理上的混乱,以求得到解脱,重新回到有丰富刺激的客观环境中来,以利于自我潜能的充分发挥和对其他高级需要的追求。而认识环境是一种较高级的需要。

其三,感觉剥夺实验还从一个侧面说明,如果人类离开赖以生存的社会环境,那么,作为人类的正常的心理状态是不可能存在的。在感觉剥夺的实验中，由于实验时离开了正常的社会生活环境和条件，志愿者产生了这样或那样的心理变化。这些变化与正常状态下人的心理状态是有差异的。人作为一个社会化的产物，离不开赖以生存的人类社会环境。

从感觉剥夺实验中我们可以看出，人类的活动需要外界环境的刺激，而压力是一种个体与环境之间进行的交互作用关系。根据个体对压力的感受不同，压力适当论应运而生。压力适当论是指压力与学习效率呈倒“U”形的规律。只有感到适度压力的时候，学习成绩、工作效率才是最高的。

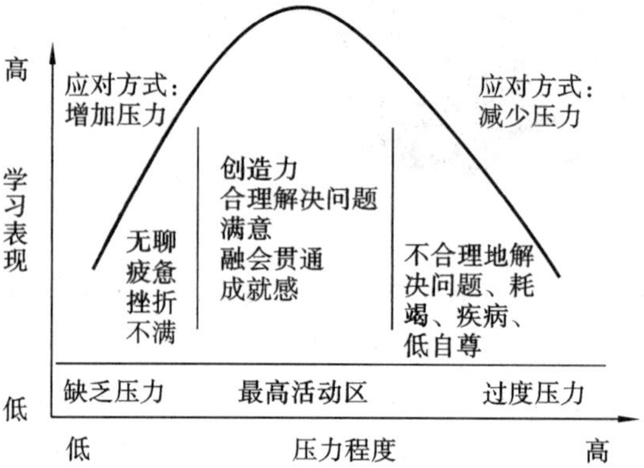

压力适当论是美国心理学家安德森在1987年提出的，他指出在缺乏压力的状态下，人会觉得空虚、乏味，失去自我成就感；压力过大时人又产生耗竭；只有在适度的压力下，人才会最有创造力，工作效率也更高。需要说明的是，由于每个人的成长经历、认知风格、解决问题的能力都存在差异，在面对同样一件事情时，感受到的压力也是不相同的，例如对于社交回避者来说，在公众场合发表演讲是一件极具挑战的事件，而对于社交达人来说，这几乎不构成任何压力，我们称这种现象为压力的感受性。同时，每个人的抗压能力也有很大差异。所以，适当的压力范围是因人而异的。提高自身的抗压能力，扩宽自己的适当压力范围能够帮助我们更好地面对压力，取得更多成就。

这让我想到一部影片《好好先生》，男主角卡尔在朋友的诱导下，参加了一档真人秀节目，节目组要求在他一年之内，不能对任何人“say no”，无论对方提出的要求有多么无礼和不可能完成。如果挑战成功，卡尔将获得一笔巨额奖金和周游世界的所有花费，如果失败，卡尔将会回到原本糟糕的生活。起初，卡尔的生活完全被打乱，甚至陷入更糟糕的境地。为了满足其他人提出的各种要求，他被迫学习了吉他、韩语，上各种培训班课程，涉足自己不熟悉的领域，甚至为此学习了驾驶飞机……但也正是在一次次的压力之下，他渐渐对自己有了新的认识，发现自己不是那么一无是处，他看到了生活的无限可能和各种契机，他的生活不知不觉打开了新的局面。如果没有那档真人秀节目，卡尔无法想象这一切会成为可能。也就是在一次次的挑战中，卡尔成了更好的自己。

那么，我们在面对压力时应该有怎样的心态呢？

第一，寻找一个榜样去追随。他可能是你的老师、领导，也可以是某个领域的专家。总之，他身上一定有你欣赏并想要拥有的特质，而这些特质一定是你可以通过学习和努力拥有的。

第二，多一点积极的信念。自我实现的预言（罗森塔尔效应）告诉我们，当你相信自己可以的时候，你就真的可以。有时候我们不愿意往前走一步，不是不想要成功，而是害怕失败，好像失败会再次证明自己糟糕透顶。

第三，选择自己的环境。多跟优秀、积极进取的人在一起，学习他们的思维方式、乐观心态，同时让他们成为你的“监督者”。要知道在这条崎岖的路上，你随时可能摔倒，甚至想要后退，但有这些优秀的人的监督，能够让你走得更远、更久。

第四，行动比制订计划更重要。制订计划固然重要，但如果只有计划那是远远不够的，毕竟只有行动才能带来改变。很多学生只停留在想的层面，却仿佛怎么也想不清楚，感到迷茫、无措，但其实走出迷茫最好的方式是再往前走一小步。曾经看到过这样一句话“人的一生就像在雾中行走，远远望去，只是迷蒙一片，辨不出方向和吉凶。当你鼓足勇气，一步一步向前走去的时候，就会发现，每走一步，你都能把下一步看得更清楚！”

把压力当作生活的甜点，或许能够更好地释放压力。

【幸福解码】

(1)人一旦有压力的感受，他首先一定会觉得精神紧张。(×)

心理学家塞利认为，心理压力不是精神紧张那么简单，人们发觉自己不能完成或处理某一生活要求时，便感到被某生活要求所把持着，不能逃脱，因而感到压力。压力会导致身体及情绪上的不痛快。

(2)压力只是“心事”，与身体无关。(×)

过去20年不断增加的研究已经表明，压力与近80%的主要身体疾病有关。其中包括心血管疾病、癌症、内分泌和新陈代谢疾病、皮疹、胃溃疡、偏头痛和紧张性头痛、情绪失调、与肌肉骨骼相关的疾病、感染性疾病和经期前的一些症状。

(3)压力是可以完全消除的。(×)

压力会伴随我们一生，不同时期会面对不同的压力。

青少年时期的生命特征具有精力旺盛、追求理想、好奇心旺盛、追求独立等特点。其生活压力主要来源于升学竞争、人际交往、追求情感独立、生活事件、角色扮演、职业生涯的探索等多个方面。

成年期的生命特征具有体力与耐力佳、心智成熟、乐于接受挑战等特点。其生活压力主要来源于工作压力、经济压力、家庭维系、子女教育、成就期望、专业与地位等多个方面。

老年期的生命特征具有生理的衰退、体力衰退、心智活动减少等特点。其生活压力来源于生活安养、不被尊重、收入减少、行动不便、没选择权、心灵孤独等多个方面。

(4)有压力总是不好的。(×)

适度的压力会让我们更健康，变得更加有力量，更加有抗压能力。

(5)压力会制造不愉快的问题，但不会“置你于死地”。(×)

从真实案例来看，每年因为学业、借贷、人际关系、失恋等压力事件导致抑郁症、自杀、他杀的事件屡有发生。

三、挫折的概念和种类

（一）关于挫折的研究

亚当斯指出挫折是人类作为个体在从事有目的的活动过程当中，指向目标的行为受到障碍或干扰，致使其动机不能实现、其需要无法满足时所产生的情绪状态。阿瑟·雷伯主张用两种方式来解释挫折：一是从操作性定义来说，挫折是干扰或阻碍朝某一目标行为的动作；二是挫折的操作性定义所指的动作引起的具有动机性质的情绪状态，导致意在避开或克服这一阻碍的行为。

杨平等人在《医学人文科学词汇精解》中将挫折分为两种，一是指不利的情境，二是指由不利情境引起的负性情绪。张春兴认为挫折是在挫折情境之下，个体因情境对其行为的阻碍作用而产生的挫折感。从以上观点不难看出，国内外的学者将挫折的研究指向了两个方向：一是对挫折情境的研究，二是对挫折情境与负性情绪关系的研究。

车文博在《当代西方心理学新词典》中将挫折解释为：挫折指个体在从事有目的的活动的过程中，因客观或主观的原因而受到阻碍或干扰，致使动机不能实现、需要不能满足时的情绪体验。从心理学意义上讲有两种含义：一是个体有目的的活动受到阻碍的对象或情境，称为挫折情境；另一个是个体有目的的活动受到阻碍时的情绪情感体验，称为挫折感或挫折心理。可见挫折有三个组成要素：一是挫折情境；二是挫折的反应（包括心理和生理反应）；三是挫折的认知。挫折的情绪体验的大小与挫折认知有关，所以认知是挫折心理中的关键因素。

一般来说，挫折包括狭义的挫折和广义的挫折。狭义的挫折是指个体在从事有目的活动过程中，由于遇到障碍和干扰，使个人需要不能满足，动机无法实现而产生的紧张状态与情绪反应。而广义的挫折除了指需要不能满足，动机无法实现而产生的沮丧、痛苦、失意等心理反应外，还包括心理应激、心理压力、心理冲突、丧失等。目前关于挫折的理论主要有：本能论、挫折—奋进理论、挫折“ABC”理论、社会文化理论等。同时还有几个比较著名的假说，如挫折—倒退假说、挫折—攻击假说、挫折—固执假说。

（二）常见的挫折种类

挫折的类型非常复杂，一般可做如下划分。

1. 实质性认知挫折和想象性认知挫折

按照挫折是否实际存在可将其分为实质性认知挫折和想象性认知挫折。

实质性认知挫折是指个体对实际遭遇的挫折事实和挫折情境的认知，是实际存在的挫折。而想象性认知挫折，则是指个体对想象中未来可能出现的挫折情境的预测和认知。显然，实质性认知挫折存在挫折事实，当事人可以做出有效处理，他人也可以给予有效的帮助；而想象性认知挫折并不存在挫折事实，只是当事人对受挫折情境、后果想象的认知，因而比较难以做出具体、有效的处理，想象性认知挫折往往不被他人所理解，一般也就比较难以得到他人有效的帮助。

2. 一般性挫折和严重性挫折

按照挫折的严重程度可将其分为一般性挫折和严重性挫折。

一般性挫折是指日常生活中在一些常见的不太重要的事情上遇到的小挫折，如同学间的偶尔争吵，乘车遇到堵车，去商店购物不巧碰上关门休息等。这些日常琐碎虽然也会引起心情不悦，但很快就能过去，对人的影响一般较小。

严重性挫折是指在某些与自己关系密切，或意义重大的问题上遭受的挫折，如高考落榜、亲人亡故、触犯法律等。这些事件对人的内心会产生巨大的震动，引起强烈的反应。同时，我们也应看到，一个人在一定时期内对挫折的心理承受力是有限度的，有时有的挫折虽然不严重，但接踵而至或同时出现时，也会导致严重性挫折。

3. 意料中的挫折和意料外的挫折

按照对挫折是否有心理准备可将其分为意料中的挫折和意料外的挫折。

意料中的挫折是指当事人已有察觉或已有了一定戒备后遇到的挫折，如亲人久病而亡，夫妻长期“冷战”后离异等。

意料外的挫折是指当事人在毫无心理准备的状态下突然遭受的挫折，如遭遇车祸等。一般而言，意料外的挫折比意料中的挫折对人打击更大。

4. 事业性挫折和生活性挫折

按照挫折的性质和内容可将其分为事业性挫折和生活性挫折。

事业性挫折可以具体分为工作挫折、学习挫折、理想挫折等。工作挫折，主要是指工作环境中或工作过程中所发生的挫折，如工作环境的突然变化，工作条件的突然改变，工作成绩的不被认可，晋升、提薪方面的压制等。学习挫折，是指在学习和智力活动中遭遇的挫折，如上课听不懂老师的讲课，记忆力衰退，考试失败等。理想挫折，是指个体的奋斗目标虽经努力但仍未达成的挫折，如考研失败、专升本不成功等。

生活性挫折可以具体分为家庭挫折、婚恋挫折、交往挫折等。家庭挫折，主要是指家庭遭遇了变故，产生了较为严重的后果，如父母离异等。婚恋挫折，主要是指在婚姻恋爱方面产生了变故，使正常婚恋生活产生障碍，如失恋、离婚、第三者插足、婚恋受到家庭干涉等。交往挫折，主要是指在人际交往中，当事人交往的需要和动机受到阻碍而产生的挫折，如因误解而友情变淡，遭人诽谤、妒忌、猜疑等。

5. 短暂性挫折和持续性挫折

按照挫折持续的时间可将其分为短暂性挫折和持续性挫折。

短暂性挫折，是指挫折持续时间较短，是暂时性的，这种挫折即使比较严重，也会随着时间的推移而自然消失，如某次考试没有取得好名次、高龄老人的自然死亡等。

持续性挫折，是一种长期的挫折状态，可能是持续的，也可能是接二连三的。由于导致挫折的条件和情境具有相对的稳定性，往往使人长期、持续地处于紧张状态和挫折感之中。持续性挫折使人产生的情绪反应往往会改变人的性格，而且多为焦虑不安、压抑、回避、萎靡不振，有时也会有攻击、粗暴等表现。

除此之外，还可以从挫折形成的原因出发，把挫折分为内部挫折和外部挫折、主观因素挫折和客观因素挫折、自然因素挫折和社会因素挫折等。

第二节 大学生压力和挫折的产生与种类

大学生正处在人生成长的关键时期，其成长往往具备了身体变化快、思想不定型等显著特点，对社会、家庭和学校以及个人的认识片面且不成熟，这也是大学生压力和挫折的主要来源。

【大学心事】

木木是一名在校的大四学生，她长得很高，也很有气质，说话轻声细语的，特别温柔。但是每次去心理咨询中心都有气无力，很没有精神。来心理咨询中心的原因是木木认识到了自己的问题，感到了前所未有的焦虑，想要通过某种方式缓解自身的焦虑，并且尝试要解决自己遇到的问题。因为家庭背景和成长环境的不同，木木在宿舍里并不愿意和舍友们“分享”自己的东西。同时，木木还有很强的界限感，觉得每个人的空间都是独立的，大家都应该在自己的空间里，并且不应该越界。因此，宿舍的其他人都觉得木木不好相处，也开始不愿意和木木分享，并且慢慢地孤立了她，有时候甚至同在一个宿舍一整天都不沟通一句话。就是因为和舍友的关系疏远，木木进行了长达两年的心理咨询。

一、大学生压力与挫折产生

当代大学生产生压力与挫折的原因有很多，大多数人感到迷茫的程度也不同。但总的来说，可以分为两大因素，即客观因素与主观因素。

(一)客观因素

人是社会动物，任何人都不能脱离群体而单独存在、发展，而每个人在发展过程中的每一个阶段的表现与心理活动都是不一样的，每一个表现的结果，都是他生活的社会环境与时代文化的背景相互作用混合的产物。大学生遇到压力与挫折的原因有多种，可以分为外在因素与内在因素。每个人都经历过很多压力和挫折，我们可以将其起因称为“压力源”或者“挫折源”。

1. 自然环境因素

自然环境对人类有着不可抗拒的影响。它直接通过感官影响人们的器官，继而引起特定的心理、生理与行为上反应，譬如阴雨天人们大多数会感到压抑、心情低落，又或者如现在严重的空气污染“雾霾”，它会引发各种疾病，影响、干扰人们的正常生活与工作，从而导致人们工作与生活的失败和挫折。总而言之，自然环境通过感观来影响人们的情绪、态度。

2. 社会环境因素

社会环境或直接或间接地影响人们的心理和行为。人类是社会环境构成的因素，人们在特定的社会环境中生产与生活。21 世纪的今天，随着数字化时代的到来，世界处于大发展、大变革、大调整的时期。习近平总书记指出：“当今世界正经历百年未有之大变局。”在这种变局和变革之下，出现了一些急于求成、违背道德的投机者，他们带来了一阵价值观偏离、行为失调等不正之风，部分大学生在社会环境的影响下迷失方向。大学生们在多重价值观和社会观中寻找内心的平静，却无法避免地遇到社会道德与追求名利、金钱之间的冲突，从而感到无从选择，无所适从，极易产生心理与道德的失衡。由此可见，社会环境因素对大学生影响非常大，不良的社会环境会给大学生带来许多严重的不良后果。

3. 学校环境因素

现阶段，部分高校教育重点强调对学生的科学文化知识教育，而忽略了对他们实际社会产能的实践培养，限制了创造发明的思维，以及缺少了认识与接触社会的机会，进而不能更好地与社会接轨。高校教师的教学方法与社会实际操作实践产生脱离或连接不上等容易使学生丧失学习的信心，甚至产生厌烦的消极情绪。其中，那些心理承受能力和适应能力较差的学生，会产生不同程度的挫折感。部分教师的教学方式抑制了大学生的探索欲望与求知欲望，更与现实社会实际工作需求产生差异，也挫伤了大学生们的自信心和对自我的肯定。再有，学校的师资力量、名气、教学硬件条件、地理气候、管理方式、同学的文化品德素质等如果都没有达到大学生的心理预期并且与现实严重不符，大学生们也会产生烦躁和郁闷之感。如果学校的校园文化与办学的宗旨相悖，不能让大学生们产生认同感，那么大学生们在精神上就难以找到寄托，容易感到彷徨无助，产生挫折感，甚至有的同学会出现自闭症。

4. 家庭环境因素

在大学生心理的挫折中总能或多或少地找到家庭的印记。当代大学生中，独生子女的比例较高，物质生活也很丰富。有的父母过分溺爱孩子，满足孩子的各种物质的需要，为他们创造优越的生活条件，尽量避免他们受到任何委屈。过分溺爱导致他们缺乏自理能力，造成过分依赖心理，大大降低了他们人际交往的能力。这类学生十分惧怕进入陌生的新环境，心理承受力也非常脆弱。当代家长们应该注重培养孩子的独立性。

父母的过度保护使孩子成为笼中鸟，导致孩子性格懦弱，出了事故不能勇于承担，这也是“妈宝男”“妈宝女”这类网络热词产生的原因。另外有一些家长望子成龙、望女成凤，对孩子寄予过高的期望，这也会使大学生们丧失对于学习的信心，甚至产生厌烦的消极情绪。这类家长只重视为下一代营造一个安静舒适的环境，而忽视了自己对孩子综合能力的培养，忽略了“授人以鱼不如授人以渔”。家庭环境的影响主要体现在父母对子女的态度和教养等方面。此外，专制的家庭教育方式以及紧张的家庭氛围等因素也会使当代大学生难以适应大学集体生活。

除此之外，其他早期的经历也会对大学生的人格特点和人际关系的养成产生影响。因此，大学生产生的压力与挫折感与家庭环境也有不可分割的关系。

（二）主观因素

大学生产生挫折心理的原因是多层次、多角度的，其中有个人生理和心理因素。

1. 生理条件限制

大学生的生理因素是与生俱来的、不可改变的，如外貌、身材、身高等。有些人因没有拥有较好的面容，或因没有与生俱来的完美身材和身高而无法实现自己的职业梦想，或因没有健全的四肢而无法像正常人一样轻松地生活，或因没有很好的身体素质而不能在运动会的赛场上一展自己的风采等而感到自卑。除了这些，还有很多的因素会导致压力和挫折心理。

2. 生理与心理发展不平衡

大学生的年龄大多集中在18～22周岁，正处于生理与心理发展不平衡的一个特殊时期。生理发展已趋于成熟，而心理发展相对滞后，这也是大学生产生挫折心理的一个重要因素。

有些大学生会由于自身性格的不足，在面对失败时比一般人更容易灰心丧气，不能接受失败带来的挫折感，这正是因为他们自身不能够很好地表达自己所想的内容，不能够很好地与人交流，对事物太过于依赖，不能够很好地控制自己情绪的变化，或在问题的处理上存在错误的观点。对于同一个生活环境，不同人对于外界的客观事物的认知方式和见解也不同。也正是由于拥有不同的认知，同样的挫折环境，给他们带来的打击和心理压力是不同的。

随着人的成长，大学生的心理成熟度会越来越高，从而会影响他们在处理压力和挫折这方面的方式和态度。一般情况下，心理成熟度和思想境界高的大学生，会对挫折持正确认识而少有挫折感，反之则会有严重的挫折感。

3. 角色转换不适应

大学生从中学迈入大学，从家长手里的掌上明珠到大学里独立自主的小大人，这种角色的转变是每个独立的个体成长路上重要的一环。这意味着无论是身体，还是心理，都在推动着大学生飞快地前进。这种前进往往体现在大学生身份的转变上，也体现在自我意识的觉醒上，更体现在能否实现社会价值，满足学校、家长和社会对自己的期望上。因此，大学生们要在短时间内做出调整，并且明确自己就是社会责任的承担者并且要为此付出努力，并用实际行动去践行。因此，在践行的过程中，在被动的责任承担中，大学生们将会面临巨大的身心压力。

进入大学后，大学生们背上自己的行李，远离了家乡，来到一个陌生的城市，这里的一切他们都不熟悉，他们不再是家里的"掌上明珠"，所有的新开始让他们感到措手不及。缺乏自理能力的大学生会明显感觉烦躁，不知道如何处理日常生活中发生的磕磕碰碰。同时，进入大学以后，大学生的课余时间非常充裕。由于脱离了高中学习机制的压迫，有的大学生瞬间感到无比的轻松自在，开始自我放纵，制订的计划通常最后都会以不能够完成而告终，久而久之，逐渐暴露出自己在学习方面的不足，从而开始否定自己和怀疑自己的能力，慢慢产生了自卑感与挫折感。

现实生活中也存在这样一种情况，从表面上看大学生已经变成了一个成年人，其实在他们的内心深处仍存在儿时的稚嫩和强大的依赖性。看待外界的客观事物不能够十分冷静地正确分析，社会实践的经验不足导致他们对未来生活的憧憬太过于美好，真正碰到社会上的一些问题就会惊慌失措，内心无法接受这样的事实，此时挫折感就会在他们的心里占据一部分位置。

4. 期望与现实的落差

进入大学之后，部分大学生们发现曾对大学的憧憬并非都是现实。由于自身认知的差距，有的大学生会发现专业学习的收获远不及他们期望的那样；有的大学生把个人追求的目标确立得过高，导致理想与现实矛盾，这时就容易萌发出一种莫名其妙的焦虑和烦恼，这种高期望和现实的落差很容易引发压力和挫折心理。

5. 心理需求得不到满足

作为该年龄段的青年大学生有三方面独立的需求。首先对于绝大多数大学生而言，经济上还不能实现独立，这使得他们不能随意支配金钱；其次从传统的观念来说，还在念书的他们还被视为被保护者，他们的意见很难被重视，这就限制了他们在成人世界中展现自我，并得到满足，这必然会带来一定程度上的挫折感；最后，作为生理成熟的个体，对性有着正常的需要，但是由于他们特殊的身份，并不能通过合理的途径来满足自己的需要，这使得他们长期处于压抑之中。

二、大学生压力与挫折种类

综上所述，大学生面临的压力与挫折种类可以分为如下几个大类。

(一)学习方式转变带来的挫折和压力

从高中阶段的老师“一言堂”到大学阶段的“探索性”学习，整个学习方式上的改变也困扰着相当一部分大学生。对于那些自律性比较差、自主学习能力较弱的学生来说，大学这种主动汲取知识的教学方式会让他们无法适应。大学阶段的课程大多是按照高级专业人才培养方案设置的，含有丰富的科学的前沿理论和系统知识，需要阅读大量的文献和论文。大学老师也不再像高中老师那般天天督促学生、强制安排学习任务，大学老师多半讲的内容多并且有所取舍，以课堂指导性讲解为主。所以，有很大一部分大学生无法适应大学学习方式，从而产生厌学和弃学的情绪，产生大量的焦虑感。这便是由于学习方式的改变而造成的压力。

(二)人际交往带来的挫折和压力

大学生精力旺盛、追求理想、好奇心强、追求独立，其人际交往也具有很强烈的主观意愿。大学生渴望社交，希望与人沟通的意愿要远远大于成年人，同时，大学生也希望维系个人发展和社会发展的纽带。但是在不同的个人成长环境当中，大学生往往具有不同的性格特点，因此在与人沟通交流的同时常常难以达到预期的效果，以致受挫严重，从而造成了人际交往的负面压力。

(三)恋爱带来的挫折和压力

大学生向往爱情、渴求爱情，谈恋爱也日益成为当代大学生的日常需求和情感依赖。一旦恋爱的困惑开始大量地产生并发酵，爱情就不再是大学生们眼中的美好模样了。有的大学生在经历单恋、分手、第三者插足等恋爱挫折后，会产生重度抑郁甚至轻生的念头。

(四)就业带来的挫折和压力

就业压力就是人在面临就业时所感到的压力，是在就业情境中许多内外变量与个人主观因素交互作用所产生的一种心理紧张现象。就业压力是特定时期存在于特定群体中的一种独特现象，在我国也是“自主择业”之后的产物。随着社会竞争力的加剧，大学生的就业压力问题也越来越迫切需要调节和缓解。就业压力源指大学生在面临就业时使个体产生紧张和压力的刺激情境或环境，压力生活事件是压力源的一个重要组成部分。

总之，大学生的主要压力来源于日常烦扰(如经济问题、学习问题、与同学和教师间的人际关系、情绪、性困扰、自我认同感以及自尊等)问题。

第三节 压力和挫折对大学生心理的影响

一、挫折与压力对大学生的积极影响

挫折和压力都是人生常态，大学生不可能完全避免挫折和压力的产生，没有挫折和压力的人生也是不真实的，挫折与压力是大学生成长的必经之路。

心理学的研究表明，早年的心理压力一定程度上有利于促进儿童成长和发展。对于大学生而言，适度的压力可以激发大学生的积极性和主动性，是锻炼和培养大学生良好意志品质的必要条件。

二、挫折与压力对大学生的消极影响

挫折和压力对人的身体健康具有消极影响。在挫折和压力存在的不良情绪状态下，人的身体极易感觉疲劳。尤其是继时性压力和破坏性压力，继时性压力使人处于慢性心理应激状态，时间一久便容易引发一系列的身心症状。患者会产生呼吸困难、心悸和胸痛等生理症状。破坏性压力又称为极端压力，是患者在遭受过战争、地震、空难等破坏性事件之后产生的一种“疲劳症”，这种人容易出现“心理麻痹”，具体表现为对外界反应减少、过度敏感、失眠或者焦虑等，可造成急性应激障碍、创伤后应激障碍(PTSD)和急性短暂性精神障碍。

挫折和压力对人的心理健康也具有消极影响。挫折和压力会使人产生焦虑、抑郁等心理症状，紧张、焦虑、失望等消极情绪会使神经系统，特别是使大脑功能处于紊乱、失调的状态，无法进行创造性思维活动，而严重的挫折会导致精神崩溃。

三、挫折和压力的矛盾性

挫折与压力是一把双刃剑，它既可以摧残人的身心，使生命之花枯萎，也能够磨砺人的意志，砥砺人的品行，使生命在经历风雨之后更显挺拔与娇艳。实际上挫折和压力与个人成就的关系曲线是呈倒“U”形的，适当的挫折和压力可以惊醒人，使人调动全身力气全力以赴去完成某项任务。但是当压力超出一定限度后，与成绩就呈负相关了，即挫折和压力越大，对人的打击越大。因此，大学生应该直面挫折，但要把压力控制在适当的范围之内。

【幸福解码】

PSTR(心理压力测试量表)

压力既可以是你生活的助手，也可以变成生活的阻碍。PSTR 可以帮助你了解自己面临的心理压力程度。

测试开始：请你准备一支笔和一张纸，然后花大约 15 分钟时间完成这个测试。请根据自己的情况选择，不要在一道题上花太多的时间思考。请仔细阅读下面题目，根据自己最近一周情况的真实体验和实际情况来选择最合适的答案。

本量表共50道题，分为5级评分：A(总是)4分；B(经常)3分；C(有时)2分；D(很少)1分；E(从未)0分。

1. 我受背痛之苦。

A. 总是　B. 经常　C. 有时　D. 很少　E. 从未

2. 我的睡眠不足且睡不安稳。

A. 总是　B. 经常　C. 有时　D. 很少　E. 从未

3. 我头痛。

A. 总是　B. 经常　C. 有时　D. 很少　E. 从未

4. 我颚部疼痛。

A. 总是　B. 经常　C. 有时　D. 很少　E. 从未

5. 若需要等待，我会不安。

A. 总是　B. 经常　C. 有时　D. 很少　E. 从未

6. 我的后颈感到疼痛。

A. 总是　B. 经常　C. 有时　D. 很少　E. 从未

7. 我比多数人更精神紧张。

A. 总是　B. 经常　C. 有时　D. 很少　E. 从未

8. 我很难入睡。

A. 总是　B. 经常　C. 有时　D. 很少　E. 从未

9. 我的头感到紧或痛。

A. 总是　B. 经常　C. 有时　D. 很少　E. 从未

10. 我的胃有毛病。

A. 总是　B. 经常　C. 有时　D. 很少　E. 从未

11. 我对自己没有信心。

A. 总是　B. 经常　C. 有时　D. 很少　E. 从未

12. 我会自言自语。

A. 总是　B. 经常　C. 有时　D. 很少　E. 从未

13. 我忧虑财务问题。

A. 总是　B. 经常　C. 有时　D. 很少　E. 从未

14. 与人见面时，我会胆怯。

A. 总是　B. 经常　C. 有时　D. 很少　E. 从未

15. 我怕发生可怕的事。

A. 总是　B. 经常　C. 有时　D. 很少　E. 从未

16. 白天我觉得很累。

A. 总是　B. 经常　C. 有时　D. 很少　E. 从未

17. 下午感到喉咙痛，但并非由于感冒。

A. 总是　　B. 经常　　C. 有时　　D. 很少　　E. 从未

18. 我心情不安，无法静坐。

A. 总是　　B. 经常　　C. 有时　　D. 很少　　E. 从未

19. 我感到非常口干。

A. 总是　　B. 经常　　C. 有时　　D. 很少　　E. 从未

20. 我的心脏有毛病。

A. 总是　　B. 经常　　C. 有时　　D. 很少　　E. 从未

21. 我觉得自己不是很有用。

A. 总是　　B. 经常　　C. 有时　　D. 很少　　E. 从未

22. 我吸烟。

A. 总是　　B. 经常　　C. 有时　　D. 很少　　E. 从未

23. 我肚子不舒服。

A. 总是　　B. 经常　　C. 有时　　D. 很少　　E. 从未

24. 我觉得不快乐。

A. 总是　　B. 经常　　C. 有时　　D. 很少　　E. 从未

25. 我流汗。

A. 总是　　B. 经常　　C. 有时　　D. 很少　　E. 从未

26. 我喝酒。

A. 总是　　B. 经常　　C. 有时　　D. 很少　　E. 从未

27. 我很敏感。

A. 总是　　B. 经常　　C. 有时　　D. 很少　　E. 从未

28. 我觉得自己像被四分五裂了似的。

A. 总是　　B. 经常　　C. 有时　　D. 很少　　E. 从未

29. 我的眼睛又酸又累。

A. 总是　　B. 经常　　C. 有时　　D. 很少　　E. 从未

30. 我的腿或脚抽筋。

A. 总是　　B. 经常　　C. 有时　　D. 很少　　E. 从未

31. 我的心跳加速。

A. 总是　　B. 经常　　C. 有时　　D. 很少　　E. 从未

32. 我怕结识新人。

A. 总是　　B. 经常　　C. 有时　　D. 很少　　E. 从未

33. 我的手脚冰凉。

A. 总是　　B. 经常　　C. 有时　　D. 很少　　E. 从未

34. 我患便秘。

A. 总是　　B. 经常　　C. 有时　　D. 很少　　E. 从未

35. 我未经医师的指示使用各种药物。

A. 总是　　B. 经常　　C. 有时　　D. 很少　　E. 从未

36. 我发现自己很容易哭。

A. 总是　　B. 经常　　C. 有时　　D. 很少　　E. 从未

37. 我消化不良。

A. 总是　　B. 经常　　C. 有时　　D. 很少　　E. 从未

38. 我咬指甲。

A. 总是　　B. 经常　　C. 有时　　D. 很少　　E. 从未

39. 我耳中有嗡嗡声。

A. 总是　　B. 经常　　C. 有时　　D. 很少　　E. 从未

40. 我小便频繁。

A. 总是　　B. 经常　　C. 有时　　D. 很少　　E. 从未

41. 我有胃溃疡的毛病。

A. 总是　　B. 经常　　C. 有时　　D. 很少　　E. 从未

42. 我有皮肤方面的毛病。

A. 总是　　B. 经常　　C. 有时　　D. 很少　　E. 从未

43. 我的咽喉很紧。

A. 总是　　B. 经常　　C. 有时　　D. 很少　　E. 从未

44. 我有十二指肠溃疡的毛病。

A. 总是　　B. 经常　　C. 有时　　D. 很少　　E. 从未

45. 我担心我的工作。

A. 总是　　B. 经常　　C. 有时　　D. 很少　　E. 从未

46. 我有口腔溃疡。

A. 总是　　B. 经常　　C. 有时　　D. 很少　　E. 从未

47. 我为琐事忧虑。

A. 总是　　B. 经常　　C. 有时　　D. 很少　　E. 从未

48. 我觉得胸部紧迫。

A. 总是　　B. 经常　　C. 有时　　D. 很少　　E. 从未

49. 我呼吸急促。

A. 总是　　B. 经常　　C. 有时　　D. 很少　　E. 从未

50. 我发现我很难做决定。

A. 总是　　B. 经常　　C. 有时　　D. 很少　　E. 从未

评定标准：

93 分以上：表示处于高度应激反应中，身心遭受压力伤害，你需要专业心理治疗师给予一些忠告，它可以帮助你削减你对压力的知觉，并帮助你改良生活的品质。

82～92 分：这个分数表示是你正在经历太大的压力，身心健康正在受到损害，并使你的人际关系发生问题。你的行为会伤害自己，也会影响他人。因此，对你来说，学会如何减轻自己的压力反应是非常有必要的。你可能必须花时间做练习，学习控制压力，也可以寻求专业的帮助。

71～81分：这个分数显示你的压力程度中等，可能正开始对健康不利，你可以仔细反省自己对压力如何做出反应，并学习在压力出现时，控制自己的肌肉紧张，以消除生理激活反应。

60～70分：这个分数指出你生活中的兴奋与压力也许是相当适中的。偶尔会有一段时间压力太大，但你也许有能力去享受压力，并且很快回到平衡状态，因此对你的健康不会造成威胁。

49～59分：这个分数表示你能够控制你自己的压力反应，你是一个相当放松的人。也许你将所遇到的各种压力，并没有解释为威胁，所以你很容易与人相处，可以毫无畏惧处理工作，也没有失去信心。

38～48分：这个分数表示你对所遭遇的压力不为所动，甚至不当一回事，好像并没有发生过一样。这对你的健康不会有什么负面影响，但你的生活缺乏适度的兴奋，因此趣味也就有限。

27～37分：这个分数表明你的生活可能是相当沉闷的，即使刺激或有趣的事情发生了，你也很少做出反应。可能你必须参加更多的社会活动或娱乐活动，以增加你的压力激活反应。

16～26分：如果你的分数值在这个范围内，也许意味着你在生活中所经历的压力经验不够，或是你没有正确地分析自己。你最好更主动些，在工作、社交、娱乐等活动上多增加些投入。

第四节　压力管理与挫折应对

一、保持良好的身体状态和睡眠质量

生活中我们会发现不同的人对挫折与压力的抵抗能力是不同的，就像不同人对于疾病的抵抗能力是不同的。所以，为了更好地面对生活中的压力和挫折，大学生首先应该锻炼自己的身体素质，增强机体抵抗挫折与压力的能力。保持良好身体状态的方法就是提高日常生活质量，如保持良好睡眠，饮食搭配合理、保证营养，适当运动(如游泳、跳舞、跳绳、练瑜伽等)，有时还可以放声高歌，以保持乐观心态。

睡眠一直都是人类最基本的生理需要，然而现代人的睡眠质量并不乐观，特别是当代大学生。越来越多的调查显示大学生们的睡眠质量正在下降，并且已经明显低于正常人群。大学生们正处在青年初期，精力旺盛，是祖国发展的希望与未来建设的主要贡献者，因此他们的睡

眠质量等健康问题需要得到社会的深切关注。较大的学业压力、各种挫折事件以及由此产生的负面情绪应运而生，大学生的睡眠质量逐渐下降。而长期的睡眠问题可能会引发个体的心理和身体健康水平的下降。

当代大学生产生睡眠障碍的一个普遍诱因就是熬夜，而熬夜的原因又分为很多种，例如自己的情绪影响（内在因素）或者是舍友以及周边的环境影响（外在因素）。如果是因为自己的原因导致失眠，那么则有可能是心态问题，这时候需要注意自己的情绪波动，极有可能是因为心理压力过大导致。可以尝试站起来走两圈，或者想一些自己感兴趣的话题去分散自己的潜意识，从放下手机开始，让自己的心慢慢平静下来。如果是因为舍友打扰而无法入睡，也不应该恼怒，让自己情绪失控。如果不好意思去与他/她说，你可以用下面的两种方法尝试入睡：①用耳塞和眼罩来缓解外界嘈杂的声音和刺眼的灯光；②戴上耳机并且播放助眠歌曲来帮助你入睡。当你每次都听同一首歌入睡时，你就会习惯，最终导致你一听见这首歌就想睡觉。如果以上方法仍然无法行得通，你就应该与舍友沟通，毕竟会相处四年，彼此都需要互相包容、磨合。当某个生活习惯已经严重影响到舍友的日常生活的时候，良好的沟通也不失为解决问题的最佳办法。

二、保持良好的心理状态

生活中保持良好心理状态有很多方法，这里介绍几种方法。

（1）积累身边的“小确幸”。“小确幸”一词，是日本著名作家村上春树发明的，意思是一种不经意间发生的“微小而确实的幸福”。这种“小确幸”其实很简单，在我们的日常生活中随处可见，如我读到一本好书，我感觉到这本书对我今后的生活很有帮助；今天给家里打了电话，妈妈说家里一切都好，而且今年田里的收成很好；今天上课我的发言清晰而流畅，受到了老师的表扬和同学的赞赏……在现实生活中发现、体味、珍藏自己身边的小确幸，能够增强自己对生活的满意度和幸福感，以使自己保持良好的心理状态。

知识连接

（2）利用音乐进行情绪舒缓。音乐是人类的心灵语言，音乐能够调整人的情绪，提高人的情绪调控水平，并且能够激发情感的潜能，提高人的情感表现力。音乐作为一种刺激，引起人们情感的波动，人的行为也随之产生变化。研究发现，音乐与情绪关系的研究有着重要的实践意义。目前音乐大量用于提高身体健康水平、减轻压力、分散患者对于疾病症状的注意力等方面。尽管研究发现人们有着音乐偏好、音乐熟悉程度、音乐训练程度和性别方面感受的差异，但音乐对自主神经系统直接的生理效应影响得到了研究证实。有关音乐心理治疗的研究发现：慢板音乐和沉默能够缓解焦虑，这显示了音乐的减压效果。音乐不仅可以有效地降低患者的焦虑，提升情绪状态，还能够减轻接受手术者的焦虑、疼痛或者其他急慢性疾病患者的疼痛，同时广泛应用于对残疾儿童父母情绪的缓解，老年痴呆症症状的减轻、自闭症患者的社会化程度提高、轻度哮喘的治疗、戒毒人员的治疗、持续性创伤后应激障碍的治疗、精神分裂症患者的治疗、癌症患者的情绪舒缓等领域。

研究表明，舒缓音乐更加利于减压并且使人产生积极情绪，经典音乐对人们的情绪影响大于自选音乐，大调的音乐更有助于缓解心理疲劳。音乐作为诱发情绪的一种重要刺激有独特的优势。首先，音乐能有效诱发强烈的情绪，在实验室情境下，即使被试不付出较大的主观努力，音乐也能充分诱发被试的相关情绪，有利于避免年龄、受教育程度等因素造成的情绪诱发程度不一的影响；其次，诱发的情绪在被试中有较强的一致性，一定程度上减少了被试个体的差异性带来的影响；最后，音乐能够能诱发出强度相当的积极和消极心境，有助于不同心境的比较研究。

【课堂体验】

遇到心情烦躁的时候，喝一杯清茶，放一曲舒缓柔和的音乐。让耳朵暂时远离嘈杂的都市，一起来细细聆听那些放松神经的纯音乐。

(1)December：演奏者是著名的作曲家兼钢琴家 George Winston(乔治·温斯顿)。其柔美优雅、极富人文气息、清新独特的曲风，使他成为新世纪音乐界中极具代表性的卓越人物。乔治·温斯顿的曲目是钢琴美学史上最纯净逸品之大成，他的音乐舒缓流畅、旋律优美，极具可听性。他因其优异的音乐才华而多次获得格莱美奖和格莱美联社大奖提名的极高荣誉。乔治·温斯顿最让大家熟知的是他改编的钢琴曲《帕赫贝尔的卡农》。

(2)Tribute：包括印度泰姬陵、中国紫禁城、雅典卫城等音乐会中的九首新作和两首旧作的改编版。整张专辑充满激情，激荡人心，首首不同凡响。

(3)Silver Screen Classics：演奏者是 David Davidson，其艺术性跨越传统的音乐风格界限，结合了古典、流行和商业音乐。

(4)Winter Stories：演奏者是 Fabrizio Paterlini(法布里奇奥·帕特里尼)，出生于古意大利北部城市曼托瓦。他六岁开始学习钢琴，后于 Campiani's Academy 系统地学习了五年音乐理论。在二十世纪九十年代，帕特里尼开始在当地的乐队演奏前卫摇滚、流行、爵士等风格的音乐，同时开始作曲。十多年之后，帕特里尼做出了一个重要的决定：专注于钢琴——“最能表达出他的内心世界”的乐器。

三、构建良好的人际关系

卡耐基曾经说过，一个人的成功 15% 取决于自己的努力，85% 取决于人际关系。一个人人际交往的范围和质量代表着一个人社会支持系统的强与弱，直接关系到这个人的心理健康水平。因此，构建良好的人际关系对大学生而言是仅次于学业发展的一项重要的社会需要。

沟通是人际关系中最重要的一部分，是人与人之间传递情感、态度、事实、信念和想法的过程，所以沟通是重要的心理宣泄渠道，能够缓解心理压力。大学生应该加强沟通和交流，要善于表达自己的情感，积极参加社交活动，以宽容、真诚、友善的态度与人交往，培养人际交往能力，构建自己的社会支持系统。大学生活是美好的，但也时常夹杂着风风雨雨。大学生活是甜蜜的，却也时常五味杂陈。除了专职心理老师，专职辅导员和班主任们应该通过不同的渠道和方法为大学生疏导压力，使大学生加强自身的压力管理能力，掌握科学的释放压力的方法，提高综合素质。

四、科学地缓解就业压力

对于缓解就业压力问题，许多学者从不同角度给出多种思考和见解，主要包括缓解就业挫折心理、就业心理调适、提高心理承受力等。

1. 正确认识就业挫折

大学生在就业过程中遇到挫折是正常的，挫折本身就是我们日常生活的一部分。挫折心理对我们生活和情绪的影响主要取决于个体对挫折源及其挫折本身的认知。正确认识就业挫折有利于个体在面临挫折时的自我控制，使个体可以有意识地降低由挫折体验而带来的情绪、情感障碍。

大学生遭受就业挫折后，要保持冷静、理智，树立自信心，找出挫折源，分析原因、性质及严重程度，然后考虑解决问题的办法及可行性，最后付诸实践。为提升大学生的认知能力，高校应开设相应的就业心理辅导课程或讲座，让学生系统地了解关于就业挫折情境、认知、反应、防御、疏导和咨询方面的知识。

2. 正确认识自我，调节合理的期望值

择业的过程也是重新认识自我的过程。大学生在择业过程中要理解和接受现实，包括了解和认识自己。正如我国古代名言"知己知彼，百战不殆"，只有正确地认知自我，才能更好地适应市场发展的需求。正确认识自我包括认识自我的性格、兴趣、能力和生理心理素质等。认识自我的过程不是一个片面的时间点或时间片，它应该是一个长久的时间段，是一个逐渐发展的有量变也有质变的过程，应该伴随着学生的生涯发展。正确地认识自己和了解就业的社会环境，有利于学生建立合适的就业期望，所以高校在指导学生认识自我的同时也要提供配套的与之相符的就业信息。

3. 提升挫折承受力

提升挫折承受力就要使大学生具有积极的应对挫折心理的方法，使用正性或中性的心理防御机制。高校在指导学生正确对待挫折的同时，应使学生学会在理论和实践活动中提高抵御就业压力和心理挫折的能力。当挫折心理带来巨大心理压力，而一时难以克服和化解时，可以主动把压力转化为适度的情绪反应，并通过适当的方式发泄出来，如自我疏导、运动宣泄、个别心理辅导或给予积极的心理暗示等。

【幸福结语】

人活着有压力是必然的，学会用正确的方法应对压力，就会减少很多烦恼。我们不能也不应该消灭压力，我们应该教会自己去享受它。挫折与压力是一把双刃剑，它既可以摧残人的身心，使生命之花枯萎，也能够磨砺人的意志、砥砺人的品行，使生命之花在经历风雨之后更显挺拔与娇艳。

【幸福锦囊】

(1)压力适当论：压力与学习效率呈倒"U"形的规律。只有压力适度的时候，学习、工作效率才最高。

(2)你虽是你身体的拥有者,但未必是它的掌控者。

(3)人人皆有自卑情结,我们正是在对自卑的不断超越中,完成了成长。

(4)用最深沉的痛,写最温柔的诗。

(5)世事看得多了,观念形成了心理边界,就容易困在思维的迷宫里。

(6)群体之中隐藏着恐怖的力量,它足以抹杀身在其中你的判断力。

(7)人们的行为和决策常常偏离理性,远非你想象的那样完美。

(8)把压力当作生活的甜点,或许能够更好地释放压力。

【幸福行动】

在日常生活中,有什么事情令我们感到挫折和痛苦?请简要描述当时的情景,写在第一列;任何事情的价值都是双向或者多向的,生活中的负性事件在留给我们痛苦的同时,还留给我们什么?请在第二列写下这件事情的负面影响,并在第三列写下这件事情中存在的积极元素,如你自身的力量,支持你的力量,事件带来的机遇等,越多越好,从而学会积极关注负性事件。

序号	负性事件(情绪)	负面影响	积极元素
1			
2			
3			

第十一章　生涯规划与幸福人生

【幸福导读】

生涯规划是伴随我国大学生“双向选择、自主择业”的就业制度改革而新兴的一门综合性课程。本章内容以大学生专业知识、技能以及人文素养为基础，其目的和任务是帮助大学生了解国家就业形势和政策，引导大学生充分认知自我，合理调整职业预期，树立正确的择业观，增强就业竞争意识，掌握求职择业的基本常识和技巧，把握大学生就业的特点和功能，以此提高大学生主动适应就业制度改革及就业环境变化的能力，增强求职择业的实力，最终指导和帮助大学生实现成功就业。

第一节　就业形势及现状分析

当前，多重因素叠加下，大学毕业生的就业竞争激烈，就业困难指数明显上升。

【热身活动】

1. 你是(　　)。

A. 男生　　B. 女生

2. 你所在的年级是(　　)。

A. 大一　　B. 大二

C. 大三　　D. 大四或研究生

3. 你觉得如今学的专业知识对以后的工作(　　)。

A. 很有帮助　　B. 根本没多大关系

C. 不清楚

4. 你认为目前普通大学生就业形势如何？(　　)

A. 十分严峻，很难找到合适工作

B. 有点严峻，但比其他低学历人群要容易

C. 有点严峻，与其他低学历人群差不多

D. 不了解

5. 当你毕业时，你会选择(　　)。

A. 先择业后就业　　B. 先就业后择业

C. 继续深造　　D. 自主创业

6. 你如何看待“考研热”？(　　)

A. 继续深造，可以暂时躲避就业高峰，增加就业优势

B. 研究生越来越多，就业形势更加严峻

C. 其他

7. 你觉得就业指导应该从大学哪个阶段开始？(　　)

A. 大一　　B. 大二　　C. 大三　　D. 大四

8. 你认为当前学哪些专业更易于找到工作？(　　)

A. 文史类　B. 师范类　C. 管理类　D. 农林类　E. 经济类

F. 理工科类　　G. 其他

9. 你如何看待专业与工作不对口的问题？(　　)

A. 这种现象很普遍，容易适应

B. 给就业造成一定困难，但易于克服

C. 专业与工作不对口，根本无法就业

D. 从未关注过这类现象

10. 你现在的就业心态是(　　)。

A. 自信能找到满意的工作，并积极准备

B. 没多考虑，反正最后总会有工作

C. 非常焦虑

D. 很茫然

E. 其他

11. 你如何看待当前各大学扩招对就业形势的影响？(　　)

A. 好　　B. 不好

C. 既是机遇，又是挑战　　D. 没考虑过

12. 你是否可能会选择自主创业？(　　)

A. 会　　B. 不会　　C. 会考虑

13. 面对将来求职，你最担心的问题是什么？(　　)

A. 英语、计算机水平不够好　　B. 专业课成绩不稳定

C. 没工作经验　　D. 对社会缺乏了解

14. 你在就业过程中更注重什么？(　　)

A. 岗位　　B. 薪酬高低

C. 公司名气　　D. 个人发展空间

15. 你毕业后的选择方向是(　　)。

A. 政府机关　　B. 外资企业　　C. 民营企业

D. 国有单位　　E. 事业单位　　F. 自己创业

16. 你认为用人单位最关心毕业生的哪些素质？(　　)

A. 学校名气和社会实践经验　　B. 身高、相貌、学历及学习能力

C. 工作、交际能力　　D. 品德、特长、爱好

17. 如果举办就业讲座，你希望主讲人是(可多选)(　　)。

A. 学校教授　　B. 学校老师
C. 其他知名学校教授　　D. 校外成功人士

18. 你认为在求职前必须具备的求职知识和能力是(　　)。

A. 写专业简历　　B. 了解企业用人的标准
C. 面试　　D. 谈薪酬和福利

19. 你希望主要通过哪种求职途径找工作？(　　)

A. 学校推荐　　B. 浏览人才网站
C. 校园招聘会和社会招聘会　　D. 报纸、电视招聘广告
E. 亲戚朋友介绍　　F. 其他

20. 你就业会优先选择的地域是(　　)。

A. 出生本地　　B. 沿海城市
C. 西部发展地区　　D. 其他

21. 你期望的月薪为(　　)。

A. 1000～3000 元　　B. 3000～4000 元
C. 4000～5000 元　　D. 5000 元以上

22. 你觉得学校有没有必要进行大学生的就业服务？(　　)

A. 非常有必要　　B. 有必要
C. 没必要　　D. 无所谓

23. 你希望学校提供的就业服务主要有(可多选)(　　)。

A. 多提供就业信息　　B. 多组织校内人才招聘会
C. 多请就业专家做专题讲座　　D. 多提供社会实践、实习机会
E. 加强就业网络建设

【案例分析】

2021 届毕业生小王来自一个小县城，直到当年 3 月份他还未落实工作单位。其实家乡有一家制药厂要他，专业对口，又是家乡，然而他本人的择业意向却是：单位地点必须在省会城市，至于是什么单位、具体做什么工作都无关紧要，除此以外，什么单位都不考虑。在这种心态下，结果自然难以如愿。

分析：小王的思想在当前毕业生的择业过程中具有一定的代表性。不少毕业生向往经济发达地区，尤其是沿海地区的中心城市，最低的期望也是回自己家乡所在地的中心城市。他们只注重经济文化是否发达、工作环境是否优越，择业期望值居高不下，甚至还有逐年上升的趋势，从而导致主观愿望与现实需求之间产生巨大落差。

一、中国社会就业现状

（一）全国高校毕业生人数逐年递增

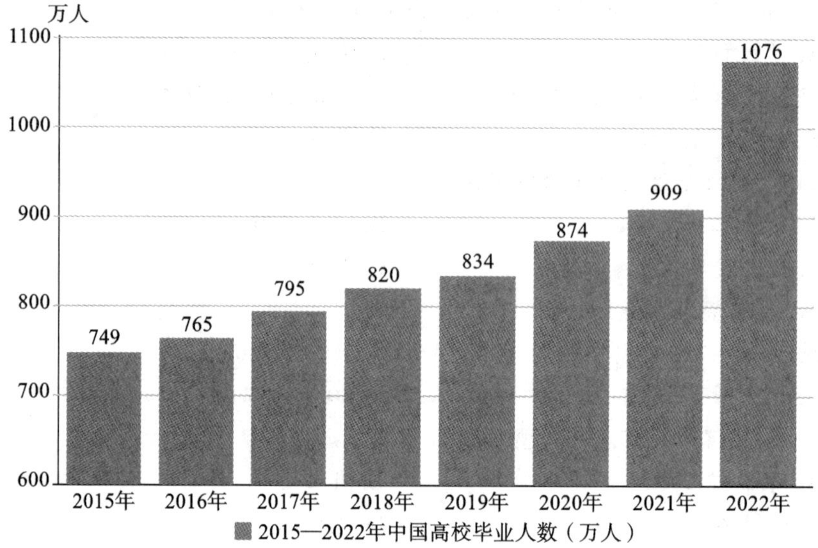

（二）近5年毕业生毕业半年就业率及专业对口率

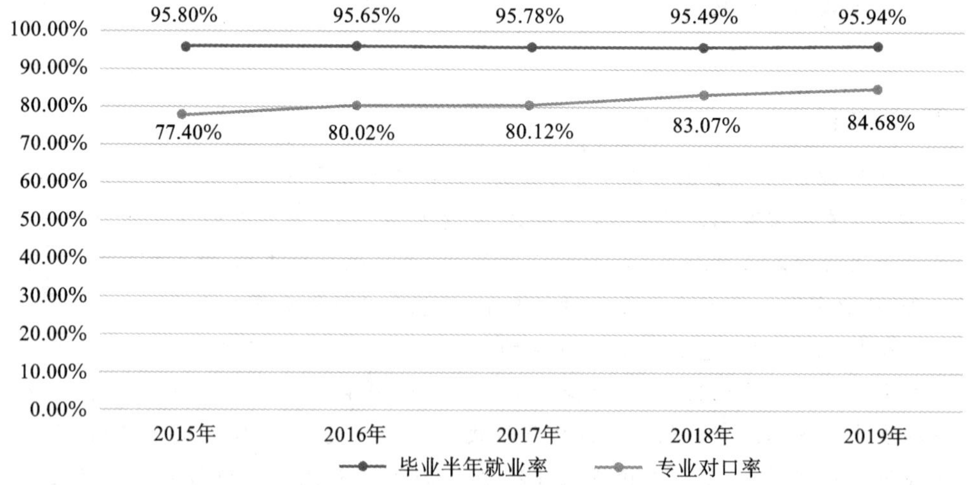

(三)中国高校毕业生就业选择方向多元化

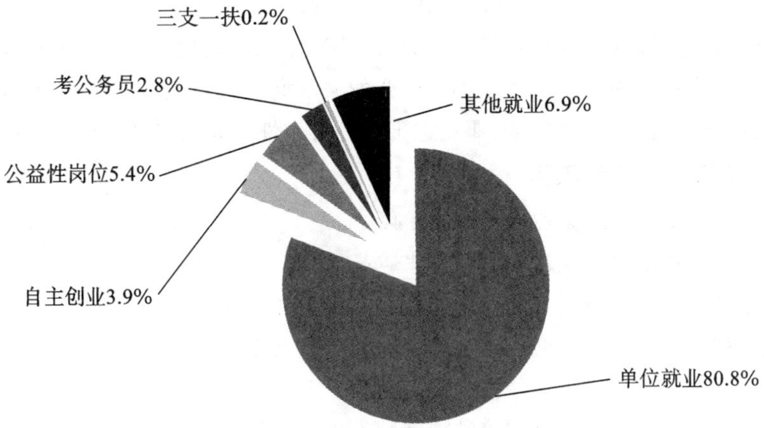

(四)当前大学生就业形势预期

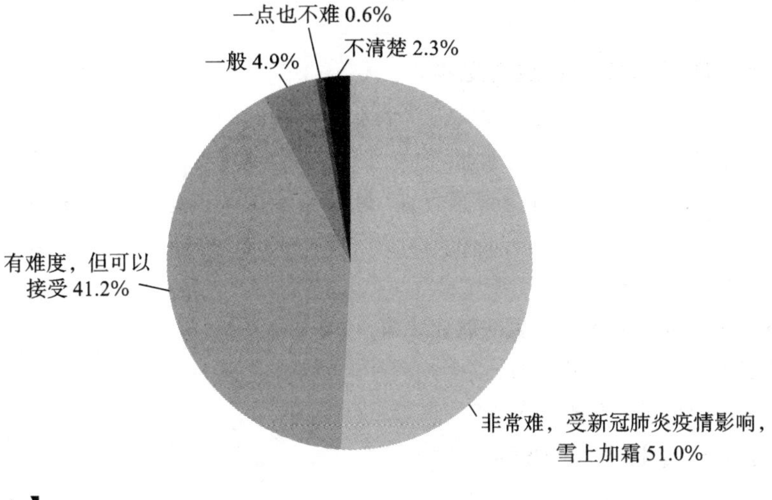

【课堂体验】

思考：

大学生就业为什么供大于求？

为何用人单位人才紧缺？

大学生就业难在哪里？

二、大学生就业的有利形势与不利因素

1. 当前就业的有利形势

(1)大学毕业生总体上仍属供不应求。根据国家统计局的统计，中国受过高等教育的人数

达2.4亿，但仅占全国人口比例的17%。这就意味着各项经济规划、社会政策，都是在这个基本面上落地的。受过高等教育的人口，他们有自己的人生理想、职业规划和逻辑判断，他们对各项政策做出的反馈，是建立在“受过高等教育”的基础上的。

(2)经济的飞速发展使就业空间进一步加大。国家经济的发展，使得老百姓的观念发生巨大改变，未来五到十年是我国全面建成小康社会的关键期。人口老龄化、一些传染病和慢性病严重影响着人民群众健康、环境污染、职业危害诸多实质性问题仍待各领域人才携手解决。

2. 当前就业形势的不利因素

(1)传统的毕业生就业主渠道吸纳能力下降。

(2)社会对于毕业生学历层次的需求越来越高。

(3)毕业生的能力素质与用人单位的要求存在较大的差距。

(4)毕业生就业期望值与社会需求之间存在着巨大反差。

(5)高等教育改革不适应市场经济发展的需要。

(6)社会对于毕业生的需求存在着结构性的矛盾。

三、大学生就业的方针与政策

1. 面对就业难，国家提供的政策支持

(1)不同类型学校毕业生的就业政策。

(2)定向生原则上按入学时合同就业。

(3)享受国家专业奖学金及享受艰苦行业、地区或特殊岗位定向奖学金的毕业生的就业政策。

(4)结业生的就业政策。

(5)患病毕业生和残疾人毕业生的就业政策。

(6)边远省区毕业生的就业政策。

(7)毕业生自费出国留学的政策。

2. 面对就业难，学校提供的支持

(1)为高校毕业生提供公共就业服务。

(2)广泛开展高校毕业生技能培训和就业见习，提升毕业生的实践能力和就业能力。

(3)大力推进高校就业指导课程和队伍建设。

(4)实施“高校毕业生创业行动”，促进以创业带动就业。

(5)引导高校毕业生面向基层就业(如三支一扶、西部计划、大学生村官、义务兵、选调生等)。

(6)做好对家庭经济困难并就业困难毕业生的就业援助，加强离校后的就业服务。

(7)加大对高校毕业生就业工作的经费支持力度。

四、大学生就业市场

大学生就业市场是社会主义市场经济体系下劳动力市场的一部分，是专门以高校毕业生为对象的初次就业市场，是高校毕业生就业制度的重要组成部分。

1. 大学生就业市场的类型

大学生就业市场按其外在表现形式可分为有形市场和无形市场。有形的毕业生就业市场主要有以下几种形式：高等学校举办的毕业生就业市场、学校联办的毕业生就业市场、分科类毕业生就业市场、层次性毕业生就业市场、区域性毕业生就业市场、行业性毕业生就业市场、企业毕业生就业市场、国际性毕业生就业市场等。

2. 大学生就业市场的特点

大学生就业市场主要有群体性、时效性、高层次、年轻化、初次性等特点。

3. 大学生就业市场的现状

(1)供需形势总体上存在诸多的不平衡现象，包括不同学科专业之间的需求差距明显、对毕业生学历层次的要求越来越高、不同地区之间的反差现象也相当明显、不同院校之间的差别很大、不同用人单位之间的需求态势反差较大等。

(2)社会对毕业生的素质要求提高。

(3)就业竞争日益激烈。

(4)以学校为基础的毕业生就业市场已基本形成。

(5)就业管理工作进一步规范。

五、提升就业能力

目前，大学生就业所面临的真正困境在于大学生缺乏职业生涯规划和就业能力欠缺。因此，提升大学生职业生涯规划指导和就业能力迫在眉睫。

目前，大多数高校在院系、专业和课程设置等方面仍然与市场需求存在一定差距。高校教育更注重专业知识的传授，对就业所需要的职业观念、方法和职业能力等方面缺乏系统性的培养。另外，大部分用人单位对从大学毕业生中招募的员工缺乏应有的职前教育与培训，特别是缺乏员工基础职业素质的培训，大学毕业生在社会的成长基本处于自发的状态。

因此，解决大学生就业难问题，关键在于加强大学生的职业生涯规划指导和就业能力培训。

第二节　大学生就业自我认知

一、自我认识的重要性

正确认识自己是选择职业的出发点，是选择职业的必要条件，也是社会职业对从业人员最基本的要求。

自我认识要把握适度性、客观性、全面性、发展性四个原则。我们可以通过自我现实分析认识自我；通过总结过去的经验认识自我；通过他人的评价或者与他人比较认识自我；通过专家咨询认识自我;通过运用测评手段认识自我。

认识自我要注意个性差异与职业匹配,一般从气质、性格、能力、兴趣等方面把握。

(1)气质差异:胆汁质、多血质、黏液质、抑郁质。

(2)性格差异:敏感型、感情型、思考型、想象型;内向、外向。

(3)能力差异:语言能力、数理能力、空间判断能力、察觉细节的能力、运动协调能力、动手能力、书写能力、社会交往能力、组织管理能力。

(4)兴趣差异:实践型、研究型、艺术型、社会型、企业型、常规型。

【幸福解码】

气质测试

下面60道题大致可确定你的气质类型。若与你的情况“很符合”记2分,“较符合”记1分,“一般符合”记0分,“较不符合”记－1分,“很不符合”记－2分。

1.做事力求稳妥,一般不做无把握的事。

2.遇到生气的事就怒不可遏,想把心里话全说出来才痛快。

3.宁可一个人做事,不愿很多人在一起。

4.到一个新环境很快就能适应。

5.厌恶那些强烈的刺激,如尖叫、噪音、危险镜头等。

6.和别人争吵时,总是先发制人,喜欢挑衅别人。

7.喜欢安静的环境。

8.善于和人交往。

9.羡慕那种善于克制自己感情的人。

10.生活有规律,很少违反作息规律。

11.在大多数情况下情绪是乐观的。

12.碰到陌生人觉得很拘束。

13.遇到令人气愤的事,能很好地自我克制。

14.做事总是有旺盛的精力。

15.遇到问题总是举棋不定、优柔寡断。

16.在人群中从不觉得过分拘束。

17.情绪高昂时,觉得做什么都有趣;情绪低落时,又觉得做什么都没有意思。

18.当注意力集中于某一事物时,别的事很难使我分心。

19.理解问题总比别人快。

20.碰到危险情景,常有一种极度恐怖感。

21.对学习、工作怀有很高的热情。

22.能够长时间做枯燥、单调的工作。

23.做有兴趣的事情劲头十足,否则就不想做。

24.一点小事就能引起情绪波动。

25. 讨厌做那些需要耐心、细致的工作。
26. 与人交往不卑不亢。
27. 喜欢参加激烈的活动。
28. 爱看感情细腻、描写人物内心活动的文艺作品。
29. 工作学习时间长了,常感到厌倦。
30. 不喜欢长时间谈论一个问题,愿意实际动手做。
31. 宁愿侃侃而谈,不愿窃窃私语。
32. 别人总是说我闷闷不乐。
33. 理解问题常比别人慢些。
34. 疲倦时只要短暂的休息就能精神抖擞,重新投入工作。
35. 心里有话宁愿自己想,不愿说出来。
36. 认准一个目标就希望尽快实现,不达目的,誓不罢休。
37. 学习、工作同样一段时间后,常比别人更疲倦。
38. 做事有些莽撞,常常不考虑后果。
39. 老师或他人讲授新知识、技术时,总希望他讲得慢些,多重复几遍。
40. 能够很快地忘记那些不愉快的事情。
41. 做作业或完成一件工作总比别人花时间多。
42. 喜欢运动量大的剧烈体育运动,或者参加各种文艺活动。
43. 不能很快地把注意力从一件事情转移到另一件事情上去。
44. 接受一个任务后,就希望把它迅速解决。
45. 认为墨守成规比冒风险强些。
46. 能够同时注意几件事情。
47. 我烦闷的时候,别人很难使我高兴起来。
48. 爱看情节跌宕起伏、激动人心的小说。
49. 对工作抱以认真严谨、始终一贯的态度。
50. 和周围人的关系总是相处不好。
51. 喜欢复习学过的知识,重复做能熟练做的工作。
52. 希望做变化大、花样多的工作。
53. 小时候会背的诗歌,我似乎比别人记得清楚。
54. 别人说我"语出伤人",可我并不觉得这样。
55. 在体育活动中,常因反应慢而落后。
56. 反应敏捷,头脑机智。
57. 喜欢有条理而不甚麻烦的工作。
58. 兴奋的事常使我失眠。
59. 老师讲新概念,常常听不懂,但是弄懂了以后很难忘记。
60. 假如工作枯燥无味,马上就会情绪低落。

气质测试评分标准如下。

胆汁质题序：2、6、9、14、17、21、27、31、36、38、42、48、50、54、58

多血质题序：4、8、11、16、19、23、25、29、34、40、44、46、52、56、60

黏液质题序：1、7、10、13、18、22、26、30、33、39、43、45、49、55、57

抑郁质题序：3、5、12、15、20、24、28、32、35、37、41、47、51、53、59

请根据四种气质的题序分别计算四种气质的得分。如果某种气质的得分明显高于其他三种（均高出4分以上），则可确定为该种气质；如果两种气质得分接近（差异低于3分）而又明显高于其他两种（高出4分以上），则可确定为两种气质的混合型；如果三种气质的得分相接近且均高于第四种，则为三种气质的混合型。

(1)胆汁质。胆汁质的人精力旺盛，反应敏捷，乐观大方，情绪容易兴奋，体验强烈，外部表现明显，但往往热情忽高忽低，较适合从事刺激性强、富于挑战、突击性强和危险性大的工作，如节目主持人、导游、推销员、演员、模特、新闻记者、外事接待员、监督员、消防员等。胆汁质的人一般来说与细致性工作无缘，不适合做整天坐着不走动的工作。胆汁质的人往往对本职工作不那么专注，喜欢跳槽，经常更换工作单位，渴望成为自由职业者。

(2)多血质。多血质的人适应能力强，充满自信，有较强的活动能力，喜欢体验和锻炼，善于交际，在新的环境中应付自如，反应迅速而灵活，办事效率高，对人能坦诚相待，能自觉适应社会，重大局，不感情用事，这是多血质人的长处，但其注意力不稳定，兴趣容易转移。多血质的人对所有职业都有适应性，无论哪一门类的哪一种工作，他都可以胜任。而且，多血质的人很快就可以成为一个团体中独当一面的人物，一般较适合的职业有政治家、外交家、演员、记者、律师、警察等。在商业活动中，多血质的人比其他气质类型的人能钻研得更深入，也可以从容胜任管理岗位的工作。多血质的人不太适合做需要踏实、耐心的工作。对于简单、细致和琐碎的工作以及缺乏竞争和刺激、环境过于安静的工作，多血质的人一般不感兴趣。

(3)黏液质。黏液质的人踏实、稳重，兴趣持久专注，善于忍耐，感情不易外露，深沉含蓄，不大容易发脾气，对人平和，且具有坚韧精神。他们中大多数人都能很好地利用协调性、积极性、社会性及感情稳定性表现自己的才能，而且不论职位高低，都能在各自的岗位上做出成绩。但黏液质人有些惰性，动作缓慢，不够灵活，内向，冷漠，不善于转移注意力。黏液质的人不仅能从事学术、教育、研究、医学、文字翻译、会计等职业，以其独特才能驰骋在写作、漫画、艺术、服装设计、广告宣传、新闻报道、情报收集等领域者也不少，而且也可以胜任政治家、外交官、商人、律师等外向型职业。但黏液质的人不适合做富于变化和挑战性大的工作。

(4)抑郁质。抑郁质的人感情细腻，做事小心谨慎，善于察觉到别人观察不到的微小细节，在团体中表现积极认真、努力向上、毫不懈怠，无论置身于何种岗位，只要担负了责任，就以所从事的工作为荣，努力解决困难，这是抑郁质人的长处。抑郁质的人适应能力差，易于疲劳，行动迟缓，羞涩，孤僻且不大合群，遇事不是单凭聪明去处理，喜欢把自己所掌握的有关情况在头脑中组合、计算，确定方针，然后在这个范围内一个一个地去做，把问题处理好。他们较适合从事需要持久耐心、操作精细的工作，如实验研究、文献管理、财务出纳、化验分析、教育培训等类型的工作，而不适合做需要与各色人物打交道、变化多端、大量消耗体力和脑力的工作。

二、常见的就业心理问题

求职择业是人生的一次重大的选择。产生一定的心理压力和心理问题，属于正常现象。

心理问题分为三个层次：心理冲突（心理矛盾）、心理误区、心理障碍。

常见的心理矛盾：志向远大，但不正视现实；想做一番事业，却缺乏艰苦创业的心理准备；自我观念强，但缺乏把握自我的能力；渴望竞争，但缺乏竞争勇气，不愿承担竞争风险；鱼和熊掌不可兼得，难以抉择等。

常见的心理误区："我不能比别人差""过去我事事顺利，求职也必然顺利""只有到国家机关、事业单位才算就业""首次就业关系一生命运""大多数人钟情的一定是好工作""选择单位就看实惠不实惠""求职的竞争就是关系的竞争"等。

大学生择业中出现的心理障碍多属于适应过程的轻度心理障碍。其产生原因主要包括客观原因和主观原因。

客观原因如社会环境原因、家庭环境原因、同龄人相互影响等。

主观原因如自己不善于认识、分析问题，不善于重建心理平衡，没有形成良好的心理品质等。

大学生择业中出现的心理障碍的主要表现如下。

(1)焦虑：由心理冲突或挫折而引起的，是一种复杂的情绪反应。

(2)悲观：由于求职遭到拒绝，低估自己，缺乏自信心和勇气，不敢竞争，胆小，畏缩，觉得自己事事不如人。

(3)冷漠：遇到挫折后的一种消极的心理反应，是逃避现实、缺乏斗志的表现。

(4)怯懦：一种胆小、脆弱的性格特征。

(5)孤傲：好高骛远，期望值过高，高不成低不就。

(6)问题行为：违背社会行为规范的适应不良的行为。

(7)躯体化症状：由心理压力和生活方式而导致的异常生理反应，如头疼、头昏、口干、心慌、睡眠障碍等。

【幸福解码】

人类性格的多样化是社会结构形成的重要因素，通常分为以下几个类型。

1. 敏感型。这类人精神饱满，好动不好静，办事爱速战速决。但是行为常有盲目性。与人交往中，往往会拿出全部热情，但受挫折时又容易消沉失望。这类人最多，约占40%，在运动员、行政人员和各种职业的人中均有。

2. 感情型。这类人感情丰富，喜怒哀乐溢于言表。别人很容易了解其的经历和困难。这类人不喜欢单调的生活，爱刺激，爱感情用事。讲话写信热情洋溢。在生活中喜欢鲜明的色彩，对新事物很有兴趣。在与人交往中，容易冲动，有时易反复无常，傲慢无礼，所以与其他类型人有时不易相处。这类人约占25%。在演员、活动家中较多。

3. 思考型。这类人善于思考，逻辑思维发达，有较成熟的观点，一切以事实为依据，一经做出决定，能够持之以恒。生活、工作有规律，爱整洁，时间观念强。重视调查研究和精确性。但这类人有时思想僵化、教条、纠缠细节，缺乏灵活性。这类人约占25%。在工程师、教师、财务人员和数据处理人员中较多。

4. 想象型。这类人想象力丰富，憧憬未来。喜欢思考问题。在生活中不太注意小节。对那些不能立即了解其想法价值的人往往很不耐烦。有时行为刻板、不易合群，难以相处。这类人不多，大约只占10%。在科学家、发明家、研究人员和艺术家、作家中居多。

除了上述的性格分类外，我们较为熟知的应是性格内倾和性格外倾的划分方法，即我们通常说的内向型性格和外向型性格。外倾型的人容易适应环境的变化，而内倾型的人偏重主观世界，一般较难适应环境的变化。

(1)内倾型。这类人喜欢安静，富于内省；不好交际，除了亲密朋友之外，对一般人保持距离；不喜欢刺激；做事有计划，生活有规律；很少有攻击性；情绪容易控制。内倾型性格适合从事有计划的、稳定的、不需要与人过多交往的职业，如自然科学研究人员、技术人员、艺术家、会计师、速记员、打字员、计算机软件人员、税务员、统计员、商店收款员、银行出纳员、办公室办事员、图书管理员、美容师、整容师、铁路职员、公共卫生服务官员、工艺美术员等。

(2)外倾型。这类人喜欢交际，有许多朋友；渴望刺激和冒险；情绪容易冲动；乐观、随和、好动；粗心大意；富于攻击性；情绪不易控制。外倾型性格适合从事与外界广泛接触的职业，如管理者、律师、监督者、教师、推销员、售货员、新闻记者、警察、公关者、社团工作者、广告宣传员、调度员、党团干部、商品批发员、人事工作者、医生、导游、咨询人员、保险工作人员、民事纠纷调解员、推广人员、应用人员、心理咨询者、经纪人、代理人等。

以下是内倾型、外倾型性格测试。以下40道题目，凡是符合你情况的记2分，不符合的记0分，模棱两可的记1分。60分及以上是外倾型，31～59分是平衡型(性格的倾向不明显)，30分及以下可视为内倾型。

(1)能立即适应新环境。(　　)

(2)喜欢兴奋而紧张的劳动。(　　)

(3)能与观点不同的人和睦相处。(　　)

(4)经常与朋友相互借东西。(　　)

(5)喜欢别出心裁地做一些别人未做或不愿做的事。(　　)

(6)我认为人的幸福应自然流露出来。(　　)

(7)大庭广众下工作显得更富生气。(　　)

(8)我宁愿把问题挑明,而不愿一个人受闷气。(　　)

(9)我不经常分析自己的思想和动机。(　　)

(10)我盼望生活有变动,不要死水一潭。(　　)

(11)与其事先考虑能否成功,倒不如先干干试试。(　　)

(12)我可以很快领会新工作的要领。(　　)

(13)发生事故不惊慌,能想办法摆脱困境。(　　)

(14)对社会上发生的事情很关心。(　　)

(15)对实际生活无用的知识,不感兴趣。(　　)

(16)一旦知道行不通,立刻改变主意。(　　)

(17)看到别人干错事,马上提醒他。(　　)

(18)有许多要做的事,不知从何处下手。(　　)

(19)任何说话的场所都愿意参加。(　　)

(20)喜欢研究别人而不喜欢研究自己。(　　)

(21)不愿回想自己的过去。(　　)

(22)对别人十分信任。(　　)

(23)我交的朋友很广泛。(　　)

(24)我尽量注意不伤害别人的感情。(　　)

(25)与朋友聊天时,不顾忌别人在场。(　　)

(26)只要是我信服的人,我愿意听从调遣。(　　)

(27)我好读书而不求甚解。(　　)

(28)我很受孩子们欢迎。(　　)

(29)空闲时不知如何打发时间。(　　)

(30)有什么想法常愿意告诉别人。(　　)

(31)对什么问题都好发表言论。(　　)

(32)听到别人的意见就很快改变自己的看法。(　　)

三、就业自我调适方法

首先,正确认识和评价自我。可以通过自我反思和社会对比来认识和评价。

其次,积极寻找适合的自我调适方法,常见的方法有自我转移法、自我适度宣泄法、自我慰藉法和松弛训练法。

最后,培养积极的择业心态。大学生不仅要学会自我心理调适,更要以积极的心态面对择业,具体包括如下几个方面。

(1)正视现实:包括正视社会、适应现实和正视自身。

(2)敢于竞争,善于竞争:要有竞争意识,创造机会,把握机会;要从实际出发,充分考虑自身的长处、短处；要靠真才实学，做好补课准备；要准备经受挫折，要有韧性，越挫越坚。

(3)不怕挫折，总结经验：挫折是因为主观努力不够，还是客观要求过高？是客观条件苛刻，还是主观条件不具备？认真分析挫折产生的原因，做到心中有数。

(4)放眼未来，从长计议。

第三节　就业准备及注意事项

一、影响就业决策的因素及应对

(1)七大就业决策：①选择何种行业；②选择行业中的哪一种工作；③选择所适用的策略，以获得某一特定的工作；④从数个工作机会中选择其一；⑤选择工作地点；⑥选择工作的方向；⑦选择就业目标或系列的升迁目标。

(2)就业决策的影响因素：①个人条件的影响，如健康状况、个性特征、兴趣爱好、负担、性别、年龄、所受教育程度等；②家庭的影响；③朋友、同龄群体的影响；④社会环境的影响；⑤机遇；⑥非理性观念等。

(3)面对就业决策中的阻碍，可以采取以下应对方法：①关注情感与直觉；②认知调节和心理咨询；③进行放松训练；④进行自信训练；⑤进行积极的心理暗示，预演未来等。

【案例分析】

常见的非理性信念

(一)自我方面

1.有关个人价值

我必须要得到他人的认可。

一个人的价值，必须与所从事的职业有密切的关系。

2.有关工作能力的信心

我无法从事任何与我本身能力、专业不合的工作。

虽然我很喜欢/很希望从事某个职业，但如果我真去从事它的话，我很有可能会一事无成。

(二)职业方面

1.有关工作的性质

就像谈恋爱一样，我想只有某一种职业才是真正适合我的，我一定要设法把它找出来。

2.有关工作的条件

我所做的工作应该能满足我所有的要求。

专业工作所要求的条件是非常苛刻的。

（三）决策方面

1.方法

总有某位专家或比我懂得更多的人，可以为我找到最好的职业。

在我采取行动之前，我必须要有绝对的把握。

2.结果

一旦我做出了职业选择，就很难再改了。

如果我改变了决定，那我就失败了。

（四）满意的职业所需条件方面

1.他人的期待

我所选择的职业也应该要让我的家人、亲友感到满意。

2.自己的标准

我只有做到我想做的，才会感到快乐。

我选择从事的工作领域中，我必须要成为专家或领导者，才算是成功。

二、就业前期准备

（一）信息准备

（1）从新闻媒体、报纸、网站了解当前的就业形势，各用人单位的情况和职业特点。

（2）把握就业有关政策，了解相关法律法规，及国家和地区当年的有关就业政策等（如创业的扶持、科研院所助理、公务员招录政策变化等）。

（3）向往届毕业生了解、学习求职经验。

（4）进行求职信息搜索，可通过以下途径搜索。

①各大就业网站和校园就业网的招聘信息：主要针对应届毕业生招聘。网上求职与仿真见面会也是现在的一种招聘潮流，信息快、信息多、可选面广。

②各地人才市场招聘会。重点关注各层次毕业生专场招聘及是否有相关专业的招聘。

③报纸招聘广告：招聘面广，职位少，竞争强，难取胜。

④短信招聘信息。有些就业市场、人才市场、各大人事单位建立短信平台，收集各高校毕业生情况和用人单位情况，互相传递信息，达到选人求职目的。

⑤家庭和社会关系提供的求职。不论是提供信息还是提供岗位，由于推荐人员对你有一定的了解，就业的成功率较大。

⑥实习就业。

（二）能力准备

能力准备主要包括语言表达能力、动手能力、适应能力、交际能力、管理能力、创造能力、决策能力、计算机水平、外语水平等的准备。

（三）材料准备

1. 什么是简历

简历的字面意思是经历的简单介绍。

某种意义上讲，简历是一份独一无二的文件，它提供了你过去的成绩，显示了你对未来的希望和你的志向。

简历是你的主要营销工具，因此要大力宣扬自己的优点，说明你作为未来雇员能带来的益处，说明你就是雇主需要的人。

简介的要求：重点突出、简洁、真实。

写简历的基本要求：定位准确，针对性强；重点突出，具体明确；内容完整，语言简练；语言准确，评价客观。

2. 简历基本内容

(1)个人的详细资料：必要的信息如姓名、性别、年龄、电话号码、电子邮箱。

(2)教育背景：大学教育、中等教育。

(3)工作经历：时间、单位、工作种类、工作职责等。

(4)知识、技能和工作态度：智能优势、解决问题的能力、计算能力、沟通能力、团队合作精神。通常要能反映出你工作积极，有献身精神，热情，适应能力、学习能力强。

3. 简历制作的说明

(1)简洁：以一页 A4 纸为宜，最多不超过两页。

(2)清晰：语言简洁、字体统一，特别突出的可以适当变换格式。

(3)整体布局和设计美观：白纸黑字，正文四周留白，在页眉页脚处标示姓名和联系方式。

(4)纸质优良。

(5)校对拼写和语法错误。

4. 制作个人简历要注意的几个方面

(1)内容资料要简明扼要。

(2)避免咬文嚼字以及采用一些令人难以理解的措辞。

(3)用第三人称的立场写作。

(4)要强调你的优势。

(5)采用电脑技术打造专业形象。

(6)需要强调的部分采用粗体字。

(7)版面设计必须吸引人而且容易阅读。

(8)最多以两页为限。

(9)要积极争取，但不要撒谎。

（四）心理准备

勇于面对压力，学会承受压力，化解压力，既不盲目乐观，也不悲观失望，合理调整，增强信心。

（五）其他准备

其他准备包括礼仪、服装、语言表达等。

除此还要注意以下几个方面。

（1）跑市场不“成群结队”，不“成双成对”。

（2）交谈不“盛气凌人”。

（3）着装要符合自己的气质。

（4）举止大方，不要紧张。

（5）自我介绍重点突出。

（6）肢体语言表现自己风貌。

（7）看招聘信息不“望文生义”，不“云里雾里”。

（8）送简历不“众人一面”。

三、面试技巧

（一）求职面试怎样包装形象

现代包装，可以说是一门学问、一门艺术，它给人一种超凡、脱俗的美感，而这种美应该带给人视觉美，使人感觉良好。

俗话说，“佛要金装，人要衣装”。面试当天的穿着打扮对录取与否有着举足轻重的影响，虽说留下完美的第一印象未必会被录取，但若给人留下坏印象，极可能因此而面试失败。所以，随着面试日期的到来，应花费心思为自己塑造一个良好的外在形象。

1. 男士面试着装注意事项

（1）注意头发修整，如果稍嫌过长，应修剪一下。

（2）避免穿着过于老旧的西装，颜色以素净为佳。

（3）正式面试时，以长裤并熨烫笔挺为好。

（4）衬衫以白色比较好。

（5）尽量选择颜色明亮的领带，但避免太过鲜艳显得花俏，以能带给他人明朗良好印象则较为适宜。

（6）领带不平整给人一种衣冠不整的观感，尽可能别上领带夹。

（7）西装和皮鞋的颜色以保守为原则，面谈时最好避免穿着过分突异的颜色。

（8）戴眼镜的男士，镜框的佩戴最好能使人感觉稳重。

2. 女士面试着装注意事项

（1）裙装套装是最合宜的装扮，裙装长度应在膝盖左右或以下，太短有失庄重。

（2）服装颜色以淡雅或同色系的搭配为宜，颜色勿过于花哨，形式不宜暴露。

（3）头发梳理整齐，勿顶着一头蓬松乱发应试。

（4）应略施脂粉，但勿浓妆艳抹。

（5）不宜喷过多的香水。

（二）面试过程

1. 面试前的准备

知己知彼，百战不殆。成功的面试，来自精心的准备。

（1）收集情报，准备资料。

了解自己和单位相关的信息。如用人单位地理位置、生产经营状况、文化背景、发展前景、工作条件、福利待遇、对人才的重视程度以及对毕业生的具体安排、使用意图等。了解面试人员的个人风格、爱好，当天的心情。

（2）反复揣摩、进入角色，做好心理准备。

（3）养精蓄锐，调整好状态，做好生理准备。

2. 求职礼仪自我检视清单

求职面试前的礼仪检查：

（1）头发干净自然，如要染发、烫发，则应注意颜色和发型不可太标新立异。

（2）服饰大方、合身，男女皆以大方得体的套装为宜。

（3）面试前一天修剪指甲，忌涂指甲油。

（4）不要佩戴标新立异的装饰物。

（5）选择平时习惯穿的皮鞋，出门办事前一定要清洁擦拭。

3. 求职面试过程的礼仪

（1）任何情况下都要注意进房先敲门。

（2）待人态度从容，有礼貌。

（3）眼睛平视，面带微笑。

（4）说话清晰，音量适中。

（5）神情专注，切忌边说话边整理头发。

（6）手势不宜过多，需要时适度配合。

（7）进入面谈办公室前，可以嚼一片口香糖，消除口气，缓和稳定紧张的情绪。

4. 面试过程

提前准备关键的面试问题。

（1）简要介绍一下你自己（一分钟或三分钟，内容涉及姓名、学校、专业能力、社团活动经验、特长、爱好。注意每一项能力应有具体事例支撑）。

（2）你的长处（优势）是什么？你能为我们做什么？你为什么认为你适合这份工作？我们为什么要雇用你？

（3）你认为你的弱点是什么？你的班主任、老师和同学/同事是怎样认为的？

（4）你为什么对这份工作感兴趣？你为什么要来我们这里工作？你对我们单位有多少了解？

（5）你对工资有什么要求（不是一个具体的数字，而是一个范围）。

在回答的过程中要勇于为自己争取公正的待遇，诚实而不欺瞒；以双赢的心态去协商；保持弹性，让一切充满可能性。

5. 口头表达技巧——简约而不简单

口头表达能力的强弱在面试过程中起着非常重要的作用。下面是一些基本的建议，在面试中是很有效的。

(1)语言富有一定的表现力。用生动、活泼的语调，避免过于单调的语言。

(2)语言清晰，吐字准确。避免发音含糊不清。

(3)语言简明扼要。始终紧扣面试主题。

(4)不要东扯西拉、套近乎。

(5)直接而坦诚，不要推脱责任和回避弱点。

(6)可以使用适当的手势来强调你所表达的重点。切忌过分使用手势或其他肢体语言。

身体语言在人际交流中占50%以上。大家一定遇到过面试失败的例子，分析起来，专业也对口，也没说过什么不得体的话，不知道自己的问题出在哪里。其实，除了职场竞争激烈这一主要原因外，面试时身体语言表现不当而暴露弱点也是一个重要因素。

6. 求职面试结束时的礼仪

(1)礼貌地与主考官握手并致谢。

(2)轻声起立并将座椅轻手推至原位置。

(3)出单位大门时对接待人员表示感谢。

(4)24小时之内发出书面感谢信。

【案例分析】

面试时，一些学生由于不拘小节，破坏了自己的形象，看看下面这些不良习惯，你有吗？

手：双手总是不安稳，忙个不停，玩弄领带、挖鼻、抚弄头发、掰关节、玩弄考官递过来的宣传单。

脚：不停地晃动、前伸、翘起等，显得心不在焉，相当不礼貌。

眼：惊惶失措，躲躲闪闪，该正视时却目光游移不定，给人缺乏自信或者隐藏不可告人秘密的印象，极易使考官反感。但死盯着考官的话，又会招致不满。

脸：呆滞死板，冷漠，无生气等。

另外：还要注意以下面试之忌。

(1)眼高手低。

(2)要求过高。

(3)成熟的误区。

(4)没有时间观念。

(5)称谓考官不当。

(6)不拘小节。

(7)愤世嫉俗。

(8)言语粗俗。

(9)反应迟钝。

(10)表情怪异。

(11)无的放矢。

(12)答非所问。

(13)欲速不达。

(14)被动受审。

最后,还应正确对待面试中的失误。面试交谈中难免因紧张而出现失误。此时,切不可因一时的失误而丧气。要记住,一时失误不等于面试的失败,重要的是要战胜自己,不要轻易地放弃机会。即使一次面试没有成功,也要分析原因,总结经验,以新的姿态迎接下一次的面试。

【幸福结语】

在大学生活中,每名大学生都应初步掌握职业生涯规划的基本知识,转变生活模式和思维方式,树立职业目标。

【幸福锦囊】

(1)在大学的四年中,我们或多或少会有所收获,大学的时光回忆起来总是美好的,因为我们努力过、奋斗过,所以我们没有遗憾。

(2)人的一生两个最大的财富是:你的才华和你的时间。时间一天天过去,而才华没有增加,那就是浪费了时间。

(3)学会平衡自己的生活,合理地安排学习时间和休闲时间。

(4)大学看似自由无拘,实际上暗藏玄机,一不小心就会虚度光阴。

(5)自己做自己的教练,未来社会需要你有什么技能和本领,就在大学里进行刻意的训练。

(6)上大学的阶段,最重要的一步,就是要自我成长,要学会自觉自律。

(7)勇于尝试,就是要突破自己的舒适范围。

(8)我听到的会忘掉,我看到的能记住,我做过的才真正明白。

(9)大学是人生的关键阶段,因为这可能是你最后一次可以拥有较高的可塑性、集中精力充实自我的成长历程。

(10)在大学四年里,应该努力为自己编织梦想,明确奋斗方向,奠定事业基础。

【幸福行动】

不同的面试官有着不同的喜好:请准备应对千奇百怪的问题。

1. 打开局面

(1)我们这里难找吗?

(2)你是怎么知道这份工作或这个单位的?

(3)你了解我们公司吗?

2. 工作历史、学习历史

(1)谈谈你的学习经历。

(2)说一说你曾做过的一项艰难决策。

3. 工作能力

(1)你如何计划自己的时间?

(2)你自己认为你的教育(或工作)中的哪些方面最为关键?

(3)你的成功来自哪些方面的原因?

(4)你是如何调动别人的积极性的?

4. 本人背景

(1)你是事先预测问题,还是遇到问题后做出反应?

(2)你认为自己是一个勇于冒险的人,还是一个寻求保险的人?

(3)在 1 到 10 分之间,你给自己打多少分?

5. 团队精神

(1)你喜欢和什么样的人一起工作?

(2)你怎么安排和利用闲暇时间?

(3)你如何与自命不凡的人打交道?

6. 收入问题

(1)你希望得到什么样的薪水?

(2)你认为自己的价值在哪里?

7. 结束性问题

(1)你何时可以上班?

(2)你愿意出差吗?

(3)你还想了解其他信息吗?

第十二章　生命教育与幸福人生

【幸福导读】

人是这个世界上最奇特的生命之一，也是最复杂的生命体。很多大学生不仅对外在的事物好奇，也对自己的生命充满好奇——我为什么活着？在这个世界上我活着的意义是什么？我是谁？我从哪里来？我要到哪里去？在生死之间，人有权利、有自由、有义务活出一个自己认为有意义的生命。大学生在生命历程中，除了会对自己的生命意义进行探索，还可能会遭遇一些对心理造成严重打击的事情，如失恋、丧亲、重大疾病、辍学等，这些事情会让人重新思考生命的意义，甚至给生命带来危机。通过对本章的学习，使学生认识生命，尊重生命，珍爱生命，帮助大学生识别心理危机的信号，掌握初步的干预方法，预防心理危机，维护生命安全。

第一节　认识生命

什么东西到处都是但无比珍贵？什么东西一去不复返？什么东西是有限的，但能创造无限的可能性？那就是生命。生命给予我们机会去了解和探索这个世界，生命给予我们力量，生命也给了我们无限的可能性。究竟什么是生命？生命的意义何在？如何让自己拥有一个丰盈的人生？本节带你一起来探索这些问题的答案。

【热身活动】

人生价值拍卖会

人的一生是由无数次选择构成的。不同的选择把人们导向不同的路途和方向，使各自的人生呈现出不同的色彩。在面临相同的选择时，每个人做出的决定却不完全一样，这是因为我们每个人所持的价值观不完全一样。

假如给你这10000元，它代表了你一生的时间和精力。你可以根据自己对人生的理解随意竞买下面的东西。每样东西都有底价，每次出价都以500元为单位，出价高者得到东西，有出价10000元的，立即成交。拍卖的东西如下所示。

(1)爱情：1000元。

(2)三五个知心朋友：500元。

(3)金钱：2000元。

(4)至高无上的权力：2000元。

(5)出国深造的机会:1000元。

(6)一门精湛的技艺:1500元。

(7)亲情:2000元。

(8)美貌:1000元。

(9)自由:2000元。

(10)豪宅名车:1000元。

(11)长命百岁:2000元。

(12)勇敢和诚信:1000元。

(13)一颗爱心:1000元。

(14)名垂青史:2000元。

(15)每天都能吃美食:1000元。

(16)拥有自己的图书馆:1000元。

(17)健康:1500元。

(18)智慧:1000元。

(19)欢乐:1000元。

(20)冒险精神:1500元。

(21)孝心:1000元。

(22)周游世界:1500元。

由教师或一位同学担任拍卖师。如果这10000元代表你一生的所有时间及精力,你会花多少钱来买哪些项目?根据拍卖规划一般喊价三次成交。在座的每一位同学都是竞价者,请大家在心中选定自己想要的东西。大家要记住,生涯也如战场,假如你已认定了自己的目标,就紧紧锁定它,不要让机会白白溜走。

"拍卖会"结束后进行讨论与分享。

(1)假如现在已经是人生的尽头,请看看你手上所有的是什么东西?你是否后悔得到你所买的东西,为什么?它们对你来说是否仍有意义?

(2)在拍卖过程中你的心情如何?你是否后悔刚才为自己争取的东西太少?

(3)有没有同学一件物品都没有买到?为什么?

(4)你争取回来的东西是否是你最想得到的东西?

(5)金钱是否一定会带来幸福和欢乐?

(6)有没有一些东西比金钱更重要,或能够比金钱带来更大的满足感呢?你是否甘愿为了拥有金钱、权力而放弃一切呢?

(7)有没有比上面所列拍卖物品更值得追寻的东西呢?

(8)整个活动给了你哪些启示?

一、生命的含义

生命是什么?广义的生命是指一切具有新陈代谢、繁殖、生长和环境适应能力的动植物和微生物。狭义的生命一般专指人的生命。正如马克思所说:“人的本质不是单个人所固有的抽象物,在其现实性上,它是一切社会关系的总和。”因此,人的生命除了具有生理属性外,还具有心理和社会属性。人的生理生命是人之所以为人的基础和前提。新陈代谢是一切生命现象的基础,作为一种生物体的新陈代谢的过程,人的生命有生和死。人的生命与其他生命的本质区别在于人的心理生命和社会生命。人的心理生命是指人具有自我意识,能够通过各种心理活动自觉地思考、调控、引导自己的生命活动。人的社会生命是指人生命的存在是一种社会关系存在。社会关系决定了人的潜能和创造力的实现,决定了人的生命具有自由、尊严等内容,决定了人的生命的权利、义务和责任。

人的生命可以分为这样几种形态:首先是生物性生命,即人首先作为自然生理性的肉体生命而存在的,这一点是和自然界的广大生物一样,是生命所必须具有的基本属性。生命的自然活动主要包括新陈代谢、生长、发育、遗传、变异、感应、运动等。其次是人的精神性生命,人之所以为人就在于人具有高于动物的意识活动,有超越生物性生命的精神世界。人不但要思考如何活下来,还要思考如何更好地生活。只要人在世界上存在一天,大脑就不会停止思考,人类就要创造,就要超越,就要更好地认识世界、改造世界。最后是人的价值性生命,每个人在一生中都要思考诸如“为何活着”的问题,这就是人对于生命意义发自内心的追问,是人对价值性生命的一种诉求。人的价值性生命为人的生存夯实了根基,提供了动力,使人好好地生存在这世界上。

二、人的生命历程

人的生命是一个连续不断的发展过程,整个过程分为若干阶段,每个阶段有每个阶段的特征和发展任务,每个阶段都是在前一个阶段的基础上发展起来的,又为下一个阶段打下基础。美国心理学家埃里克森把人的心理成长分为 8 个阶段,每个人在每个阶段都会遇到某种心理成长所必须解决的问题。如果个体在每个阶段都能成功地解决遇到的问题,那么就会在心理和行为上表现出积极的反应,相反就会表现出消极的反应,并给以后的发展留下隐患。这八个阶段是:婴儿期(0～1.5 岁)、儿童期(1.5～3 岁)、学龄初期(3～6 岁)、学龄期(6～12 岁)、青春期(12～18 岁)、成年早期(18～25 岁)、成年期(25～65 岁)和成熟期(65 岁以上)。

婴儿在婴儿期需要得到周围人的关心与照顾,建立安全感和对世界的基本信任;儿童在儿童期开始有了独立自主的要求,主动去探索周围世界,获得自主感;学龄初期的个体表现出主动探究行为,形成主动性,为将来成为一个有责任感、有创造力的人奠定了基础;学龄期的个体智力不断发展,接受学校教育,学习适应社会,掌握今后生活的必需技能,获得勤奋感,对未来的独立生活和承担工作任务充满信心;青春期的主要任务是获得自我同一性,避免角色混乱;成年早期的主要任务是获得亲密感,避免孤独感,与他人分享快乐与痛苦,进行思想、情感交流;成年期的主要任务是获得创造力感,关怀家庭成员,感怀社会上的其他人,关心下一代的幸福,勇于创造,追求事业的成功;成熟期是自我调整与绝望期的冲突阶段,处在成熟期的个体怀着充实的感情与世告别,以超然的态度对待生活和死亡。这八个阶段构成一个完整的生命周期。

三、生命的意义

“生命的意义是什么?”很多人都曾思考过这个难以回答的问题,其中绝大部分人是在思考“生命有何目的”这个问题。大学阶段正是人对生命充满迷茫、好奇和探索的阶段。大学生找到自己生命的意义,可以使自己更为充实和丰盈。

“世界因我而有所不同。”一个人生命的意义和价值,在于这个人对他人和社会做出的贡献。人的生命价值不同于动物的生命价值。动物只能被动地适应环境,不能主动创造;人则可以根据自身条件,在满足自身需要的过程中主动地改造环境,使环境适合自身的需要并成为自己生命的组成部分。人的生命有创造性,人可以创造出更多的价值。纵观人类的历史长河,人类创造了无数的物质财富和精神宝藏,一代一代地传承下去,影响无数后人。

每个人的生命都富有创造性。人类的生命价值体现在不断认识自我,开发个人潜能,追求自我发展和成长,为他人和社会创造出高于自己生命的价值,同时也让自己的生命之花绽放。

拥有爱他人的能力也是一个人生命价值的体现。我们的生命从胚胎开始,就是在他人给予的爱的滋养中孕育、成长的,我们从他人那里得到爱,让生命变得有意义,同时,我们也应对他人付出爱,爱他人是生命的责任,也是生命价值的体现。爱他人从爱自己的亲人、朋友开始,心中有他人,能够考虑他人的感受和需要,并为他们做一些力所能及的事情。

除了爱自己和他人外,生命的价值更体现在对社会的贡献上。每个人都从其生活的社会中获益,享受国家的福利,同时也需要承担一份社会责任,为国家、民族、社会做出一定贡献,这是个人生命价值的最高体现。

维多克·弗兰克尔认为发现生命意义的途径如下。

1. 创造和工作

创造和工作会给人带来价值感,也是成就感的获得途径。

2. 经验

“经验”这个途径是个人通过体验某个事件和人物,如工作的本质、文化、爱情等发现生命的意义。

3. 经历苦难

人在经历苦难的时候,可以通过认知人生的悲剧性,促使自己深思,寻找自我,最终发现人生的意义,达到超越自我的目的。

维多克·弗兰克尔曾讲述过这样一个故事。一天,一位患了严重抑郁症的老年全科医生来找自己。两年前这位医生深爱的妻子去世了,之后他无法克服丧妻的沮丧。弗兰克尔问他:“如果您先离世,而您的夫人继续活着,那会是怎样的情景呢?”医生答到:“哦！对她来说是怎样的痛苦啊!”于是,弗兰克尔说:“您看,现在她免除了这痛苦,是因为您才使她免除的。而现在您必须付出代价来偿付您心爱的人免除痛苦的代价。”医生一言不发地紧紧握住弗兰克尔的手,然后静静地离开了。

从这个故事中你得到什么启发？你是否经历过或者正在经历痛苦的事情,试着从这些痛苦的事情中寻找意义,看看结果怎么样。

【幸福专栏】

奥斯维辛集中营生还的心理学家——维多克·弗兰克尔

维多克·弗兰克尔是享有盛誉的存在主义心理学家。他所发明的意义心理治疗是西方心理治疗的重要流派。在第二次世界大战期间,他和家人都被抓进了奥斯维辛集中营。在集中营里,他的父母,新婚7个月的妻子及兄弟姐妹全部遇难,只有他生还。第二次世界大战结束后,他被救出来,建立了意义心理治疗的方法。他以自己的亲身经历,指导人们寻找生命的意义,使很多人获益。

【课堂体验】

人生倒计时

"人生倒计时"是一个想象的活动,同学们通过这个活动可以更好地体会自己生命的意义,了解自己生命的真谛。

(1)假如你现在得了一种疾病,没有药能够医好你的病,你的生命只剩下一个月,你会在这一个月的时间里做什么?请将你要做的事情写下来。

(2)5分钟后:假如医生告诉你一个好消息,目前新研制出来一种药可以延长你的生命时间,医生说你还可以活半年。如果你的生命只剩下半年时间,你会做什么?请将你要做的事情写下来。

(3)5分钟后:假如医生又告诉你一个好消息,新研制出来的药效果很好,可以将你的生命延长到两年,你会在这剩下的两年的时间里做些什么?请将你要做的事情写下来。

(4)写完后,以5~6人为一组,分享当生命剩下一个月、半年和两年的时候,自己的想法和感受。

活动总结:人在觉得自己有很多时间的时候,通常不懂得珍惜时间,也经常会为一些不重要的事情而烦恼,而在有限的生命时间里更能够了解自己生命的价值和意义。在整个活动过程中,老师可以引导学生分享自己的感受,帮助学生探索自己的生命价值和意义。

第二节 大学生心理危机

【大学心事】

放不下的是什么?

李阳是佳丽的高中同学,在佳丽的眼里,李阳一直是一个幸福的人,她和比她大4岁的师兄朱力在谈恋爱，佳丽也知道这段恋爱对李阳很重要。朱力是一个很有影响力的人，李阳经常和佳丽谈到朱力对她的影响：是朱力让李阳懂得了爱，看到人性中善良的一面，让李阳开始重新信任别人，同时也让李阳觉得学习和生活都很有动力，总之，在李阳的眼中朱力简直就是一切。

可是天下无不散的筵席，朱力毕业之后就出国了。刚开始的时候，李阳也在准备出国，去和朱力一起奋斗，可是半年后一切都变了，以前每天都打电话，现在一个星期都没有一个电话，朱力总是说自己很忙。最后朱力和李阳摊牌了：现在确实很忙，无暇恋爱，同时朱力也表示看不到两人的未来，于是提出分手。

这对李阳来说无疑是一个致命打击，她从来没想过自己如此信任的人居然会这样伤害自己。失恋2个月了，李阳每天都以泪洗面，一想到失去朱力就很伤心难过，对她失去的这些，她都是如此不舍。

佳丽认为：李阳只看到了自己的失去，去忘记了曾经的获得。如果李阳能真切感激朱力曾经给她的生命带来的精彩和改变，那么她也能够更容易地放下过去。

大学生处在一个充满活力与希望、好奇与探索的年龄阶段，然而，有关大学生自杀、伤人甚至杀人的案件却时见报道，心理出现异常甚至患上精神分裂症者更是不在少数。大学生的身体已经发育成熟，但心理还处在一个不太稳定的状态，一旦受到外界的负面影响，就会很容易失衡。这些极端情况都是心理危机严重到个体不能解决而发生的。因此，高校应该重视学生的心理危机干预工作，保证学生的心理健康发展，也有利于学校与社会的稳定。

人的一生中总会遇到危机，不管是失恋、意外、疾病还是亲人去世，都有可能给人的心灵带来冲击。究竟什么是心理危机？大学生心理危机有哪些特点和表现？大学生心理危机的产生机制是什么？我们一起来看一下本节内容。

一、心理危机的概念

心理危机是指，当一个人面对困难情境，而他先前处理问题的方式及其惯常的支持系统不足以应对眼前的处境，即他必须面对的困难情境超过了他的能力时，这个人就会产生暂时的心理困扰，这种暂时性的心理失衡状态就是心理危机。

二、大学生心理危机的特点

1. 连续性

连续性指大学生心理危机的发生并非是一个点，而是一条连续的线，往往与之前的许多问题相关。通常情况下，人们认为危机是突发的，似乎是由一件事情带来的，实际上心理危机的产生与之前的问题紧密相关。

2. 复杂性

复杂性指大学生心理危机不管是产生原因还是表现方式都不是单一的。大学生心理危机产生的原因是多种的，有的是因为失恋，有的是因为身体疾病，有的是因为经济问题等。大学生心理危机从表现方式来看也是多样化的，有的表现为自杀，有的表现为离校出走，有的表现为伤害别人。

3. 破坏性

破坏性指大学生心理危机给家长、老师和同学带来很大的担心、伤痛。研究表明，一个人自杀，至少会对六个人产生影响，可见其破坏性是很大的。

三、大学生心理危机的表现

（一）人际冲突危机

进入大学阶段，学生对未来的憧憬包含了良好的人际关系，但事实上，理想与现实之间差距较大。一方面，很多大学生不懂得换位思考，处理同学之间的关系时普遍以自我为中心，不顾及他人的感受，缺乏宽容心和合作意识。另一方面，他们来自不同的地区，不同的地域文化和价值观念的碰撞以及个性差异常常导致人际冲突，尤其是同一宿舍的同学。在同一个屋檐下，如果互相不能容忍和退让，就会使人际冲突增多。低质量的人际关系导致学生的内心孤独，遇到较大挫折后缺乏有效的同辈支持，容易产生心理危机。

（二）学业失败危机

很多学生在进入大学后觉得自己学业目标已实现，心理上完全松弛下来，不再像中学时期那样勤奋学习。没有了老师和家长的督促，他们或者沉迷网络，或者热衷于各种活动，导致学习成绩下滑；还有的学生由于大学阶段学习目的、学习方式和中学阶段完全不同，不能及时调整自己的学习状态，造成学业成绩不良，丧失学习信心。这些大学生由于学业问题导致降级甚至被退学，常常不能承受学业失败而发生心理危机。

（三）恋爱心理危机

大学生处于一个相对特殊的发展阶段，从年龄上来说，大部分学生已经步入成年人的行列，性生理和性意识已逐步成熟，在步入大学后对异性关注更多，对爱情和性产生强烈的需求。但大学生的恋爱心理和性心理尚未成熟，不能很好地处理学业与恋爱的关系，对异性和爱情带有较强的理想主义色彩，情感热烈却经不住挫折和考验。遇到恋爱挫折，容易陷入消极悲观的境地，引发心理危机。

（四）经济压力危机

大学生家庭之间的贫富差距导致贫困学生容易产生严重的自卑心理，长期的经济压力使他们心理失衡。

四、心理危机如何发生：大学生心理危机的产生机制

心理危机的产生是一个复杂的过程，往往并非单一因素导致。从通常情况来看，心理危机的产生是应激源因素和个人易感性因素共同作用的结果。

应激源即能引发应对反应的刺激或环境需求，也就是能引发心理危机的事件，比如失恋可以是一个应激源。但事件本身并非一定会直接引发个人心理危机，还要通过个人的应对能力等因素发挥作用，即个人的易感性因素。

1.引发大学生产生心理危机的应激源因素

大学生已进入生理发展的青春期中晚期，正处于生理发育的基本成熟但部分心理发展相对滞后的特殊时期，人生观、价值观和世界观逐渐形成，心理状态还不稳定，容易受到外界的各种影响而产生心理危机。大学阶段也是种种人生压力相对集中的阶段，当问题发展到一定程度而不能克服和有效解决时，极易引发自伤、自杀、伤人、杀人事件。当前引发大学生产生心理危机的应激源因素主要有以下8个方面：

(1)学习压力和对大学环境的不适应。

(2)一些长期、慢性的身体疾病，或突发的严重身体疾病。

(3)情感问题，如失恋的打击、三角恋的纠纷等。

(4)心理障碍和精神疾病，典型的像抑郁症、焦虑症等。

(5)就业形势的严峻、个人未进行职业生涯规划而感到就业焦虑等。

(6)人际关系问题，如被孤立、和他人发生冲突等。

(7)家庭问题，如丧亲、家庭经济条件突发改变等。

(8)自我相关的问题，如自卑等。

2.个人易感性因素

现实生活中，绝大部分人遇到了问题，并不会发生心理危机，都能从阴霾中走出来。虽然有应激源因素的存在，但是决定发生心理危机的因素是个人易感性因素。通常情况下个人易感性因素主要有以下5种：

(1)认知方式：是个人对自我及周围环境的认识，对外在事件的认知在个人应对危机事件的过程中起着重要作用。例如，有的人习惯把失败归结为自己的原因，而把成功归因为运气，这类人就比较容易产生心理危机。还有的人看问题总看到消极的一面，在遇到问题和挫折的时候也易感心理危机。

(2)应对方式：又称应对策略，是个人在应激期间处理应激情境、保持心理平衡的一种手段。有的人遇到问题时会积极想办法解决问题，而有的人会回避问题，有的人会寻求他人的帮助和支持解决问题，而有的人宁愿自己一个人解决问题。相比较而言，回避问题和独自解决问题的人易感心理危机。

(3)社会支持系统：是个人可用于整合以充实应对资源的社会联系。大学生的社会支持系统通常包括家人、同学、朋友、老师和学校各级组织等。个人如果没有一个质量较高的社会支持系统，面对问题时就容易陷入心理危机。

(4)人格特质：人格包含气质和性格两个部分。气质有4种类型：胆汁质、多血质、黏液质和抑郁质。胆汁质和抑郁质两种气质类型的人易感心理危机。胆汁质的人往往比较急躁、情绪易激动，做事冲动，容易走极端，欠思考。抑郁质的人是另一个极端，他们比较敏感、不善与人交流，情感体验深刻，在困难面前常常怯懦、自卑。对于性格来说，内倾型和顺从型性格的人易感心理危机。

(5)其他：包括过往经历、适应能力和生理调节等，如过去有严重的精神创伤、身体残疾等。

【幸福专栏】

大学生心理危机的发生阶段

根据时间序列划分,大学生心理危机的发生有以下四个阶段。

1. 前危机阶段

前危机阶段指危机还未发生的阶段,虽然在此阶段危机没有发生,但是有可能酝酿危机。在这个阶段,个人如果可以及时求助、及时解决问题,那么危机就有可能被化解。当你发现身边同学有可能发生危机时,如果能够伸出关爱之手,就有可能帮助他化解危机。

2. 潜在危机阶段

前危机阶段中危机在酝酿,潜在危机阶段则是问题已经出现,没有得到有效的解决,有可能进一步恶化,是危机随时都有可能发生的阶段。在这个阶段,一个人如果尝试了各种问题解决方式都没有解决,就随时有可能发生危机。你如果发现有同学处于这个阶段,最好寻求专业人士的帮助。

3. 发生中的危机阶段

发生中的危机阶段即危机正在发生的阶段,比如学生走上楼顶正准备往下跳,将自己关在宿舍中不出来,扬言要自杀,或者突发精神异常等。这个时候需要立刻找专业人员进行干预。

4. 危机后阶段

危机后阶段即危机已经发生之后的阶段。这个阶段的工作重点是对当事人和相关人或者周围人进行干预,主要是心理疏导和帮助解决一些实际问题。比如某学生跳楼自杀,这时可能需要对认识他的人、同宿舍的同学、目击者等进行心理疏导。再如某大学生因为同宿舍同学怀疑自己偷了他们的钱而割腕自杀,这个时候除了要对这个大学生做心理疏导外,还要与同宿舍的同学进行沟通,甚至还要解决一些实际问题,比如对偷钱这一事件进行调查,以及这个大学生之后是否还住原宿舍等。

第三节　大学生心理危机的成因、识别、预防与干预

生命是宝贵的,每个人的生命只有一次,不会因为美好和快乐而放慢脚步,也不会因为错误和痛苦而从头再来。生命又是脆弱的,如果不懂得珍惜,不懂得保护,生命可能受到来自外部的或自我的伤害,甚至可能就此失去,永不再有。正因为死亡与生命如影随形,所以我们要敬畏生命,使有限的生命变得有意义,预防各种可能危及自己和他人生命安全的事件发生。

一、大学生心理危机的成因

大学生心理危机在这里是狭义的，主要指由心理疾病、心理问题而引发的危机事件，如自杀等。心理危机是大学生危机事件中占比较大的一类。近年来，随着社会发展速度的加快，社会压力不断增加，大学生的各种心理问题不断增加。有的同学因为不能承受过重的压力而选择自杀，放弃了自己宝贵的生命，给家庭带来痛苦，给社会带来巨大的损失。敬畏生命、珍惜生命、热爱生命、爱自己、尊重他人、感恩社会、预防自杀成了大学生需要学习的重要课题。

（一）社会因素

我们所处的时代是一个急剧变化的时代，迅速涌现的新事物、新思想、新潮流给原有的社会价值体系以很大的冲击，大学生容易受到社会上钱权交易泛化、财富不正当聚敛、职业道德败坏等不正之风的影响而出现拜金主义、个人主义、享乐主义的思想。同时，知识经济的到来使社会对人才提出了更高的要求，大学生们面对社会人才的激烈竞争感到彷徨，无法把握自己的未来命运，很难明确什么最能体现人生的价值，什么样的生活才是幸福的等，从而产生不安和焦虑，造成种种心理不适、精神障碍乃至心理异常。久而久之，就成为心理问题产生的一个诱因。新世纪的青年大学生富有时代感、责任感和使命感，对国家对社会具有强烈的忧患意识，担负着个体发展和国家振兴的双重使命，因此也承受着越来越多的客观环境压力和越来越多的社会心理应激。大学时期是一个人世界观、人生观形成的重要阶段，但大学生没有主体的社会信仰标准，自我又尚不定型，在这种情况下做的选择要么不满意，要么就是犹豫不决、瞻前顾后，充满了矛盾和迷茫，在学习、经济、就业、人际关系等压力面前，部分学生开始消极苦闷，悲观失望，心理严重失衡，出现心理危机，甚至走上绝路。

（二）个体因素

大学阶段是个体步入社会前的准备和过渡阶段，大学生正从青少年向成年转变，有相当一部分大学生的自我认识能力还不足，表现为过分自卑或自负、眼高手低，对他人的评价也不客观，常常一叶障目。非此即彼、非黑即白的线性思维导致他们缺乏变通性和灵活性。大学生的自我体验也比较丰富和复杂，对他人的言行和态度极为敏感，尤其表现为宿舍人际关系紧张、亲密关系中有强烈的情绪波动等。大学生自我意识分化的同时也带来了自我意识的矛盾，表现出明显的内心冲突。他们有远大的理想和抱负，成就动机较强，但是由于接触社会较少，生活范围较窄，还不能很好地将现实自我和理想自我有机结合起来，遇到困难和挫折时容易自我否定。

大学阶段是人生情绪体验最为丰富的阶段。由于大学生对一些问题的认识不够成熟、客观，看问题容易片面化，感情用事，因此，他们的情绪反应常常不稳定，在处理实际问题特别是人际关系时，常常会出现行为冲动、不理智甚至幼稚的行为。

大学生正处于埃里克森心理发展理论中的青春晚期到成年早期，此时的心理危机主要是角色混乱与自我同一性的获得。情绪的发展与自我同一性的获得密切相关。多数大学生已经获得了自我同一性，但有一部分学生由于家庭、成长经历等原因，自我同一性没有发展好，进入大学以后就容易陷入角色混乱中，产生种种不良的情绪，如焦虑、抑郁、自卑、愤怒等。在大学阶段，学生们面临专业知识的学习、能力的发展、个性的完善、交友、恋爱、职业选择等重要的人生课题，他们深切感受到来自学业、情感、就业等方面的巨大压力。这些压力给部分学生带来了巨大的困惑和心理压力，加上自身情绪不稳定、自制力差、不会求助等原因，有的大学生不能及时调节自己的消极情绪，可能会出现焦虑、抑郁、悲观、厌世等不良情绪，这些情绪不断积压，如果得不到合理的宣泄，大学生最终将不堪重负，严重者甚至可能出现各种心理疾病。

（三）家庭因素

家庭在个体的健康成长中扮演着重要角色。不同的家庭背景、不同的教养方式、不同的家庭关系等都影响着学生的成长，这些因素在大学生的人际交往、情感交流、挫折应对、独立等方面发挥着重要作用。学生的童年经历、父母的婚姻关系、亲子关系等都可能是导致学生产生心理危机的原因。有的学生从小习惯以自我为中心，自负而自私，经不起挫折和委屈，一旦遇到不顺心的事情，就容易产生心理失衡，诱发心理危机；也有一些学生因家庭关系不和，从小感受不到父母的爱，自我价值感低，认为自己的生命是没有价值的；还有的学生从家庭中学习到只有表现好才值得被爱，把自我价值感建立在成就上，一旦学业上不能取得好的成绩就抑郁、沮丧。此外，一些精神疾病，如精神分裂症等，可能还有家族遗传的影响。

（四）心理疾病

每个人都会遭遇心理的困惑，只是程度及表现不同，绝大多数人经过调整都不会影响正常的生活，但也有小部分人的心理困扰会发展成为精神心理疾病。抑郁症就是一种常见的精神心理疾病，它是神经症的一种，指以情绪显著而持久（抑郁发作须持续至少 2 周）的低落为基本临床表现，并伴有相应的思维和行为异常的一种精神障碍。重度的抑郁症可能会导致自杀，有研究表明：70%的抑郁症患者曾有自杀念头，10%～15%的抑郁症患者最后会自杀。从近年来大学生自杀的案例来看，在患有精神心理疾病的自杀者中，抑郁症占比较大。

二、大学生心理危机的识别

大学生心理危机的表现形式多种多样，但心理危机的发生有一个过程。一个人从产生心理疾病、出现自杀念头到最后实施自杀行为要经历一个过程。这个过程有时长达数个月。如果能在危机发生之前识别潜在的心理危机并进行有效的干预，我们就可能预防心理危机事件的发生。

（一）常见的异常行为

很多大学生在遇到危机的时候不会求助，不会直接告诉别人“我遇到危机了”，而会以各种不同的行为方式表现出危机状态。情绪突然改变就是较易观察到的异常行为，如情绪低落、悲观失望、焦虑不安、无故哭泣、喜怒无常、自制力减弱等。除情绪突然改变外，异常行为还包括如饮食和睡眠出现异常、个人卫生习惯改变、不修边幅、孤僻独行、旷课、自杀未遂等，这些异常行为就提示有发生心理危机的可能。当个体出现异常行为时，就要引起注意。

（二）异常行为的具体表现

在性格方面，一个平时性格开朗、积极乐观的同学出现危机后可能表现出相反的行为，而平时性格内向的人可能变得暴躁、易激惹、怨恨周围的一切，甚至认为社会对自己不公平等。

在行为方面，如果一个平时正常的人出现社交退缩、不敢出门、不信任他人、回避他人关心、呆坐沉思、呈木僵状、酗酒、故意违法等行为时，可能是遇到了危机。有以下行为表现者，可能有自杀倾向：出现突然的、明显的行为改变，中断与他人的交往或危险行为增加，有条理地安排后事，突然把自己心爱的、有价值的物品送人；频繁出现意外事故；大量饮酒；购买刀具、绳索、药品等。

言语方面的异常，如沉默寡言或打听自杀方式，有的自杀者还会直接表达出自杀的想法，有的则是通过一些与亲人、朋友告别的话语间接表达自杀的念头。如果能够及时识别这些信息并进行干预，我们就能挽救他们的生命。

情绪方面的异常，如在暂时的震惊之后出现否认、混乱、恐惧、焦虑、抑郁、悲伤、怀疑、紧张、易怒、自责、烦躁等，对任何事物都失去兴趣，没有愉悦感，表面平静但眼神游离。这些反应表明个体失去了心理平衡，可能存在潜在危机。

失眠，食欲、食量明显变化，容易疲乏，做噩梦，容易被惊吓，感觉呼吸困难或窒息，注意力不能集中，认知能力下降，学习成绩明显下降，药物滥用等异常可作为识别大学生心理危机的指标。

三、大学生心理危机的预防与干预

关爱生命，不仅要关爱自己的生命，还要关爱他人的生命。我们常常要面对生命的无常，面对各种变迁和挑战。在困难和挫折面前，并非每个人都能意识到生命的可贵。我们既要提升自身心理素质，让自己的生命充满活力，同时还要关注他人的心理健康，积极预防心理危机。

（一）提升心理素质，构建心理防火墙

每个大学生在学习、生活中都可能碰到各种烦恼和困惑，有人能够一笑置之，有人可能感觉压力过大而自暴自弃，出现心理危机，其间的差别就在于不同大学生的心理素质的高低。提升心理素质是大学生健康成长的需要。

1. 培养积极的认知

认知对于人在应对危机的过程中起着非常重要的作用。弗兰克尔在《追寻生命的意义》一书中描述了他在奥斯维辛集中营的生活，他看到了三类不同的人：一类人会主动寻求死亡，另一类人会主动寻求生存，还有一类人被动地生存。这三类人面对的是同样的集中营生活：残酷，冷漠，随时对生命都会有威胁。他们其实一直处于危机中，但是他们的反应却不一样，在这里面起作用的就是认知。

面对同样的情境，消极认知的人会认为“我做什么都没有用，在这里太痛苦了，我还不如主动结束自己的生命”，积极认知的人会认为“我要努力生存，就算环境再恶劣，我也要生存下去，这种日子总会结束的”。

学习是大学生的主要任务，很多大学生在高中阶段学习成绩名列前茅，进入大学后，因为

学习方法和学习内容与高中阶段完全不同，往往会产生较大的心理落差。特别是大一新生，出现考试焦虑、自卑、不能原谅自己等心态是比较普遍的。因此，新生入学后需要通过与高年级学生座谈、师生见面会等方式，了解大学的学习方法、本专业的特点和发展前景等，尽快适应大学的学习，建立积极的认知，调整心态，正确认识自己，悦纳自我，发现自身潜能，制订合理的奋斗目标，正确对待存在的学业问题，预防心理健康问题的发生。

健康的人际关系可以为大学生提供丰富的社会支持资源，特别是在危机状态下社会支持系统可以帮助有问题的学生有效应对危机。大学生要学习如何与人保持良好的人际关系。融洽的宿舍关系是大学生和谐人际关系中最重要的支持系统，学习用真诚、宽容、友善的态度对待舍友，用真诚的沟通处理同学间的差异和矛盾，建设融洽的宿舍关系。性格内向、缺乏自信的同学要树立信心，积极参加各种团体活动，培养广泛的兴趣爱好，拓宽视野，扩大人际交往范围，提高人际交往能力。

恋爱是大学生重要的人生话题，也是需要学习的，没有人天生就会。大学生需要学习和自我成长，树立自己有能力去建立亲密关系的信心，获得爱与被爱的能力。任何亲密关系都不会只有幸福美好而没有烦恼和冲突，矛盾冲突是大学生学习处理和应对各种问题与困扰的机会。

2. 建立良好的应对方式

应对方式是个人在应激期间处理应激情境、保持心理平衡的一种手段，它直接影响心理危机是否能够得到有效解决。通常情况下人的应对方式主要有以下三种。

(1)解决问题—求助，即成熟型：这类人在面对应激事件或环境时，常能采取“解决问题”和“求助”等成熟的应对方式，而较少使用“退避”“自责”和“幻想”等不成熟的应对方式，在生活中表现出成熟稳定的人格特征和行为方式。

(2)退避—自责—幻想，即不成熟型：这类人在生活中常以“退避”“自责”和“幻想”等不成熟的应对方式应对困难和挫折，而较少使用“解决问题”和“求助”这类积极的应对方式，表现出一种退缩的人格特点，其情绪和行为均缺乏稳定性。

(3)合理化，即混合型：“合理化”应对方式既与“解决问题”“求助”等成熟应对方式呈正相关，也与“退避”“自责”“幻想”等不成熟应对方式呈正相关，反映出这类人的应对行为集成熟与不成熟的应对方式于一体，在应对行为上表现出一种矛盾的心态和两面性的人格特点。

3. 构建社会支持系统

社会支持指人们感受到的来自他人的关心和支持。构建社会支持系统就是要构建一个来自他人关心和支持的系统。个人遇到心理危机时，可以寻求他人的帮助，而不是独自解决。

【幸福专栏】

构建你的人际支持系统

人离不开他人的支持，那么一个人究竟需要哪些朋友呢？作家汤姆·雷斯认为，有8种朋友必不可少：成就你的朋友；支持你的朋友；志同道合的朋友；牵线搭桥的朋友；为你打气的朋友；开阔眼界的朋友；给你引路的朋友；陪伴你的朋友。

（二）自我求助，预防心理疾病

抑郁症等精神心理疾病患者是心理危机的高发群体。每个人在不同的阶段都可能患心理疾病，心理疾病并不可怕，如同感冒、发热一样，是可以治愈的。抑郁情绪是为了提醒我们要好好地对待自己，调整状态去面对压力和挑战。患了抑郁症或其他心理疾病没有必要感到羞耻，这也不是可怕的事情。求助是强者的行为，感觉压力过大或自我调节效果不明显时，要积极求助，要信任他人。积极的社会支持对于心理疾病的康复至关重要，周围的同学、老师或朋友会为你提供解决问题的资源和方法，家人是最值得信赖的社会支持力量，也是最强大的精神依靠。把自己的情况告诉他们，得到他们的支持和帮助，而不要一个人扛着。当一个人实在承受不了巨大的痛苦时，心理危机就会出现。

当感觉自己状态不好，自我调节效果不明显时，可先到专业的心理咨询机构求助，心理咨询人员会运用专业知识帮助你找到解决问题的办法，并判断是否需要接受精神卫生机构的帮助和治疗。如果需要到精神科接受治疗，一定要遵医嘱服用药物，并积极配合心理治疗。

一个人遭遇心理危机后，往往会出现一些应激反应，如失眠、情绪低落、胃口不好等，通常情况下这些应激反应都会在一周左右减少或者消失。如果这些症状持续两周以上，并且严重影响到了个人的生活和学习，那就说明这个人需要寻求心理咨询师或者精神科医生的专业帮助。

知识链接

创伤后应激障碍（PTSD），指个人经历或目睹一个人或多个涉及自身或他人的死亡，或受到死亡的威胁，或严重的受伤或躯体完整性受到威胁后，所导致的个体延迟出现和持续存在的精神障碍。产生这些威胁的事件包括战争、严重自然灾害、严重事故等，PTSD发病多数在遭受创伤后至半年内出现。当出现PTSD症状时，也需要寻求专业帮助。

【幸福专栏】

PTSD临床症状

1. 持续地重新体验到创伤事件。

（1）反复闯入性地痛苦地回忆起创伤事件，包括印象、思想或知觉。

（2）反复而痛苦地梦及创伤事件。

2. 对创伤伴有的刺激做持久的回避，对一般事物的反应显得麻木。

（1）努力避免有关此创伤的思想、感受或谈话。

（2）努力避免促使回忆此创伤的活动、地点和人物。

（3）不能回忆此创伤的重要方面。

（4）很少参加有意义的活动或没有兴趣参加。

（5）有觉得他人很陌生的感受。

（6）情感范围有所限制（例如不能表示爱恋）。

3. 警觉性增高。

（1）难以入睡，或睡得不深。

（2）易激惹或易发怒。

(3)难以集中注意力。

(三)救助他人

有自杀企图的人以普遍存在的无望感为特征——“我的生活没有希望”,主要体现在以下四个方面。①不可爱:我不值得活着。②无助:我解决不了这个问题。③耐受痛苦能力差:我再也受不了这种痛苦了。④认为连累他人:我走了大家会过得更好。有自杀企图的人在自杀前会发出一些信号。只要用心观察,其实并不难发现,这些信号包括如下几个线索。

(1)语言线索——直接或间接的表达。

直接的语言线索,如:“我不想活下去了。”“我想自杀。”“我真希望我死了。”“如果不……我就自杀。”

间接的言语线索,如:“活着没有意思。”“我的问题根本解决不了。”“死了比活着好。”“没有我大家会更好。”“我再也无法忍受了。”“很快我的所有问题都结束了。”“现在没有人能帮我。”“我感到没有希望。”

(2)情感线索——感受。

最核心的感受就是绝望,其他如孤独、愤怒、内疚、难过、无望、无价值感、无助等也是可能产生心理危机的感受。

(3)行为线索——行动。

学习成绩下降,注意力不集中;疏远家人和朋友,在学校表现出退缩和逃避;食欲减退;分发财物,道别;酒精或者药物滥用;不计后果的行为;极端的行为改变;自我伤害;严重抑郁后突然的平静。

(4)情境线索——伴随丧失感的压力事件。

突然被所爱的人拒绝,不情愿地分手等;失去重要的目标或梦想,如考研失败、找工作失败、作弊被开除等;感到被所爱的人背叛;所爱的人去世;患了绝症;与重要的人近期发生了冲突;突然失去自由,如犯罪被捕,失去经济保障或面临其他重大经济问题等。

(5)生理线索——身体情况的改变。

对什么事情都缺乏兴趣;睡眠障碍(失眠、多梦、早醒等);食欲/体重改变/减少;身体健康问题(心悸、头痛等);性欲改变/减退。

总之,任何对未来感到特别痛苦、绝望、无望或想要结束生命的警示信号都值得被关注。如果发现自己身边有人透露出想自杀的各种信号,一定要引起注意,没有什么比生命更重要,如果发现同学有潜在的危险,一定要及时和老师沟通,或者寻求专业帮助。

【幸福专栏】

对自杀的错误理解

(1)谈论自杀的人不自杀。

(2)自杀前没有任何征兆。

(3)自杀者不是真的想死。

(4)一旦产生自杀的想法,这个想法就总是存在。

(5)一个人自杀未遂后，再也不会出现自杀行为。

(6)如果一个人有抑郁情绪存在，与他提及自杀会导致他产生自杀的想法。

(7)大多数的自杀是缘于一个突发的创伤事件。

(8)非致命性的自杀行为只是为了引起他人的注意。

(9)如果一个人有抑郁情绪，突然好转，他就没有自杀的危险了。

(10)大多数自杀者都是穷人。

(11)所有自杀者都有精神问题。

我们在关注自身心理健康、掌握一些自我心理调节技能的同时，还要能觉察到周围同学的心理变化，及时关注需要帮助的同学，不歧视有心理疾病的同学，接纳、宽容和帮助他们走出心理阴霾。当你身边的同学出现心理问题或危机时，你的帮助可以使他们走出危机，甚至挽救他们的生命。

当你身边的同学在学习、生活中遇到困难时，一句温暖的话语、一个小小的帮助也许就能给予他信心和力量；当你发现同学出现心理问题和危机后，你个人的力量可能无法帮助他们走出困境，这时需要鼓励他到专业的心理咨询机构去寻求帮助，或者向教师、同学寻求帮助，及时把危机中的同学带到专业机构接受治疗，帮助他走出生命的误区；当发现同学情绪、行为异常或有自杀倾向时，要立即向院系负责教师和学校心理咨询中心报告，以便对其进行及时的干预，保护同学的生命安全。如果有同学告诉你他要结束自己的生命，这时不能对其承诺保密，生死攸关之时，生命高于一切。

(1)一项对大学生求助行为的研究发现，大学生发生心理危机的时候，可能第一个会打电话或者发短信给自己的同学和朋友。一旦身边的同学向我们发出求救的“信号”，我们要懂得识别这些信号，同时也要知道该如何初步应对身边的同学发生的危机。

如果你接到“求救”电话或者短信，你该怎么做？下面有些步骤你可以借鉴。

第一步：保证安全。了解对方此刻在哪里？在做什么？是否安全？如果对方不安全，比如在窗台上、在天桥上，一定要将对方引导到安全的地方。用正向和具体的言语指导对方如何做，比如：“你现在能从天桥上走下来吗？走到南门，我马上就过来陪你。”而不是命令：“你不要在天桥上，这样危险。”

第二步：表达支持。当同学处于危机时，你要注意倾听，承认对方的想法和感受，不反驳对方，比如：“我知道你很痛苦，我不知道你不想这样。”而不是否认对方的感受：“你不应该这样想，你为他这样痛苦不值得。”另外，表达对对方的关心也是表达支持的一种形式。

第三步：寻求外界帮助。遇到有危机发生时，不要害怕求助。有的同学可能会担心被老师知道，给别人带来麻烦，千万不要有这种想法，这个时候求助于外界是最好的选择，告诉老师或寻求专业人士有助于帮助处在危机中的同学解决问题。

(2)当面对发生过心理危机的同学时，最重要的是真诚表达关心，比如面对离校出走又返校的同学，你可以说：“你回来了，我们这几天真的很担心你。”“我想做点什么，但又不知道该做点什么，如果你需要我的帮助，请告诉我！”

当面对发生过心理危机的同学时，还可以给予支持，支持可以是生活上和学习上的各种支持，比如给对方带饭，为对方讲解难题，多倾听对方的心声等。在表达关心与支持时，要避免同情心泛滥和劝说。避免过度同情对方，比如说："你真可怜。"避免劝说和责备对方，比如说："你真傻，你怎么就选择自杀呢，多好的生活，不懂得珍惜。""你知道吗，你这样做很不负责任，你给大家带来了多少麻烦啊！"

【课堂体验】

临终遗言

假如由于种种原因你面临着死亡，时间只允许你再做最后10件事情，请写下你会做的10件事，并排出先后顺序。

请认真思索后写下你的"临终遗言"，在小组内向其他同学读出你写的内容并解释原因。

请思考如下两个问题。

(1)在这个过程中你的感受如何？这些感受对你今后的生活有什么影响？

(2)倾听同学的分享，同学的分享对你有什么启发？

(四)多方发力，培养求助意识

一方面，学生自己对心理问题的认识有偏差，甚至有学生将心理问题等同于"精神病"，觉得这是很丢人的事，怕别人知道后会歧视自己，有问题也会千方百计地去掩饰，不愿意对别人讲，也不会去寻求帮助。针对这种情况，需要学校经常性地开展一些心理健康讲座，让心理健康的知识真正被学生掌握。学生知道了心理问题同生理疾病一样，需要治疗，才会形成求助意识。当学生有了求助意识，并付诸行动的时候，他的心理危机才有化解的契机。另一方面，学生的心理健康状况是随时发展变化的，受到情境和事件的影响。只有对学生的心理问题进行定期排查，才能及时发现危机，在萌芽状态就化解危机，保护学生，减少伤害的发生。

(五)团体辅导与个体辅导相结合

高校除了开展大学生心理健康课程以外，还应该对不同年级学生有针对性地开展专项团体辅导活动。具体在实践中，可以通过心理筛查，对有轻度心理问题的学生分类进行专项团体辅导，如针对人际关系不良的学生可以开展人际关系辅导，在团体辅导活动中帮助他们恢复健康积极的心理状态。对在心理健康测查中问题比较严重的学生，心理咨询中心的老师不能等着学生来咨询，应主动进行个别辅导，帮助他们正确认识自己的问题，积极探索和改变自己，化解危机。

(六)危机事件影响群体的自我照顾

危机事件影响群体指事件目击人、危机相关人员(同学、室友)。在心理学上有替代创伤或次级创伤这一概念，也就是说，与当事人有关联的人都有可能会受到影响。因此，危机事件发生时，被影响群体的自我照顾也很重要。

(1)接纳自己的感受。对于危机事件现场的目击人，或者与危机当事人交往较多的人，都会有较为强烈的情绪体验，如震惊、不敢相信、悲痛、失眠、噩梦等，甚至有可能表现出创伤后应激障碍的一些症状等。因此，我们要尊重和接纳受到事件冲击而表现出来的一些情绪、举动。

(2)注重情绪疏导。允许自己表达、宣泄由于事件诱发的各种情绪，情绪得到充分的疏导后，才能进行进一步的理性思考，比如接受逝者已逝的事实。如果自己处理不了，还可以求助于心理咨询中心的老师。

(3)相互支持。如果受到危机事件影响的是同一个群体，比如同宿舍的室友、同学，大家可以建立起相互支持的联盟，比如共同缅怀逝去的同学，在面对悲恸时相互给予支持，相互照顾彼此的生活等。

【幸福结语】

(1)生命的产生是一个极小概率事件，每个人的生命都是一个奇迹。

(2)生命教育的目的不是帮助减轻死亡焦虑，而是适度引发人的死亡焦虑，让死亡焦虑成为人思考生命意义的起点。焦虑和恐惧情绪都在提醒我们生命是重要的，生命只有一次，我们要珍惜和爱护生命。

(3)大学生的心理危机有连续性、复杂性和破坏性三个特点。

(4)心理危机的产生是应激源因素和个人易感性因素共同作用的结果。

(5)大学生心理危机的预防重点在于：培养积极认知，建立良好的应对方式和构建社会支持系统。

(6)当自己遭遇心理危机时要懂得寻求社会支持，必要时要寻找专业人士帮助。

(7)人在自杀前可能会透露出很多线索，这些线索包括言语、情感、行为、情境和生理等方面。任何对未来感到特别痛苦、绝望、无望或想要结束生命的警示信号都值得被关注。当发现别人正处于危机时，有 3 个步骤可以应对：保证安全、表达支持和寻求外界帮助。

(8)大学生在面对发生过心理危机的同学时，可以真诚表达关心，给予支持，避免同情心泛滥和劝说对方。

(9)危机事件影响群体的自我照顾包括接纳自己的感受、注重情绪疏导和相互支持。

【幸福锦囊】

生命不可能有两次，但许多人连一次也不善于度过。

——吕凯特

世界上只有一种英雄主义，那就是了解生命而且热爱生命的人。

——罗曼·罗兰

生命，只要你充分利用，它便是长久的。

——塞内加

母亲从小就教育我，对人要真实、真情、真挚、真切，一个人如果做到“四真”，就达到了很高的境界。

——温家宝

一个人的价值，应当看他贡献什么，而不应当看他取得什么。

——爱因斯坦

你热爱生命吗？那么别浪费时间，因为时间是构成生命的材料。

——富兰克林

在我们了解什么是生命之前，我们已将它消磨了一半。

——赫伯特

我们敬畏地球上的一切生命，不仅仅是因为人类有怜悯之心，更因为它们的命运就是人类的命运。我们敬畏生命，也是为了更爱人类自己。

——张全民

人生本来就是一种广义的艺术，每个人的生命史就是他自己的作品。

——朱光潜

一个伟大的灵魂，会强化思想和生命。

——爱默生

【幸福行动】

(1)你是多少岁首次接触死亡？你当时对死亡的看法是怎样的？你现在对死亡的看法是怎样的？

(2)如果你现在每天能有额外的三个小时可以使用，你会用来做什么使你自己生活得更满足？

(3)假如你的好朋友跟你说他想自杀，你该如何应对？

参考文献

[1] 江光荣，梁宇颂.大学生心理健康教育(高职高专适用)[M].武汉：华中师范大学出版社，2012.

[2] 严敏，熊星.自助与成长：大学生心理健康教育[M].青岛：中国海洋大学出版社，2019.

[3] 单慧娟，廖财国，李爽.大学生心理健康教育[M].镇江：江苏大学出版社，2017.

[4] 杜富裕.大学生心理健康教育实践手册[M].镇江：江苏大学出版社，2021.

[5] 陈道明.心理危机干预研究[M].北京：现代教育出版社，2009.

[6] 姚萍.大学生心理健康与咨询[M].北京：北京大学出版社，2009.

[7] 张燕明，李霞，倪聪.大学生心理健康与素质培养[M].北京：人民交通出版社股份有限公司，2018.

[8] 陈道明.现代社会背景下大学生心理危机及干预策略探析[J].教育探索，2006(6)：82-83.

[9] 徐淑芳.大学生常见的心理异常表现分析[J].青年与社会，2014(34)：58.

[10] 刘轶.大学生心理健康教育与实践[M].北京：人民邮电出版社，2021.

[11] 沈家宏.原生家庭影响人一生的心理动力[M].北京：中国人民大学出版社，2018.

[12] 严玲.大学生心理健康[M].武汉：华中科技大学出版社，2019.

[13] 何元庆，全莉娟.大学生心理健康教育[M].北京：高等教育出版社，2019.

[14] 廖文娜.大学生心理健康教育[M].武汉：武汉大学出版社，2019.

[15] 吴先超，孙灯勇.大学生心理健康教程[M].武汉：武汉理工大学出版社，2019.

[16] 刘莉.有温度的心理学：大学生心理健康教育课程讲义[M].北京：石油工业出版社，2010.

[17] 黄蓉生.大学生就业指导[M].北京：人民出版社，2007.

[18] 王琳娜，黄昭彦.大学生就业指导[M].北京：北京理工大学出版社，2010.

[19] 高桥，葛海燕.大学生就业指导[M].北京：清华大学出版社，2009.

[20] 郑俊雅.从番职出发[M].北京：中国戏剧出版社，2010.

[21] 陈兰萍，雷文斌.试论大学社会实践对大学生自我意识发展的作用[J].教育与职业，2009(5)：163-164.

[22] 邹继美.浅谈大学生自我意识发展的问题与教育[J].现代交际，2012(12)：249.

[23] 郭文奇.大学生自我意识发展的障碍及塑造途径研究[J].兰州教育学院学报，2015，31(5)：147-148.

[24] 陆璐，姚本先.大学生的自我意识及其对心理健康的影响[J].中国电力教育，2007(11)：116-117.

[25] 张丽.大学生自我意识的发展与调适[J].科教文汇，2008(24)：29，33.

[26] 夏翠翠.大学生心理健康教育(慕课版)[M].2版.北京：人民邮电出版社，2019.

[27] 江光荣.大学生心理健康素养[M].长沙：湖南师范大学出版社，2020.

[28] 俞国良.大学生心理健康[M].北京：北京师范大学出版社，2018.

[29] 黄希庭，郑涌.大学生心理健康教育[M].3版.上海：华东师范大学出版社，2020.

[30] 李莉,周石其.大学生心理健康教育教程[M].北京:人民邮电出版社,2019.
[31] 张玉芬.大学生人格教育[M].北京:经济管理出版社,2006.
[32] 全力.国外大学生就业模式及对我国就业工作的启示[J].北京教育(高教版),2007(3):62-64.
[33] 戴巍.大学生挫折心理成因分析及对策研究[D].成都:四川大学,2006.
[34] 程家福.我国当代大学生挫折心理研究[D].合肥:合肥工业大学,2003.
[35] 胡智丹.大学生心理健康现状与教育措施[J].黑龙江教育学院学报,2009,28(2):81-83.
[36] 于志英,李迪.大学生心理健康教程[M].3版.南京:南京大学出版社,2021.
[37] 郭楠,邓秋萍.大学生心理健康教育[M].北京:北京出版社,2020.
[38] 江春生.大学生心理健康教育[M].北京:国家行政学院出版社,2020.